21世纪中国高校法学
系列教材

环境与资源保护法

（第三版）

主编 曹明德

撰稿人（以撰写章节先后为序）
黄锡生 王　江 曹明德 崔金星
毛　涛 蒋亚娟 陈维春 乔　刚
张志辽 赵　爽 曾文革

中国人民大学出版社
· 北京 ·

图书在版编目（CIP）数据

环境与资源保护法/曹明德主编. —3 版 .—北京：中国人民大学出版社，2016. 7
21 世纪中国高校法学系列教材
ISBN 978-7-300-22991-1

Ⅰ.①环… Ⅱ.①曹… Ⅲ.①环境保护法－中国－高等学校－教材 Ⅳ.D922. 6

中国版本图书馆 CIP 数据核字（2016）第 140193 号

21 世纪中国高校法学系列教材
环境与资源保护法（第三版）
主编 曹明德
Huanjing yu Ziyuanbaohufa

出版发行	中国人民大学出版社		
社　　址	北京中关村大街 31 号	**邮政编码**	100080
电　　话	010－62511242（总编室）		010－62511770（质管部）
	010－82501766（邮购部）		010－62514148（门市部）
	010－62515195（发行公司）		010－62515275（盗版举报）
网　　址	http://www. crup. com. cn		
	http://www. ttrnet. com(人大教研网)		
经　　销	新华书店		
印　　刷	北京昌联印刷有限公司	**版　　次**	2008 年 11 月第 1 版
规　　格	185 mm×260 mm　16 开本		2016 年 7 月第 3 版
印　　张	20 插页 1	**印　　次**	2019 年 11 月第 6 次印刷
字　　数	447 000	**定　　价**	36. 00 元

作者简介

曹明德 法学博士，中国政法大学环境法教授、博士生导师，《中国政法大学学报》主编，中国法学会环境资源法学研究会副会长，中国环境科学协会环境法学会副主任委员，中华环保联合会法律委员会委员，中国政法大学气候变化与自然资源法研究中心主任，曾任重庆南川市（现为南川区）人民政府副市长，教育部新世纪优秀人才支持计划入选者（2005年），“全国十大杰出青年法学家”（2006年），中达环境法学者（2012年），曾留学加拿大英属哥伦比亚大学法学院（Faculty of Law，UBC）、美国弗蒙特法学院（Vermont Law School）、佩思大学法学院（Pace Law School），以优秀成绩获得弗蒙特法学院环境法硕士，应邀出访20余国家和地区，并多次在国外著名大学举办学术讲座或在重要国际会议上作特邀发言或大会发言，在CSSCI来源期刊上发表论文30余篇，在SSCI及国内权威核心期刊发表学术论文10余篇，代表作为《生态法新探》、《环境侵权法》，主持国家社会科学基金重点项目3项。

黄锡生 法学博士，重庆大学法学院院长、教授、博士生导师，中国环境资源法学研究会常务理事，重庆市环境资源法学研究会副会长，英国牛津大学、美国波士顿大学访问学者，主要研究领域为环境资源法。

曾文革 法学博士，重庆大学法学院教授、博士生导师，中国环境资源法学研究会常务理事，中国国际经济法学会理事，重庆市法学会环境资源法研究会秘书长，香港大学、美国佛罗里达大学访问学者，主要研究领域为环境资源法、国际经济法。

陈维春 法学博士，华北电力大学人文与社会科学学院教授、硕士生导师，主要研究领域为环境资源法、能源法。

张志辽 法学博士，西南政法大学副教授、硕士生导师、教务处副处长，中国能源法研究会理事，美国夏威夷大学访问学者，主要研究领域为环境资源法、经济法。

毛　涛 法学博士、副研究员，工业和信息化部国际经济技术合作中心全球能源资源环境研究所副所长，加拿大英属哥伦比亚大学访问学者，主要研究领域为环境资源法。

赵　爽 法学博士，西南政法大学副教授、硕士生导师、资源与环境法教研室主任，美国圣塔克拉拉大学访问学者，主要研究领域为环境资源法。

乔　刚 法学博士，西南政法大学副教授、硕士生导师、资源与环境法教研室副主任，主要研究领域为中国环境法。

蒋亚娟 法学博士，西南政法大学副教授、硕士生导师，美国德雷克大学访问学者，主要研究领域为环境法、财税法。

崔金星 法学博士，西南科技大学法学院副教授，美国佩思大学法学院访问学者，主要研究领域为环境法、能源法。

王　江 法学博士，重庆大学法学院副教授，主要研究领域为环境法、自然资源法。

第三版编写说明

环境与资源问题是人类面临的重大问题，备受各国政府和公民高度关注。自20世纪70年代末以来，我国先后颁布了一系列涉及环境与资源的法律法规，为环境与资源保护奠定了较为完善的制度基础。2014年4月24日，第十二届全国人民代表大会常务委员会第八次会议修订了《中华人民共和国环境保护法》，于2015年1月1日起施行。由于该法从立法精神、制度设计到篇章结构等多方面作出了一系列重大变革和调整，因而被称为“史上最严格环保法”。从环境法学知识应用的社会实践情况看，一方面，国家司法考试和公务员考试正在不断增大环境与资源保护法方面的测试内容，预期将会随着社会和经济的发展持续增加；另一方面，随着各级法院陆续设立专门的环境资源审判庭和环境资源行政执法力度的进一步加大，社会各界对环境法治专门人才的需求日益旺盛。为此，根据新形势对法律人才的新要求，为全面提升法律专业人才和社会管理者的环境法素养，在曹明德教授主持下，我们组织中国政法大学、西南政法大学、重庆大学、华北电力大学、西南科技大学、工业和信息化部的部分环境法学者，在参考学界同行研究成果的基础上对本书做了第二次修订。本次修订保留了第一版和第二版的优点，并充分吸收了环境与资源保护法领域的最新研究成果和立法、司法实践中的亮点，对精选的案例也进行了适当的调整。其中，第一章由黄锡生、王江撰写，第二章由曹明德、崔金星撰写，第三章由毛涛撰写，第四章由蒋亚娟撰写，第五章由陈维春撰写，第六章由乔刚撰写，第七章由张志辽撰写，第八章由赵爽撰写，第九章由曾文革撰写。全书由张志辽负责统稿，曹明德定稿。

该书于2008年出版后深受读者特别是法学院系教员和学生的喜爱，应中国人民大学出版社的要求进行第三次修订再版，在此，对长期使用该教材的所有同行、朋友表示真诚的感谢。

本书可供高等院校法学院、系必修课和邻近专业选修课选用，也可供参加国家司法考试和公务员考试的考生使用，对从事环境资源保护工作的实务工作者同样具有参考价值。由于水平所限，对法律规范的解读难免存在缺陷与不足，诚恳欢迎读者和同行提出批评和建议。

编　者

2016年5月

编写说明

环境与资源问题是人类面临的重大问题，备受各国政府和公民高度关注。自20世纪70年代末以来，我国先后颁布了一系列涉及环境与资源的法律法规，为环境与资源保护奠定了较为完善的制度基础。近年来，环境法学知识在国家司法考试和公务员考试中的分量不断增大，并将随着社会的发展持续增加。因此，根据新形势对法律人才的新要求，全面提升法律专业人才和社会管理者的环境法素养，在曹明德教授主持下，组织中国政法大学、西南政法大学、武汉大学、重庆大学、华北电力大学的部分环境法学者，在参考学界同人研究成果基础上共同编写了本书。其中，第一章由黄锡生、王江撰写，第二章由曹明德、刘明明撰写，第三章由蒋小兰、毛涛撰写，第四章由蒋亚娟撰写，第五章由陈维春撰写，第六章由乔刚撰写，第七章由张志辽撰写，第八章由秦天宝撰写，第九章由曾文革撰写。全书由张志辽统稿，由主编定稿。

本书可供高等法学院、系必修课和邻近专业选修课选用，也可供参加国家司法考试和公务员考试的考生使用，对从事环境资源保护工作的实务工作者同样具有参考价值。

由于水平所限，对法律规范的解读难免存在缺陷与不足，诚恳欢迎读者和同行提出批评和建议。

编　者

2008年10月

编写说明

目　录

第一篇　总　论

第二篇　各　论

第一篇 总 论

第一章
环境与资源保护法概述

第一节 环境资源、环境资源问题和环境资源保护

一、环境资源

二、环境资源问题

三、环境资源保护

第二节 环境法的概念与发展概况

一、环境与资源保护法的概念及特征

二、中国环境与资源保护法的发展概况

三、中国环境与资源保护法的立法趋势

第三节 环境法的目的和作用

一、环境与资源保护法的目的

二、环境与资源保护法的作用

第四节 环境法律关系

一、环境与资源保护法律关系的概念

二、环境与资源保护法律关系的主体

三、环境与资源保护法律关系的客体

四、环境与资源保护法律关系的内容

第五节 环境法的体系

一、环境与资源保护法体系的概念

二、环境与资源保护法体系的类型

重点问题

1. 环境资源问题的概念及分类
2. 环境与资源保护法的概念与特征
3. 我国环境与资源保护法的立法趋势
4. 环境与资源保护法的目的和作用
5. 环境与资源保护法律关系的概念
6. 环境与资源保护法的体系

第一节　环境资源、环境资源问题和环境资源保护

一、环境资源

（一）环境的概念及分类

“环境”一词在不同的学科里具有不同的含义。《辞海》中将环境概括为“围绕人类生存和发展的各种外部条件和要素的总体，分为自然环境和社会环境”。环境科学家们一般将环境概括为“作用在‘人’这一中心客体上的、一切外界事物和力量的总和”。在此，环境主要是指人类的生存环境。我国的环境立法对“环境”的概念采用了概括式与列举式相结合的方法进行规定，我国2014年修订的《环境保护法》第2条规定：“本法所称环境，是指影响人类生存和发展的各种天然的和经过人工改造的自然因素的总体，包括大气、水、海洋、土地、矿藏、森林、草原、湿地、野生生物、自然遗迹、人文遗迹、自然保护区、风景名胜区、城市和乡村等。”这一解释具有明显的环境科学学科背景，即“人类”是“环境”的主体，野生动物、其他自然体、区域环境等只能是“环境”的要素和组成部分。需要说明的是，1979年《环境保护法（试行）》与1989年《环境保护法》对“环境”的定义所列举的要素并不包含“湿地”，考虑到中国于1992年加入《湿地公约》，以及广东、辽宁与安徽等地陆续出台了本省关于湿地保护的地方性法规，2014年修订的《环境保护法》将“湿地”增列为环境要素。

根据以上我们对“环境”一词含义的考察，环境是指作用于一个对象的所有外界影响与力量的总和。环境总是以某一对象为中心而言的，人们把这个中心对象称为主体，把围绕着中心对象的周围世界称为环境。环境与资源保护法学所研究的环境是以人类为中心对象的环境——人类环境，即可以直接或间接影响人类生存和发展的各种自然因素和社会因素的总体。“人类环境”这一概念是1972年联合国人类环境会议正式提出来的，它指的是以人类为中心、为主体的外部世界，即人类赖以生存和发展的天然和人工改造过的各种物质因素的综合体。

从不同角度考察，依据不同的标准可对人类环境进行不同的分类。根据是否经过人类加工改造，环境可分为自然环境和人为环境。自然环境通常指环绕人类社会的自然界，它包括的自然因素很多，主要有大气、水、土地、矿藏、森林、草原和生物等。这些都是人类赖以生存和发展的物质基础。人为环境是指人类为了不断提高物质和文化生活水平，在自然环境的基础上，进行加工、改造而形成的环境，如名胜古迹、风景游览区、温泉区、疗养区、城市、农村、厂矿等。根据人类的视野或人类活动所及的空间范围，可以把人类环境分为许多层次，如居住环境、生活环境、地面环境、地质环境、区域环境、地球环境、大气环境、水环境、宇宙环境等。

需要注意的是，关于环境的定义不一定必须以人类为中心，一些国际文件和外国法律就摒弃了以人类为中心的思想，体现出人类是自然界的组成部分的观念。例如，1982年联合国大会通过的《世界自然宪章》指出：“人类是自然的一部分，生命有赖于自然系统的功能维持不坠，以保证能源和养料的供应。文明起源于自然，自然塑造了

人类的文化，一切艺术和科学的成就都受到自然的影响，人类与大自然和谐相处，才有最好的机会发挥创造力和得到休息与娱乐。”又如，加拿大《环境保护法》（1988 年）第 3 条第 1 款规定：“‘环境’指的是地球的组成部分并包括：（a）空气、土地和水；（b）大气层的所有层次；（c）一切有机的和无机的物质以及生命体；（d）包括（a）和（c）项所指各组成部分在内的相互作用的自然系统。”

（二）自然资源的概念及分类

自然资源是指自然界中一切能够为人类所利用的物质和能量。自然资源包括土地、水、森林、草原、野生动植物、矿产等自然要素，以及阳光、风力、地热、潮汐等能量。从这个定义可以看出，自然资源的概念是相对的。因为，所谓“能够为人类所利用的物质和能量”的范围和种类，取决于社会经济发展以及科学技术的水平。正是从这个意义上来说，有的学者把自然资源定义为“在一定的技术经济条件下，自然界中对人类有用的一切自然要素”，这是不无道理的。[①] 英国著名历史学家汤因比在《历史研究》中，对环境、资源的相对性有个精辟的论述，他认为：“没有人类，这个世界就不是什么环境，不是我们的世界……没有人即没有环境。没有任何自然的产物能被看作是自然资源，除非人类需要它为其服务，并具有技术来开发它。因此肥沃的沼泽地并不是自然资源，除非人类能够疏浚并垦殖它。没有人类的需求和利用它们的手段，煤矿、黄金或铀矿都毫无用处。”[②] 因此，那些自然要素通融成为对人类有用的“自然资源”，取决于人的需要以及一定的科学技术发展水平。因而，自然资源的概念具有动态性。例如，在人类掌握冶炼铝金属之前，铝土矿是被当做废物来看待的，而现在铝土矿是一种重要的矿产资源。有趣的是，在人类学会利用原子能以前，铀矿是被当做染料来使用的，现在，铀矿已经成为十分重要的战略资源。同理，我们今天消费的一些资源的价值尚未被当代人所确认，或者尚未发现其最佳用途，甚至于被当做废物排放到环境中，从而造成环境污染，并减少了后代人利用自然资源的选择权。从这个角度来说，废物是被放错地方的资源。这也提醒我们在利用自然资源时，应持非常谨慎的态度。随着人类获取和利用自然资源的科学技术水平的不断提高以及社会经济的进一步发展，自然资源的范围也不断地扩展，原先被认为无价值的物质现在成为重要的资源。

自然资源的分类。因划分的依据不同，自然资源可以有多种分类：按照自然资源的利用限度，自然资源可以分为可更新资源、不可更新资源。按照自然资源的存在形态，自然资源可以分为土地、森林、草原、水、矿产、野生动植物资源等。

二、环境资源问题

（一）环境资源问题的概念及分类

环境资源问题，是指由于自然原因或人类活动使环境条件或因素发生不利于人类的变化，以致影响人类的生产和生活，给人类带来灾害的现象。

环境资源问题可分为两类：一类是指由于自然环境本身的运动变化而给人类造成

① 参见肖乾刚主编：《自然资源法》，1 页，北京，法律出版社，1992。

② 汤因比：《历史研究（上）》，曹未风等译，72 页，上海，上海人民出版社，1986。

的一切有害影响，如火山、地震、洪水等，这被称为原生环境问题或第一环境问题，也叫自然灾害；另一类是指由于人类活动作用于自然界并反过来对人类自身造成的一切有害影响，这被称为次生环境问题，又称人为环境问题或第二环境问题。根据具体的表现形式，第二类环境问题又可分为两类：一是环境污染，也称投入性损害或污染性损害，即由于人类不适当地向环境排入污染物或其他物质、能量所造成的对环境的不利影响和危害；二是自然生态破坏，也称取出性损害、开发性损害或非污染性损害，即由于人类不适当地从环境中取出或开发出某种物质、能源所造成的对环境的不利影响和危害。

（二）环境资源问题的产生与发展

环境问题的产生和发展，大致可分为三个阶段：

第一阶段，环境问题的萌芽阶段，即从人类诞生至18世纪工业革命以前。在人类诞生后的漫长岁月里，人类生产力落后，科技水平很低，人类影响和作用环境的能力和程度很低，人类活动对环境的冲击并未超过环境的承载能力和自净能力。此时人与环境关系的基本特征是人对自然的依赖、盲从、迷信和崇拜。这个时期的环境问题主要是局部性、短期性和个别性的，主要表现在人对自然资源的掠夺破坏和某些局部生活环境问题上，如因连年战火所引起的土地荒芜退化问题、滥伐森林引起的水土流失问题等。

第二阶段，环境问题急剧发展、局部恶化的阶段，即从工业革命开始至第二次世界大战结束。随着蒸汽机、发电机等工业设备的发明和推广，人类改造自然的能力迅速增强，人类活动对环境的作用和影响超过了环境的承载能力和自净能力。这一阶段人与环境关系的基本特征是极端的人类中心主义，是人对环境的占有、征服、统治和掠夺。这个时期的环境问题体现在两个方面：一是环境污染，主要表现为“三废”的点源污染和区域性污染，煤烟尘、二氧化硫等造成的大气污染和矿冶、制碱等化学工业造成的水质污染等；二是生态破坏，主要表现为因不合理开发、利用矿产和森林等自然资源所造成的植被破坏和资源破坏，以无林化和水土流失为主。

第三阶段，环境问题区域化、国际化和全球化的阶段，即从第二次世界大战结束至今。第二次世界大战以后，世界科技和经济高速发展，人口剧增，城市化和工业化加速，人类开发利用环境资源的能力、规模、程度空前提高，人类活动对环境的影响和冲击大大超出了环境的承载能力，环境问题演变为全球性社会问题，如长程越界大气污染、酸雨、气候变化等问题，环境保护开始成为全人类的共同事业，人类防治环境问题的能力也日益提高。这一阶段人与环境关系的基本特征是极端的人类中心主义环境观和不可持续发展的生产方式继续存在，与此同时，新的人与自然和谐共处的思想和可持续发展的生产方式已经产生。

这一时期的环境问题又可以细分为两个阶段，分别呈现出不同的环境问题特征。第一个阶段，从20世纪40年代至70年代，以著名的世界八大公害事件为代表，以1972年召开的联合国人类环境会议为标志。这一时期的环境问题主要体现为传统的大气污染和水污染事件，如比利时的马斯河谷烟雾事件、日本水俣病事件等；第二个阶段，从20世纪80年代至今，以著名的印度博帕尔毒气泄漏和前苏联切尔诺贝利核电站核泄漏为代表，以1992年召开的联合国环境与发展会议为标志。这一时期的环境问题呈现出新形态，如液化气爆炸、农药泄漏，核电站泄漏等，而大气污染和水污染问题也从局部扩展至全球，引发全球环境危机。

（三）我国的环境资源问题

我国的环境资源问题，早在新中国成立初期就已经暴露出来了。在“大跃进”时期，由于“左”倾路线的影响，我国经济出现了严重的困难，工业污染和生态破坏也比较严重，主要表现为“小钢铁”遍地开花，在许多城市的工业区烟雾弥漫、污水横流、渣滓遍地。特别是对矿产资源的乱挖滥采，对植被的破坏，给生态环境带来了一系列的严重后果。中国自然资源遭到的这次大范围的冲击和破坏，使中国的环境问题发展到非常严重的阶段。

“文化大革命”期间，我国经济濒临崩溃的边缘，环境污染和生态破坏也达到了触目惊心的程度。主要表现在：工业方面片面追求高产值，从而导致资源、能源的极大浪费和环境的严重污染；“三线”建设将许多污染严重的工厂迁进了深山峡谷，形成了严重的污染却无法集中控制；在农业生产方面强调“以粮为纲”，毁林开荒，围湖造田等严重破坏了生态平衡，此时的环境污染和生态破坏迅速蔓延，于1972年出现了大连湾污染告急事件、北京官厅水库水污染事件、松花江水系污染报警事件。中国的环境问题已处于爆发期。

1973年至1978年，我国的环境保护事业开始起步，但在政治动乱的形势下，无力阻挡污染加剧的趋势。主要表现为：工业盲目发展，城市布局混乱，导致环境急剧恶化，主要城市出现了严重污染的局面；生态破坏日益加剧；自然灾害频繁；植被破坏加剧了水土流失；土壤退化、沙化、盐碱化趋势加剧；农业环境普遍受到化肥、农药、工业“三废”的污染；人口剧增对环境造成巨大冲击和压力，使得土地、森林、草原、矿产、淡水等各种自然资源超负荷开发利用，人口与资源的矛盾日益突出。中国的环境问题处于加剧期。

改革开放后，国家制定和颁布了一系列的环境保护法律法规，逐步重视环境保护工作。但由于过去的环境问题历史欠账太多，中国经济的长期高速增长，以及未能正确处理经济增长与环境保护之间的关系，环境问题日益严峻的趋势尚未得到有效遏制。

三、环境资源保护

（一）环境资源保护的概念

所谓环境资源保护是指为了协调人与自然的关系，促进人与自然的和谐共处，保证自然资源的合理开发利用，防止环境污染和生态破坏，保障社会经济的可持续发展而采取的行政、经济、法律、科学技术以及宣传教育等诸多措施和行动的总称。

（二）人类环境观与环境资源保护

人类环境观是人们对环境的知识、心理、观念和思维的总和，是建立在一定生产力之上的并反作用于生产力的一种社会意识形态。人类环境观大致可以归结为两种：即传统的环境观和现代环境观。

传统的环境观是一种以人类中心主义为价值取向，以人统治自然为指导思想，以反自然为主要特征。它认为：自然资源是无限的，取之不尽、用之不竭，因而可以不受限制和无偿地使用；自然界的自净能力是无限的，因而可以随意把废弃物排入自然界。现代环境观是建立在对自然规律、环境与人类关系的科学认识的基础上的科学发展观，它认为自然资源和环境容量是有限的，人和自然必须和平共处、和谐发展。

现代环境观要求人类必须在研究自然资源承载能力和环境自净能力的基础上，有限制地、合理地开发、利用自然资源，使人类和自然协调发展；必须在尊重自然规律的前提下，正确行使环境权利，切实履行环境义务；必须正确地处理好眼前利益和长远利益的关系，以长辈的责任感为子孙后代留下一份宝贵的环境遗产。这种环境观，不仅是人类社会经济发展模式转换的基础，也是环境法产生的基础。

（三）环境资源保护的内容

环境资源保护的主要内容包括以下几个方面：

1. 预防和治理由生产和生活活动引起的环境污染。主要包括：防治工业生产排放的“三废”、粉尘、放射性物质、噪声、振动、恶臭和电磁辐射等造成的污染；防治交通运输活动产生的有害气体、废液和噪声形成的污染等；防治工农业生产和人们日常生活使用的有毒有害化学品和城镇生活排放的烟尘、污水、垃圾造成的污染。

2. 防止由建设和开发活动引起的环境破坏。主要包括：防止大中型水利工程、铁路、公路干线、大中型港口码头、机场和大中型工业项目等工程建设对环境引起的污染和破坏；防止农垦、海岸带和沼泽地的开发，森林资源和矿产资源的开发对环境的破坏与影响；防止新工业区和新城镇的建设对环境的破坏和影响等。

3. 保护有特殊价值的自然环境。主要包括珍稀物种及其生存环境的保护，特殊的自然遗迹的保护，人文遗迹的保护，湿地的保护，风景名胜的保护，生物多样性的保护等。

此外，防止臭氧层破坏、防止气候变暖、国土整治、城乡规划、植树造林、控制水土流失和荒漠化、控制人口的增长、合理配置生产力等，也都属于环境保护的内容。

（四）中国环境资源保护的发展概况

中国的环境保护可分为三个时期：

第一个时期是鸦片战争以前，称为中国古代环境保护。中国古代的环境资源问题与世界古代环境资源问题大致相似。在漫长的岁月里，中国人民曾经开展过无数次保护和改善环境资源、整治山河的重大活动，积累了丰富的环境资源保护知识和经验。大量历史资料说明，在防治废气、固体废物污染和保护自然资源方面，中国历代社会均有所建树。早在公元前5 000年，当时烧制陶器的柴窑已按“热烟上升”原理用烟囱排烟。据《尚书》记载，上古时代的舜曾任命伯益为虞官，管理“上下草木鸟兽”，这位虞官被认为是中国有文字记载以来的第一位“环境部长”。春秋战国时期的诸子百家学说中都包含着丰富的保护环境资源的思想。在其他朝代，也有许多关于造林、治水、防治水土流失和保护鸟兽的活动，但从总体上看，中国古代的环境保护规模小、范围小，且主要偏重于自然保护。

第二个时期是鸦片战争后至中华人民共和国成立前，称为中国近代环境保护。在这个时期，中国处于半封建半殖民地社会，工业很不发达，环境问题主要是自然资源被破坏问题。此外，这一时期中国战争不断，是造成环境问题的一个重要因素。与此相适应，这个时期的环境保护主要是保护自然资源和治理局部工业污染。

第三个时期是中华人民共和国成立至今，称为中国现代环境保护。这一时期环境保护的发展很不平衡。大致可以分为三个阶段：(1) 从 1949 年至 20 世纪 60 年代末，是中国现代环境保护的萌芽阶段，以保护森林、矿产、水产资源、野生动物等自然资源和防治水土流失为主，也有少量防治污染工作，但还没有全国性的环境保护管理机关和系统的环境科学理论。(2) 从 20 世纪 70 年代初至 1978 年改革开放之前，是中国现代环境保护的起步阶段。在当时国际环境保护运动的推动下，为了准备参加和贯彻 1972 年召开的联合国人类环境会议，为了处理日益严重的工业“三废”污染，全国各地开展了一系列的治理工业“三废”和综合利用为主的污染防治工作。1974 年 4 月，国务院批准成立了国务院环境保护领导小组，接着各省、市相继成立了环境保护领导小组或办公室。(3) 从 1978 年至现在，是中国环境保护的发展阶段，称为中国改革开放时期的环境保护。自改革开放以来，国民生产总值以每年约 10%的速度持续增长，这样的经济增长在很大程度上是以牺牲生态环境和自然资源为代价换取的，甚至公众的健康也受到严重威胁，中国民众环境意识已经觉醒，中国环境保护也进入了新的阶段。

第二节 环境法的概念与发展概况

一、环境与资源保护法的概念及特征

(一) 环境与资源保护法的概念

环境与资源保护法作为一门新兴的法律学科，在世界各国法学界有不同的称呼，除了各国共称为“环境法”或“环境与资源保护法”外，还有许多别名。在我国，被称为“环境与资源法”、“环境保护法”或“环境与资源保护法”；在日本被称为“公害法”、“国土法”；在西欧被称为“污染防治（或控制）法”、“自然资源法”；在原苏联被称为“自然保护法”、“土地法”。

我们认为，环境与资源保护法是调整有关环境资源的开发、利用、保护和改善的社会关系的法律规范的总称，它包括环境保护法；污染防治法，如水污染防治法、土壤污染防治法等；生态保护法，如湿地保护法、海岛保护法、水土保持法等；自然资源（能源）法，如土地管理法、矿产资源法、草原法等；以及与自然资源保护密切相关的法律如城乡规划法等。

(二) 环境与资源保护法的特征

1. 调整对象的特殊性。环境与资源保护法的调整具有不同于其他法律部门的特殊性，它既调整人与人的关系，也调整人与自然的关系；既保护有利于统治阶级的社会关系和社会秩序，也保护人类共享的自然环境，更强调保护人与自然和谐共处的关系和秩序。我们说环境法是调整因开发、利用、保护、改善环境资源而发生的社会关系的法律规范的总和。这里的社会关系本身就反映了人与自然的关系，因为离开了环境资源这一媒介就不可能有环境法的社会关系。

2. 综合性。环境与资源保护法所调整的社会关系涉及生产、流通、生活各个领域，并与开发利用、保护环境和资源的广泛社会活动有关，这就决定了需要以多种法律规

范、多种方法、从多个方面对与环境相关的社会关系进行综合性调整。环境问题的综合性、环境保护对象的广泛性和保护方法的多样性，决定了环境与资源保护法是一个高度综合化的法律部门；相关法律部门的交叉和相关学科的渗透，则为这种综合性奠定了雄厚的基础。

3. 科学技术性。环境与资源保护法具有浓厚的科学技术性这一点，是所有环境法学家所共识的不同于一般部门法的基本特征。它不仅反映社会经济规律和自然生态规律，还反映人与自然相互作用的规律（有人称为环境规律）。环境资源法不是单纯调整人与人之间的社会关系，而是通过调整一定领域的社会关系来协调人同自然的关系，具有很强的自然科学性的特征，因而它需要采取各种工程的、技术的措施，具有极强的技术性。

4. 公益性。目前，臭氧层破坏、全球气候变暖、生物物种锐减、荒漠化和水资源紧缺等环境问题和资源危机已经危及整个人类社会的生存和发展，保护环境资源已成为全人类的共同要求，保护环境资源的事业已成为公益性事业。保护好环境资源，对于各地区、各民族、各群体和阶层的人民，对于当代人和子孙后代都有不可忽视的价值。

二、中国环境与资源保护法的发展概况

（一）古代中国环境立法概况及特点

我国是一个历史悠久的文明古国，也是一个环境资源大国。我国古代的环境保护理论是从对生物资源保护思想的基础上发展起来的，其产生至少可以追溯到公元前 11 世纪的西周时期。经过一千多年的发展，至秦汉之前，已逐步完善起来。从秦汉以后直至明清时期，这种思想在实践中得到了一定的发展。我国历史上的环境状况，经历了良好——第一次恶化（秦、西汉）——相对恢复（东汉至隋）——第二次恶化（唐至元）——严重恶化（明清以后）五个发展阶段。我国历史上环境恶化多以森林、植被的破坏为先导，随之带来水土流失、沙漠化、河道决堤、湖泊湮废等一系列变化。同时，在这漫长的岁月中，我国人民对开发、利用、保护环境资源也曾有过无数的成功实践，有关保护环境资源的法律规定在各个历史时期都可以找到。

在防治污染方面，早在公元前 16 世纪的商朝，就出现了一些零散的法律规定。据《韩非子・内储说上》记载：“殷之法，弃灰于公道者断其手”。《七国考・秦刑法》指出，战国时商鞅在秦国实行变法，制定了“步过六尺者有罚，弃灰于道者被刑”的法令。在其他朝代，也有防止废物和噪声污染的法规，如《唐律・杂律下》规定：“穿垣出秽者，杖六十”，“诸在市及人众中，故相惊动，令扰乱者，杖八十。”清朝乾隆皇帝曾下圣旨，命令污染严重的琉璃厂迁往北京城外。

在自然资源保护方面，根据历史记载，在开发、利用自然资源和自然保护方面，最早的法规可以追溯到 4 000 年前。据《逸周书・大聚解》记载：“禹之禁，春三月，山林不登斧，以成草木之长；夏三月，川泽不入网罟，以成鱼鳖之长。”这说明公元前两三千年的夏朝，就有合理开发、利用、保护自然资源的法规。

据《周礼・地官》记载，西周时期已经有了蓄水、排水等农田灌溉设施，以及关于矿冶方面的禁令。西周颁布的《伐崇令》规定：“毋坏屋，毋填井，毋伐树木，毋动

六畜。有不如令者，死无赦。”现存最早、最完整的古代环境与资源保护法规，见于1975年在湖北云梦县出土的《秦简》。《秦简》中的法律对农田水利、作物管理、水旱灾荒、风虫病害、山林保护等都有具体规定。例如，《田律》第2条规定：春天二月，不准到山林中砍伐林木，不准堵塞水道。不到夏季，不准烧草作肥料，不准采刚发芽的植物，或捉取幼兽、卵，不准……毒杀鱼鳖，不准设置捕捉鸟兽的陷阱和网罟，到七月解除禁令。秦始皇统一中国后，为加强对自然资源的管理，在全国范围内以统一的法令规定土地私有制，实行盐铁官营，并对掌管采矿事务的官吏规定了考核及严格的处罚办法。在汉、唐、宋、元、明、清等朝代的法律中，都有不少保护森林、鸟兽、土地等自然资源的规定。

从中国早期的环境与自然资源保护的立法看，特点主要是为了保障国家对自然资源的持续利用，以确保社会的有序发展，这时的自然资源只是作为财产的一种形式予以保护的，“持续利用”自然资源可以说是早期中国环境立法的基本理念。

（二）近代中国的环境立法概况

我国近代的环境立法始于中华民国时期，当时的环境法主要侧重于自然资源保护，如《森林法》（1929年）、《土地法》（1930年）、《渔业法》（1932年）、《狩猎法》（1932年）和《水利法》（1942年）等。另外，在中国共产党领导的革命根据地，也制定了不少环境与资源保护法规，如《闽西苏区山法令》（1930年）、《中华苏维埃共和国土地法》（1931年）、《植树运动决议案》（1932年）、《保护林木条例》（1934年）、《晋察冀边区垦荒单行条例》（1938年）、《晋察冀边区保护公私林木办法》（1939年）、《陕甘宁边区森林保护条例》（1941年）和《东北解放区森林保护暂行条例》（1949年）等。这段时期的立法缺乏可行性及系统性。

（三）中华人民共和国的环境与资源保护法

1. 中华人民共和国成立初期的环境与资源保护法。新中国成立至20世纪60年代末，是我国环境与资源保护法缓慢发展的阶段。在这个阶段制定了一系列有关合理开发、利用和保护、改善环境与资源的法规和规范性文件。如《中华人民共和国矿业暂行条例》（1951年）、《政务院关于发动群众开展造林、育林、护林工作的指示》（1953年）、《国家建设征用土地办法》（1953年）、《狩猎管理办法（草案）》（1956年）、《农业部帮助农业生产合作社进行土地规划的通知》（1957年）、《水产资源繁殖保护条例（草案）》（1957年）、《关于注意处理工矿企业排出有毒废水、废气问题的通知》（1957年）、《中华人民共和国水土保护暂行纲要》（1957年）、《放射性工作卫生防护暂行规定》（1960年）、中共中央批转的《关于工业废水危害情况和加强处理利用的报告》（1960年）、《关于加强水利管理工作的十条意见》（1961年）、《国务院关于积极保护合理利用野生动物资源的指示》（1962年）、《森林保护条例》（1963年）、《矿产资源保护试行条例》（1965年）等。这个阶段的环境与资源保护法具有以下特点：

第一，在立法形式和内容上受苏联的影响较大。苏联是世界上第一个社会主义国家，是其他社会主义国家的榜样，我国当时无论在经济模式上还是在法制建设上，都较多地借鉴了苏联的经验。

第二，以自然资源利用或自然保护立法为主，防治环境污染方面的法律较少。

第三，环境与资源保护法律法规效力等级和立法级别较低，主要是一些行政法规和行政规章，宪法中只有一些有关土地和自然资源保护方面的简单规定。

第四，环境与资源保护法律法规比较分散，内容规定比较原则和粗糙，可操作性和可执行性较差。

2. 创业时期的环境与资源保护法。20 世纪 60 年代至 70 年代，我国环境问题日益严重，环境保护运动迅速发展，环境与资源保护法开始进入艰难的创业时期。1972 年我国代表团参加了联合国人类环境会议，受这次会议的影响，1973 年 8 月召开了第一次全国环保会议，提出了“全面规划，合理布局，综合利用，化害为利，依靠群众，大家动手，保护环境，造福人民”的环境保护工作“三十二字”方针。制定了《关于保护和改善环境的若干规定》，这是新中国第一个综合性的环境保护行政法规。1973 年国家颁布了《工业“三废”排放试行标准》。1974 年 1 月，国务院颁发了我国第一个防治环境污染的正式行政法规，即《防治沿海水域污染暂行规定》。1977 年 4 月，国务院环境保护领导小组发布了《关于治理工业“三废”，开展综合利用的几项规定》，提出尽力把废水、废气、废渣等工业“三废”消灭在生产过程之中的要求。该时期的环境与资源保护法具有目标明确、防治污染为主的特点，但是，缺乏宪法基础，效力等级和立法级别低。

3. 改革开放以后的环境与资源保护法。1978 年之后我国进入改革开放时期，也是我国现代环境与资源保护法进入迅速、全面发展的阶段。

1978 年，我国修改后的《宪法》规定：“国家保护环境和自然资源，防治污染和其他公害。”（1982 年制定的现行《宪法》第 26 条将其修改为“国家保护和改善生活环境和生态环境，防治污染和其他公害”。）这是我国首次将环境保护工作在国家根本大法中加以规定，把环境资源保护确定为国家的一项基本职责，并将自然保护和污染防治确定为环境资源保护和环境与资源保护法的两大领域，从而奠定了我国环境与资源保护法体系的基本构架和主要内容，为我国环境资源保护进入法制轨道开辟了道路。1979 年 9 月，第五届全国人大第十一次会议原则通过了《中华人民共和国环境保护法（试行）》。该法内容较为全面、系统，是我国环境法成为一个独立法律部门的标志，表明我国进入第一次环境立法高潮。此后，我国制定了《海洋环境保护法》（1982 年）、《水污染防治法》（1984 年）、《大气污染防治法》（1987 年）、《草原法》（1985 年）和《水法》（1988 年）等污染防治和自然资源保护方面的法律和一系列的行政法规和规章。1989 年 12 月，第七届全国人大第十一次会议通过了《中华人民共和国环境保护法》，标志着我国第一次环境立法高潮达到顶点。环境法开始成为我国环境保护工作的重要支柱和保障，成为我国法律体系中一个新兴的、迅速发展的重要组成部分。

1992 年 6 月召开的联合国环境与发展会议，使全球环境保护工作和环境法进入“可持续发展阶段”，同年 8 月，中共中央、国务院很快批准了“中国环境与发展十大对策”，指出中国必须转变发展战略，认为可持续发展道路才是加速我国经济发展和解决环境问题的正确选择和合理模式。1993 年 3 月，全国人大成立了环境与资源保护委员会（简称环资委），标志着我国进入第二次环境资源立法高潮。环资委成立伊始就提出了构建“我国环境与资源保护法律体系框架”的目标。从 1994 年起，全国人大常委会在加速制定新的环境与资源保护法律法规的同时，开始对原有的环境与资源保护法律、法规进行整理、修改和完善。如《大气污染防治法》（1987 年通过，1995 年、

2000年、2015年修订)，《固体废物污染环境防治法》(1995年通过，2004年修订)，《水污染防治法》(1984年通过，1996年、2008年修订)，《环境噪声污染防治法》(1996年通过)，《淮河流域水污染防治暂行条例》(1995年通过)，《国务院关于环境保护若干问题的决定》(1996年通过)，《自然保护区条例》(1994年通过)，《煤炭法》(1996年通过，2013年修订)，《防洪法》(1997年通过)，《节约能源法》(1997年通过)，《防震减灾法》(1997年通过)，《防沙治沙法》(2001年通过)，《清洁生产促进法》(2002年通过，2012年修订)，《环境影响评价法》(2002年通过)和《环境保护法》(1989年通过，2014年修订)等法律、行政法规，并配合全国人大常委会及其他专门委员会，参与审议了国务院提交的《森林法》(1984年通过，1998年修订)，《土地管理法》(1986年通过，1988年、2004年修订)，《气象法》(1999年通过)，《渔业法》(1986年通过，2000年、2013年修订)，《海域使用管理法》(2001年通过)，《水法》(1988年通过，2002年修订)，《草原法》(1985年通过，2002年、2013年修订)，《可再生能源法》(2005年通过)，《海岛保护法》(2009年通过)等多项法律。此外，各地还制定和修改了一大批地方环境与资源保护法规和规章。

总的来说，这一时期的环境与资源保护法具有以下几个主要特点：

第一，可持续发展战略已成为环境与资源保护法的指导思想。自从联合国环境和发展会议以来，党和国家已决定实施可持续发展战略。通过制定《中国21世纪议程》，可持续发展已经对中国的环境法制建设产生了全面、深远的影响。无论在环境资源立法还是在环境资源执法中，都贯穿着可持续发展的指导思想。

第二，环境立法的综合化进一步加强。在这一阶段，我国认识到，实现可持续发展，特别需要加强综合性的环境与资源保护法律体系的建设。我国环境与资源保护法正在将环境与资源、环境保护与经济社会发展结合起来，正在发展成为以保护环境资源为主，综合调整环境、经济、社会发展问题的可持续环境与资源保护法体系。

第三，环境法治已经成为环境法制建设的目标，环境民主和公众参与正在成为我国环境与资源保护法的基本原则。1999年，我国将“依法治国，建设社会主义法治国家”正式写入宪法。从此，我国环境法制建设进入了一个崭新的阶段。我国环境法的民主化正在日益推进，环境监督管理制度日趋民主化，环境资源保护工作中的民主手段和公众参与日益制度化。我国《宪法》、《环境保护法》、《环境影响评价法》、《水污染防治法》和《环境噪声污染防治法》等法律和政策文件均有关于实行环境民主和公众参与的规定。特别是2014年修订的《环境保护法》，首次将“信息公开和公众参与”的内容单独列入为第五章，突出了公众参与在环境保护中的重要地位，为实行环境民主开辟了广阔的道路。

第四，环境与资源保护法越来越多地采用经济手段和市场机制。为了适应我国社会主义市场经济体制，我国环境与资源保护法引入符合市场经济规律和市场机制要求的法律调整手段，越来越多地采用经济手段来解决环境资源问题，如《环境保护法》第22条规定：企业事业单位和其他生产经营者，在污染物排放符合法定要求的基础上，进一步减少污染物排放的，人民政府应当依法采取财政、税收、价格、政府采购等方面的政策和措施予以鼓励和支持。这些经济措施主要分为三个方面：一是由环保部门执行的经济政策，如排污费、生态环境补偿费、生态补偿制度、排污权交易制度；

二是由各资源、产业部门执行的经济政策，如矿产资源补偿费、渔业资源增殖保护费、土地损失补偿费、城建环保投资、奖励废物回收利用政策、育林费、林业基金、造林和育林优惠贷款、防治水土流失专项资金等；三是由综合管理部门执行的经济政策，如城镇土地使用费、耕地占用税、资源税、奖励资源综合利用政策、企业更新改造环保投资、清洁生产费用、银行环境保护贷款等。

第五，环境与资源保护法越来越多地采用科技手段和技术规范。通过多年的努力，科学技术方法已成为将经济发展与环境资源保护相结合的主要工具，贯穿于当代环境法的整个领域。如我国确立的环境影响评价、环境标准、环境监测、清洁生产、环境标志、生态红线、环境预警等保护环境的法律制度。

第六，我国环境与资源保护法与国外、国际环境与资源保护法以及地方环境与资源保护法规的协调性日益增强。随着我国逐步进入国际经济大循环和国际环境资源保护舞台，在环境与资源保护法制建设中，我国确定了国内环境与资源保护法和国际环境与资源保护法接轨的政策目标，确定了环境资源立法和环境与资源保护法实施方面的国际合作政策。为了实现国内环境资源立法与国际环境资源公约的接轨和协调一致，我国在新的环境立法中体现了《保护臭氧层维也纳公约》、《联合国气候变化框架公约》、《控制危险废物越境转移及处置巴塞尔公约》、《关于特别是作为水禽栖息地的国际重要湿地公约》、《关于持久性有机污染物的斯德哥尔摩公约》以及《保护世界文化和自然遗产公约》等的有关内容。我国各省、自治区和直辖市以及有地方立法权的城市，充分发挥地方立法积极性，因地制宜，制定了大量富有开拓性、进取性、富有地方特色的地方环境与资源保护法规。例如，为解决污染环境违法成本低的问题而设计的“按日计罚”制度，率先规定在2007年通过的《重庆市环境保护条例》之中，2014年修订的《环境保护法》遂采纳了此项制度。

三、中国环境与资源保护法的立法趋势

在坚持“预防为主，保护优先”，生态保护与生态建设并举，尊重经济规律和自然规律等原则的基础上，结合我国的国情，我们认为应当从以下几个方面加强我国环境与资源保护立法：

（一）统筹城乡环境保护立法

我国将调整重点应放在城市经济结构，从源头上减少污染排放。加强污水处理厂、收集管网和垃圾处理设施建设。积极防治农村和农业污染，进一步调整农业产业结构，大力发展生态农业、有机农业；改进农业生产方式，科学使用农药、化肥和农用薄膜，严格控制畜禽和渔业养殖污染；推进农村环境综合整治，因地制宜处理农村污水和垃圾，推广应用沼气等可再生能源；继续做好天然林、湿地等保护工作，防治土地沙漠化、石漠化，合理调节流域生态用水。

（二）推进循环经济的立法

2008年，第十一届全国人大常委会第四次会议通过了《循环经济促进法》，但是仍无法满足现实需求，对于循环经济的发展，我们还需从以下几个方面去着手：制定绿色消费、资源循环再生利用以及家用电器、建筑材料、包装物品等行业在资源回收利用方面的法律法规；建立健全各类废物回收制度；制定充分利用废物资源的经济政策，

在税收和投资等环节对废物回收采取经济激励措施。在区域经济发展中，继续探索新的循环经济实践模式，积极创建生态省、国家环境保护模范城市、生态市、生态示范区、生态工业园区、绿色村镇和绿色社区。淘汰和关闭浪费资源、污染环境的落后工艺、设备和企业；用清洁生产技术改造能耗高、污染重的传统产业，鼓励发展节能、降耗、减污的高新技术产业；大力发展生态农业和有机农业，建立有机食品和绿色食品基地，大幅度降低农药、化肥使用量。通过广泛的宣传教育活动，提高公众的环境意识和绿色消费意识；各级政府要优先采购经过生态设计或通过环境标志认证的产品，以及经过清洁生产审计或通过ISO14000环境管理体系认证的企业的产品，鼓励节约使用和重复利用办公用品；逐步制定鼓励绿色消费的经济政策。在经济核算体系中，改变过去重经济指标、忽视环境效益的评价方法，开展绿色经济核算，并纳入国家统计体系和干部考核体系。以发展高新技术为基础，以开发经济体系生态链接技术为关键，开发和建立包括环境工程技术、废物资源化技术、清洁生产技术等在内的“绿色技术”体系。

（三）严格控制污染物排放总量的立法

重点污染物排放总量控制是改善环境质量的根本措施，也是推行排污权交易制度的基础和前提。应积极推行清洁生产，淘汰落后工艺、技术、设备和污染严重的企业。严格环境准入制度，禁止建设资源消耗大、污染严重的项目。同时，加大城乡生活污染治理力度，提倡绿色生产生活和文明消费方式。

（四）协调推进区域环境保护立法

加强淮河、海河、辽河，太湖、巢湖、滇池，二氧化硫和酸雨控制区，京津冀、渤海，以及三峡库区和南水北调沿线地区等重点流域、区域的污染治理。继续搞好西部地区退耕还林、退牧还草、退田还湖、天然林保护和京津风沙源治理等生态工程建设，加大西部重点城市大气污染防治，江河上中游水污染防治力度等。

（五）进一步加强国际环境保护方面的合作

引进国外先进技术和管理方法，促进国内环境保护事业跨越式发展。中国政府将一如既往地积极参与国际环境事务，履行国际环境公约，为解决人类面临的环境与发展问题作出贡献。

第三节 环境法的目的和作用

一、环境与资源保护法的目的

环境与资源保护法的目的，即环境与资源保护法的立法目的，是指国家希望通过环境与资源保护法的实施而实现的目标或结果，是国家在制定环境与资源保护法之前必须明确的立法意图，属于环境与资源保护法基本问题的范畴。根据环境资源法的定义，环境与资源保护法的立法目的包括两方面的内容：一是保护环境、自然资源，维持生态系统平衡；二是防治污染和其他公害，保障公众健康，促进经济社会可持续发展。

不同的国家对环境与资源保护法的立法目的有不同的表述。例如，《日本公害对策基本法》（1974 年）将该法的目的规定为“达到保护国民健康和维护其生活环境的目的”；《美国国家环境政策法》（1969 年）第 2 条将该法的目的概括为：为后代保护环境、创造安全健康和优美的环境、合理利用环境、维护文化环境、确保人口和资源使用平衡，提高可更新资源质量六个方面；《欧洲联盟条约》（1993 年 11 月 1 日在获得欧洲共同体所有 12 个成员国的批准之后开始生效）规定：“共同体的环境保护政策应有助于达到下述目标：保护和改善环境质量；保护人类健康；节约、合理地利用自然资源；促进处理区域性或世界性的环境问题的国际措施”；匈牙利《人类环境保护法》（1976 年）规定：“本法的宗旨在于保护人的健康，不断改善当代人及子孙后代的生活条件……”从以上各国关于环境与资源保护法的立法目的的规定可以看出，各国环境与资源保护法的立法目的大致可分为两类：一类为目的一元论，即主张“环境优先论”、“保障人体健康优先论”，以匈牙利为代表。另一类为以美国为代表的目的二元论或目的多元论，即主张“经济、社会和环境保护的协调、持续发展”的观点。该观点认为，环境资源的保护必须与经济的发展有机地结合，在环境资源允许的承载范围内，实现人与自然的和谐共处。

不同级别的环境法规的立法目的也不尽相同。环境保护基本法的立法目的包括目的和任务两方面。例如，2014 年《环境保护法》第 1 条规定：“为保护和改善环境，防治污染和其他公害，保障公众健康，推进生态文明建设，促进经济社会可持续发展，制定本法。”这一规定指明了我国环境资源立法的任务，在于合理地利用自然环境和自然资源，防治环境污染和生态破坏，为公众创造清洁适宜的生活和劳动环境，而任务的最终目的在于保护公众健康，推进生态文明建设，促进经济社会的可持续发展。

环境保护单行法的立法目的主要是以实现环境保护基本法的任务为目标，结合单行法具体的调整对象来确定，一般可分为三类：一是环境污染防治法的目的，即通过对产生或可能产生环境污染和其他公害的各种人为活动加以干预，实现保护人民的身体健康和财产安全的目的，《大气污染防治法》、《水污染防治法》、《固体废物污染环境防治法》、《环境噪声污染防治法》、《放射性污染防治法》等属此类立法；二是自然资源法的目的，即通过对开发与利用自然资源的行为予以行政上的控制和管理，达到对自然资源的永续利用，《森林法》、《渔业法》、《矿产资源法》、《煤炭法》等属此类立法；三是生态保护法的目的，即通过维持和保护自然环境和生态系统的现状，达到维护自然环境和生态系统的内在价值的目的。例如，《野生动物保护法》、《水土保持法》、《防沙治沙法》、《海岛保护法》等。同自然资源立法相比较，生态保护立法更注重对自然的保护，而不是开发或利用。

我国《环境保护法》（2014 年）将环境与资源保护法的立法目的规定为以下五个方面：

1. 保护和改善环境。这是从保护对象出发，规定环境与资源保护法的立法目的。环境与资源保护法的立法目的不仅在于保护环境现状，防止环境质量退化，还在于治理和改善环境，不断提高环境质量；不仅要保护和改善人类的生活环境，还要保护和改善生态环境。

2. 防治污染和其他公害。这是从防治客体出发规定环境与资源保护法的立法目的，与前一个目标是一个问题的两个方面，即要保护和改善环境必须防治环境污染和破坏，而防治污染和破坏则是保护和改善环境的主要途径。防治污染和其他公害，主要是指防治废气、废水、固体废物、噪声、放射性物质、有毒有害化学物质和电磁辐射等对环境资源的污染，以及生态破坏，如乱砍滥伐林木、盗猎野生动物、滥采野生植物等。

3. 保障公众健康。这是防治环境污染立法的基本出发点和目标。环境与资源保护法之所以将保障公众健康作为目的，是因为适宜的生活环境是人们有效工作和健康生活的必需条件，而环境污染往往会破坏这一条件。人们生活的环境一旦受到污染，就会诱发身体产生各种疾病，损害人体健康，导致社会生产力的破坏，影响和阻碍经济、社会的发展。因此，环境资源立法首先就是保障给公众提供一个安全、舒适的生活环境，把环境质量保持在有利于人体健康的水平之上。

4. 推进生态文明建设。生态文明是以人与人、人与自然、人与社会和谐共生、良性循环、全面发展、持续繁荣为基本宗旨的一种文明形态。与工业文明不同，生态文明拒绝对自然进行野蛮与粗暴的掠夺，注重改善与优化人与自然的关系。

5. 促进经济社会的可持续发展。环境资源是经济、社会发展的物质基础和源泉，环境资源的污染和破坏是对经济、社会发展条件的损害，保护环境资源有利于经济、社会的可持续发展。

二、环境与资源保护法的作用

环境与资源保护法的作用亦称环境与资源保护法的功能。环境与资源保护法最基本的作用是调整和规范因开发、利用、保护、改善环境所发生的社会关系，包括人与环境的关系和人与人的关系。环境与资源保护法作用的具体表现在以下五个方面：

1. 国家进行环境资源管理的法律依据。环境与资源保护法是国家进行环境行政管理的依据和法律保障，它对环境管理部门及其职责、环境监督管理措施和制度、环境管理范围以及各项环境保护工作都作了全面的规定，有力地推动了我国环境保护事业和环境资源工作的开展。

2. 合理开发和利用环境资源，防治环境污染，保护环境质量的法律武器。环境与资源保护法规定了开发、利用、保护和改善环境的各种行为规范，规定了人们在环境资源保护方面的权利和义务以及相应的法律责任和补救措施，是人们享受权利、履行义务，防止环境资源污染和破坏行为的有力武器。

3. 协调经济、社会发展和环境保护的有效手段。环境与资源保护法把协调经济、社会发展和环境保护的经济手段、行政手段和科学技术手段上升到法律的高度，确定了环境规划、布局、现场检查、申报登记、行政处罚等调控方式，成为协调经济、社会发展和环境保护的有效手段。

4. 促进公众参与环境管理，普及环境科学知识的教材。环境与资源保护法提出了保护环境的行为规范和政策措施，以法律的形式在环境资源领域中树立起了判断环境保护的是非善恶标准，成为推动环境保护工作和提高公民环境意识的最好教材。

5. 处理环境国际关系，维护我国环境权益的重要工具。我国环境与资源保护法纳入了有关国际环境法规范，宣布了我国的基本环境政策，明确了环境法的适用范围，有利于防止外国向我国转嫁污染以及侵犯我国的环境权益。而国际环境与资源保护法正是以规定国家的环境权利和环境义务为主要内容，从而成为国际间环境保护合作的有效手段。

第四节　环境法律关系

一、环境与资源保护法律关系的概念

法律关系通常被定义为，由法律规范所确认的当事人之间的具有权利义务内容的社会关系。从广义上来说，法律关系是指通过法律所形成和建立的各种关系。基于这种广义的认识，环境与资源保护法律关系，是指由环境与资源保护法所调整的各种关系，包括环境与资源保护法律规定或涉及的人与人的关系和人与自然的关系，合称为环境资源社会关系。这个定义包含以下两层意思：

第一，环境与资源保护法律关系是一种环境资源社会关系。环境与资源保护法律关系包括环境与资源保护法律明文规定或间接体现的人与人的关系和人与自然的关系。在这两种关系中，有的学者只承认前者而否认后者，这实际上是对法律关系的一种狭义的理解。

第二，环境与资源保护法律关系只能是环境与资源保护法所调整的环境资源社会关系。在现实中，人与人的关系和人与自然的关系是多种多样的，但只有经过环境与资源保护法所调整的那种环境资源社会关系才属于环境与资源保护法律关系。环境与资源保护法没有规定的环境资源社会关系不属于环境与资源保护法律关系，即没有环境与资源保护法就没有环境与资源保护法律关系。

环境与资源保护法律关系包括三个方面的构成要素：环境与资源保护法律关系的主体、环境与资源保护法律关系的内容和环境与资源保护法律关系的客体。

二、环境与资源保护法律关系的主体

（一）环境与资源保护法律关系主体的种类

环境与资源保护法律关系的主体，是指在环境与资源保护法律关系中享有权利和承担义务的当事人或参加者，又称权利义务主体。在我国，环境与资源保护法律关系主体包括国家、法人、非法人组织和自然人。

国家是环境与资源保护法律关系的一种特殊主体，也称公法人。在国际环境与资源保护法律关系中，如参加国际环境资源公约、缔结环境资源的双边或多边条约、处理国际环境资源纠纷，国家具有重要的地位。在国内环境与资源保护法律关系中，国家并不以自己独立的身份直接参与环境与资源保护法律关系，而是通过国家机关或授权的组织参与环境与资源保护法律关系。

法人是指具有权利能力和行为能力，依法独立享有民事权利和承担民事义务的组织。它包括机关法人、事业法人、企业法人和社会团体法人四种，不管哪种法人都可以成为环境与资源保护法律关系的主体。

非法人组织，又称其他组织，是指不具备法人资格、不能独立承担民事责任的社

会组织。它包括独资企业、合伙企业、法人分支机构、非法人联营组织等。它们也是环境与资源保护法律关系的主体。

自然人是因出生而取得民事主体资格的人，是相对于法人的民事主体。自然人包括国内公民与外国公民以及无国籍人。根据《民法通则》的规定，公民从出生时起到死亡时止都有民事权利能力，但公民只有年满 18 周岁时才能享有完全民事行为能力，10 周岁以上不满 18 周岁的未成年人是限制民事行为能力人，不满 10 周岁的未成年人为无民事行为能力人（参见《民法通则》（1986）第 11 条）。在环境与资源保护法中，自然人不论年龄大小都有保护环境资源的义务。如根据第五届全国人民代表大会第四次会议《关于发展全民义务植树运动的决议》，凡年满 11 周岁的公民都有植树的义务。因此，自然人是环境与资源保护法律关系最广泛的主体。

从环境资源管理的角度来划分，还可将环境与资源保护法主体分为管理主体和受控主体两类。管理主体是指能够代表国家行使其环境资源保护职能的各种国家机关；受控主体是指在环境资源活动中接受国家的调控和管理的主体。

（二）环境与资源保护法律关系主体的特征

第一，环境与资源保护法律关系的主体具有广泛性。它的主体广于民事法律关系和行政法律关系的主体，任何法人、其他组织、自然人都可以成为环境法律关系的主体。在国际环境与资源保护法中，国家是环境与资源保护法律关系中的重要主体。

第二，国家环境资源管理机关是环境与资源保护法律关系中最重要的主体之一。在环境资源行政管理关系中，国家环境资源管理机关是环境与资源保护法律关系的必要的一方，具有不可替换性和不可选择性。

第三，权利主体与义务主体具有对应性。在环境与资源保护法律关系中，一方既是权利主体，又是义务主体，并不存在单纯的权利主体或单纯的义务主体，而且该权利与义务是互通的，权利主体在享有权利的同时也承担一定的义务，任何一方都不能只享受环境权利而不承担环境义务，也不能只承担环境义务而不享有环境权利。

三、环境与资源保护法律关系的客体

（一）环境与资源保护法律关系客体的概念和种类

环境与资源保护法律关系的客体，是指主体的权利和义务所指向的对象，又称权利客体或义务客体。法律关系的客体一般包括物、行为、精神财富和其他权益。环境与资源保护法律关系的客体也不例外，但能反映环境与资源保护法律关系特点的主要客体是环境资源（物）和对环境资源有影响的行为。

1. 环境资源。表现为自然因素的各环境要素或资源，即环境与资源保护法的保护对象；表现为物质实体的各种污染物质和现象，如工业“三废”和动植物病虫害等，即环境与资源保护法的防治对象；还有构成污染源和防治污染、保护环境的工程设施等其他物质。

2. 环境资源行为。环境资源行为，是指环境与资源保护法主体在开发利用和保护改善环境资源的过程中实施的有目的、有意识的活动。它包括管理主体的监督管理行为，以及企业和个人实施的开发、利用、保护、改善环境资源的行为。

（二）环境与资源保护法律关系客体的特征

1. 作为环境与资源保护法律关系客体的环境资源具有强烈的生态性。民事法律关系和经济法律关系上的物都具有经济性和物质利益性特征，而在环境与资源保护法律关系中，各环境要素的生态效益是第一位的。因此，环境与资源保护法为实现自身的立法目标和宗旨往往是要实现环境效益、经济效益和社会效益的统一。

2. 环境资源行为是环境与资源保护法律关系的最重要、最经常的客体。环境与资源保护法主要调整由国家干预的环境社会关系，而环境与资源保护法对此类关系的调整，是通过制定相关的法律法规，规定管理机关的职权以及实施这些职权来实现的。同时，人们对环境资源的开发利用又是与社会经济发展密不可分的，对环境资源的保护反映在社会经济活动的各个方面，因此，环境资源行为是环境与资源保护法律关系最重要和最经常的客体。

四、环境与资源保护法律关系的内容

根据前述对环境与资源保护法律关系主体的分类，以下按环境与资源保护法的管理主体和受控主体的权利义务分别叙述。

（一）环境资源管理主体的权利和义务

1. 环境资源管理主体的权利。环境资源管理主体的权利又可称为权力，是指法律赋予的，为实现国家环境资源管理职能所必需的，运用各种国家机器及物质设施使全社会服从自己意志的各种强制力量的总称。这些权利包括：（1）环境管理规范制定权，即根据宪法、法律和有权主体的授权，以法规、规章以及其他规范性文件形式，规定环境与资源保护法主体必须遵守的行为准则的权力。（2）环境资源行政处理权，即根据环境资源行政法律规范，具体地为相对人设立、变更和取消权利义务的权力。（3）行政执法权，即环境资源管理机关具有执行法律赋予的权力，并对违反环境资源管理法规的行为人以制裁，对拒绝履行环境资源保护义务的行为人以强制执行的权力。（4）物权，如河流、海域、滩涂、矿藏、森林等自然资源，根据法律授权由特定国家机关进行管理，实现其环境效益和所有者权益。

2. 环境资源管理主体的义务。环境资源管理主体的义务又称为职责。主要包括以下两个方面：（1）管理性义务，即为建立和保持正常生产和生活所必需的环境与资源保护法律秩序的总和。如制定法规、规章，管理各种开发利用环境的活动，管理各种污染和破坏环境的活动等。（2）服务性义务，即为保护和改善环境创造各种条件的义务的总和，如进行环境保护的宣传教育，推广先进的环境保护工艺流程，提供污染治理设施等。

（二）受控主体的权利和义务

1. 受控主体的权利。受控主体的权利主要包括：（1）参加环境资源管理权。主要是对环境与资源保护法律法规的制定进行讨论和建议，对环境资源管理工作进行批评、监督以及参与具体的环境管理活动的权利。（2）环境资源使用权，即受控主体拥有的使用环境资源的权利。如对自然资源的开发利用、对环境质量的保护改善以及在健康优美的环境中生存的权利等。（3）保障权，即受控主体在开发利用和保护改善环境的过程中，有得到国家环境资源管理机关的支持和保护的权利，如自然人和社会组织的财产在遭受环境污染和破坏时，有权请求国家机关给予保护。（4）受益权，即受控主体在开发利用环境资源过程中，享有法定利益的权利。包括两个方面：一是在直接开发利用和保护改善中享有获得相应收益的权利；二是享有保护和改善环境质量的环境效益权利。（5）申诉和控诉权，即在与环境资源管理机关发生争议和受到违法处理后或当环境权益受到侵害时，有获得行政或司法救济的权利。

2. 受控主体的义务。受控主体的义务主要包括：（1）遵守和维护环境与资源保护法律秩序的义务。环境与资源保护法律秩序是服务于整个社会公共利益的，每个自然人和社会组织都应当自觉主动地加以维护，并协助国家环境资源管理机关履行法定职责。（2）服从国家环境资源管理的义务。一切自然人和社会组织都应服从国家管理机关的管理。即使对管理行为的合法性有争议，也应当通过法定程序由有关机关认定，不得擅自否认管理决定的确定力和约束力。（3）服从制裁的义务。如果受控主体未能履行义务或故意、过失地违反法律，应当服从有关国家机关的处理，接受国家对其违法行为的否定性评价，以恢复被破坏的环境与资源保护法律秩序。

（三）环境与资源保护法律关系内容的特征

环境与资源保护法律关系的内容具有如下特征：

1. 权利和义务的具体内容都与开发、利用、保护、治理环境资源有关，即都离不开环境资源。也就是说，环境与资源保护法律权利义务关系同时反映了人与人的关系和人与自然的关系。

2. 权利义务既是把环境与资源保护法律关系中的主体双方连接起来的纽带，又是把环境与资源保护法律关系中的主体和客体，即人与环境资源连接起来的纽带。

3. 各种主体的权利义务既不均衡，也不对等。例如，有一些环境法规侧重于规定管理主体的权利与义务，而很少为受控主体设定义务；而有的环境法规则侧重于规定受控主体的义务。这种权利义务的不均衡和不对等正是环境与资源保护法实现其环境资源保护的需要，因为不可能出现由平权者的一方来引导和管理另一方。这种现象反映了从传统个人权利义务观向社会权利义务观的发展。

第五节　环境法的体系

一、环境与资源保护法体系的概念

环境与资源保护法体系，简称环境法体系，是指由相互联系、相互补充、相互制约的各种环境与资源保护法律规范组成的统一法律整体，即由旨在调整因开发、利用、保护、改善环境资源所发生的社会关系的法律规范和其他法律渊源所组成的系统。截止到2014年，全国人大及其常委会通过的法律共250部左右，其中，环境、资源（能源）、清洁生产与循环经济促进等方面的专门法律30余部，约占国家全部法律的12%。此外，《民法通则》、《刑法》等其他法律也规定了环境资源保护的内容。所以，我国的环境与资源保护法律体系已经基本形成。

环境与资源保护法律体系是由环境与资源保护法的调整对象决定的。调整对象的独立性决定了法律规范的独特性，从而决定了整个环境与资源保护法体系的独特性。

二、环境与资源保护法体系的类型

从不同的角度出发，可以构建不同的环境与资源保护法体系类型。

（一）环境与资源保护法律规范体系

环境与资源保护法律规范体系包括：

1. 宪法法律规范。宪法中有关合理开发、利用和保护、改善环境的规定，称为宪法法律规范。宪法法律规范属于指导性法律规范的范畴，具有指导性、原则性和政策性的特点。如《宪法》第 9 条规定："矿藏、水流、森林、山岭、草原、荒地、滩涂等自然资源，都属于国家所有，即全民所有；由法律规定属于集体所有的森林和山岭、草原、荒地、滩涂除外。国家保障自然资源的合理利用，保护珍贵的动物和植物。禁止任何组织或者个人用任何手段侵占或者破坏自然资源。"第 10 条规定："城市的土地属于国家所有。农村和城市郊区的土地，除由法律规定属于国家所有的以外，属于集体所有；宅基地和自留地、自留山，也属于集体所有。国家为了公共利益的需要，可以依照法律规定对土地实行征收或者征用并给予补偿。任何组织或者个人不得侵占、买卖或者以其他形式非法转让土地。土地的使用权可以依照法律的规定转让。一切使用土地的组织和个人必须合理地利用土地。"第 22 条第 2 款规定："国家保护名胜古迹、珍贵文物和其他重要历史文化遗产。"第 26 条规定："国家保护和改善生活环境和生态环境，防治污染和其他公害。国家组织和鼓励植树造林，保护林木。"

2. 行政法律规范。环境资源行政法律规范又称国家环境行政管理法律规范，是指调整因实施国家环境资源行政管理而产生的行政关系的各种法律规范。主要包括如下内容：国家环境资源行政监督管理体制和行政管理部门的分工；环境资源行政监督管理机关和行政相对人的权利和义务；各种环境资源行政行为和行政管理措施、行政补救措施；环境资源行政监督管理的制度、程序；环境资源行政责任和行政制裁。目前，我国的环境与资源保护法律规范多数属于环境资源行政法律规范。环境资源行政法律规范是环境与资源保护法律规范的主要组成部分。

3. 民事法律规范。环境资源民事法律规范，是指调整平等主体之间因环境资源行为而产生的民事权利义务关系的法律规范，包括民法中有关环境资源规范和环境与资源保护法律法规，如《民法通则》第 124 条规定："违反国家保护环境防止污染的规定，污染环境造成他人损害的，应当依法承担民事责任。"环境资源民事法律规范主要包括以下内容：自然资源所有权、使用权和其他民事权利；与环境资源有关的民事义务、环境资源民事侵权行为、民事责任和民事制裁等。环境资源民事法律规范是在开发、利用、保护、改善环境资源的活动中保护民事权利、履行民事义务、承担民事责任、解决民事纠纷的法律依据。《侵权责任法》（2009 年）第八章环境污染责任的有关规定是环境民事责任的重要依据。

4. 刑事法律规范。环境资源刑事法律规范，是指在开发、利用、保护和管理环境资源中有关犯罪和追究刑事责任的法律规范，如我国现行《刑法》第六章第六节关于"破坏环境资源保护罪"的规定。环境资源刑事法律规范是追究环境资源犯罪的法律依据。2011年颁布的《刑法修正案（八）》通过扩展适用范围、降低入罪门槛等方式，极大地增强了《刑法》的威慑力，对完善我国环境资源犯罪的刑事处罚具有重要意义。

5. 诉讼法律规范。环境资源诉讼法律规范是有关环境资源诉讼的程序性法律规范，是进行环境诉讼的法律依据。它包括环境行政诉讼法律规范、环境民事诉讼法律规范和环境刑事诉讼法律规范，即《行政诉讼法》、《民事诉讼法》、《刑事诉讼法》中的有关规定。值得一提的是，2012年修正的《民事诉讼法》第55条与2014年《环境保护法》第58条确立了我国的环境民事公益诉讼制度，为破解"公地悲剧"提供了有力的制度支撑。此外，全国已在高级、中级和基层人民法院设立环保法庭（环保审判庭）456多个，2014年7月最高人民法院也成立了环境资源审判庭。

6. 其他法律规范。环境与资源保护法具有综合性，除了上述法律规范之外，它还包括有关经济法律规范、国际法律规范等，如环境税收法，以及迄今为止中国缔结或参加的国际环境公约、条约或协定。

（二）环境与资源保护法效力体系

环境与资源保护法的效力体系是根据环境与资源保护法的各种形式意义上的法律部门的制定机关、具体内容的不同，按照不同的效力等级或层次而划分的环境与资源保护法的内部结构。从现行法律法规的效力级别来看，我国环境与资源保护法体系主要由以下五个层次构成：

1. 宪法。宪法在一个国家中处于法律体系的最高位阶，它是国家的根本大法，因此，任何法律规范都必须首先符合宪法规定。目前，不论各国的宪法规定如何，可以肯定的是，宪法已经将环境与资源的价值纳入其规范体系之中，以此作为环境与资源立法、执法的依据。

我国宪法中关于环境与资源保护的规定是环境与资源保护法的基础，是各种环境与资源保护法律、法规和规章的立法依据，如《宪法》第9条、第10条、第22条、第26条的相关规定，这些条文对环境与资源保护作出了基本的和原则性的规定。实践证明，这些规定对我国环境与资源保护工作起到了至关重要的作用。

2. 环境与资源保护法律。狭义的环境与资源保护法律是指由全国人民代表大会及其常务委员会制定的有关合理开发、利用和保护、改善环境资源方面的法律。环境与资源保护法律具体有三类：

一是环境与资源保护基本法。这里所谓的"基本法"，是指国家制定的某一领域的综合性法律。理论上，环境与资源保护基本法的地位和效力仅次于宪法，一般由全国人民代表大会表决通过，是环境与资源保护单行法的立法依据。从这个意义上说，由全国人民代表大会常务委员会表决通过的《环境保护法》并非完整意义上的环境与资源保护基本法。然而，我国环境法学者一般将《环境保护法》称为环境基本法，因为从其内容上看，《环境保护法》规定了环境与资源保护的基本原则、基本制度、法律责任等内容，是环境保护方面原则性的法律规范，对环境保护单行立法具有指导意义，具有环境与资源保护基本法的性质。

二是环境与资源保护单行法。环境与资源保护单行法，是指针对环境污染的防治和环境要素的保护而由国家立法机关制定的单项法律。它们是以综合性环境基本法的存在为前提而出现的一种环境立法现象，具有控制对象的针对性和专一性的特点。

我国环境与资源保护单行法包括两大类：第一，以环境污染和其他公害防治为目的的法律。环境污染及其他公害防治法，是指调整在保护环境，预防、治理环境污染及其他公害的过程中所发生的特定社会关系的法律规范的总称。由于环境污染一般以水、大气、噪声、固体废物、农药、放射性、光、热污染等形式存在，受污染的对象往往是水体、海洋、大气、声环境、土壤等，因此，环境污染及其他公害防治法的体系可以分为水污染防治法、海洋污染防治法、大气污染防治法、环境噪声污染防治法、土壤污染防治法、固体废物污染环境防治法、放射性污染防治法、振动污染防治法、有毒有害物质污染防治法、光污染防治法等。除振动和光污染立法处于空白外，目前我国已经在一些主要的领域制定了单行的污染防治法。另外，《水法》等自然资源保护立法中也有与《水污染防治法》衔接的一些污染控制制度，如总量控制指标的确定、排污口的设置程序等。第二，以自然资源管理和保护为目的的法律。这些法律主要有《土地管理法》、《水法》、《矿产资源法》、《森林法》、《草原法》、《渔业法》、《野生动物保护法》等。第三，以生态保护为目的的法律。如《水土保持法》、《防沙治沙法》等单行法律。此外，《城乡规划法》、《水法》、《海洋环境保护法》、《农业法》、《防洪法》等也有关于生态保护的规定。

三是其他部门法中有关环境与资源保护的规定。由于环境问题和环境保护所涉及社会关系的综合性和复杂性，各国除了制定专门的综合性环境基本法以及有关环境与资源保护单行法外，还在其他一些法律如民法、刑法和有关经济、行政的立法以及有关程序立法中也都对环境与资源保护作出了规定。这些法律中的环境与资源保护规范也是环境资源法律体系的组成部分。例如，我国《民法通则》有关合理利用自然资源（第 81 条）、相邻关系（第 83 条）、过错责任和无过失责任原则（第 106 条）、涉及环境侵权（第 123 条、第 124 条）的规定等，都可以直接适用于环境社会关系。我国《刑法》有关走私罪（第 155 条）、破坏环境与资源保护罪（第 338－346 条）以及渎职罪的规定也同样可以适用于环境社会关系。

3. 环境资源行政法规。环境资源行政法规，是指由国务院依照宪法和法律的授权，按照法定权限和程序颁布或通过的关于环境与资源保护方面的行政法规。目前，国务院环境与资源保护行政法规的规定几乎涵盖了全部环境与资源保护行政管理领域。例如，除了制定有关环境法律的实施细则外，还制定了《防止拆船污染环境管理条例》、《化学危险物品安全管理条例》、《农药管理条例》、《风景名胜区条例》等。

4. 环境资源地方性法规。由于我国国家级的环境立法是针对整个国家的环境与资源管理，它们只对具有共同性、基本性、原则性的内容予以规定，而不可能对每一个地区的具体事项作出规定，因此，地方环境立法也是国家环境法律体系的一个重要的组成部分。例如，《海南省环境保护条例》、《太湖水源保护条例》、《湖北省环境保护条例》、《松花江水系保护暂行条例》等。

此外，民族区域自治地方还可以直接根据宪法和地方组织法的规定，制定环境与资源保护自治条例或单行条例。

5. 部门规章和地方政府规章。环境资源行政规章，指由国务院所属各部委和其他依法有行政规章制定权的国家行政部门制定的有关环境资源方面的规章。我国环境与资源保护行政规章也是大量存在的，例如，《放射环境管理办法》、《环境行政处罚办法》、《排放污染物申报登记管理办法》、《环境保护标准管理办法》等。地方政府规章，是指由有立法权的地方政府根据法律和法规，并按照法定程序所制定的普遍适用于本行政区域的规定、办法、细则、规则等规范性文件的总称。例如，《青海省应对气候变化办法》、《山西省应对气候变化办法》。

（三）环境与资源保护法功能体系

从环境与资源保护法律法规的内容和功能的角度来构建体系，有利于建立内容完备、功能齐全、各有侧重、有机联系的环境与资源保护法规体系。其基本组成如下：

1. 综合性环境与资源保护法律或者具有较强综合性的法律。是指从全局出发，对整体环境以及合理开发、利用和保护、改善环境资源的重大问题作出规定的法律，在整个环境与资源保护法规体系中处于领头地位，如《环境保护法》。

2. 单行性专门环境与资源保护法律、法规。是指专门对某种环境要素或对合理开发、利用、保护、改善环境资源的某个方面的问题作出规定的法规。

3. 环境资源标准及其有关法律规定。这里的标准包括环境保护标准、环境卫生绿化标准、城乡建设标准、资源开发利用标准等。截止到 2015 年 7 月，我国已累计颁布各类国家环境标准 1 890 项，其中现行标准 1 652 项，初步形成了我国的环境保护标准体系，如《环境空气质量标准》、《大气污染物综合排放标准》、《环境空气质量功能区划分原则与技术方法》等。

4. 各种有关环境资源方面的计（规）划和有关法律规定。这里的计（规）划包括由国家立法机关批准或通过的国家经济社会发展计（规）划、全国国土规划；由国务院批准的城市规划、经济区规划和其他区域开发整治规划；各种环境与资源保护法律明确规定必须制定和实施的污染控制计划、资源开采计划等，如《全国土地利用总体规划纲要》、《全国造林绿化规划纲要》、《全国海洋开发规划纲要》、《全国水土保持规划纲要》、《全国生态环境保护纲要》等。

5. 我国缔结或者参加的国际环境资源条约。国际环境法是国内环境与资源保护法的一个重要渊源。目前，国际社会已经签订了数以百计的有关环境保护的公约、条约、协定或议定书等，这些法律文件以不同的方式成为缔约方的国内法的一部分，即国内法的渊源。日本宪法承认国际条约和国际习惯在国内的法律效力。美国将国际条约分为自动执行的条约和非自动执行的条约。前一类无须通过国内立法直接发生效力，后一类必须通过国内立法才有效力。到 2014 年年底，我国已加入六十多个国际环境保护公约，包括 14 个核安全合作协议，除宣布予以保留的条款外，它们构成中国环境与资源保护法体系的一个组成部分。当我国参加的国际环境条约与国内环境法规发生冲突时，除我国宣布保留的条款外，应执行国际环境条约的规定。

6. 其他法律部门的法律法规中有关环境资源的法律规定。例如，《民法通则》与《物权法》在物权关系、相邻关系、民事责任等章节中有关环境资源的规定，《刑法》中有关破坏环境和资源保护犯罪的规定等。

案例与思考

1. 综合案例

[题例]

22 岁的刘海洋原系清华大学机电系学生。据检察机关指控，2002 年一、二月间，他先后两次在北京动物园熊山黑熊、棕熊展区，分别将事先准备的氢氧化钠（俗称“火碱”）溶液、硫酸溶液，向上述展区内的黑熊和棕熊进行投喂、倾倒，致使 3 只黑熊、2 只棕熊（均属国家二级保护动物）受到不同程度的损伤，给北京动物园造成了一定的经济损失。法院判定刘海洋犯有故意损坏财物罪，但是免予刑事处罚。请回答以下问题：

（1）动物园的动物是环境资源还是财产？

（2）试述本案中的黑熊与棕熊是否是环境资源法律关系的客体？

（3）动物有无权利？动物的权利应该如何得到保护？

[答题思路]

（1）动物具有资源性和财产性的双重属性，应从不同部门法的角度分析。

（2）通过环境资源法律关系的客体的概念和特征来分析。

2. 思考题

（1）试述环境与资源保护法的特征。

（2）试述环境与资源保护法的目的和作用。

（3）试述环境与资源保护法律关系的内容及特征。

（4）试述环境与资源保护法体系的类型。

第二章 环境与资源保护法基本原则

重点问题

1. 环境与资源保护基本原则的含义与特征
2. 我国现行环境与资源保护法的基本原则
3. 我国环境与资源保护法基本原则的演化

原则作为具有高度抽象性、概括性的理性归纳，包含了人类社会的价值或社会运行的规律，它能够回归到社会实践中，对人们观察问题、处理问题、解决问题具有指导作用。环境与资源保护法的基本原则，在环境与资源保护法律体系中作为法律规则的指导思想、基础或本源的法律原理和准则，既是对环境法根本价值的承载和基本原理的揭示，又是对环境法律规范和规则精神内涵的宣示。

环境法作为一个新兴的独立的法律部门，仍处于不断完善的阶段，人们对它的认识也在不断提高的过程中，学界对环境法基本原则的统一认识经历了一个较长的过程。确定环境法的基本原则应当遵循一些基本的规则。环境法的基本原则应当反映环境法的本质与特征，以环境保护和可持续发展为目标，应当贯穿于环境法律规范的始终，弥补具体法律规范的不足，它是在一定时期根据环境问题的特点以及对环境问题的认识而形成的。国家之间基于国情和法律制度的不同，对基本原则也各有取舍。据此，结合我国现行法律规定，本书认为，我国环境法的基本原则包括以下四项：保护优先原则、预防原则、公众参与原则、损害担责原则。

第一节　环境与资源保护法基本原则概述

法的基本原则体现着法的本质和根本价值，是整个法律活动的指导思想和出发点，构成法律体系中的灵魂，决定着法的统一性和稳定性。[①] 环境与资源保护法的基本原则是我国环境法所规定或体现的，反映环境法基本理念、特点、目的，调整因保护和改善环境而产生的社会关系的基本准则。环境法基本原则是环境法基本理念在法律规范和法律制度上的具体体现，也是环境法的本质、特性、技术原理与国家环境政策在法律的制定与实施中的反映。环境法的基本原则贯穿于环境法创制与实施的全过程，是环境立法、环境执法与环境司法所遵循的具有约束力的基础性和根本性准则。基本原则在环境法的建设中具有重要作用，具有价值宣示、弥补法律漏洞、指导环境法律制度构建、协调环境法律规范冲突等功能。

一、环境与资源保护法基本原则的界定

环境法基本原则是在人类一定的认识论和方法论的基础上形成的，是法律在应对环境资源问题，调整有关环境保护、自然资源开发利用和生态建设社会关系过程中形成的法律规则和法律制度所遵循的基本准则。环境与资源保护法的基本原则不是随意确定的，必须是在我国环境法中规定或者体现的，对环境法律制度、法律规范的制定与设计具有指导作用的根本准则。它是以保护环境、实现可持续发展为目标，以环境法的基本理念为基础，以现代科学技术，尤其是环境科学、生态科学技术和知识为背景，有效吸纳有关人类尊重自然、顺应自然、人与自然和谐共处的理论成果，所形成的贯穿于环境立法、执法与环境司法的基础性和根本性准则。

界定环境法的基本原则，需要注意和把握以下几个规则：

第一，注意辨别环境法的基本原则与环境保护、环境管理遵循的原则之间的联系

① 参见［美］M. D. 贝勒斯：《法律的原则——一个规范的分析》，张文显等译，469页，北京，中国大百科全书出版社，1996。

与差异。环境法的基本原则，必然是反映环境法基本理念、价值、特点和目的的，对环境立法、执法、司法、守法等具有普遍指导意义和适应价值的基本准则，它们的形成与发展，依赖并脱胎于我国环境保护的工作实践，一定程度上是我国环境保护、环境管理实践经验的高度总结，反映了我国环境保护与环境管理工作的实践特性与工作方法、工作内容，但它并不等同于环境保护、环境管理所遵循的原则。我国环境保护、环境管理侧重于从环境与发展综合决策入手，运用包括法律在内的各种手段，调控人们的环境利用行为，协调环境、经济与社会的关系，限制人类损害环境质量的活动。环境保护、环境管理的原则如全过程控制原则、双赢原则以及环境价值化原则[①]，体现了环境管理的客观规律和要求，但并不能体现环境法的本质和特征，反映环境法的理念和价值追求，还需要将其转换为对环境法律制度形成和规则制定具有指导意义的法律语言，而不能直接用于环境法领域。另外，从法律视角分析，环境保护和环境管理多以对环境利用行为的管制为主，体现较强的公法特征，并不能涵盖环境法主体之间私法关系和公、私法交融性质的社会关系。

第二，全面理解、准确把握环境法基本原则的确立形式和表达方式。基本原则的确立形式有两种：直接规定与间接体现。直接规定指在法律条文中将基本原则的文本形式直接规定、明确表达。表达方式既可以用一个法条，也可以通过几个法条体现。间接体现指尽管在法律条文中并未直接规定基本原则的文本形式，但通过立法目的宣示、法律制度条款等加以确立并表达。表达方式也可以通过一个或数个法条，甚或几项制度体现。基本原则间接体现的确立形式，给基本原则的发展留下了空间。[②] 鉴于环境法尚处于从传统向现代转变与发展过程之中，随着环保实践的发展和环境法治的深入推进，环境法律制度的不断完善，表达与体现环境法治精神与理念的基本原则仍然会继续发展，并逐渐趋于协调、统一。

第三，注意认识、区别环境法基本原则与环境立法、执法、司法基本原则的联系与区别。一方面，不宜将我国法律通用的原则或法治建设共通的原则当作环境法基本原则，如立法原则中要求实事求是、坚持群众路线，司法原则中的以事实为依据、以法律为准绳，适用法律人人平等等原则，这是所有一般性的立法、司法所要遵循的原则，不能与环境法的基本原则混为一谈；另一方面，不宜将环境法规中确认的、只适用于某特定领域或环境法运行的某个环节的个别原则、具体原则、个别政策作为基本原则。如不宜将环境执法或环境诉讼的具体原则作为环境法基本原则。

第四，应从“实然”和“应然”两个层面来认识环境法的基本原则。环境法基本原则并非一成不变，会随着环境法制建设和环境法治推进的实践不断改进、充实、发展。从发展的观点看，今天法律确认的基本原则尽管有其产生的现实基础，有其合理性依据，但是应然状态总是不断地变成实然状态。基本原则的发展，包括产生、成熟，以及原则的种类、数量、内容的变动和完善，是更好发挥其功能和作用，适应环境法治建设的需要，也是环境法基本原则不断进化和科学化的体现，反映了对环境法制建

① 参见叶文虎编著：《环境管理学》，36～37 页，北京，高等教育出版社，2000；黄恒学编著：《环境管理学》，70 页，北京，中国经济出版社，2012。

② 我国《环境保护法》第 5 条规定：环境保护坚持保护优先、预防为主、综合治理、公众参与、损害担责的原则。对第 5 条的解读与贯彻，仍需要结合我国环境保护与环境法治发展的实际。

设规律、特点认识的深化。① 当前环境法基本理念基于人类中心主义立场，为法律所确认的基本原则也是人类中心主义在立法上的反映，已经无法完全适应和承载环境法治实践所证实的节制和保育思想。科学的法学理论往往会成为法律变革的先导，并不断被立法所确认。② 如保护优先原则的确认，即是这一进程的反映。

二、作为环境与资源保护法基本原则的条件

作为环境法的基本原则，应当符合下述条件：

第一，必须是由环境法律确认，或者在环境法中有所体现的准则性内容。如前文所述，环境法确定其基本原则的方式主要有两种：直接规定和间接体现。所谓直接规定，是指环境法律法规条文中明文将某项原则确立为基本原则。例如，《水污染防治法》第 3 条明确规定："水污染防治应当坚持预防为主、防治结合、综合治理的原则。"所谓间接体现，是指环境法规中虽然没有某项原则的具体的文本表述，但通过有关法律条款体现其原则精神。例如，《环境影响评价法》第 5 条明确规定："国家鼓励有关单位、专家和公众以适当方式参与环境影响评价。"环境法基本原则，必须由环境与资源法律规范确认或体现。

第二，必须是环境法这一新兴的、独立的法律部门所特有的原则，应是环境法基本特点的体现。环境法的基本原则首先要求具有环境法的特性，反映其根本价值、基本原理、运行规律或技术路线。它既区别于法的一般原则，也区别于某一单行环境法所具有的具体原则，如"实事求是、群众路线、以法律为准绳"等是法的一般性原则，不具有环境法的特征，并非环境法的基本原则。环境法中的保护优先原则、公众参与原则、预防原则等都体现了这一独立法律部门所特有的基本特性。

第三，必须是环境保护、环境管理的基本方针、政策在法律上的体现，效力贯穿于整个环境法体系，具有普遍指导作用的基本准则。环境法的基本原则是环境法本质和根本价值的体现，基本特点是其指导性或原则性，不同于具体的法律制度、法律程序和法律措施，它们贯穿于整个环境立法、执法、司法和守法等领域，对环境法制发展和环境法的各项制度和各项法律规范具有整合和指导的功能。

第四，必须是负载环境法的根本价值，揭示环境法的基本原理的基本准则。法的价值在于揭示法的存在意义和目的意义，决定了法的调整对象、特征、方法、原则和规范。法的基本原理来源于不同学科的研究成果，是不同学科从不同角度处理、应对环境问题所提出的具有普遍指导意义的科学结论与观点。环境法根本价值和基本原理的形成，需要吸收、接纳和转化其他学科的知识，并通过环境法基本原则的形式表达出来。将自然科学、社会科学蕴含的客观规律转换成对环境法理论和实践有指导意义的法律语言，是一个再创作的"翻译"过程，环境法基本原则在此过程中发挥着重要的作用。一方面，基本原则能够"矫正""直译"的缺陷，将反映环境保护客观规律的自然科学的理论与知识，转化为具有法律属性、体现为法律权利和法律义务内容的定型化的规范；另一方面，基本原则能够弥补"直接翻译"其他学科知识导致的法律疏

---

① 参见蔡守秋编著：《环境资源法学教程》，380 页，武汉，武汉大学出版社，2000。

② 参见曹明德、黄锡生主编：《环境资源法》，33 页，北京，中信出版社，2004。

漏与空白。通过整合不同性质、不同效力和不同表现形式的法律制度和法律规则，将其整合进由统一法律价值、法律原理统领的法律制度与法律规则体系，确保法律制度与法律规则在内容和形式上保持统一性和合目的性。

第五，应当具有法律规范的特性，内容明确，具有可操作性。基本原则必须是能够让执法者、司法者适用于现实的环境资源保护工作实践，能够解决现实中可能存在的纠纷和矛盾。因此，战略性、宣示性口号不宜直接作为基本原则，如“可持续发展”，“全面规划、合理布局”等就不宜作为基本原则。

三、环境与资源保护法基本原则与基本制度的联系与区别

环境法基本制度，是指为了实现环境法的任务和目的，根据环境法的基本原则，由调整特定环境资源社会关系的一系列法律规范组成的相对完整的规则系统。它是环境保护管理制度的法律化和规范化，是环境法规范的一个特殊组成部分。环境法基本制度具有系统性、程序性、可操作性、强制性等特征。

环境法基本原则与基本制度之间既存在紧密联系，也存在显著的区别。二者的联系具体而言体现在如下几方面：

第一，环境法基本原则指导环境法基本制度的形成与发展。环境法基本原则体现环境法的理念和价值追求，宣示国家的环境保护政策，具有概括性和抽象性。环境法基本制度具有系统性、具体性和可操作性，通过环境法基本制度的实施，环境法基本原则所确立的任务和目标才能够得以落实和实现。另一方面，环境法基本原则指引着其基本制度的形成和发展方向。环境法基本原则的效力贯穿于环境法运行的每个环节，及于环境法律规范的始终。环境法律规范体现基本原则的要求，但并不是所有的环境法律规范都能够形成法律制度，只有通过立法将其实施条件、程序固定下来，才能实现制度化和法定化，才能称之为制度。环境法律制度起着桥梁作用，沟通着环境法基本原则与具体法律规范之间的联系。基本原则还决定着基本制度的发展方向。基本制度并不是一成不变的，随着环境保护实践的发展，基本制度会随之发生变化，逐渐趋于系统、完善，但发展变化的方向却体现着基本原则的内在规定性。如作为践行环境法损害担责原则的制度手段之一的排污许可与收费制度，随着环境保护市场化和环境管理多元共治理论的出现，逐渐衍生出排污权交易制度和环境污染第三方治理制度，但依然体现着损害担责原则的内容和要求。

第二，环境法基本制度是其基本原则的具体体现。环境法基本原则突出指导性，一般比较抽象，有多种表现形式。环境法基本制度本身是可操作的实施性规范，一般比较具体，必须通过具体的法律规范表现出来。一项环境法基本制度可以体现一项或多项基本原则，但不可能等同于基本原则。如我国《环境保护法》确立的预防原则，作为一项指导性的政策准则，可以体现在环境影响评价制度、“三同时”制度、环境资源规划制度等之中；环境影响评价制度则可以体现环境法基本原则中的预防原则、公众参与原则。

第三，环境法基本原则整合环境法律制度，并协调环境法律制度之间的潜在冲突。环境法包含众多的法律制度，这些众多制度所涉及的事实状态纷繁复杂，其法律性质、法律效力和具体的立法目的也各有不同，如何保障法律自身的协调一致就成为一个突

出的问题。环境法的基本原则作为环境法的目的与具体制度、具体规则之间的桥梁，可以对环境法的各个环节、各项环境法律制度、各种环境法律规则起整合作用，有助于防止和消除环境法律制度的内部矛盾，增强环境法制的统一性。[①] 作为环境法精神与特征的高度概括，基本原则在协调环境法律制度的冲突，指导法律制度的具体适用方面也发挥着重要作用。“原则表达了详细的法律规则和具体的法律制度的根本目的，因为，人民把原则看成是这些基本目的始终如一、紧密一致、深入人心，从而使其完全理性化的东西。因此，法律原则正是规则和价值的交汇点。”[②] 环境法律规范构成完整的制度体系，该体系中包含诸多法律制度，各制度有其具体的规范内容和目的，欲保证这些制度在具体内容、调整目标和规范效果方面协调一致，就必须以基本原则作为协调的标准，将基本原则渗透到法律制度的设计与实施等各个环节，使制度的创设与适用能够在基本原则的统率下进行。

法律原则与法律制度之间的区别也是明显的：第一，构成要素不同，基本原则往往由单一性法律规范组成，法律制度往往由众多法律规范组成。第二，适用条件和法律后果不同，基本原则具有概括性、模糊性、衡平性等环境与资源保护法的特质，适用较灵活，一般不需要法律后果作为实施保障；法律制度则具有确定性、强制性，有法律责任等作为实施的保障。第三，在适用范围上，基本原则适用于环境与资源保护法运行的全过程，贯穿于环境与资源保护法实施的所有领域和环节；法律制度一般是在某一部分或某一领域为人们提供行为准则。第四，法律制度具有系统性，由所有相关的某一领域的法律规范按照一定内在联系构成完整的规则系统；而基本原则不要求系统性，尤其是政策宣示性基本原则，往往由单一法律规范所构成。

四、环境与资源保护法各基本原则之关系

法理上，根据基本原则的内容，基本原则可分为程序性原则和实体性原则；根据基本原则产生的基础，可以分为公理性原则与政策性原则。环境法公理性原则同其基本属性相关并是后者的必然要求；政策性原则同各国各时期所实行的环境管理体制和基本政策相关。公理性原则对于各国来说应当是基本一致的，而政策性原则因为各国环境管理体制和环境政策不同，所以可能有较大差异。

环境法基本原则由环境法律确立或体现，但因各国在不同发展阶段环境问题的重点不同，解决和应对环境问题的法律方法存在不同，所以对环境法基本原则的解释和认识也就会存在不同。在此意义上，环境法基本原则体系中的各单项原则，在弥补、补充环境法律规定之不足，指引环境法体系的构建和理论发展，指导环境资源立法、执法、司法实践，整合各项环境法律制度、具体法律规则，防止和消除环境法律制度与规则的内部矛盾，增强环境法律的统一性等方面，分工协作，共同推进环境法律发展、环境法律制度完善。

因此，环境法的各基本原则不是彼此孤立、互不相关的，而是相互联系、互相制

① 参见蔡守秋编：《环境资源法学》，88页，长沙，湖南大学出版社，2005。

② ［美］M. D. 贝勒斯：《法律的原则——一个规范的分析》，张文显等译，315页，北京，中国大百科全书出版社，1996。

约的。贯彻执行某一原则，就要求同时贯彻执行其他的原则；而对某一原则的违反，又会影响到对其他原则的贯彻、实施。

环境法基本原则的分工协作、相互配合的关系还决定于环境与资源保护法的政策性与科技性特质。在法治国家，环境政策的制定必须基于宪法要求，而环境法规范的确立又需要同与时俱进、不断发展的环境政策相统一。因此，环境法基本原则与环境政策是相通的，只不过基本原则在环境政策层面不具有法的约束力，在环境法层面则为法的准则。①

综合考察各国环境法所确立的基本原则，根据它们代表和体现的基本理念将它们分为社会发展指南、环境责任分配、正当程序三类。② 我国《环境保护法》第 5 条规定："环境保护坚持保护优先、预防为主、综合治理、公众参与、损害担责的原则。"根据现行《环境保护法》要发挥的基础性、综合性作用，结合当前我国环境保护工作实践发展的实际，我们从中解读出保护优先原则、预防原则、公众参与原则、损害担责原则。

四项原则在体现和发展环境法基本理念方面的作用是不同的，保护优先具有社会发展指南和战略目标宣示功能，在基本原则体系中居于中心和核心的地位，具有政策宣示和指引价值；预防原则的地位决定于环境问题及其法律应对蕴含的高科技背景、决策风险、利益衡量的特质。从环境法律规范体系构成及环境污染与生态破坏防治方法上看，预防性措施先于管制性和救济性措施。从法理上分析，预防原则包括危险性预防及未来的预防，前者以具体危险排除之危险定义为解释基准，预防的目的是避免违法或法益保护的降低；后者包含对于未来世代可能产生危险的预防，预防的目的是通过对事先规划的危险性的控制，保护未来世代环境资源永续利用的利益。③ 从环境法的缘起和保护的法益角度，预防原则是对社会事业活动课以谨慎注意的义务，体现了环境法利益衡平的思想，在环境法基本原则体系中具有核心的地位，具有目的性的价值。公众参与原则维持与体现的是环境开发利用行为的程序正当性，具有程序性价值。这一点在环境法治进程中、推进环境法制建设方面，意义尤为重大。环境法的实施，本质上会发生传统上属于不同主体的权利冲突，出现对传统权益的限制或剥夺，随时面临经济发展利益与环境保护利益之间的平衡与协调问题。通过贯彻、落实公众参与原则，能够确保对于特定社会主体基于生存性或发展性需要的正当性环境资源利用行为的限制或剥夺，经过正当程序，并给予合理补偿。在环境法的发展历程中，正当程序的法律保障被视为激活社会民众参与环境决策、汇集公众保护环境之努力和创造性的启动器。公众参与的价值在于允许和吸纳社会公众通过立法和行政程序，确定环境分配及环境利益调节的方向与原则。④ 损害担责原则是环境责任分配的基本准则，尽管属于实体性法律规范范畴，相较保护优先、预防和公众参与原则，具有工具性价值，是在维护环境法实施合法性、正当性目的上的利益填补或补偿。

---

① 参见汪劲：《环境法律的解释：问题与方法》，292 页，北京，人民法院出版社，2006。

② 参见汪劲：《环境法学》，3 版，99 页，北京，北京大学出版社，2014。

③ 参见陈慈阳：《环境法总论》，172～173 页，北京，中国政法大学出版社，2003。

④ 参见叶俊荣：《宪法位阶的环境权：从拥有环境到参与环境决策》，载叶俊荣：《环境政策与法律》，29～32页，北京，中国政法大学出版社，2003。

第二节　保护优先原则

2014 年修订后的《环境保护法》第 5 条规定：“环境保护坚持保护优先、预防为主、综合治理、公众参与、损害担责的原则。”这一规定将保护优先确立为我国环境与资源保护法的基本原则。该原则的确立在我国环境与资源保护法发展历程上具有里程碑的意义，首次在环境基本法中明确了在处理经济社会发展与生态和环境保护的关系时，要把生态和环境保护放在优先的地位予以考虑和对待。

从 1979 年的《环境保护法（试行）》开始，中国的环境保护法就确立了一条基本原则，即协调发展原则，而且这条原则被表述为环境保护与经济社会发展相协调。协调的结果却是，环境保护只能为发展服务，经济确实得到快速增长，但环境的整体状况却不断恶化。日本在 1970 年的第 64 届国会之前，其奉行的法律原则也是协调发展，结果环境保护总是让位于经济开发，最后日本变成了“公害列岛”。1970 年的第 64 届国会，日本修订了《公害对策基本法》，将协调原则删除，实际上变成了保护优先原则，经过二十多年的发展，日本就改变了原有的“公害列岛”形象，成为环境比较优美的国度。中国从经济发展的状况到环境问题的严重程度以及人们对环境问题的认识状况，都与日本 20 世纪 70 年代初的情况相类似，中国的协调发展原则也到了应当发生根本转变的关口。遵循保护优先原则，中国的环境污染才能得到遏制，环境质量才能真正得到改善。

一、保护优先原则的含义

保护优先原则是指在处理经济增长与生态环境保护之间的关系问题上，应当将环境保护放在优先的位置加以考虑，在社会的生态利益和其他利益发生冲突的情况下，应当优先考虑社会的生态利益，满足生态安全的需要，作出有利于环境保护的管理决定。确立环境保护优先的法律地位，作为指导调整环境社会关系的法律准则。

从保护优先原则确立的历程和相关原则的发展看，保护优先原则存在广义和狭义两层含义，代表了环境与资源保护法运行中保护优先原则适用的两个阶段。广义上，保护优先指按照环境保护基本国策的要求和经济社会发展与环境保护相协调的要求，在处理经济社会发展与生态和环境保护的关系时，要把生态和环境保护放在较为优先的地位予以考虑和对待。狭义上，保护优先指在环境保护管理活动中，应当把环境保护放在优先的位置加以考虑，在环境利益和其他利益发生冲突的情况下，应当优先考虑环境利益，作出有利于环境保护的决定。

广义上的保护优先是在对过去“环境保护与经济社会发展相协调”原则反思的基础之上产生的，它们都是旨在确立和调整环境保护与经济社会发展的关系。保护优先原则的确立，表明我国在环境资源保护与经济社会发展这对矛盾中，环境资源保护已经成为矛盾的主要方面，即成为瓶颈性问题。在对待环境污染物排放问题上，优美、健康、适宜的环境相对于污染排放的产业生产具有优势地位和优先性，要求更高的排放标准和更清洁的生产工艺，在造成环境污染事故或侵犯公民享有清洁、卫生、适宜生活环境的权益的时候，排放主体不能以排放符合强制性排放标准而免责。在对待自然资源问题上，资源保护相对于开发利用具有优先性，开发利用自然资源，不得破坏自然资源赋存的自然基础，对具有稀缺性、不可再生的重要自然资源的开发利用，应充分考虑资源的可持续利用问题，为子孙后代留下必要的份额，不能剥夺子孙后代生存、发展的自然资源基础。

狭义上的保护优先原则，亦可以称为环境优位原则，代表了保护优先原则适用的高级阶段——风险预防：遇有严重或不可逆转损害的环境威胁时，不得以缺乏确实证据为理由，延迟采取符合成本效益的措施防止环境恶化。[①] 风险预防原则不同于预防原则，前者针对的是暂时在科学上无法确定的环境风险，后者针对的是在科学上能够确定的环境损害。[②] 环境风险从根本上区别于传统的环境问题，环境风险的法律规制代表了环境与资源保护法面临的新课题，也预示了环境与资源保护法的发展方向。风险预防原则的内涵非常丰富，包括下述思想内核：（1）环境风险的危害被怀疑到了一定的程度，如严重的、不可逆转的或重大的风险，这是风险预防原则的适用前提。（2）该原则的目的是为解决环境危害的科学不确定性问题而选择的一种基本法律态度。环境领域的不确定性意味着：人类活动对于环境风险的危害具有作用，但环境受到威胁的程度、风险危害的性质和严重程度或者因果关系等方面存在科学上的不确定性。这种不确定性包括：是否存在环境风险的危害？如果存在，这种危害是否会发生？[③] 风险预防在保护环境、促进可持续发展方面是一个新的思想和原则，其要求我们彻底改变处理潜在的环境危害问题的方法和思路，必须建立“预防”的理念并以此为核心，对政府的环境风险规制措施进行根本性的重塑。风险预防原则适用的核心是利益的平衡，这些相互冲突的利益包括风险的阈值与防范措施、风险防范的成本与效益等。[④] 风险预防原则在我国环境与资源保护法中的实现，需要制定和实施的制度包括强制禁止与淘汰制度、针对某些特定活动或产品的“白名单”制度、以“最佳可得技术”代替传统环境标准等。

当前阶段的保护优先原则，主要针对环境保护与经济社会发展的关系方面。

二、实行保护优先原则的必要性和可行性

（一）实行保护优先原则的必要性

1. 保护优先原则是当今世界上环境法的发展趋势。例如，美国 1969 年通过的《国家环境政策法》（通称 NEPA）第 1 条开宗明义地指出：“鉴于人类活动对于自然环境的一切构成部分的内在联系具有深远影响……并鉴于恢复和保持环境质量对于人类的普遍幸福和发展具有极端重要性……采取一切切实可行的手段和措施……创造和保持人类与自然得以在一种建设性和谐中生存的各种条件，实现当代美国人及其子孙后代对于社会、经济和其他方面的要求，这乃是联邦政府一如既往的政策。”NEPA 第 2 条

---

① 参见《联合国里约环境与发展宣言》，原则 15。

② 参见竺效：《论中国环境法基本原则的立法发展与再发展》，载《华东政法大学学报》，2014（3）。

③ 参见吕忠梅：《环境法导论》，47 页，北京，北京大学出版社，2008。

④ 参见吕忠梅：《环境法导论》，50～51 页，北京，北京大学出版社，2008。

写道："履行其每一代人都要做子孙后代的环境保管者的职责。保证为全体美国人创造安全、健康、富有生产力并在美学和文化上优美多姿的环境。"可见，近半个世纪以前，美国已经把保护优先确立为美国环境法的基本原则。又如《欧盟条约》中确立的"高级保护原则"，作为环境政策和法律中的一项基本原则规定：共同体的环境政策应该瞄准高水平的环境保护，考虑共同体内各种不同区域的各种情况。该政策应该建立在防备原则以及采取预防行动、优先在源头整治环境破坏和污染者付费等原则的基础上。该条款也体现了保护优先的政策取向。再如，2002 年的《俄罗斯联邦环境保护法》第 3 条规定：为保证可持续发展和良好的环境，将人、社会和国家的生态利益、经济利益和社会利益科学合理地结合起来；自然生态系统、自然景观和自然综合体的保护优先；根据环境保护的要求确定经济活动和其他活动影响环境的容许度；禁止对环境的影响后果无法预测的经济活动和其他活动，禁止实施可能导致自然生态系统退化，植物、动物及其他生物体遗传基因改变和丧失，自然资源衰竭和其他不良环境变化的方案。[①] 明确将"环境保护优先"规定为环境管理的一项基本原则。

2. 协调发展原则适用上的缺陷。对此，日本的教训是值得吸取的。日本 1967 年的《公害对策基本法》第 1 条规定：其立法目的是"保护国民健康和维护生活环境"，并规定"关于前款所规定的维护生活环境的目的应与经济健全发展相协调"，一般称之为"协调条款"或"平衡条款"。正是这个"协调条款"受到日本社会的强烈反对。因为在法律实施过程中，环境与经济相协调的原则，往往成为企业界抵制公害防治的借口，实际上变成了"经济优先"原则。于是，日本 1970 年修改了《公害对策基本法》，删除了这个"协调条款"，确立了环境优先的原则。该法第 1 条规定："鉴于防治公害对维护国民健康和文明生活有极大重要性，为了明确企业、国家和地方政府对防治公害的职责，确定基本的防治措施，以全面推行防治公害的对策，达到保护国民健康和维护其生活环境的目的，特制定本法。"保护优先原则由此得以确立。

3. 基于我国国情的需要。我国经济近年以来的持续快速增长，极大地增强了我国的综合国力，改善了国民的生活条件，也提升了我国的国际地位。但是，持续快速增长的经济也给我国生态环境产生了巨大的压力，生态破坏和环境污染的形势越来越严峻。实际上，我国的经济增长是以牺牲生态环境与资源为代价换取的。而且，是以牺牲公民的生活质量（健康、无害、安全的生态环境构成公民生活质量的重要方面）和健康为代价换取的。从长远来看，我们将要为污染治理和生态修复付出高昂的费用。

我国环境法在基本原则和立法目的上的重大调整，摒弃经济发展优先，树立保护优先，适应了国际环境保护的趋势，迎合了我国环境保护工作的实际需要。

（二）实行保护优先原则的可行性

保护优先原则是针对现实生活中通行的经济优先原则而提出的。经济优先原则的实质，是片面追求和极力实现经济规模的无限扩张增长，片面追求经济利益和经济效益最大化，片面追求物质财富占有和消费的最大化，而基本不顾及生态系统的承载力和平衡，几乎无所顾忌地牺牲生态环境、大量消耗自然资产与生态资本，使经济增长严重超过生态系统承载能力，导致严重的人类生存基础危机。这种严重违背生态理性

① 参见《俄罗斯联邦环境保护法和土地法典》，马骧聪译，7 页，北京，中国法制出版社，2003。

的经济理性，无疑是一种经济短视和经济自私，也是一种生态无知和生态愚昧。保护优先的核心是建立保护优先型经济即以生态资本保值增值为基础的绿色经济，追求包括生态、经济、社会三大效益在内的绿色效益最大化，也就是绿色经济效益最大化。[①] 当前在环境法中实行保护优先原则具有较强的可行性：

1. 保护优先与“以经济建设为中心”并不矛盾。主张保护优先的实质和根本诉求，是坚决反对以传统发展模式的经济建设为中心，强烈主张以保护优先为前提的绿色经济建设为中心。保护优先不是不要发展，而是要求坚决彻底地改变“高投入、高消耗、高污染、低效益”的传统发展模式，强烈主张以人为本、全面协调、又好又快并且可持续的科学发展。保护优先理论呼唤尽快走出传统发展模式的“黑色陷阱”，主张以资源节约、环境友好、社会和谐、持续发展的绿色经济取代那种造成严重生态危机的传统工业经济，致力于推动传统工业文明转向新型知识化生态文明。

2. 保护优先原则符合绿色经济发展的内在要求。绿色经济的兴起与演进，是“生态—经济—社会”三大系统协调统一规律发挥主导作用的结果。生态系统及其基本规律的基础性、决定性地位，决定了生态系统不断价值化，巨大的生态价值不断显现，生态价值不断内化为经济系统的基本要素和生态资本。生态资本的保值增值成为人类经济社会活动的决定性基础和前提。绿色经济形态中，相对于传统的物质资本、知识资本、社会资本，生态资本的保值增值具有优先于其他资本保值增值的地位。人们的利益结构也发生了根本性变化，生态利益成为最根本和最重要的利益，生态资本的保值增值与可持续开发利用逐渐成为判断是非成败的一个优先标准，保护优先原则已经具有了付诸实践的社会观念基础、产业化发展背景。

3. 保护优先原则贯彻、实施的政策基础和法理依据正在不断推进、增强。保护优先已经多次出现在国家的重要政策文件中，保护优先正在由宣示性原则走向操作性原则。我国最早规定保护优先的规范性文件是2005年《国务院落实科学发展观加强环境保护的决定》，其第三部分提到：“在环境容量有限、自然资源供给不足而经济相对发达的地区坚持环境优先，做到增产减污；……在生态环境脆弱的地区和重要生态功能保护区实行限制开发，在坚持保护优先的前提下，合理选择发展方向，发展特色优势产业，确保生态功能的恢复与保育，逐步恢复生态平衡；在自然保护区和具有特殊保护价值的地区实行禁止开发，依法实施环境保护，严禁不符合规定的任何开发活动。”2006年《国民经济和社会发展第十一个五年规划纲要》第二十章“推进形成主体功能区”的第三节“限制开发区域的发展方向”中提到：“……要坚持保护优先、适度开发、点状发展，因地制宜发展资源环境可承载的特色产业，加强生态修复和环境保护，引导超载人口逐步有序转移，逐步成为全国或区域性的重要生态功能区。”在限制开发区域发展方向的规定中提出“坚持保护优先、适度开发、点状发展”的要求。2011年《国民经济和社会发展第十二个五年规划纲要》第十九章“实施主体功能区战略”的第三节“实行各有侧重的绩效评价”中提到：“……对限制开发的农产品主产区和重点生态功能区，分别实行农业发展优先和生态保护优先的绩效评价，不考核地区生产总值、工业等指标……”已有立法方面，2009年《海岛保护法》第3条第1款首次在我国以

① 参见崔树民：《生态优先与科学发展》，载《第五期中国现代化研究论坛论文集》，北京，2007-08-01。

法律形式规定保护优先原则，该款规定："国家对海岛实行科学规划、保护优先、合理开发、永续利用的原则。"2010年修订的《水土保持法》第3条亦规定："水土保持工作实行预防为主、保护优先、全面规划、综合治理、因地制宜、突出重点、科学管理、注重效益的方针。"近年来，党和国家的各项行动和重要文件不断发力，积极研究、推行绿色GDP指标体系、领导干部自然资源离任生态审计、损害生态环境终身追责制度等体现保护优先原则的具体制度和措施。2014年修订的《环境保护法》有关生态红线、环境健康、生态安全、基本国策以及环境保护目标责任制和考核评价制度等，也都是以保护优先原则为前提和基础的。可以预测，保护优先原则作为环境法基本原则的地位仍将不断巩固，在环境保护与生态建设中的指导作用将持续增强。

三、保护优先原则的实施与发展

保护优先原则的实施首先体现在观念的确立上。在2014年修订的《环境保护法》中，首先体现在总则规定的立法目的、基本国策、环境义务、政府环境责任上。其次体现在环境管理上，环境保护工作实施统一监督管理；环境保护工作纳入国民经济和社会发展规划；组织制定经济、技术支持，应当充分考虑对环境的影响等。再次体现在保护和改善环境的制度安排上，如环境限期达标制度，生态保护红线制度，自然资源合理开发制度，生态安全保障制度，生态补偿制度，以及严格实施污染物排放总量控制制度、排放申报登记制度与排放许可制度、排污收费制度、环境公益诉讼制度、公共监测预警等。

法律原则必须融入法律运行机制之中才能够得以贯彻实施。我们也应充分认识保护优先原则实施的艰巨性、复杂性。在此过程中，既不能对环境价值理解绝对化，也不能割裂保护优先原则与立法目的条款、协调条款、基本国策条款之间的联系。保护优先原则的实施与发展，需要做好以下几方面工作：

（一）克服环境价值绝对化冲动

保护优先原则的确立，是建立在对我国长期环境执法不力和环境保护片面依附于经济发展"协调模式"反思基础上，是对旧法中"协调发展原则"的超越，在基本法层面释放强化环境保护的信号，以此促进环境法律和政策的积极实施，并非不计成本的环境价值绝对化和保护优先价值选择极端化。[①] 我国《环境保护法》第4条规定的"国家采取有利于节约和循环利用资源、保护和改善环境、促进人与自然和谐的经济、技术政策和措施，使经济社会发展与环境保护相协调"，依然对第5条规定的保护优先具有约束力，避免运动型执法和突击式的禁限手段，在强化环境保护的同时，避免走向另一极端。

（二）认真厘清保护优先原则在不同领域适用的差异性

保护优先原则的贯彻实施，在不同领域，途径和措施具有差异性。国内外环境保护的法律实践表明，保护优先更多体现在具体保护领域或具体保护措施中，这也为我国单行环境保护立法所体现。

---

① 参见周卫：《论〈环境保护法〉修订案中的保护优先原则》，载《南京工业大学学报：社会科学版》，2014(3)。

1. 特定区域保护优先。保护优先原则在不同区域适用的标准和方式不同。基于生态功能区划而设定的生态涵养区、水源保护区、自然保护区、风景名胜区、基本农田、森林公园等，实行严格的禁限措施，禁止所有的开发建设活动。如《水污染防治法》第 57 条规定，“在饮用水水源保护区内，禁止设置排污口”。第 58 条规定，“禁止在饮用水水源一级保护区内新建、改建、扩建与供水设施和保护水源无关的建设项目……”

2. 特定资源保护优先。如《渔业法》第 29 条规定设立“水产种质资源保护区”，“未经国务院渔业行政主管部门批准，任何单位或者个人不得在水产种质资源保护区内从事捕捞活动”。

3. 排除适用的例外情形。也就是还需结合实践进一步探讨的是优先保护的排除适用情形，如优先保护可能引起更严重的环境风险时、优先保护导致显失公正的、优先保护导致低收入人群生活质量明显受到消极影响且未能提供相应经济补偿的、优先保护可能导致严重违宪结果的、优先保护导致基本权利受到损害时等。

第三节　预防原则

针对当代环境问题的特点，结合国内外防治环境污染和环境破坏的教训，产生了预防原则。这项原则是现代环境保护的灵魂，旨在最大限度地体现法律的公平与效率的结合。在表述上，我国环境法学界常常采用“预防为主、综合治理原则”来代替预防原则。

一、预防原则的含义

预防原则是预防为主、综合治理原则的简称，该原则的基本含义是：在环境保护工作中要把防止产生环境问题放在首位，事先采取防范措施，防止在生产、生活等人类活动中对生态环境、自然资源造成污染、破坏，防止生态失衡，做到防患于未然；对不可避免的或已经发生的环境污染和生态破坏，应积极采取措施进行治理。

预防原则是国内外防止环境污染和生态破坏经验教训的科学总结，预防原则有三方面的要求：一是积极预防，即在开发利用行为实施前，采取政治、法律、经济和行政等各种手段，防止开发利用行为导致环境污染或环境破坏现象的发生，强调“防患于未然”；二是积极治理，即对于已经造成的环境污染和破坏，要采取措施防止损失的扩大，同时运用技术手段恢复生态，使其对环境的影响降到最低限度；三是将预防和治理相结合，在立足于预防的基础上，根据既有环境污染和破坏的具体情况和自然规律，综合整治，改变单纯治理的思路。

从国内外环境立法实践分析，预防原则包含两层含义：一是运用已有的知识和经验，对开发和利用环境行为带来的可能的环境危害事前采取措施以避免危害的产生；二是在科学不确定的条件下，基于现实的科学知识去评价环境风险，即对开发和利用环境行为可能带来的尚未明确或者无法具体确定的环境危害进行事前预测、分析和评价，促使开发决策避免这种可能造成的环境危害及其风险的出现。[①]

二、实行预防原则的必要性和可行性

（一）实行预防原则的必要性

我国经济增长仍然处于中高增长速度区间和时期，在环境法治建设中贯彻预防原则有其重要意义：

第一，环境问题的特点要求实行预防原则。环境污染和破坏一旦发生，往往难以消除和恢复，甚至具有不可逆转性。例如重金属的污染、地下水的污染就很难消除；由于植被破坏造成的水土流失、土壤沙化或者物种的灭绝、热带雨林、原始森林的消失，也很难恢复或者根本无法恢复。许多环境问题的危害具有很强的潜伏性，危害的产生与受污染和后果显现之间的间隔相当长，如许多化学品致癌的潜伏期达 20 至 30 年，化学品的致癌后果可能在几代之内也不会显现出来，承受环境风险后果的人就可能不是享受使用该化学品的受益人。人类难以及时发现和认识环境问题的长远影响，为代内公平和代际公平起见，必须防患于未然。另外，由于环境污染容易治理难，生态破坏容易恢复难，从经济学上看，与采取预防措施相比，恢复与治理费用相当高昂，难度也很大。例如，泰晤士河（Thames River）的治理就花了一百多年的时间，耗费巨额资金。

第二，西方国家环境保护经验科学总结揭示了预防原则实行的必要性。从国际范围看，西方国家大都走了一条“先污染、后治理”，“先破坏、后整治”，“先开发、后保护”的道路，并为此付出了惨重的代价。这个沉痛的教训使欧美国家认识到，必须改变那样“病重求医、末端治理”的反应性政策，单项治理政策，转变为采用预防性政策、综合性治理政策，从污染的“浓度控制”转变为“总量控制”，从“末端治理”转变为“首端治理”、全程治理。例如，1980 年发表的《世界自然资源保护大纲》提出了一系列“预期性的环境政策”，其目的是把“资源保护和开发很好地结合起来，以保证这星球上的一切变革皆对于全人类的生存和幸福是可靠的”。并指出，“这些政策要求在环境遭到破坏之前就要采取行动”，“我们的行动策略应是把治理与预防明智地结合起来”。1982 年通过的《内罗毕宣言》第 9 条指出，“与其花很多钱、费很多力气在环境破坏之后亡羊补牢，不如预防其破坏。预防性行动应包括对所有可能影响环境的活动进行妥善的规划”。该宣言第 3 条还指出了进行环境管理和评价的必要性，认为“只有采取一种综合的并在区域内做到统一的办法，并强调这种相互关系，才能使环境无害化和社会经济持续发展”。1992 年联合国环境与发展大会通过的《里约环境与发展宣言》原则 15 再次明确指出：“为了保护环境，各国应按照本国的能力，广泛适用预防措施。遇有严重或不可逆转损害的威胁时，不得以缺乏科学上的充分确实证据为理由，延迟采取符合成本效益的措施防止环境恶化。”

第三，预防原则最大限度地体现了法律的公平与效率相结合。如果环境问题不以预防为主，造成污染后再去治理，往往比采取预防措施的代价高，这不符合市场经济的基本要求，同法律的公平与效率价值也不能一致；另一方面，由于造成环境污染和

① 参见汪劲：《环境法学》，3 版，101 页，北京，北京大学出版社，2014。

破坏的原因是多方面的，如果对环境问题不进行综合治理，而是由各地区、各部门、各单位孤军作战，各自为政，这既增大了环境治理的成本，也难以收到很好的治理效果，降低了环境法律效率。因此，贯彻预防原则有利于实现经济效益、社会效益和环境效益的统一，实现法律调整公平与效率的统一。

第四，预防原则有利于增强人们的环保意识，促使我国的环保工作由消极应付模式向积极防治转型。长期以来，我国坚持以经济建设为中心，环境保护工作重视不够，公民环保意识较为淡薄。贯彻预防原则，明确环境保护工作"预防优先"，在开展经济建设的前期就充分注意到可能造成的环境污染和环境破坏，并积极采取有效预防措施，对于已经产生的污染和破坏，采取多种途径积极进行治理。这将促使我国环境保护工作模式由消极应付转向积极防治。

（二）实行预防原则的可行性

第一，预防原则在我国环境法中已有充分的体现。1973 年国务院在《关于保护和改善环境的若干规定（试行草案）》中就规定了做好全面规划、工业合理布局、在建设中实行"三同时"制度等若干预防性的措施；同时还特别指出，植物保护要贯彻"预防为主"的方针，要采取生物的、物理的综合性防治措施。1979 年的《环境保护法（试行）》规定了一系列的预防性环境法律制度，1989 年的《环境保护法》进一步体现了这一原则的要求，从预防到治理规定了整套制度。之后制定或修改的《固体废物污染环境防治法》、《大气污染防治法》、《水污染防治法》、《环境影响评价法》、《清洁生产促进法》等法律均体现了这一原则，并制定了总量控制、清洁生产等新制度。预防原则同样体现在各项自然资源法律中，例如，《水土保持法》以保护和合理利用水土资源、改善生态环境为其重要立法目的，该法第 3 条明确规定："水土保持工作实行预防为主、保护优先、全面规划、综合治理、因地制宜、突出重点、科学管理、注重效益的方针。"

第二，预防原则的确立是国内外污染防治与环境治理经验教训的科学总结。20 世纪 50 年代以来，世界各国广泛采用的环境保护战略是废物管理和污染控制；西方国家逐步从末端治理的反应性政策，单项治疗性政策转变到"预防为主、综合防治"的预期性政策、综合性治理政策。如美国 1984 年将《固体废物处置法》修改为《资源保护回收法》，1990 年颁布《污染预防法》，1993 年欧盟通过《污染综合防治指令》，同年日本制定时《环境基本法》等均是上述转变的真实写照。我国在法律上确认预防原则，则是在对环境问题付出沉重代价之后。

第三，预防原则集中了当代环境保护、环境管理思想精华。预防原则主要体现在环评、源削减、清洁生产及综合管理思想上，主张全过程控制、事前控制、源头控制和多种环境介质综合管理等，综合了当代环境保护与环境管理的先进思想和科学做法，突破了传统环境保护方法和环境管理思想的局限，重视发挥环境科学技术、清洁生产技术和污染源单位的力量与作用，是一种跨部门、多种环境介质的环境保护与管理战略，拥有强大的观念和认识论基础。

三、预防原则的实施

预防原则的实施，需要通过具体的环境政策和法律制度予以明确。预防原则的实施主要表现在与开发决策相关联的若干方面，具有多功能性。在我国环境与资源保护法上，环境影响评价制度、“三同时”制度、排污许可证制度、限期治理制度、排污收费制度等均体现了这一原则的要求。

（一）合理规划、有计划地开发利用环境和自然资源

为实施预防原则，就必须有计划地开发利用环境和资源，为此各国在环境立法上专门确立了环境保护计划和环境规划制度，要求政府行政主管部门和相关企事业单位对工业发展与环境保护事前作出合理的计划和安排，对自然资源的开发利用应当与生态保护相结合并有计划地实施。另外，我国的环境政策与法律还确立有“全面规划与合理布局”的环境保护措施。其中，全面规划就是对工业和农业、城市和乡村、生产和生活、经济发展与环境保护各方面的关系作统筹考虑，进而制定国土空间主体功能区规划以及国土利用规划、区域规划、城市规划和环境规划，使各项事业得以协调发展；合理布局主要是指在工业及其发展过程中，要对工业布局的合理性作出专门论证，并且对老工业不合理的布局予以改变，使工作布局不会对周围环境和人民生活环境造成污染和破坏的不良影响。

（二）运用环境标准控制和减少生产经营活动向环境排放污染物

由于环境污染危害起因于污染物向环境的排放，因而，控制和减少向环境排放污染物就成为减轻和消除环境危害的最根本的环节。控制和减少污染物的排放，在环境法律制度的实施方面就是执行环境标准制度。即以环境质量标准为依据确定某地域（水域）保持良好环境质量的基础数值，在此基础上以该地域（水域）的环境容量或者污染物排放标准的最大限度为限，将排放进入环境的污染物的种类、数量和浓度控制在一定的水平之内。

在我国，预防原则之所以表述为预防为主、防治结合原则，其意义就在于采取预防措施并不是要将其代替治理措施，或认为治理不重要，而是鉴于我国的环境污染和破坏已经非常严重，仅靠前瞻性的预防只能“防患于未然”，它是防止今后可能再发生环境损害的主要手段，而对于已经发生的环境损害则要强调积极的治理，在“防”的同时顾及“治”。

为了防止因新建、改建、扩建生产工艺和设备造成新的污染，各国环境立法也对企业的生产设施和设备的要求采取不同的措施。例如，在美国和加拿大等国家，环境法律要求在原有生产规模基础上对设施进行改造或者新增的，应当采用现实可得的最佳实用技术（BAT），否则不予许可和批准。我国目前也制定有清洁生产促进法，意在通过实行清洁生产措施来提高资源利用效率，减少和避免污染物的产生。另外，民法有关预防性民事责任措施（如消除危险、排除妨害等）在诸如噪声妨害、光照妨害等领域的运用，也是私法上的一种消除和减轻环境侵害的保障措施。

（三）对开发利用环境和资源的活动实行环境影响评价

作为环境法上的一项基本制度，环境影响评价制度是各国适用预防原则的最直接的体现。该制度要求，一切可能造成环境影响的决策、规划和建设项目等，均应当在公众的参与下对其实施后可能造成的环境影响进行分析、预测和评估，然后才能由政府行政主管部门作出批准或者不批准的决定。为了保障环境影响评价制度实施的有效性，我国还确立了建设项目环境保护管理的“三同时”制度。

（四）增强风险防范意识，谨慎地对待具有科学不确定性的开发利用活动

科学的不确定性常常是决策者忽视环境风险的最大理由。但是，限于人类对自然的认识，决策者们应当时刻想到“宁信其有、不信其无”。现在国际社会联合在臭氧层耗竭、气候变化问题上采取行动的做法就是一个例证。

对危险性的预防比对危险的预防更为重要，因为危险性比具体的危险出现在时间和空间上更有距离。为此，谨慎对待具有危险性的开发利用活动应当着重从如下几方面采取对策：第一，将有关在时间和空间上视为较为遥远的危险（包括对未来世代可能产生的危险）的决策作为国家的责任，予以事前的规划和预防；第二，对于危险出现的可能性较低或者只有危险嫌疑的决策，只需损害的出现具有可能性、可预见性或者可想象性即可认定危险存在，而无须明确的证据证实该危险。

世界银行的专家认为，对于决策者来说，当一种活动造成危害人类健康或环境的威胁时，应该采取预防措施，即使有些因果关系在科学上还不能完全确定。这时，证明的负担应该由活动的支持者而不是公众来承担。此外，应用预防原则的过程必须是公开的、知情的、民主的，包容可能受影响的各方；同时，还必须审查所有的备选方案，包括不采取行动。

由于预防的本意在于防患于未然，因而增强决策者和管理者的风险防范意识是非常重要的。例如，对于大型建设项目、改造自然项目（如在河川筑坝、发展核电、兴建大型工业、农业、水利、交通等项目）以及对外来物种的有意引进等行为，更应将可能造成的长久不良环境影响放在首位考虑。在对具有环境影响的重大开发决策过程中，开发政策和政治利益应当让位于公众利益，此方面的决策更应当体现民主化、科学化和规范化。

第四节　公众参与原则

当代环境领域的立法是在20世纪60年代兴起的环境运动的推动下发展起来的，公众参与在环境保护中发挥了重要作用，并作为一项法律原则确立下来。公众参与原则，有的学者称之为“依靠群众保护环境的原则”[①]，有的学者称之为“环境保护的民主原则”[②]，也有的学者称其为“环境民主原则”[③]。它主要包括环境知情权、环境决策参与权、环境监督权和司法救济权。公众参与原则是环境法的重要原则之一，有学者甚至称之为“环境法的精髓和灵魂”[④]，其要旨就是必须要让公众参与到环境保护的法制化进程中去，并成为推动和实践这一进程的生力军。

---

① 韩德培主编：《环境保护法教程》，64页，北京，法律出版社，1991。

② 金瑞林主编：《环境保护法学》，124页，北京，北京大学出版社，1999。

③ 蔡守秋主编：《环境法教程》，78页，北京，法律出版社，1995。

④ 蔡守秋：《当代环境法发展的特点和趋势》，载陈乃蔚主编：《新世纪法学前沿》，194页，上海，上海交通大学出版社，2002。

公众参与的内容广泛而复杂。《奥尔胡斯公约》（Arhus Convention）[①]将公众参与的内容简化为三项权利：获得信息的权利、参与决策的权利、寻求司法救济的权利。其中获得信息是前提条件，参与决策是主要手段，司法救济是有力保障。公众参与原则是正确处理政府与公众、环境污染破坏者与环境保护者关系的指导原则，是环境法公益性、社会性的体现。

一、公众参与原则的含义

公众参与原则是指生态环境的保护和自然资源的开发利用必须依靠社会公众的广泛参与，公众有权参与解决生态问题的决策过程，参与环境管理并对环境管理部门以及单位、个人与生态环境保护有关的行为进行监督。公众参与原则包含三方面内容：第一，环境信息公开，即每个公民对行政机关所持有的环境信息拥有适当的获得利用权。环境信息公开的思想在20世纪80年代后半期以后已经成为世界潮流。第二，环境决策参与权，即保证给与每个公民参加环境政策决策的机会。第三，环境或公民的环境权益受到侵害时，应让人人都能有效地使用司法和行政程序，包括补偿和补救程序。

实施可持续发展战略意味着一场深刻的变革，是世界观、价值观、道德观的变革，是人类行为方式的变革，是人类对于环境、经济、社会三者关系处理方法的变革。公众是否认识、愿意接受并积极参与，是实施这些变革的必要条件。由于可持续发展的性质和特点，实行公众参与已成为实施可持续发展战略能否成功的关键。公众参与不仅包括公众实施可持续发展战略的有关行动或有关项目，更重要的是要求参与者改变自己的思想，建立可持续发展的世界观，用可持续发展的观念和方法去改变自己的行为方式。

公众参与原则在当代环境立法中多有体现。美国1969年的《国家环境政策法》（NEPA）在立法上确认了公众参与原则，并具体体现在环境影响评价制度（EIA）上。1972年的《人类环境宣言》及其后的许多国际环境法文件也都强调公众参与在环境保护中的重要作用。例如，1982年的《内罗毕宣言》第9条提出："应通过宣传、教育和训练，提高公众和政界人士对环境重要性的认识。在促进环境保护工作中，必须每个人负起责任并参与工作。"1980年发表的《世界自然资源保护大纲》称公众参与环境决策是"必要的行动"。1992年的《里约环境与发展宣言》原则10规定："环境问题最好是在全体有关市民的参与下，在有关级别上加以处理。在国家一级，每一个人都应能适当地获得公共当局所持有的关于环境的资料，包括关于在其社区内的危险物质和活动的资料，并应有机会参与各项决策进程。各国应通过广泛提供资料来便利及鼓励公

---

① 《奥尔胡斯公约》：1998年在丹麦奥尔胡斯通过，全称为欧洲经济委员会《在环境问题上获得信息、公众参与决策和诉诸司法的公约》，英文为 Convention on Access to Information，Public Participation in Decision-making and Access to Justice in Environmental Matters。该公约于2001年10月30日正式生效。该公约为公众参与确立了三个支柱：其一，每个人都有权利获得政府机构所掌握的环境信息；其二，每个人都有权利从早期阶段就参与环境决策；其三，对于违反上述两项权利或违背环境保护法律的公共决策，每个人都有权利在法庭上提出质疑。《奥尔胡斯公约》是在环境民主方面最具雄心的开创性实践，它是目前在全球范围内最具开创性的区域性国际公约，被认为具有"被作为加强公民环境权的全球性框架的潜力"。

众的认识和参与。应让人人都能有效地使用司法和行政程序，包括补偿和补救程序。”

公众广泛参与决策也是《21 世纪议程》的一个重要组成部分，是可持续发展概念的基础。《21 世纪议程》用几章论述了许多不同的群体，包括妇女、儿童和青年、土著居民、非政府组织、地方当局、工人和工会、商业和工业、科学家和技术专家以及农民。在许多情况下，这些群体的个人和成员是关于许多环境问题的成因和解决方法的最好的知识来源。公众参与能动员和充分利用这些知识、技能和资源，提高政府行动的有效性。确保公众参与的一个日益重要的法律手段是环境影响评价（EIA），环境影响评价要求在决策之前研究和公布规划和建设项目的环境影响，而且通常把听证会作为环境影响评价过程的重要组成部分。《21 世纪议程》指出，在公众参与方面，还应注重发挥非政府组织（NGOs）的作用。在国际上，非政府组织已经与国家和地方政府在许多问题和事务上进行了有效的合作。

公众参与的功能旨在赋予公众环境知情权、参与权和监督权。我国《环境影响评价法》第 5 条规定：“国家鼓励有关单位、专家和公众以适当方式参与环境影响评价。”这是我国公众参与原则首次在立法上作出的正式规定和表述。2012 年修订的《民事诉讼法》第 55 条规定：“对污染环境、侵害众多消费者合法权益等损害社会公共利益的行为，法律规定的机关和有关组织可以向人民法院提起诉讼。”进一步确认了公众参与管理环境事务和从事环境保护的权利。2014 年修订后的《环境保护法》将公众参与推进到一个新的高度，该法增加了第五章“环境信息公开和公众参与”，较为系统地规定了公众的知情权、参与权、表达权、司法救济权等有关公众参与环境保护的权利。

二、实行公众参与原则的必要性

在推进环境保护事业法制化的进程中，坚持贯彻和落实公众参与原则是寻求利益平衡、利益共存或利益妥协的最佳方式和途径，是缓解环境保护产生的巨大利益冲突引发社会矛盾的减震器，是使环境法律制度得到顺利实施的润滑剂，同是又是行政管理民主化的一项重要手段，有着十分重要的意义。

（一）是保护公众环境权益、维护公众合法权益的必然要求

环境权是一项基本人权，这一权利不应受到限制或剥夺。但同时，环境权又具有强烈的整体性，是通过个人权利形式体现的真正公共权利或“人类权利”[①]。在环境保护中，任何人都是权利主体，同时也是义务主体。每个人的环境权是平等的，任何人在当今社会都不可能脱离整体环境独善其身，每个人在享受环境权的时候，都必须尊重和维护他人的环境权。由于环境权所体现的是整体利益、长远利益和个人利益、眼前利益的结合，因而要求人人都应积极参与到环境保护中去。

同时，公众参与环境保护首先是捍卫自身权益的需要。为了维护公民的环境权益，每个公民应当参与环境保护全过程的监督管理，这样才能了解和掌握与自身权益息息相关的环境保护信息。自然生态环境是人类赖以生存和发展的基本条件，每个公民都享有与生俱来的、不可剥夺的享有适宜环境的权利。由于环境权益与人们的日常生活息息相关，故而人们对环境保护事业表现出极大的热情，因此，公众积极参与环境保

① 张梓太主编：《环境与资源法学》，2 版，72 页，北京，科学出版社，2007。

护事业是环境保护运动持久发展的动力，是推行环境保护管理工作的重要途径与可靠保障。

（二）是环境问题的突出特点所决定的

环境问题最突出的一个特点是污染和破坏容易，治理与恢复困难，所以环境保护重在预防，这就要求环境立法除了通过加重法律责任、扩大环境诉讼的范围等消极措施保护环境外，还应动员全社会的力量，以广泛赋予公众参与环境保护的权利的积极方式，充分发挥广大群众的积极性、主动性和创造性，树立保护和改善环境人人有责的良好社会风气。

（三）有利于促进环境保护行政决策的科学化和民主化

随着发达国家步入了后工业化时期，经济社会发展的全球化和信息化决定了公众参与环境保护事务的必要性和紧迫性。环境保护事业兼具公益性与私益性，是一个范围极广的领域，涉及大气、水、海洋、土地、森林、草原、矿藏、野生动植物、风景名胜、人文遗迹、城市、乡村等，具有高度的复杂性和敏感性，决定了它是一项全社会、全人类的事业。如果只有政府的行为而缺乏公众的参与，则很难达到预期目的和理想效果。鼓励公众参与到环境事务中来，增加政府工作的公开性与透明度，促使政府的决策和管理更加符合民意、契合实际，从而减少公众和政府之间的摩擦与矛盾，加强政府与公众之间的信任与合作，构建科学民主的环境决策机制。

（四）有利于调动全社会的力量共同推进环境保护事业的进步，促进可持续发展

推进环境保护事业的进步、实施可持续发展战略意味着旧有利益分配格局的重新洗牌，是一场复杂的变革，公众的认知程度、接受意愿以及参与程度的高低直接决定着这场变革的成败。从世界范围看，各国政府日益认识到环境保护事业的公益性和群众性，并且日益理解公众的环境权益、作用和力量。吸收广大公众深入参与到环境保护工作中来，可以使其认识保护和改善生态环境的重要性和紧迫性，使其增强保护和改善环境的责任心和使命感，进而提高其保护和改善环境的能动性和创造性，使公众的力量成为推进环境保护事业进步、促进可持续发展坚实的基石。

三、公众参与原则的实施

贯彻、实施公众参与原则，是环境立法的重要内容。在我国，宪法和环境保护法中都对公众参与原则作出了相应的规定。我国宪法第 2 条规定："中华人民共和国的一切权力属于人民。……人民依照法律规定，通过各种途径和形式，管理国家事务，管理经济和文化事业，管理社会事务。"《环境保护法》第 57 条亦规定了公众对污染环境和破坏生态单位及负有环境保护职责的政府部门、环保主管机关享有检举、举报等监督权。我国各专项环境保护法律也对公民的环境保护公众参与权予以保障，规范公众参与的各种途径和程序。如《环境噪声污染防治法》等单项环境法律制度关于环境影响报告书制度的规定，将建设项目所在地单位和居民的意见作为环境保护的法定内容，对公众参与权予以严格的法律保护。

当前，应根据我国环境法治发展的实际情况，着重围绕环境信息公开机制、公众意愿表达机制、法律实施监督机制、司法救济机制，配置和完善公众参与环境保护的权利内容，并逐步强化对公众参与环境保护的权益保障：

(一) 环境信息公开机制

政府、市场主体和公众之间拥有的环境信息的不对称性，因而必须通过建立彼此之间的良好信息沟通途径。一方面，公众作为环境公害的直接受害者，对环境质量及其变化是最敏感、最有切身体验的，政府可以提高公众对环境基础资料、隐含信息的获得能力；另一方面，公众对于环境的整体状况、开发、建设项目的环境影响和环境公共事务信息方面缺乏了解渠道，需要通过政府的信息披露，保证公众能够及时获得环境信息，了解环境保护的有关事务。环境信息公开机制的构建，有两方面的内容：

1. 通过立法赋予公民、法人和其他组织依法享有获取环境信息、参与和监督环境保护的权利。我国《环境保护法》第 53 条规定："公民、法人和其他组织依法享有获取环境信息、参与和监督环境保护的权利。"这是我国环境法发展历程中第一次通过环境基本法的形式，对社会主体的知情权进行法律规定和确认。

2. 通过立法课以地方政府、环境保护行政主管机关、排污单位等环境保护责任主体以环境信息披露义务，保障公众环境知情权的实现。

(1) 环境保护行政机关的信息披露义务。我国《环境保护法》第 54 条规定："国务院环境保护主管部门统一发布国家环境质量、重点污染源监测信息及其他重大环境信息。省级以上人民政府环境保护主管部门定期发布环境状况公报。县级以上人民政府环境保护主管部门和其他负有环境保护监督管理职责的部门，应当依法公开环境质量、环境监测、突发环境事件以及环境行政许可、行政处罚、排污费的征收和使用情况等信息。"公民有权获得行政机关掌握的环境资料，对环境状况、政府环境决策、工程项目等信息享有知情权，有权就相关问题向有关机构咨询并获得及时回复。信息公开是公民环境知情权实现的关键。

(2) 排污单位的信息披露义务。排污单位必须公开自身环境信息，环评报告书应全文公开。我国《环境保护法》第 55 条规定："重点排污单位应当如实向社会公开其主要污染物的名称、排放方式、排放浓度和总量、超标排放情况，以及防治污染设施的建设和运行情况，接受社会监督。"第 56 条规定："对依法应当编制环境影响报告书的建设项目，建设单位应当在编制时向可能受影响的公众说明情况，充分征求意见。负责审批建设项目环境影响评价文件的部门在收到建设项目环境影响报告书后，除涉及国家秘密和商业秘密的事项外，应当全文公开；发现建设项目未充分征求公众意见的，应当责成建设单位征求公众意见。"

(二) 公众意愿表达机制

环境保护公众意愿表达机制是公民言论自由权、监督权等宪法性权利在环境保护领域的体现，建立环境保护公众意愿表达机制，可以使我国环境保护法制建设能够有效地体现环境保护的民情，表达环境保护的民意，有助于密切政府与公众的关系，增强政府、社会公众和市场主体在环境保护领域的合作，以共同推动环境保护社会公共目标的实现。

1. 赋予公众环境行政听证权，建立环境决策听证制度。我国《环境影响评价法》第 11 条规定，专项规划的编制机关对可能造成不良环境影响并直接涉及公众环境权益的规划，应当在该规划草案报送审批前，举行论证会、听证会，或者采取其他形式，征求有关单位、专家和公众对环境影响报告书草案的意见。

2. 环境影响评价中的公众参与。我国《环境影响评价法》第5条规定，鼓励社会公众以适当方式参与环境影响评价。《环境影响评价公众参与暂行办法》（2006）对公众参与环境影响评价、公开有关环境信息和强化社会监督做了原则性规定，强调“国家鼓励公众参与环境影响评价活动，公众参与实行公开、平等、广泛和便利的原则”。

（三）法律实施监督机制

环境问题与社会公众的利益密切相关，明确公众对政府环境行政权力行使和企业环境影响活动的监督权利，其根本目的是推动环境保护的广泛社会合作。法律实施监督机制包括权力实施监督和企业社会监督两方面：一方面，确保政府权力行使的效率与公平，建立权力实施监督机制至关重要。对政府环境保护行政行为的监督，除了要加强人大、政协的监督作用和政府内部的行政监督外，还要建立和完善公众监督机制，赋予公民、社会团体对政府行政行为提起司法审查的权利。另一方面，法律实施监督还包括企业社会监督，即对于开发、建设项目和经营活动可能造成的环境问题，社会公众有权进行监督。

1. 鼓励和保护公民举报环境违法。我国《环境保护法》第57条规定：“公民、法人和其他组织发现任何单位和个人有污染环境和破坏生态行为的，有权向环境保护主管部门或者其他负有环境保护监督管理职责的部门举报。公民、法人和其他组织发现地方各级人民政府、县级以上人民政府环境保护主管部门和其他负有环境保护监督管理职责的部门不依法履行职责的，有权向其上级机关或者监察机关举报。接受举报的机关应当对举报人的相关信息予以保密，保护举报人的合法权益。”

2. 对可能造成环境污染、生态破坏单位的监督。我国《环境保护法》第54条第3款规定：“县级以上地方人民政府环境保护主管部门和其他负有环境保护监督管理职责的部门，应当将企业事业单位和其他生产经营者的环境违法信息记入社会诚信档案，及时向社会公布违法者名单。”第55条规定：“重点排污单位应当如实向社会公开其主要污染物的名称、排放方式、排放浓度和总量、超标排放情况，以及防治污染设施的建设和运行情况，接受社会监督。”

（四）司法救济机制

当公民环境权益或社会环境公共利益遭受不法侵害时，能够通过法律诉讼而获得司法救济，是法治社会的基本要求。环境诉讼是公众参与环境与资源保护的一种重要方式，传统意义上的司法救济机制主要包括民事法律救济和行政法律救济两方面。民事法律救济是指对因环境污染、破坏给他人造成损害或者对社会公共环境造成损害的行为人，受害人或社会公众有权提起民事诉讼，要求行为人停止侵害、赔偿损失的民事法律规定和程序。行政法律救济是指公民或社会公众对行政机关的环境行政行为或环境不作为有权提起行政诉讼，并通过行政行为的司法审查达到推动环境与资源保护的目的。

构建公众参与的司法救济机制，必须赋予公众以诉讼权利。首先是司法救济权。公民的环境权益、环境知情权、环境决策参与权受到侵害，应当能及时、有效地诉诸司法，通过诉讼得到法律救济。其次是提起环境公益诉讼的权利。符合条件的社会组织提起环境公益诉讼，人民法院应依法受理。我国《环境保护法》第58条规定，对污染环境、破坏生态，损害社会公共利益的行为，符合下列条件的社会组织可以向人民法院提起诉讼：（1）依法在设区的市级以上人民政府民政部门登记；（2）专门从事环境保护公益活动连续5年以上且无违法记录。符合前款规定的社会组织向人民法院提起诉讼，人民法院应当依法受理。提起诉讼的社会组织不得通过诉讼牟取经济利益。

第五节　损害担责原则

损害担责原则的确立，源于我国2014年修订后的《环境保护法》第5条原则条款的规定。从学理上解读，损害担责原则是对污染者付费原则的发展。从污染者付费原则的起源、发展历程考察，便于我们全面理解环境保护法上的责任机制，更好地把握损害担责原则的概念与内涵。学界对这一原则的陈述方式多种多样，有的学者称之为“谁污染谁治理的原则”[①]，有的学者称之为“损害环境者付费原则”[②]，有的学者称之为“开发者养护、污染者治理原则”[③]，有的学者称之为“受益者负担原则”或“原因者负担原则”[④]，也有人称之为“环境责任原则”[⑤]，还有人称之为“开发利用者负担原则”[⑥]。但无论称作什么原则，该原则的内容日渐明确和统一。

一、损害担责原则的含义

损害担责原则，是指任何造成环境污染和生态破坏的单位和个人，都必须承担相应的法律责任。其中“损害”是指任何实施对环境造成不利影响的主体实施的行为结果，该行为包括利用环境超过环境自身承载能力和恢复能力，导致环境退化的行为，也包括开发利用自然资源导致生态破坏或自然资源赋存条件的退化、造成资源衰竭的行为。“担责”是指要承担相应法律责任，即承担恢复环境、修复受损生态或支付上述费用的责任。

对损害担责原则的理解，需要认识和把握以下几点：

第一，损害担责的范围既包括造成环境污染的行为人，也包括导致生态破坏的行为人。无论他们的原因行为是否合法、正当，造成环境污染或生态破坏，行为人均应承担相应的法律责任。

第二，损害担责的损害者，包括造成环境污染的污染者、开发利用环境资源的开发者和利用者、造成生态环境和自然资源破坏的破坏者。

第三，损害担责的责任范围当前尚不能涵盖有关自然资源的利用人或受益人应当对自然资源的权利人或生态服务提供者给予相应的补偿。

---

① 韩德培主编：《环境保护法教程》，61页，北京，法律出版社，1991。
② 王灿发主编：《环境法学教程》，82页，北京，中国政法大学出版社，1997。
③ 金瑞林主编：《环境保护法学》，120页，北京，北京大学出版社，1999。
④ 汪劲：《环境法学》，3版，113页，北京，北京大学出版社，2014。
⑤ 蔡守秋主编：《环境法教程》，75页，北京，法律出版社，1995。
⑥ 马骧聪主编：《环境资源法》，71页，北京，北京师范大学出版社，1999。

二、损害担责原则溯源

现代环境问题是由各种不适当的人为活动引起的，对实施不当行为而造成环境问题者是否承担责任和应当承担什么责任，国内外都有一个认识过程。

从国外看，随着环境问题的加剧，各国政府开始对环境保护实行财政援助。随着政府对环境保护投资的增加，有人开始对这种做法提出质疑和反对。政府投资实际上是全体纳税人投资，为什么由个别不当行为造成的环境问题却由全体社会人员来承担责任？为矫正这种“企业污染环境赚钱，政府治理环境出资”的偏差，解决造成环境污染的责任问题，由西方24个国家组成的经济合作与发展组织环境委员会于1972年首先在一项决议中提出了“污染者负担原则”（polluter pays principle）或“污染者付费原则”，由排污企业承担环境治理的费用，实现环境治理费用（外部费用）内部化。该决议规定，禁止成员国对该国企业就污染防治工作所采取措施予以资金上的补助，要求排污者（污染者）负担由政府行政主管部门决定的减少污染措施的费用，以保证环境处于一种可被接受的状态。在关于污染者负担费用的范围方面，OECD认为该原则不应仅针对污染，也应包括“鼓励合理利用稀缺环境资源的管理措施”，但它绝对“不是污染损害的赔偿原则”①。在日本，环境法却将该原则广泛适用于污染防治、环境复原和被害者救济这三个方面。②

为此，世界银行归纳总结认为，对该原则可以以两种不同的方法来解释：一种是“标准的污染者付费的原则”，即要求排污者只负担控制污染和消除污染的费用；另一种是“扩展的污染者负担原则”，它要求除前述费用以外，还得给予遭受环境污染的居民以一定的补偿。随着环境保护的概念从污染防治扩大到自然保护和物质消费领域，污染者负担原则的适用范围也在逐步扩大。从实际支付费用的主体看，因从原材料的加工、生产到流通、消费、废弃以及再生等各个环节都存在着分担费用的现象，污染者的概念范围也由企业扩大到所有的受益者③，这也是有学者主张采用“受益者负担原则”来概括环境法上责任负担规则的原因。尽管表述不一，但总的趋势是明确的，即环境法上责任的承担者逐渐从污染者、破坏者扩展到所有的引致环境不利影响的主体，担责范围也逐渐从损害结果延伸到损害原因发生之初。

从国内看，1979年的《环境保护法（试行）》第6条就规定了“谁污染谁治理”的原则，后来的立法没有直接采用污染者治理的表述。1996年《国务院关于环境保护若干问题的决定》规定，“污染者付费、利用者补偿、开发者保护、破坏者恢复”，“地方各级人民政府对本辖区环境质量负责，实行环境质量行政领导负责制”，“地方各级人民政府及其主要领导人要依法履行环境保护的职责”。1989年《环境保护法》对污染者的责任问题规定为：产生环境污染和其他公害的单位，必须采取有效措施防治在生产建设或者其他活动中产生的对环境的污染和危害，从而形成了“谁污染谁承担责任”，“谁开发谁保护”，“谁破坏谁恢复”，“谁利用谁补偿”，“谁主管谁负责”，“谁承

① 汪劲：《环境法学》，3版，112页，北京，北京大学出版社，2014。

② 参见汪劲编著：《日本环境法概论》，236页，武汉，武汉大学出版社，1994。

③ 参见汪劲：《环境法学》，3版，113页，北京，北京大学出版社，2014。

包谁负责”，“环境保护由党政一把手亲自抓、负总责”等原则，逐渐演化出使导致环境问题的主体承担责任并建立相应的环境责任制度的一项环境与资源保护法的基本原则。[①]

2014 年修订的《环境保护法》第 5 条设置环境法基本原则专条，首次以立法明文宣示了我国环境保护所遵循的根本原则，其中对“损害担责原则”的确立，一定程度上起到了统一有关环境责任原则的作用，但就法律解释而言，“损害担责原则”的内涵和外延的界定，依然脱胎、立基于我国环境法治建设实践经验，不能割裂损害担责原则与我国环境法制发展之间的联系，只有如此，才能更好地发挥基本原则对环境与资源保护法理念的表达与体现功能、对环境单行法和下位法的约束与引导作用，以及对环境立法、执法、司法、法律解释等的约束和引导作用，服务于我国环境法治的发展。

三、损害担责原则的实施

（一）实行排污收费或者征收污染税制度

排污收费或者征收污染税是一种简单但又行之有效的法律制度，即向环境排放污染物的单位或个人按照其排放污染物的种类、数量或者浓度而向国家交纳一定的费用，以用于治理和恢复因污染对环境造成的损害。由于排污费在具体运用上涉及政府财政统筹安排治理环境污染资金等问题，因而排污费的运用范围目前并非仅单纯地安排用于治理局部的污染；同时，对于排污者而言，在依照规定支付了排污费或污染税外，还有义务避免在生产经营过程或者生活活动中对环境造成更大负荷的行为。若因污染环境对他人造成妨害或者损害的，排污者还应当承担相应的民事责任。

（二）实行废弃物品再生利用和回收制度

从建立循环经济型社会的角度出发，目前世界各国开始在产品的废弃与回收再利用领域实行延伸生产者责任的制度。其具体做法是，将处于消费末端的产品及其废弃物与企业的产品生产环节相连接形成一个循环链，处于该循环链上各个环节的生产者和消费者均应当对进入环境的产品及其废弃物的回收利用承担一定的成本费用，保障各类产品及其容器、包装物等在使用消费完毕后不再作为废弃物进入环境。总体上讲，废弃物品再生利用和回收的责任在生产者，同时，消费者作为受益者也有义务承担相应的费用。

（三）实行开发利用自然资源补偿费或税制度

对于开发利用自然资源者，不论是对自然资源的开发利用还是单独以享受和利用自然（如进入国家森林公园或者风景名胜区域）为目的，都应当按照受益者负担的原则支付相应的资源恢复费、自然利用费、生态补偿费或相应的税。这里所支付的费用非为一般自然资源立法规定的向自然资源所有权人（国家）支付的自然资源使用费或税，而是专门补偿因开发利用自然资源和自然环境导致自然环境利益逸失所需付出的代价。其目的在于使环境质量处于一定的、高质量的水平。

（四）建立环境保护的共同负担制度

对于环境污染防治和自然环境保护的费用，除了由上述受益者负担外，就国家和

---

① 参见蔡守秋主编：《环境资源法教程》，120 页，北京，高等教育出版社，2004。

政府的责任而言，国家和地方政府也有义务承担一定比例的环境保护费用。在环境法理论上，这称为“共同负担制度”。

在西方国家，共同负担制度主要适用于国家和地方政府认为需要给予资金投入的环境污染防治或自然保护领域，具体包括紧急情况下采取应急措施所需的费用，以及为防范环境风险而大范围采取措施的费用。对于污染责任者不明或者不存在、但污染损害存在的场合，有些国家还通过建立基金制度筹措资金。例如，美国联邦政府于1980年制定了《超级基金法》，目的在于建立一个危险物质反应基金（超级基金），即通过国家和企业投入一定的资金，用于治理那些已经闲置不用的或被抛弃的危险废物处理场，并保障对污染物的泄漏有基金支持，以尽快对可能的污染损害作出紧急反应。

（五）实行环境保护目标责任制

环境保护目标责任制，是在第二次全国环境保护会议以后，在不少省市开展起来的一种把环境保护的任务定量化、指标化，并层层落实的管理措施。《环境保护法》第28条规定：地方各级人民政府应当根据环境保护目标和治理任务，采取有效措施，改善环境质量。未达到国家环境质量标准的重点区域、流域的有关地方人民政府，应当制定限期达标规划，并采取措施按期达标。实行这样一种环境管理措施有许多好处：一是，有利于把环境保护的任务真正纳入各级政府的国民经济和社会发展计划、年度工作计划，使环境保护任务得以真正落实；二是，实行责任制，把各级领导的责任层层分解并落实，把环境保护的任务定量化、指标化，加强了环境管理；三是，相应地建立各种配套措施和支持系统，如定量化的监测和监督系统、定期的检查考核制度、相应的奖惩办法等，这样可促进环境保护机构的建设，强化环境保护部门的监督管理职能。

案例与思考

1. 综合案例

[题例一] 北京市朝阳区自然之友环境研究所、福建省绿家园环境友好中心诉谢某等四人破坏林地民事公益诉讼案

2008年7月底，福建省南平市谢某、倪某、郑某3人未经批准，从李某手中购得南平市延平区葫芦山砂基洋恒兴石材厂矿山的采矿权，擅自扩大采矿范围，采取从山顶往下剥山皮、将采矿产生的弃石往山下倾倒、在矿山塘口下方兴建工棚的方式，严重毁坏了28.33亩林地植被。2014年7月28日，谢某等人因犯非法占用农用地罪分别被判处刑罚。2015年1月1日，北京市朝阳区自然之友环境研究所、福建省绿家园环境友好中心提起诉讼，请求判令四被告承担在一定期限内恢复林地植被的责任，赔偿生态环境服务功能损失134万元；如不能在一定期限内恢复林地植被，则应赔偿生态环境修复费用110万余元；共同偿付原告为诉讼支出的评估费、律师费及其他合理费用。

被告认为，原告北京市朝阳区自然之友环境研究所提供的研究所章程及登记证书、

组织机构代码证印证该研究所登记日期为2010年6月18日，发证日期为2013年9月27日，依法设立不满5年，不符合“专门从事环境保护公益活动连续5年以上的社会组织”这一公益诉讼的主体资格，且2015年生效的新《环境保护法》不应对过往问题进行追溯；原告主张生态赔偿、生态修复费用无根据，评估方缺乏鉴定资质，评估方式存在严重问题。

问：(1) 本案中北京市朝阳区自然之友环境研究所是否是提起环境公益诉讼的适格主体？(2) 2015年1月1日起生效的新《环境保护法》是否适用于本案被告的行为？为什么？(3) 原告主张被告应赔偿生态环境修复费用是否有法律依据？

[答题思路]

(1) 本案中北京市朝阳区自然之友环境研究所是提起环境公益诉讼的适格主体。“自然之友”是一家非营利性的民间环保组织，致力于推动公众参与环境保护，由梁从诫先生创立于1994年3月。成立以来，在发起与推动滇西北天然林和滇金丝猴保护、藏羚羊保护及首钢搬迁、培养环境教育骨干力量、推动环境教育等方面做了大量开创性工作，是当前活跃在环保一线的重要环保团体。2010年6月重新登记为“自然之友环境研究所”。新修订的《环境保护法》规定，提起环境公益诉讼的社会组织应满足“专门从事环境保护公益活动连续5年以上”。本案中北京市朝阳区自然之友环境研究所由1994年成立的民间环保团体“自然之友”重新登记而来，根据最高人民法院《关于审理环境民事公益诉讼案件适用法律若干问题的解释》，社会组织章程确定的宗旨和主要业务范围是维护社会公共利益，且从事环境保护公益活动的，可以认定为《环境保护法》第58条规定的“专门从事环境保护公益活动”。从立法赋予环保团体提起公益诉讼权利的目的来看，既是秉承环境保护多元共治的理念，将公民和社会组织纳入环境治理体系，突破传统单一的“环保靠政府”的环境管制思维的途径，也是对环境立法中公众参与原则的实施。如果僵化理解“专门从事环境保护公益活动连续5年以上”，势必将大量环保组织排除于提起公益诉讼主体资格之外，与《环境保护法》立法目的背道而驰，也与公众参与原则的要求相悖。因此，对本案原告的从业年限应宽泛解释，累计计算。

(2) 新《环境保护法》能够适用于本案。本案被告的生态破坏行为发生在新《环境保护法》生效前，但依据旧法，该行为亦属违法，新法中公益诉讼条款的规定，是对环境法公众参与原则的贯彻和具体化，通过赋予环保团体提起公益诉讼的诉权资格，搭建社会公众参与环境保护的桥梁。建立公众环境权益损害救济的司法机制，是对生态破坏行为一种追责机制的确立，并不存在将当时合法行为追认为违法行为的问题，亦未加重被告的责任，没有违背法不溯及既往原则。原告提起诉讼的行为发生于新《环境保护法》生效之后，适用新法之规定并无不当。

(3) 原告主张的生态环境修复费用有法律依据。《环境保护法》第5条规定，环境保护坚持保护优先、预防为主、综合治理、公众参与、损害担责的原则。其中“损害”不仅包括利用环境超过环境自身承载能力和恢复能力导致环境退化的行为，也包括开发利用自然资源导致生态破坏或自然资源赋存条件的退化、造成资源衰竭的行为；“担责”指承担恢复环境、修复受损生态或支付上述费用的责任。损害担责原则的确立是对传统环境损害赔偿“重人身财产，轻生态环境”的革新，是对受损的、传统民法

“物”之概念难以涵盖的，具有公共性的环境资源的经济、生态和由生态衍生的精神功能属性价值的法律确认和赔偿。损害担责原则的确立，大大提高了破坏生态行为的违法成本。环境损害具有特殊性，其补救主要是通过采取生态环境损害清理和修复措施将生态环境恢复到损害发生之前。修复和恢复生态功能是环境损害赔偿的目的，赔偿是保障修复和恢复的手段。

本案中，被告剥山皮、倾倒弃石、搭建工棚等行为，严重破坏山上植被，毁坏山石原貌，对山体及植被的涵养水土、防风固土、保持养分等生态服务功能造成损害。对受损生态环境进行修复至原状，不仅需要进行损害调查、评估、修复方案制订等工作，也需要进行弃石清理、场区回填、植被恢复、林地营造等工作。二者均建立在生态环境损害评估技术体系和生态修复技术规范体系之上，相当程度上依赖于专业化的生态损害评估与修复机构。原告主张的生态环境修复费用，即是上述损失和费用在司法上的体现。

[题例二] 浙江绍兴首例环境信息未公开案件

为贯彻落实《环境保护法》和《企业事业单位环境信息公开办法》及浙江省环保厅的相关部署，绍兴市2015年印发了《绍兴市2015年企业事业单位环境信息公开工作方案》，用于指导和监督企业事业单位开展环境信息公开工作。同时，在综合考虑辖区环境容量、重点污染物排放总量控制指标以及企业事业单位排放污染物种类、数量和浓度等因素的基础上，绍兴制定了2015年度重点排污单位名录。凡是榜上有名的，都是现阶段绍兴的重点排污企业。名录上共有737家企业，包括废水重点监控企业419家，废气重点监控企业41家，重点监控污水处理厂6家，重金属重点监控企业36家，固废重点监控企业198家，重点监控实验室两家，重点监控医院（二级以上）31家。

根据《环境保护法》、环保部《企业事业单位环境信息公开办法》及浙江省地方环保法规，重点排污单位应当如实向社会公开其基础信息、排污信息、防治污染设施的建设和运行情况、建设项目环境影响评价及其他环境保护行政许可情况、突发环境事件应急预案、其他应当公开的环境信息6个方面，接受社会监督。对不公开或不如实公开的企业，可处最高3万元罚款。

2015年5月，绍兴市环保局分3个批次在官方网站上首次向社会公布了重点排污单位名单，并对各批次企业的信息公开时间作了具体规定，即在公布期结束后的90天内，这些企业须主动对外公开环境信息。2015年8月底，绍兴市环保局对重点排污单位信息公开情况开展了检查。一个月后，绍兴市环保局对绍兴茂盛化纤纺织印染有限公司、浙江华东纺织印染有限公司等23家未公开环境信息的企业进行了公开通报，要求各属地环保部门依法立案查处。诸暨市环保局对诸暨市某公司作出行政处罚决定，责令其按规定公开环境信息并罚款2万元，成为新《环境保护法》实施以来，浙江省查处的首例因信息未公开的环境违法案件。

问：(1) 环境法中环境信息公开的义务主体是什么，要求公开的环境信息的范围是什么？(2) 诸暨市环保局依据《绍兴市2015年企业事业单位环境信息公开工作方案》对某公司作出的行政处罚决定，是否符合法律规定？(3) 环境信息公开的制度价值体现在哪里？

[答题思路]

(1) 环境信息，根据我国《环境信息公开办法（试行）》第2条的界定，本办法所称环境信息，包括政府环境信息和企业环境信息。政府环境信息，是指环保部门在履行环境保护职责中制作或者获取的，以一定形式记录、保存的信息。企业环境信息，是指企业以一定形式记录、保存的，与企业经营活动产生的环境影响和企业环境行为有关的信息。《环境保护法》第53条规定，公民、法人和其他组织依法享有获取环境信息、参与和监督环境保护的权利。各级人民政府环境保护主管部门和其他负有环境保护监督管理职责的部门，应当依法公开环境信息、完善公众参与程序，为公民、法人和其他组织参与和监督环境保护提供便利。第55条规定，重点排污单位应当如实向社会公开其主要污染物的名称、排放方式、排放浓度和总量、超标排放情况，以及防治污染设施的建设和运行情况，接受社会监督。因此，环境信息公开的义务主体应该指政府和企业。应公开的环境信息范围包括政府及其有关部门公开其制作或获取的环境信息，以及企业事业单位公开其在生产经营和管理服务过程中形成的与环境影响有关的信息。

为贯彻执行《环境保护法》，环保部2014年12月19日发布了《企业事业单位环境信息公开办法》，指导和监督企事业单位开展环境信息公开工作。加上国家环保部2013年颁布的《国家重点监控企业自行监测及信息公开办法（试行）》，对环境信息公开的主体范围进行了规定，改变了原国家环保总局2008年颁布实施的《环境信息公开办法（试行）》确立的自愿公开为主的局面，确立了强制公开与自愿公开相结合的原则。《企业事业单位环境信息公开办法》明确了纳入重点排污单位名录的企业，应当公开下列信息：1）基础信息，包括单位名称、组织机构代码、法定代表人、生产地址、联系方式，以及生产经营和管理服务的主要内容、产品及规模；2）排污信息，包括主要污染物及特征污染物的名称、排放方式、排放口数量和分布情况、排放浓度和总量、超标情况，以及执行的污染物排放标准、核定的排放总量；3）防治污染设施的建设和运行情况；4）建设项目环境影响评价及其他环境保护行政许可情况；5）突发环境事件应急预案；6）其他应当公开的环境信息。列入国家重点监控企业名单的重点排污单位还应当公开其环境自行监测方案。

在重点排污单位确定程序方面，《办法》规定，“重点排污单位”是指纳入重点排污单位名录的企业事业单位，由设区的市级人民政府环保主管部门确定，并于每年3月底前公开发布。“重点排污单位”包括了设区的市级人民政府环保主管部门确定的重点监控企业。对于重点排污单位之外的企业事业单位，属于自愿性公开。

(2) 诸暨市环保局依据《绍兴市2015年企业事业单位环境信息公开工作方案》，对某公司作出的行政处罚决定符合法律规定。《环境保护法》第55条规定“重点排污单位应当如实向社会公开其主要污染物的名称、排放方式、排放浓度和总量、超标排放情况，以及防治污染设施的建设和运行情况，接受社会监督”。第62条规定，重点排污单位不公开或者不如实公开环境信息的，由县级以上地方人民政府环境保护主管部门责令公开，处以罚款，并予以公告。环保部《企业事业单位环境信息公开办法》规定了重点排污单位的范围，《办法》第16条规定，重点排污单位违反本办法规定，有下列行为之一的，由县级以上环境保护主管部门根据《环境保护法》的规定责令公开，处3万元以下罚款：1）不公开或者不按照本《办法》第9条规定的内容公开环境信息的；2）不按照本《办法》第10条规定的方式公开环境信息的；3）不按照本《办法》第11条规定的时限公开环境信息的；4）公开内容不真实、弄虚作假的。因此，诸暨市环保局对某公司作出的行政处罚决定是依法而行，符合法律规定。

（3）环境信息公开，能够促进公众利用环境信息行使环境事务参与权和环境损害赔偿救济权，能够在社会层面形成对企业和政府的压力，促使其采取防治污染和生态破坏的措施，纠正环境不法行为。环境信息公开的制度价值在于保障公众参与原则的贯彻实施。

在环境保护运动中，公众是政府、企业之外的第三支力量。长期以来，公众参与环境保护的机制未能建立起来，原因就在于公众与政府之间的互动不足，监督不力。政府与公众在获得环境信息方面存在严重不对称，公众对于政府实施的环境行为缺乏必要的了解，缺乏必要的参与手段。环境信息公开是公众进行参与的前提和基础，没有正当保障，公众参与只能流于形式。

[题例三] 自然之友上海小组申请环境信息公开案例[①]：

2010年7月，自然之友上海小组通过电子邮件和信件，向上海环保局申请公开包括上海市2010年地方环境保护规划、上海市2010年污染物排放总量指标分配及落实情况、2009年主要污染物总量控制和每一个污染企业的分配资料、2010年上海环境网公布评出的2009年“黑色”企业名单定性的具体评价指标等在内的五个问题。上海市环保局尽管对每项申请均有回复，但却不提供有关污染物排放总量指标分配与落实情况，2009年主要污染物总量控制的容量指标及污染企业分配情况的信息，并以该政府信息不存在为由。在公开“黑色企业”具体评价指标及评价所依据的材料时，环保局为申请方提供了三份具体文件：《长江三角洲开发区企业环境行为信息公开工作实施办法（暂行）》、《长江三角洲企业环境行为信息评价标准（暂行）》，以及涉及“黑色企业”环境信访材料和环境监测汇总表，非常完整地提供了相关信息。

问：（1）上海市环保局以该政府信息不存在为由，拒绝提供本市污染物排放总量指标分配及落实情况，是否违反有关法律？（2）上海市提供的涉及“黑色企业”环境信访材料和环境监测汇总表，是否属于依法应申请可归属的企业商业秘密，上海市环保局向环保组织提供相关信息对促进环境保护，有何积极意义？

[答题思路]

（1）根据原国家环保总局《环境信息公开办法（试行）》第11条规定，环保部门应当在职权范围内向社会公开有关环境保护规划、环境质量状况、环境统计和环境调查信息、突发环境事件应急预案预报和处置情况、主要污染物排放总量指标分配及落实情况，排污许可证发放情况，城市环境综合整治定量考核结果等信息。其中明确包括了自然之友上海小组所申请的上海市污染物排放总量指标分配及落实情况，上海市环保局以该项政府信息不存在为由不予提供，是没有法律依据的。

① 案例来自“国际第十九条组织”与“中国政法大学环境资源法研究与服务中心”2010年开展的《中国环境信息公开测试总结报告》。

(2) 公众或民间组织若能获取类似有关黑色或污染企业评价指标的信息，将有助于协同政府一起来监督企业的污染情况，加强环境的保护。环境信息公开机制和制度，是实施环境保护公众参与原则的重要环节和内容。信息公开制度的推行，有助于改善政府、市场主体和公众之间拥有的环境信息的不对称性，是保障和实现社会公众环境知情权的关键。

[题例四]“塔斯曼海”油轮海洋环境污染案

2002年11月23日凌晨4时，满载原油的马耳他籍“塔斯曼海”油轮与中国大连“顺凯一号”轮在天津大沽锚地东部海域23海里处发生碰撞，导致原油泄漏。经中国国家海洋局北海监测中心对事故海域以及沿岸区域进行调查取证和海洋生态环境污损监测，发现受溢油事故影响海域面积达359.6平方千米，沉积物中油类含量高于正常值8.1倍，原油泄漏使作为海洋渔业资源的重要产卵场、索饵场和肥育场的渤海湾西岸的海洋生态环境遭受严重破坏。

事故发生后，受损各方以肇事船东英费尼特航运公司和伦敦汽船互保协会为被告，分别向天津海事法院提起了诉讼。国家海洋局授权天津市海洋局代表国家提起海洋生态损失索赔，请求赔偿金额为9 830余万元；天津市渔政渔港监督管理处代表国家提起渔业资源损失索赔，请求赔偿金额为1 830余万元；天津市塘沽区大沽渔民协会等代表1 490户渔民，河北省滦南县渔民协会代表921户渔民和15户养殖户，天津市塘沽区北塘渔民协会代表433户渔民，大沽渔民协会代表当地236户渔民以及汉沽地区256户渔民、养殖户等，就渔业资源遭受的损失提起海洋捕捞损失索赔，请求赔偿金额为6 228万元。

问：(1) 天津市海洋局代表国家提起海洋生态损失赔偿有没有法律依据？(2) 生态损害赔偿案件的赔偿范围包括哪些？(3) 由本案带给我们对完善环境损害赔偿救济立法的启示和思考是什么？请结合环境法损害担责原则进行分析。

[答题思路]

(1) 天津市海洋局代表国家提起海洋生态损失赔偿是有法律依据的。在该案例中，依据事故发生时我国的环境法律，对海洋生态环境损失的索赔及赔偿，并没有直接的法律规定。但《侵权责任法》、《环境保护法》、《海商法》、《海洋环境保护法》、《渔业法》对此有原则性和框架性规定。《侵权责任法》第65条规定，因污染环境造成损害的，污染者应当承担侵权责任。原《环境保护法》第41条规定，造成环境污染危害的，有责任排除危害，并对直接受到损害的单位或者个人赔偿损失。《海洋环境保护法》第90条第1款规定，造成海洋环境污染损害的责任者，应当排除危害，并赔偿损失。第2款规定，对破坏海洋生态、海洋水产资源、海洋保护区，给国家造成重大损失的，由依照本法规定行使海洋环境监督管理权的部门代表国家对责任者提出损害赔偿要求。

综上，尽管当时并没有有关海洋环境生态损害赔偿的明确规定，但相关法律依据确立了对海洋生态损失赔偿的原则规定。《海洋环境保护法》对天津市海洋局代表国家提起诉讼确立了主体资格，《环境保护法》、《海商法》等对人身、财产损失之外的损失进行了原则性规定，尽管没有明确损失计算的方法和范围，仍然需要其他的法律和行政规范加以完善，但就本案来说，天津市海洋局是有资格代表国家提起对海洋生态环境损害的索赔请求的。

(2) 尽管当时立法并没有规定明确的计算依据和范围，但依据当时《环境保护法》、《海洋环境保护法》等相关规定，基本确立了海洋生态环境损害赔偿的范围，即海洋生态环境受到的损害，大致相当于恢复海洋水体和水生态系统至原来状态和生态服务功能所需的成本支出，理论上还应包括国家海洋利益损失的机会成本。结合当时的国务院海洋行政主管部门和相关部门制定的规章、规定和最高人民法院发布的司法解释和会议纪要，可以确定海洋生态损害赔偿的范围。

“塔斯曼海”油轮溢油事件发生后，国家海洋局于2007年制定了《海洋溢油生态损害评估技术导则》(HY/T 095—2007) 和《海洋生态损害评估技术指南（试行）》(2013)，对海洋生态损害的范围与评估程序、方法等内容进行了规范，对海洋生态损害采取了列举的方法，赔偿事项包括海水质量损害、海洋沉积物环境损害、潮滩环境损害、海洋生物损害、典型生态系统损害和海洋生态系统损害。

结合本案积累的有益经验和目前的相关技术资料，海洋生态损害赔偿的范围应包括：1) 海洋环境容量损失；2) 滩涂生态环境恢复费用；3) 浮游植物直接损失；4) 浮游植物恢复费用；5) 渔业资源直接损失；6) 渔业资源恢复费用；7) 其他游泳动物（非经济作物、生物种群）损失及恢复费用；8) 生物治理研究费用；9) 海洋生态服务功能损失；10) 海洋沉积物恢复费用；11) 典型生态系统损害恢复费用；12) 由于溢油导致的火灾、安全或者健康危害的预防费用；13) 海域使用金、税收等国家收入损失（因养殖大面积受损导致）；14) 监测、勘验、评估费用。①

(3) 环境法确立损害担责原则，具有重要意义。其中，损害者，指任何对环境和生态造成损害的单位和个人，既包括利用环境超过环境自身承载能力和恢复能力导致环境退化的行为主体，也包括开发利用自然资源导致生态破坏或自然资源赋存条件的退化、造成资源衰竭的行为主体。损害担责，指环境污染或生态破坏的损害者，不仅要承担引起污染和破坏资源生态导致的人身、财产损失的赔偿责任，还应承担恢复环境、修复受损生态或支付上述费用的法定义务和责任。

损害担责责任，体现了“环境有价”的价值取向。长期以来，自然环境被视为取之不尽、用之不竭的“无主物”，立法上也只对以环境为媒介或载体的侵权行为加以规范，而对不体现法律主体人身、财产利益的行为熟视无睹，这也是导致当前生态环境恶化、资源枯竭的重要原因。损害担责，要求造成生态环境损害的单位或个人，应当承担生态环境损害赔偿责任。责任范围不仅包括相关方人身、财产利益损失，也包括生态环境受到的损害。赔偿义务人无能力开展修复工作的，可以委托具备修复能力的社会第三方机构进行修复。修复资金由赔偿义务人向委托的社会第三方机构支付。赔偿义务人造成的生态环境损害无法修复的，其赔偿资金作为政府非税收入，纳入地方国库，地方政府结合本区域生态环境损害情况开展替代修复。

当前我国环境法在贯彻损害担责原则方面取得了一定进展。2015年施行的新《环

① 参见马士骏：《海洋环境污染生态公益诉讼分段审理探析》，见法制网，http：//www.legaldaily.com.cn/fxjy/content/2015-07/01/content_6150308.htm？node=70673，2016-02-29。

境保护法》明确确立了损害担责的基本原则地位，2015年年底中共中央、国务院发布了《生态环境损害赔偿制度改革试点方案》，对生态环境损害的概念进行了界定，确定为“因污染环境、破坏生态造成大气、地表水、地下水、土壤等环境要素和植物、动物、微生物等生物要素的不利改变，及上述要素构成的生态系统功能的退化”。只有认识到民事法律应对生态环境损害赔偿方面的不足，才能厘清生态环境损害与民事侵权之间的关系。最高人民法院法释（2015）1号《关于审理环境民事公益诉讼案件适用法律若干问题的解释》，对生态环境损害赔偿司法救济中的法律适用进行了规定。

就损害担责原则的贯彻实施来说，当前需要在立法层面就生态环境损害赔偿范围、赔偿权利人、义务人、赔偿程序、赔偿责任承担方式、拓展损害救济途径，以及环境损害评估技术支撑、公众参与等，进行系统化完善。

2. 思考题

（1）如何理解环境与资源保护法基本原则与基本制度之间的关系。

（2）简述保护优先原则在我国环境与资源保护法中确立的历程。

（3）简述预防原则在我国环境与资源保护法中的贯彻实施。

（4）如何理解公众参与原则在环境与资源保护法发展中的重要意义？

（5）简述损害担责原则的实施措施与方式。

第三章
环境与资源保护法的基本制度

重点问题

1. 确立环境与资源保护法基本制度有什么意义?
2. 确立环境与资源保护法基本制度的依据是什么?
3. 环境与资源保护法基本制度的主要内容有哪些?

第一节 环境与资源保护法基本制度的概念与特点

一、环境法基本制度的概念

环境与资源保护法的基本制度，是指为了实现环境法的立法目的，贯彻和落实环境法的基本原则，由调整特定环境资源社会关系的一系列环境资源法律规范所组成的相对完整的规范体系。环境法的基本制度是调整环境资源关系的行政、经济、技术等手段和措施法律化体现，是一个综合各种调整手段的法律规范体系。环境法的基本制度是具有法律效力的规范体系，一切开发利用生态环境的组织和个人都必须严格遵守这些制度。

二、环境与资源保护法基本制度的分类

根据环境与资源保护法的基本制度适用范围和调整对象的不同，大致可以分为两大类，一类是环境保护基本法律制度，另一类是自然资源保护基本法律制度。环境保护基本法律制度包括环境规划制度、环境监测制度、环境标准制度、环境保护目标责任制度、环境影响评价制度、“三同时”制度、许可证制度、清洁生产制度、综合利用制度、排污收费制度、现场检查制度、防止污染转嫁制度、限期治理制度、污染事故强制应急制度，等等。自然资源保护基本法律制度包括自然资源权属制度、自然资源规划制度、自然资源调查制度、自然资源许可证制度、自然资源禁限制度、自然资源有偿使用制度、自然资源补救制度、自然资源综合利用制度，等等。①

三、环境与资源保护法基本制度的特点

环境与资源保护法的基本制度是环境法的重要组成部分，对于环境法的贯彻和实施具有重要的意义，它既不同于环境法的基本原则，也与一般的环境法律规范有所区别，它具有以下几个特点：

第一，环境与资源保护法基本制度适用对象的特定性。环境与资源保护法的基本制度不像环境法的基本原则那样具有广泛的适用性，往往仅适用于环境保护的某一特定领域，环境与资源保护法的基本制度只调整在保护环境，开发利用自然资源，防治污染和其他公害等活动中产生的某一种特殊的社会关系。

第二，环境与资源保护法基本制度具有较强的可操作性。环境与资源保护法的基本制度适用对象、范围和程序都是具体的，因而在环境法的实施过程中，其针对性和可操作性都比较强。

第三，环境与资源保护法基本制度在规范组成上具有系统性的特点。环境与资源保护法的每一项基本制度都不是单个的法律规范，而是由若干相互关联和有机协调的法律规范组成的一个规范系统。环境法律体系也正是这些相互联系、相互补充的规范系统而组成的一个更大的规范体系。

第四，环境与资源保护法的基本制度具有开放性的特点。环境与资源保护法的基本制度体系是不断发展和完善的，是一个开放性的法律制度体系，随着环境法律实践的深入，将会有更多新的制度通过立法成为环境法的基本制度。

① 参见陈茂云、马骧聪：《生态法学》，85～86页，西安，陕西人民教育出版社，2000。

第二节　我国环境与资源保护法的基本制度

环境与资源保护法的基本制度在我国环境执法、司法和守法的过程中发挥着重要的作用。1979年《环境保护法（试行）》首先规定了环境影响评价制度（第6条）、环境规划制度（第7条）、征收排污费制度（第18条）、“三同时”制度（第6条）和环境标准制度（第18条、第19条）等。在借鉴国外先进的立法成果和总结本国环境立法经验的基础之上，1989年《环境保护法》在第二章专章对环境法的基本制度作出了规定，使环境法基本制度体系进一步丰富。经过数十年的环境立法实践，我国环境法制度体系日益完善。目前较成熟的环境法律制度主要有环境规划制度、环境监测制度、环境标准制度、环境影响评价制度、“三同时”制度、许可证制度、经济调控制度、自然资源权属制度、自然资源有偿使用制度、自然资源恢复制度、自然资源禁限制度。同时，在环境行政管理过程中还逐渐形成了一系列新制度，如环境保护目标责任制度、污染物排放总量控制制度、环境标志制度。

一、环境规划制度

（一）环境规划制度概述

环境规划制度是指国家根据各地区的环境条件、自然资源状况和社会经济发展的需要，对自然资源的开发利用、城市及村镇建设、工农业生产布局、基础设施建设等，在一定时期内所作的总体安排，以便达到其预定的环境目标。[①] 环境保护规划主要是通过运用各种科学技术信息，在预测社会经济发展对环境影响及环境质量变化的基础之上，通过综合分析所作出的具有指令性的最佳方案，环境保护规划是国民经济和社会发展规划的重要组成部分，是环境决策在时间和空间上的具体安排。制定环境保护规划可以协调经济发展和生态环境保护之间的关系，有效地贯彻预防为主原则，平衡生态效益和经济效益。

环境规划制度作为环境法的一项重要制度，受到世界各国环境立法的重视。我国早在1973年颁布的《关于保护和改善环境的若干规定（试行草案）》中就规定：“各地区、各部门制定国民经济发展计划，既要从发展生产出发，又要充分注意到环境的保护和改善，把两方面的要求统一起来，统筹兼顾，全面安排。”随后，1979年的《环境保护法（试行）》第7条规定“在老城市改造和新城市建设中，应当根据气象、地理、水文、生态等条件，对工业区、居民区、公用设施、绿化地带等作出环境影响评价，全面规划，合理布局，防治污染和其他公害，有计划地建设成为现代化的清洁城市。”2014年新修订的《环境保护法》更是多处提及环境规划问题，如第13条、第17条、第19条、第20条和第28条。此外，在《矿产资源法》、《土地管理法》、《森林法》、《水法》等环境资源部门法中也都对环境规划进行了规定。2007年，国务院颁布了《国务院关于编制全国主体功能区规划的意见》，该意见指出：“根据不同区域的资

① 参见曹明德、黄锡生：《环境资源法》，44页，北京，中信出版社，2004。

源环境承载能力、现有开发密度和发展潜力，统筹谋划未来人口分布、经济布局、国土利用和城镇化格局，将国土空间划分为优化开发、重点开发、限制开发和禁止开发四类，确定主体功能定位，明确开发方向，控制开发强度，规范开发秩序，完善开发政策，逐步形成人口、经济、资源环境相协调的空间开发格局。”从环境法的立法来看，目前我国的环境规划制度包括土地利用规划制度、生态环境建设规划制度、自然资源规划制度、城乡规划制度等。[①]

（二）环境规划的主要内容

1. 土地利用规划制度。土地作为重要的自然资源和生态要素，是人类赖以生存和发展的物质基础，不论是工农业生产、城乡建设、基础设施建设，或者人类生活及其他人类活动，都需要在一定的土地上进行，不可能出现不占用土地的空中楼阁，因此，任何建设项目都必然要占用一定面积的土地。土地的利用状况对其他环境要素乃至整个生态系统皆会产生十分重要的影响。如何分配这些建设项目的空间位置，至关重要，会直接影响着这一地区的环境质量状况。如果污染严重的企业大量集中在一个地区，污染物的排放量超过环境的自净能力，这种布局对该地区环境的影响肯定大于对这些企业分散布局的情况；向空气中排放污染物的企业处于上风位置，对一个地区的影响显然大于其处于下风位置的布局。通过土地利用规划，特别是通过土地所有权和使用权等权属制度，从总体上控制各项生产、生活活动，实行全面规划、合理布局，从而达到预期的环境保护目标。这是贯彻“预防”原则，改变被动治理的有效途径，是西方国家在总结“先污染、后治理”，“先开发、后保护”的沉痛教训后得出的结论。20世纪70年代以后，土地利用规划制度被很多国家所采用。目前，各国关于土地利用规划的法律种类繁多，大致有国土整治法、土地利用规划法、城市规划法、区域规划法、乡镇规划法等。我国已颁布执行的有土地管理法、城乡规划法、县镇规划和村镇规划等法律法规。我国《土地管理法》对土地利用规划制度进行了详细规定，在该法第三章“土地利用总体规划”中，规定了土地利用总体规划制度、建设用地总量控制制度、土地调查制度、土地统计制度、土地信息管理制度。

2. 生态环境保护规划制度。广义上环境规划制度包括自然资源开发利用、土地利用、城乡建设等对环境有影响的各项活动进行的规划，狭义的环境规划制度主要是指生态环境保护规划制度，它是广义环境规划制度的一项重要内容。2014年新修订的《环境保护法》第13条规定：“县级以上人民政府应当将环境保护工作纳入国民经济和社会发展规划。国务院环境保护主管部门会同有关部门，根据国民经济和社会发展规划编制国家环境保护规划，报国务院批准并公布实施。县级以上地方人民政府环境保护主管部门会同有关部门，根据国家环境保护规划的要求，编制本行政区域的环境保护规划，报同级人民政府批准并公布实施。环境保护规划的内容应当包括生态保护和污染防治的目标、任务、保障措施等，并与主体功能区规划、土地利用总体规划和城乡规划等相衔接。”为落实国民经济和社会发展规划纲要，加强生态环境保护，中央政府往往会制定相应的国家环境保护规划及国家生态保护规划。

生态环境建设是生态保护的重要方面，其成效如何，往往直接决定生态环境的状

① 参见曹明德主编：《生态法原理》，229页，北京，人民出版社，2002。

况。1998年国务院发布的《全国生态环境建设规划》对全国的生态环境建设具有长期的指导作用，并被纳入国民经济和社会发展计划。[1] 2014年，国家发改委、科技部等12个中央部委联合印发《全国生态保护与建设规划（2013—2020年）》。该规划以国务院1998年印发的《全国生态环境建设规划》和2000年印发的《全国生态环境保护纲要》为基础进行编制，主要规范以自然生态资源为开发对象的保护与建设活动，提出建设森林、草原、荒漠、湿地与河湖、农田、城市、海洋七大生态系统和防治水土流失、推进重点地区综合治理等十二项建设任务。

3. 自然资源规划制度。自然资源规划制度是根据自然资源自身的特点和社会经济发展的需求，在一定时期内对特定区域或地区的自然资源进行开发利用、保护、恢复和管理等所作的总体部署。[2]

自然资源不仅具有重要的经济价值，而且具有重要的生态价值和社会价值，自然资源的生态价值和社会价值往往要高于其经济价值。在实践中，自然资源的经济价值可以通过市场交换得到实现，而自然资源的生态价值和社会价值却难以计算。通过自然资源利用规划，可以使自然资源的社会效益和生态效益得到更大程度的发挥。自然资源规划是进行资源开发利用的基本依据，是保障资源可持续利用的重要前提，我国大多数自然资源法律对此作了明确规定，如《土地管理法》规定的土地利用总体规划；《水法》规定的水规划；《森林法》规定的林业规划；《草原法》规定的草原利用规划；《渔业法》规定的渔业规划；《矿产资源法》规定的矿产资源规划等。

4. 城乡规划制度。城乡规划是指为了协调城乡空间布局，改善人居环境，实现城乡经济社会可持续发展的目标，根据国民经济和社会发展规划的以及当地的自然环境、资源条件、历史情况、现状特点，对城乡的发展和建设所作出的综合部署。

为了加强对城乡的规划管理，1984年1月，国务院颁布了《城市规划条例》，它标志着我国城市规划工作开始进入法制轨道。1989年12月颁布的《中华人民共和国城市规划法》和1993年国务院颁布的《村庄和集镇规划建设管理条例》使我国走上了城乡规划依法行政的轨道，保证了稳定地、连续地、有效地实施城乡规划，它既是我国各级政府和城市规划行政主管部门工作的法律依据，也是人们在城市建设活动中必须遵守的行为准则。在《中华人民共和国城乡规划法》实施以前，我国是“一法一条例”二元结构的城乡规划模式。虽然这“一法一条例”的颁布实施使城市和乡村的规划、建设与管理在法制的轨道上运行，对遏制城市和乡村的无序建设等现象，起到了积极的作用。但是这种二元模式的弊端在城乡规划的法律实践中逐步显现出来，在实践中忽视城乡生态系统的整体性，忽视城乡布局的协调发展，出现了“就城市论城市，就农村论农村”的问题。许多大城市的发展和建设已经超过了其生态系统的承载能力，产生了许多城市化问题，而农村的规划也没有得到很好的贯彻和实施，农村的生态状况和经济发展状况不容乐观。“就城市论城市，就乡村论乡村”的二元规划模式已经不适宜统筹城乡发展的要求。2007年10月28日，《中华人民共和国城乡规划法》颁布，自2008年1月1日起开始实施，《中华人民共和国城市规划法》同时废止。在此情况

① 参见曹明德主编：《生态法原理》，230、231页，北京，人民出版社，2002。

② 参见曹明德、黄锡生：《环境资源法》，45页，北京，中信出版社，2004。

下，《村庄和集镇规划建设管理条例》与《中华人民共和国城乡规划法》相冲突的部分也失去效力。《城乡规划法》的颁布和实施标志着我国形成了一元化的城乡规划体系。

城乡规划是指一定时期内对城乡发展和各项建设的综合部署。制定和实施统一的城乡规划是为了加强城乡规划管理，协调城乡空间布局，改善人居环境，促进城乡经济社会全面协调可持续发展。《城乡规划法》所指城乡规划，包括城镇体系规划、城市规划、镇规划、乡规划和村庄规划。城市规划、镇规划分为总体规划和详细规划。详细规划分为控制性详细规划和修建性详细规划。在规划区内进行的建设活动都必须遵守《城乡规划法》的规定。《城乡规划法》第 2 条第 3 款规定："本法所称规划区，是指城市、镇和村庄的建成区以及因城乡建设和发展需要，必须实行规划控制的区域。规划区的具体范围由有关人民政府在组织编制的城市总体规划、镇总体规划、乡规划和村庄规划中，根据城乡经济社会发展水平和统筹城乡发展的需要划定。"根据该法第 4 条和第 5 条的规定，城市总体规划、镇总体规划以及乡规划和村庄规划的编制，应当依据国民经济和社会发展规划，并与土地利用总体规划相衔接；制定和实施城乡规划，应当遵循城乡统筹、合理布局、节约土地、集约发展和先规划后建设的原则，改善生态环境，促进资源、能源节约和综合利用，保护耕地等自然资源和历史文化遗产，保持地方特色、民族特色和传统风貌，防止污染和其他公害，并符合区域人口发展、国防建设、防灾减灾和公共卫生、公共安全的需要；在规划区内进行建设活动，应当遵守土地管理、自然资源和环境保护等法律、法规的规定。

二、环境监测制度

（一）环境监测制度概述

环境监测，是指依法从事环境监测的机构及其工作人员，按照有关法律法规规定的程序和方法，运用物理、化学或生物等方法，对环境中各项要素及其指标或变化进行经常性的监测或长期跟踪测定的科学活动。[①] 通过对环境监测数据信息的汇总和整理，可以及时了解某区域内的生态环境状况，对进行环境管理活动具有重要的指导意义。1979 年颁布的《环境保护法（试行）》第 26 条规定，国务院设立环境保护机构的一项主要职责是"统一组织环境监测，调查和掌握全国环境状况和发展趋势，提出改善措施"。1983 年城乡环境保护部发布了《全国环境监测管理条例》，此条例对环境监测管理作出了系统的规定。1991 年国家环保总局发布了《环境监测为环境管理服务的若干规定（暂行）》。此后，国家环保总局颁布了一系列关于加强环境监测管理的规定。1999 年，国家环保总局发布《污染源监测管理办法》，加强了对污染源的监测和管理。为了规范环境空气质量监测工作，国家环保总局在 2007 年发布了《环境空气质量监测规范（试行）》。2014 年新修订的《环境保护法》第 17 条规定："国家建立、健全环境监测制度。国务院环境保护主管部门制定监测规范，会同有关部门组织监测网络，统一规划国家环境质量监测站（点）的设置，建立监测数据共享机制，加强对环境监测的管理。有关行业、专业等各类环境质量监测站（点）的设置应当符合法律法规规定和监测规范的要求。监测机构应当使用符合国家标准的监测设备，遵守监测规范。

① 参见汪劲：《中国环境法原理》，157 页，北京，北京大学出版社，2000。

监测机构及其负责人对监测数据的真实性和准确性负责。”新修订的《环境保护法》还在第18、20、32、33、39、42、47、54、63、65、68条等多个条款中提到“监测”，足可以看出国家对环境监测的重视。2015年8月修订通过的《大气污染防治法》也在第20、23、24条等多个条款中对大气污染监测问题作出规定。此外，《水污染防治法》、《固体废物污染环境防治法》等环境保护单行法也都对相关领域的环境监测问题进行了规定。

（二）环境监测制度的主要内容

1. 环境监测的目的、对象、分类。分述如下：

（1）环境监测的目的。《全国环境监测管理条例》第2条规定：环境监测的任务，是对环境中各项要素进行经常性监测，掌握和评价环境质量状况及发展趋势；对各有关单位排放污染物的情况进行监视性监测；为政府部门执行各项环境法规、标准，全面开展环境管理工作提供准确、可靠的监测数据和资料；开展环境测试技术研究，促进环境监测技术的发展。与此任务规定相对应，环境监测的目的主要有四个方面：第一，评价环境质量，预测环境质量的发展趋势；第二，积累环境本底值资料，掌握准确的环境容量的数据，为制定环境污染防治法律法规、环境标准、环境规划、环境污染的综合性防治对策提供科学依据；第三，促进环境测试技术的研究和发展；第四，预防污染和突发公共危机事件。环境监测系统要反应灵敏，随时监测到环境现实问题的根源，对重大污染事故发出警报，使环境监测达到预警的目的，以有效避免污染和公共危机事件的发生。

（2）环境监测的对象。环境监测主要以污染源和环境质量状况为监测对象。污染源主要包括工业污染源、交通污染源、城市废弃物、医疗废物、废水等；环境质量状况的监测对象主要包括大气、水体、土壤、噪声、农畜产品、水产品、森林植被、土地沙漠化及盐碱化、地面沉降、自然保护区等。

（3）环境监测的分类。依据环境监测的目的、对象的不同，可以将环境监测分为研究性监测、监视性监测、特定目的监测三类。

研究性监测，指环境科研工作中的研究、研定某种或某几种污染物对周围环境的污染范围、污染强度及其迁移转化的趋势和规律而进行的监测，是为了科学研究而进行的监测。

监视性监测，指选择有代表性的地点，定点、定时和定期的长期监测，包括污染控制排放监测和污染趋势监测，是对环境污染进行的经常性、监视性的监测。

特别目的监测，是指为了特定目的的实现而进行的环境监测。由于环境监测可以发现许多现实存在的环境问题根源，故可以为了特定目的而进行环境监测，如为了解决环境纠纷提供技术仲裁结论的临时监测；为了意外的重大污染事故发出警报，确定紧急情况下的污染程度和波及范围而进行的临时监测；再如，对可再生资源的监测等。

2. 环境监测的管理。依据《环境保护法》及《全国环境监测管理条例》，我国已建立相应的环境监测机构，构建了监测网络；设立了专职环境监测员并定期编制环境监测报告，纳入了环境行政主管部门的工作轨道。

（1）环境监测机构。依据《全国环境监测管理条例》第3、5、6条的规定，中国的环境监测机构中设置了四级环境监测站：一级站是中国环境监测总站；二级站是各省、自治区、直辖市设置省级环境监测中心站；三级站是各省辖市设置市环境监测站（或中心站）；四级站是各县、旗、县级市、大城市的区设置环境监测站。各县、旗级环境监测站受同级环境保护主管部门的领导，业务上受上一级环境监测站的指导。各级环境监测站的工作应在各级环境保护主管部门的统一规划、组织和协调下进行。各部门、企事业单位的环境测试机构参加环境保护主管部门组织的各级环境监测网。《全国环境监测管理条例》第 9 条、第 10 条、第 11 条、第 12 条分别规定了各级环境保护主管部门、中国环境监测总站、省级环境监测中心站、市级环境监测站在环境监测管理方面的主要职责。

（2）环境监测网。依据《全国环境监测管理条例》第 26 条、第 27 条的规定，全国环境监测网分为国家网、省级网和市级网三级。各级环境监测网的任务是联合协作，开展各项环境监测活动，汇总资料、综合管理，为向各级政府全面报告环境质量状况提供基础数据和资料。

（3）环境监测报告制度和环境监察员制度。《全国环境监测管理条例》第 28 条规定：环境监测报告制度是指环境监测实行月报、年报和定期编报环境质量报告书的制度。监测月报目前以一事一报为主，逐步形成一事一报与定期定式相结合的形式。建立自动连续监测站的地区要逐渐建立监测日报制度，按照统一格式逐日报告监测数据和环境质量状况。第 29 条规定：环境监测月报、年报和环境质量报告书，均由各级环境保护主管部门向同级人民政府及上级环境保护主管部门报出。各级环境监测站，按环境保护主管部门要求，定时提供各类报告的基础数据和资料，并一年一度编写监测年鉴。监测年鉴及有关数据在报主管部门的同时，抄送上一级监测站。目前，国家在一些重要的大、中城市和旅游城市还实行了日报制度。我国正在此监测实验的基础上建立起了定期发布环境状况公报制。

环境监察员制度是指由国家在各级环境监测站设立的专门从事环境监察工作的人员。监测站的工作人员经过考试合格后授予国家各级环境监察员证书；环境监察员是环境监测站对各单位及个人排放污染物的情况和破坏或影响环境质量的行为进行监测和监督检查的代表。

三、环境标准制度

（一）环境标准制度概述

环境标准，是指国家为维护环境质量、控制污染，保护人体健康、社会财富和生态平衡，就环境质量以及污染物的排放，环境监测的方法等其他需要的事项，按照国家规定的程序和批准制定的各种技术指标与规范的总称。环境标准具有法律的约束力，有强制执行的效力，它是技术规范的法律化的表现形式。环境标准制度作为环境资源保护法的有机组成部分，在实施过程中，具有重要的法律意义。

我国环境标准制度的建立，经历了一个从无到有，从单一到体系的发展过程。环境标准最初出现在一些工业密集、污染严重的地区所制定的污染控制法中。1973 年，我国发布了第一个综合性的国家环境标准——《工业三废排放试行标准》。但随着排污收费制度的实行，收费标准必须与污染物排放标准配套，故仅仅采用此标准是不完备的，会影响到不同行业的利润分配，急需健全和完善行业排放标准。特别是随着环境污染问题的日趋严重，为了有效控制污染，就需要将一些技术性规范纳入法律体系中，故国家便开始在环境立法中制定全国性的环境标准，此后环境标准不断得到更新和扩充，并逐步形成了一个完整的体系。1979年《环境保护法（试行）》的颁布使环境标准的制定和实施有了法律依据。1989年通过的《环境保护法》也对环境标准制度作出了相应的规定。目前，对环境标准作出规定的法律法规有《环境保护法》、《大气污染防治法》、《水污染防治法》、《环境噪声污染防治法》、《标准化法》、《海洋环境保护法》等，以及国家环境保护部、地方人民政府发布的具体的环境标准规范。据统计，“十一五”期间，共发布国家环境保护标准502项，增长幅度在三十多年环境保护标准工作历史上前所未有。截至“十一五”末期，累计发布环境保护标准1 494项，其中现行标准1 312项。[①] 随着经济社会发展和环境保护的需要，环境标准是一个不断发展完善的体系。

（二）环境标准制度具体内容

1. 环境标准体系。环境标准的体系是指依据环境标准的性质、范围、内容和功能，以及相互之间的内在联系，将其分类、分级、构成一个有机联系的统一整体。目前，环境标准主要包括：水环境标准；大气环境标准；固废污染控制标准；环境噪声标准；土壤环境标准；移动源排放标准；放射性与电磁辐射标准；生态环境保护标准；环境基础标准；其他环境标准等。以水环境标准为例，水环境标准主要包括水环境质量标准，水污染物排放标准和相关监测规范、方法标准（水），这一系列的环境标准相互协调，形成了我国的环境标准体系。依据《环境保护标准管理办法》，环境标准主要由国家环境标准、地方环境标准两级以及环境质量标准、污染物排放标准、环保基础标准和方法标准三类构成。

（1）国家环境标准和地方环境标准。国家环境标准是由国家专门机关批准颁发，在全国范围内或者在特定领域或特定区域内适用的环境标准。地方环境标准是由省、自治区、直辖市人民政府批准颁发的在该人民政府行政区域内适用的环境标准。国家环境标准是对共性或重大的事物所作的统一规定，在全国范围或特定领域、特定区域内执行，是制定地方环境标准的依据和指南，比如《环境空气质量标准》适用于全国范围。地方环境标准是对局部、特殊性的事物作出的规定，是对国家环境质量标准中未作规定的项目和有关事宜以及地方政府认为还应该比国家已制定的环境标准更严格的项目或事宜制定的环境标准，是对国家环境标准的补充和完善，比如《北京市废气排放标准》仅适用于北京区域。在实践中，地方环境标准的适用要优先于国家环境标准的适用。

（2）环境质量标准、污染物排放标准、环保基础标准和方法标准。环境质量标准，是指以保护自然环境、人体健康和社会物质财富和促进生态良性循环为目标，在一定时间、空间范围内规定所含有害物质或者因素的最高限额的容许含量；污染物排放标准，是指为了实现环境目标和环境质量标准，结合技术经济条件或环境特点而制定的，规定环境容许排放的污染物的最高限额；环保基础标准和方法标准，是指为确定环境

① 参见《环保部：国家环保标准体系主要内容已基本健全》，见中国新闻网，http：//www.chinanews.com/gn/2013/02-22/4587320.shtml，2013-02-22。

质量标准、污染物排放标准及其他环境保护工作而专门制定的具有指导意义的符号、指南、原则以及关于抽样、分析、试验、监测的方法。①

2. 环境标准的制定和实施。环境标准是技术性的法律规范，其制定、颁布机关有特定性，要经授权由有关国家机关制定和颁布。依据 2014 年新修订的《环境保护法》第 15、16 条及《环境保护标准管理办法》第 9 条、第 10 条的规定，确定了环境标准制定的不同主体及权限。国家级环境标准由国务院环境保护主管部门（国家环境保护部）制定、审批、颁布和废止。国家环境保护部有权制定环境质量标准、污染物排放标准以及环保基础标准和方法标准三类标准。地方级（省级）环境标准由省自治区、直辖市人民政府制定，但其制定权限受到限制：一是无权制定环保基础标准和方法标准，因其标准只有国家级而无地方级，全国统一执行国家级标准。二是制定地方环境质量标准和污染物排放标准时有限制。就制定地方环境质量标准而言，只能是省级人民政府对国家环境质量标准中未作规定的项目，可以制定地方环境质量标准，报国务院环境保护行政主管部门备案。对于制定地方污染物排放标准，只有在两种情形下省级人民政府才有权制定：第一是国家污染物排放标准中未规定的项目；第二是国家污染物排放标准中已作规定的项目，可以制定严于国家排放标准的地方污染物排放标准。两个或两个以上省、自治区、直辖市行政区域相关的地方环保标准，由相关的省、自治区、直辖市人民政府共同商定、审批、颁布和废止。地方环保标准要向环境保护行政主管部门备案。

3. 制定环境标准的原则。环境标准的制定要遵循一定的原则，这些原则主要包括：(1) 环境基准原则，是指在一定环境中，污染物对人体或生物没有任何不良影响的最大剂量或者说是对人体和生物产生不良影响的最小剂量；(2) 浓度标准与总量控制标准相结合的原则；(3) 与国际环境标准相接轨的原则；(4) 最佳环境效益原则；(5) 原则性和灵活性相结合的原则。

环境标准是以控制污染物的排放，以保障良好的生态环境为目的的，虽然环境标准主要是技术性的规定，但它作为法律规范在实施中是具有强制性的。环境标准颁布以后，即具有法律效力，任何单位、组织和个人都必须严格执行，否则，需要承担相应的法律责任。相应国家机关依法对环境标准的制定和实施进行监督管理，以保障环境标准得到有效的贯彻和实施。

四、环境影响评价制度

（一）环境影响评价制度概述

《环境影响评价法》第 2 条规定：本法所称环境影响评价，是指对规划和建设项目实施后可能造成的环境影响进行分析、预测和评估，提出预防或者减轻不良影响的对策和措施，进行跟踪监测的方法与制度。环境影响评价制度是“预防”原则的贯彻，预防因规划和建设项目实施后对环境造成的不良影响。实行此制度，使其在规划上合理布局工农业生产、城市和人口结构，科学地编制土地利用规划、区域、流域、海域的建设开发规划及工农业、林业、水利、交通、城市建设、能源等专项规划，将人类

① 参见刘景一、乔世明：《环境污染与损害赔偿》，208 页，北京，人民法院出版社，2000。

经济和社会活动对环境的影响减小到最低限度。

环境影响评价的概念，据称最早是1964年在加拿大召开的一次国际环境质量评价的学术会议上提出来的。[①] 1969年美国颁布的《国家环境政策法》最早把环境影响评价作为环境法的基本制度作出规定。此后，瑞士、瑞典、法国、澳大利亚、加拿大、英国、德国、日本等国也通过立法采纳了这一制度。我国1979年颁布的《环境保护法（试行）》引进了该项制度；1986年颁布的《建设项目环境保护管理办法》（1998年修改为《建设项目环境保护管理条例》）等法规对此作了具体规定；1989年颁布的《环境保护法》确立了环境影响评价制度。1998年的《建设项目环境保护条例》全面规定了环境影响评价的范围、内容、程序以及法律责任等内容，使我国的环境影响评价制度更加完善。而2002年10月28日颁布的《中华人民共和国环境影响评价法》标志着该制度迈上了一个新的台阶，环境影响评价的环境管理制度发展成为专门的法律规定。另外，《海洋环境保护法》、《大气污染防法治》、《水污染防治法》等单行法中也对环境影响评价制度作了规定。

（二）环境影响评价制度的主要内容

1. 环境影响评价的对象。《环境影响评价法》第3条规定：凡在中国领域和中国管辖的其他海域内从事对环境有影响的规划或建设项目，都必须执行环境影响评价制度。环境影响评价的对象主要有两类：规划与建设项目。第一类，规划，包括建设开发利用规划和专项规划。根据《环境影响评价法》第7条和第8条的规定，规划是指由国务院有关部门、设区的市级以上地方人民政府及其有关部门组织编制的土地利用的有关规划，区域、流域、海域的建设、开发利用规划和工业、农业、畜牧业、林业、能源、水利、交通、城市建设、旅游、自然资源开发等专项规划。第二类，建设项目。在2002年颁布的《环境影响评价法》里，对建设项目并未作具体的规定，但在确定建设项目的范围时，常援引的是1987年国家计委、国务院环委发布的《建设项目环境保护设计规定》中的第3条。建设项目是指中华人民共和国领域内的工业、交通、水利、农业、商业、卫生、文教、科研、旅游、市政、机场等对环境有影响的新建、扩建、改建和技术改造项目，包括区域开发建设项目以及中外合资、中外合作、外商独资等一切建设项目。依据《环境影响评价法》第16条的规定，依据建设项目对环境的影响程度不同，又将建设项目分为三类，并实行分类管理：第一类是对环境可能造成重大影响的建设项目。这类项目应当编制环境影响报告书，对其产生的污染和对环境的影响进行全面、详细的评价。对环境可能造成重大影响是指对环境污染和破坏程度深、范围广，如污染物危害严重的项目；造成生态系统结构和功能重大损失的项目；影响到重要生态系统、脆弱生态系统，造成和加剧自然灾害等建设项目，皆属此类项目，要严格进行全面评价。第二类是对环境可能造成轻度环境影响的建设项目。这类项目应当编制环境影响评价报告表，对产生的环境影响进行分析或者专项评价。轻度环境影响的项目是指污染破坏较小或影响范围不大的中小项目，或者是基本上不产生污染的大型建设项目。第三类是对环境影响很小的建设项目。国家环境保护总局已制定了这类项目的分行业名录，对名录所列项目不必进行环境影响评价，但为了严格管理，

① 参见马骧聪主编：《环境资源法》，100～101页，北京，北京师范大学出版社，1999。

仍应当填报环境影响登记表。

2. 环境影响评价的具体内容。环境影响评价的内容也就是编制环境影响评价报告书的内容，是环境影响评价工作通过书面形式表达的最终成果。《环境影响评价法》第10条和第17条对规划和建设项目的环境影响评价内容作了具体的规定。

专项规划的环境影响报告书应当包括下列内容：(1) 实施该规划对环境可能造成影响的分析、预测和评估；(2) 预防或者减轻不良环境影响的对策和措施；(3) 环境影响评价的结论。

建设项目的环境影响报告书主要包括以下几个方面的内容：(1) 建设项目概况；(2) 建设项目周围环境现状；(3) 建设项目对环境可能造成影响的分析、预测和评估；(4) 环境保护措施及其经济、技术论证；(5) 环境影响经济损益分析；(6) 对建设项目实施环境监测的建议；(7) 环境影响评价结论。以上七项内容是建设项目环境影响评价报告书必须具备的内容，如有欠缺，便是不合格的报告。当然，建设单位还可以根据实际情况，增设其他内容。环境影响报告书是进行环境影响评价时最严格的一种形式，根据建设项目对环境影响程度的不同，还可以采取环境影响报告表、环境影响登记表的形式。①

3. 环境影响评价的程序。环境影响评价的程序包括评价、听证和审批几个环节，其基本程序是：

(1) 委托环评机构环评。规划制作单位、建设单位或主管部门可以采取公开招标的方式，签订合同委托具有环境影响评价资格的评价机构进行调查和评价工作，评价机构的资质等级和评价范围应与其接受的评价工作相符。任何单位和个人不得为建设单位指定对其建设项目进行环境影响评价的机构。

(2) 制作《环境影响报告书》或《环境影响报告表》。环评机构进行环评并通过调查和评价后，制作《环境影响报告书》或者《环境影响报告表》。

(3) 公众参与环评，进行环评听证。举行论证、听证会、座谈会或其他形式吸纳公众参与环评。依据《环境影响评价法》第11条、第21条之规定，公众参与环评，是指专项规划可能造成不良环境影响或涉及公众环境权益的规划以及对环境可能造成重大影响应当编制环境影响报告书的建设项目（国家规定需要保密的除外），在该规划草案及建设项目环境影响报告书报审前要举行论证会、听证会，或者采取其他形式征求有关单位、专家和公众对环境影响报告书草案或报告的意见。规划编制机关应当认真考虑有关单位、专家和公众对环境影响报告书草案的意见，并应当在报送审查的环境影响报告书中附具对意见采纳或者不采纳的说明。建设单位报批的环境影响报告书应当附具对有关单位、专家和公众的意见采纳或者不采纳的说明。此项程序的规定是《环境影响评价法》最重要的创新之一，将“公众参与”规定为环境影响评价中的一项重要原则和程序。

(4) 专项规划草案的审查和建设项目主管部门对环境影响评价报告书（表）的预审。《环境影响评价法》第13条规定：设区的市级以上人民政府在审批专项规划草案、作出决策前，应当先由人民政府指定的环境保护行政管主管部门或者其他部门召集有

① 参见李艳芳、唐芳主编：《环境保护法典型案例》，57～58页，北京，中国人民大学出版社，2003。

关部门代表和专家组成审查小组，对环境影响报告书进行审查，审查小组应当提出书面审查意见。参加前款规定的审查小组的专家，应当从按照国务院环境保护行政主管部门的规定设立的专家库内的相关专业的专家名单中，以随机抽取的方式确定。由省级以上人民政府有关部门负责审批的专项规划，其环境影响报告书的审查办法，由国务院环境保护行政主管部门会同国务院有关部门制定。《环境影响评价法》第22条规定：建设项目的环境影响评价文件，由建设单位按照国务院的规定报有审批权的环境保护行政主管部门审批；建设项目有行业主管部门的，其环境影响报告书或者环境影响报告表应当经行业主管部门预审后，报有审批权的环境保护行政主管部门审批。

（5）专项规划草案的环境影响评价报告书及建设项目环境影响评价报告书（表）的审批。专项规划草案的环境影响评价报告书经过环境保护行政主管部门或国务院有关部门、其他部门召集有关部门代表和专家组审查小组审查通过后，由设区的市级以上人民政府或省级以上人民政府有关部门审批专项规划草案的环境影响评价报告书，在审批中未采纳环境影响报告书结论以及审查意见的，应当作出说明，并存档备查。建设项目的环境影响评价报告书经过建设项目的主管部门或其他部门签署意见后，报环境保护部门审查批准。环境保护部门按法律法规规定的权限、程序和期限进行审批。环境保护部门批准后，提交设计和施工。

按建设项目性质、规模及其对环境影响程度的不同，环境影响报告书分别由不同级别的机关审批。国务院环境保护行政主管部门负责审批下列建设项目的环境影响评价文件：核设施和绝密工程等特殊性质的建设项目；跨省、自治区、直辖市行政区域的建设项目；国务院审批或国务院授权有关部门审批的建设项目；对可能造成跨行政区域的不良环境影响、有关环境保护行政主管部门对该项目的环境影响评价结论有争议的，其环境影响报告评价文件由共同的上一级环保行政主管部门审批。建设项目的环境影响评价文件经批准后，建设项目的性质、规模、地点、采用的生产工艺或者防治污染、防止生态破坏的措施发生重大变动的，建设单位应当重新报批建设项目环境影响评价文件。

（6）环境影响的跟踪评价。对环境有重大影响的规划实施后，编制机关应当及时组织环境影响的跟踪评价，并将评价结果报告审批机关；发现有明显不良环境影响的，应当及时提出改进措施。环境保护行政主管部门应当对建设项目投入生产或者使用后所产生的环境影响进行跟踪检查，对造成严重环境污染或者生态破坏的，应当查清原因、查明责任。对属于为建设项目环境影响评价提供技术服务的机构编制不实的环境影响评价文件的，依照《环境影响评价法》第33条的规定追究其法律责任；属于审批部门工作人员失职、渎职，对依法不应批准的建设项目环境影响评价文件予以批准的，依照《环境影响评价法》第35条的规定追究其法律责任。

五、“三同时”制度

（一）“三同时”制度概述

“三同时”制度是指一切新建、改建和扩建的基本建设项目（括小型建设项目）、技术改造项目以及一切可能对环境造成污染和破坏的工程建设和自然开发项目，都必须严格执行防治污染和生态破坏的措施与主体工程同时设计、同时施工、同时投产使用的法律制度。

"三同时"制度是我国在环境保护工作中的一项创举，是在环境资源行政管理中形成的一项重要管理制度。"三同时"制度是一项控制新污染源的行政法律制度，同时还是"预防为主、防治结合、综合治理"原则的具体体现，此制度使环境保护的措施在各种项目基本建设的三个主要阶段即设计、施工、竣工验收使用得到落实和保证，能够有效地控制新的污染和危害，同时又能对和建设项目有关的原有污染进行治理，从而有效地保证环境质量，做到经济效益与环境效益双赢。"三同时"制度与环境影响评价制度相辅相成，对控制环境污染、保证环境质量极为有效。环境影响评价制度是对建设项目决策阶段的环境管理，主要目的是防止对环境有重大不良影响的项目进行和防止建设项目的选址不当；而"三同时"制度是对建设项目实施阶段的环境管理，主要目的是防止项目建成后对环境造成新的污染和危害。环境影响评价制度为"三同时"制度提出了措施和对策，"三同时"制度是环境影响评价制度的继续和实施。

我国首创的"三同时"制度的建立经历了二十几年的发展过程。1972 年国务院在批转的国家计委、国家建委《关于官厅水库污染情况和解决意见的报告》中，首次提到"工厂建设和三废利用工程要同时设计，同时施工，同时投产"。1973 年，全国第一次环境保护大会上通过的《关于保护和改善环境的若干规定》中新规定："一切新建、扩建和改建的企业，防治污染的项目，必须和主体工程同时设计、同时施工、同时投产。正在建设的企业没有采取防治措施的，必须补上。"第一次将"三同时"作为一项规定提出来，在实施过程中，这项规定被人们简称为"三同时"制度，这就是"三同时"制度称谓的由来。该报告虽然第一次规定了此制度，但在初期仅仅停留在一般号召性的阶段。据统计，1976 年，"三同时"制度在中型企业中的执行率为 18%，1977 年至 1979 年也一直徘徊在 40%左右。① 直到 1979 年，《环境保护法（试行）》明确规定了"三同时"制度，使其与环境影响评价制度一样成为国家法律规定中有关防治环境污染和其他公害的基本法律制度。1984 年国务院发布的《关于环境保护工作的决定》中，把"三同时"制度适用范围扩大到可能对环境造成污染和破坏的一切工程建设项目和自然开发项目。1986 年，国家计委、经委与国务院环保委联合发布《建设项目环境保护管理办法》，1987 年，国家计委与国务院环保委联合发布《建设项目环境保护设计规定》，但在 20 世纪 80 年代，"三同时"制度尚处于不断发展和完善阶段。例如，针对"同时投产"方面，企业虽然在建设项目的施工阶段皆使用了"三同时"制度，但由于防治污染法律中规定的企业缴纳超标排污费低于企业治理污染设施运转费，企业出于经济利益的考虑常闲置污染治理设施而不启用，同时投产便成为一句空话。故在 1989 年颁布的《环境保护法》中，不仅再次重申了"三同时"制度，而且作了更明确的规定。从 1989 年起，中国"三同时"制度的执行率连续保持在 98%以上的水平，企业"三废"处理达标率总体上也达到 85%以上。②

1990 年国家环境保护局发布的《建设项目环境保护管理程序》、1996 年国务院发

① 参见汪劲：《中国环境法原理》，146 页，北京，北京大学出版社，2000。

② 参见《中国环境保护行政 20 年》编委会编：《中国环境保护行政 20 年》，100～103 页，北京，中国环境科学出版社，1994。

布的《关于环境保护若干问题的决定》以及 1998 年国务院发布的《建设项目环境保护管理条例》等法规、规章中，对“三同时”制度进行了进一步的完善。国务院相关部门对“三同时”制度的贯彻和实施发布了一系列的部门规范性文件，例如，国家发展和改革委员会（含原国家发展计划委员会、原国家计划委员会）在 1989 年发布的《资源综合利用项目与新建和扩建工程实行“三同时”的若干规定》、国家环境保护总局在 2004 年发布的《国家环境保护总局关于开展固定资产投资项目环境影响评价和“三同时”制度执行情况清理整顿工作的紧急通知》。2014 年新修订的《环境保护法》第 41 条规定：“建设项目中防治污染的设施，应当与主体工程同时设计、同时施工、同时投产使用。防治污染的设施应当符合经批准的环境影响评价文件的要求，不得擅自拆除或者闲置。”

（二）“三同时”制度的主要内容

1. “三同时”制度的适用范围。随着“三同时”制度的建立、发展和完善，“三同时”制度的适用范围也在逐步扩大和改变。“三同时”制度的适用范围开始时仅限于新建、改建和扩建的企业，后来不断扩大。特别是在 1998 年国务院颁布了《建设项目环境保护管理条例》后，“三同时”制度的适用范围更广。依据此规定，“三同时”制度适用于以下开发建设项目：新建、改建、扩建项目；技术改造项目；凡从事对环境有污染或破坏影响的工程建设或开发项目；确有经济效益的综合利用项目。

2. “三同时”制度的内容。《建设项目环境保护管理条例》中，规定了“三同时”制度的具体内容。建设项目一般包括设计、施工和投入使用三个阶段，“三同时”制度贯穿于建设项目的全过程，而对不同阶段提出了特定的管理要求。

（1）同时设计。同时设计是指建设项目在设计时，其防治污染和其他公害的环境保护设施要与主体工程同时设计。建设项目在通过环境影响评价后，建设单位就要开始制作建设项目的初步设计，进入建设项目的设计阶段（包括项目建议书阶段、可行性研究阶段、初步设计阶段及施工图设计阶段）。建设项目在设计时，必须有环境保护的内容，这些内容包括：环境保护措施的设计依据；环评报告表审批规定的各项要求和措施；防治污染的处理工艺流程及预期效果；对资源开发引起的生态变化所采取的防范措施；绿化设计；监测手段；环境保护设备投资的概预算等。

在建设项目设计阶段，建设单位必须向环境保护行政主管部门提交初步设计中的环境保护篇章经审查批准后，才能纳入建设设计，否则，建设部门和其他有关部门不予办理施工执照，物资部门不供应材料、设备，以此保证环境保护设施与主体工程同时设计。

（2）同时施工。同时施工是指建设项目在施工时，其防治污染和其他公害的环境保护设施要同时施工。当建设项目完成初步设计与施工图设计后，建设项目即进入施工阶段。

在建设项目施工阶段，应当保护施工现场周围的环境，防止对自然环境的破坏，防止或减轻粉尘、噪声、震动等对周围生活居住区的污染和危害。建设项目的主管部门负责监督施工中环境保护措施的落实。各级环境保护行政主管部门对建设项目的环境保护实施统一监督管理，负责建设施工的检查，以此来保证环境保护设施与主体工程同时施工。

建设项目竣工后，施工单位应当修整和复原在建设过程中受到破坏的环境；施工完成后需要进行试生产的，主体工程必须与其配套的环境保护设施同时投入试运行，且建设单位应对其试运行情况和对环境的影响进行监测。

（3）同时投产使用。同时投产使用是指建设项目在投入生产使用时，其防治污染或其他公害的环境保护设施也要同时投产使用。当建设项目完成施工竣工后或试运行生产后，建设项目即进入正式投产使用阶段。建设项目在正式投产或使用前，建设单位必须向负责审批的环境保护部门提交“环境保护设施竣工验收报告”，说明环境保护设施运行的情况、治理的效果和达到的标准。经验收合格并发给“环境保护设施验收合格证”后，方可正式投入生产和使用。在验收和正式投产使用阶段，环境保护行政主管部门负责环境保护设施的竣工验收，负责环境保护设施运转和使用情况的监督检查。环保部门自接到环境保护设施竣工验收报告之日起，应在30日内完成验收。建设项目的主管部门负责环境保护设施竣工验收的预审，监督项目竣工后环境保护设施的正常运转。对于分期建设，分期投入生产或者使用的建设项目，其相应的环境保护设施应当分期验收。

六、许可证制度

（一）许可证制度概述

许可证制度是指过有关环境、资源主管部门依据环境法及相关法律的规定，对提出申请的单位和个人颁发许可证、资格证书或者执照等文件，允许其从事某项对生态环境有不良影响活动的法律制度。①

许可证制度是国家为加强对环境的保护与管理而采取的一种行政审批和监督管理制度。是环境行政许可的法律化，它把可能影响环境的各种规划、开发、建设、排污活动都纳入国家统一管理的轨道，并严格限制在国家规定的范围内，便于对持证者实行有效的行政监督和管理。国外学者中有人将环境法分为预防法和规章法两大类，环境许可证制度在规章法中占有重要的地位，它被称为污染控制法的“支柱”而在环境资源法中被广泛采用。

许可证制度已为各国环境法所普遍采用。美国《清洁水法》中称之为“国家消除污染物排放制度”，要求任何向地表水排放污水的，只有获得许可证的才可以进行排放，许可证的作用在于把法律规定的标准转化为排污者必须遵守的具体排放限制条件。日本自然保护的立法中大量适用许可证制度，如《采石法》、《自然公园法》等。英国主要是排污许可制度，包括防治水污染、大气污染及固体废弃物污染的排污许可证制度，英国1990年的《环境保护法》规定，未得到许可而进行处置、消除固体废弃物的行为为违法，禁止无证或违反许可证要求处理废物。联邦德国1974年的《联邦污染控制法》对污染源广泛实施了严格控制，推行了许可证制度，把污染源设施划分为需经许可的、部分许可的和非经许可的三类，许可证的颁发必须经过严格的审批程序，对非经许可的设施，也赋予了保护环境的义务。

我国许多法律、法规也规定了许可证制度，如《城乡规划法》中规定了建设用地

---

① 参见曹明德、黄锡生：《环境资源法》，52页，北京，中信出版社，2004。

规划许可证和建设工程规划许可证。在城市规划区域内进行各项建设征用国家或集体所有土地，须向城市规划主管部门提出建设用地申请，经审查批准，发给建设规划许可证后，方可使用土地；在城市规划区域内，需新建、改建或扩建任何建筑物、构筑物、铺设道路和管线者，也须申请建设许可证。《海洋环境保护法》和《海洋倾废管理条例》中规定了海洋倾废许可证。其中规定：关于向海洋倾废，须向主管部门提出申请，经批准发给许可证后，方可按许可证规定的期限、条件和指定的区域进行倾倒。《农药登记规定》中关于农药的生产、销售和在大田进行药效示范或在特殊情况下使用，以及外国厂商向我国进口销售农药，都须经过登记申请和许可证。《放射性同位素与射线装置放射保护条例》及《民用核设施安全监督管理条例》中规定了放射性同位素设施的建造、运行及放射性物质的使用、运输和保管。《猎枪、弹药管理办法》中关于猎枪、弹药的制造、销售和持有，要经过申请、登记和批准。《文物保护法》中关于文物出口或个人携带文物出境，必须向海关申请并经有关部门的鉴定，签发许可证后才能出境。《水污染防治法实施细则》规定了排污许可证，《固体废物污染环境防治法》规定了收集、储存、处置许可证等。此外，《森林法》中规定了林木采伐许可证、木材运输许可证；《矿产资源法》中，关于矿产资源的勘探、开发实行了采矿许可证制度；《野生动物保护法》中规定了特许猎捕证、狩猎证、驯养繁殖许可证等。

（二）许可证制度的主要内容

1. 环境许可证的分类。环境管理中使用的许可证大致可以分为三类：第一类是防止环境污染许可证，如排污许可证，海洋倾废许可证，危险废物收集、贮存、处置许可证，放射性同位素与射线装置的生产、使用、销售许可证，化学危险物品生产、经营许可证，废物进口许可证等。第二类是防止环境破坏许可证，如林木采伐许可证、采矿许可、渔业捕捞许可证、取水许可证、野生动物特许猎捕证、狩猎证、驯养繁殖许可证等。第三类是整体环境保护许可证，如建设规划许可证等。在同一种许可证中根据不同的标准又可以进行不同的分类，如根据倾废物的毒性、有害物质含量和对海洋的影响可分为紧急许可证、特别许可证和普通许可证，又如林木采伐许可证，根据使用时效的长短，可分为一次性使用的临时许可证，一定时期使用的许可证和长期许可证。

2. 排污许可证制度。排污许可证制度是指凡需要向环境排放各种污染的单位或个人，皆必须经过环境保护主管部门批准获得排放许可证后，方能从事排污行为的一系列环境行政过程的总称。排污行为的一系列环境行政过程是指有关排污许可证的申请、审核、颁发、中止、吊销、监督管理等方面的管理程序。

环境管理中最广泛使用的、最重要的是排污许可证。世界上较早实行排污许可证的国家有澳大利亚、美国等，1970 年，澳大利亚就把排污许可证制度列为废物污染控制的核心。我国于 1987 年开始在水污染防治领域实行排污许可证制度，20 世纪 90 年代以来，正逐步推行污染物排放总量控制和排污许可证制度。国家环保局还发布了《水污染物排放许可证管理暂行办法》使排污许可证制度由水污染防治领域向多个领域拓展。

排污许可证制度是一项复杂系统的行政管理活动，具体包括排污的申报登记；排污指标的核定；排污许可证的审批与发放；排污许可证的监督管理等内容。

（1）排污申报登记。排污申报登记是指直接或间接向环境排放污染物、噪声或产生固体废物者，必须按照法定程序就排放污染物的具体状况，向所在地环境保护行政主管部门进行申报、登记和注册的过程。排污申报登记的主要内容包括排放污染物的种类、数量、浓度、排放地点、排放方式等。依据《排放污染物申报登记管理规定》，排污单位必须在指定时间内填报《排污申报登记表》，并要求提供必要的资料。对于新建、改建、扩建项目的排污申报登记，应当在项目的污染防治设施竣工并验收合格后1个月内办理，并向环境保护部门登记注册领取排污申报登记注册证。排污单位在申报登记后，单位排放污染物的种类、数量、浓度等有重大变化或改变排放方式、排放去向时，应提前15天向当地环境保护部门申请履行变更登记手续。环境保护部门应对申报的内容进行检查、核实，以获得本地区排污现状的准确资料，是排污许可证审批发放的基础。

（2）排污指标的核定。排污申报登记后，便进入排污许可证审批发放的核心工作阶段，即核实排污单位的排污分配指标。这就需要将排污许可证制度与污染物的控制方式结合起来，确定排污的分配指标。防治环境污染和其他公害最根本的方法就是要使排污者减少向社会排放污染物。长期以来，我国采用浓度控制的方式控制污染物，浓度控制的方式是指以污染物的排放标准为依据，要求排污者将其排放的各项污染物质的浓度控制在一定的数值内，使排入环境的污染物质浓度不超过环境的自净能力以达到保护环境的目的。但浓度控制最大的弊端在于只控制单个排污口的限量，如在工业密集的地区就会造成一定环境面积内污染物的总量增大超过环境的容量，仍然造成环境的污染。再者，企业为了达到污染物排放的浓度标准，常采取稀释污染物浓度增加排放数量的方法排放污染物，其结果仍然造成环境的污染。因此，总量控制的方式就应运而生，总量控制的方法是指在一定区域环境内，环境可以容纳污染物质以及有毒、有害物质的全部数量，它是以定量化的数值来表示的。此方法实际上是将环境可以容纳有毒物质的全部数量予以定量化的基础上对排污者的污染物排放进行定量控制。例如，美国在大气环境质量和水环境质量的控制方面，实行一种控制污染物排放的“泡泡政策”。它实际上就是根据环境的容量，由环境当局对环境内可以容纳的污染物总量（大泡泡）事先作出计算。当这个总量被确定后便将其分成若干份（小泡泡），然后将这若干份的分量再卖给企业，并许可企业在“小泡泡”的容量内排放污染物。如果企业通过技术革新减少了污染物的排放，企业就可以将节余的“小泡泡”通过排放权交易市场出让给其他拟在“大泡泡”范围内建立的新工厂或企业。这样，环境局只需要对污染物的排放总量实行控制就可以达到环境保护的目的。[①] 因此，在核定排污指标时，应将排污许可证制度与污染物总量控制结合起来，先应确定本地区污染物总量控制目标，即依据环境标准的要求计算出允许污染的总量，然后再计算出本区域内各种污染的排污分配指标。但要注意，此分配指标要逐年削减，因常态下各污染的排污分配指标同现实污染源的实际排放量存在很大差距。排污指标核定后，实际上就确定了单位排污权，在核定的排污指标范围内排污。

关于排污指标问题，国外将其排污指标（排污权）在市场上进行交易，实行排污指标的有偿转让。在美国等发达国家，在许可证制度中实行了“排污权交易”的方式，

① 参见汪劲：《中国环境法原理》，155页，北京，北京大学出版社，2000。

即通过排污权交易市场，使污染指标通过供求关系形成合理价格以实现污染指标的再分配和使用权的转移。我国目前还未形成全国性的排污权交易市场，但在经济发达地区如上海，在实行排污许可证的过程中，对污染物排放总量指标实行了地区综合平衡、调解余额和有偿转让的办法。企业将自身有效削减排污量或停止部分生产量后多余的指标有偿转让给其他企业，或提供资金帮助企业削减排污量，在不增加排污总量的情况下调动企业治污积极性，使排污权在市场上流转，达到了经济效益与环境效益双赢的效果。

（3）排污许可证的审批与发放。环境保护部门收到排污单位填报的《排污申报登记表》以后，对其申报登记的内容进行审查、核实。审批发放许可证时要对排污者规定必须遵守的条件：1）污染物允许排放量；2）规定排污口的位置、排放方式、排放最高浓度等。对符合规定条件的排污者，发放《水污染物排放许可证》，对暂时达不到规定条件的如超出总量控制指标的单位，发放《临时水污染物排放许可证》，同时要求其限期治理，削减排污量。

（4）排污许可证的监督检查和管理。在颁发了排污许可证后，还应依法对持证人执行许可证的情况进行监督检查，这是许可证制度能否有效执行的关键。首先，要建立必要的监督检查制度，包括排污单位定期自行检查和上报排污情况的制度和环保部门的抽查制度，如环保部门向排污企业索取相关资料，进行现场检查、监测排污情况等。其次，重点排污单位和环保部门都要配备监测设备及专业管理人员，逐步完善监测体系。环境监测体系完善，对有效地防止污染和公共应急事件有十分重要的作用。在监督管理过程中，一旦发现违反《排放许可证》规定的允许排放量超标排污的，当地环境保护部门应根据情节，中止或吊销其《排放许可证》。

3. 违反许可证制度的法律责任。如果持证人违反规定的义务或限制条件而导致环境资源的损害或其他后果时，主管机关可以中止、吊销许可证，责令停止排污或停产停业、没收、罚款以及使行为人承担其他法律责任。当事人如果对行政机关的处罚不服，可以在限定的时间内依法向人民法院起诉。

七、经济调控制度

经济调控制度，是指国家运用经济杠杆刺激或者抑制生产活动或消费活动，以支持生态保护行为、抑制生态破坏行为的法律制度。[①] 经济调控制度所运用的经济杠杆包括财政援助、税收、收费、信贷、担保、押金、基金等手段和措施。其中各国广泛使用的是税费制度，因此有学者称之为“环境资源税费制度”[②]。经济调控制度包括环境资源税和环境资源费两大类。

（一）环境资源税

环境资源税是国家对一切开发、利用环境资源的单位和个人，根据其开发利用环境资源的程度进行征收的税收。税收作为一种有效的经济调控手段，一方面可以增加国家的财政收入，另一方面可以调节经济主体的行为。环境税作为一种新型的税收制

① 参见曹明德、黄锡生：《环境资源法》，58页，北京，中信出版社，2004。

② 马骧聪主编：《环境资源法》，93～98页，北京，北京师范大学出版社，1999。

度，是伴随着日益严整的环境生态危机而出现的。

目前，世界上大多数国家都已经采取税收政策来促进生态环境的保护。到目前为止，国际上还没有国家设立独立的环境税税种，但世界各国为了防治污染和保护环境开征的税种大约有一百种。这些税收可以分为三类：(1) 对企业排放污染物征收的税；(2) 对高耗费高耗材行为征收的税；(3) 对城市环境和居住环境造成污染而征收的税。[①] 这几类环境税的征收有效地抑制了环境污染和资源浪费现象。美国在1972年开始征收二氧化硫税，随后法国、瑞典、芬兰、挪威等国家相继开始征收该税种。芬兰最先征收二氧化碳税，随后瑞典、挪威、荷兰、丹麦等国家也开始征收二氧化碳税。水污染税是德国在1981年开始征收的，主要是以废水的污染单位为基准，在全国实行统一的税率。加拿大维多利亚市最先对垃圾征收税，鼓励对垃圾中有用资源的回收和利用。瑞典在1991制定的环境法中，从法律层面确定了环境税收的合法性，从而开始征收二氧化硫和二氧化碳税以及其他税种。

1993年12月25日国务院发布的《中华人民共和国资源税暂行条例》对资源税进行了较为系统的规定。该条例对资源税的范围、税目、税额、纳税人、应纳税额、减税和免税的条件、纳税期限等均作出了具体规定。如该条例第1条对资源税的纳税主体进行了规定：在中华人民共和国境内开采本条例规定的矿产品或者生产盐的单位和个人，为资源税的纳税义务人，应当依照本条例缴纳资源税。但该条例并未包括所有的资源，仍然只限于原油、天然气、煤炭、其他非金属矿原矿、黑色金属矿原矿、有色金属矿原矿、盐（包括固体盐和液体盐）等。在该条例的应税产品之外的资源税应由其他法律法规调整，如1993年12月13日国务院发布的《中华人民共和国土地增值税暂行条例》，对土地增值税的纳税义务人、增值额、税率、免征条件、纳税期限等均作出了相关的规定。我国已开征的环境资源税收主要有：城市土地使用税、耕地占用税、土地增值税、林特产品税、水产品税等。

2007年6月，国务院颁布的《节能减排综合性工作方案》首次明确声明开征环境税，其中一项具体政策措施即为“研究开征环境税”。“十七大”报告提出要“实行有利于科学发展的财税制度，建立健全资源有偿使用制度和生态环境补偿标准”，资源与环境问题被提至更高的层面。十八届三中全会明确提出“推动环境保护费改税”。近期，我国环境税立法进程加快。2015年6月10日，财政部、税务总局、环保部等部门在研究、吸收相关意见的基础上，形成《环境保护税法（征求意见稿）》，并于2015年6月10日公开征求意见。

（二）环境资源费

环境资源费是指对各种自然资源开发、利用和保护管理进行收费的制度。征收环境资源费制度主要包括资源费制度和环境费制度两大类。

1. 资源费。我国现行法律、法规规定的资源费用主要有：水费、水资源费、育林费、森林生态效益补偿基金、森林植被恢复费、耕地开垦费、基本农田保护区耕地造地费、耕地闲置费用、土地复垦费、新菜地开发建设基金、国有土地使用费用、水土流失防治费、矿产资源勘探费、开采费、补偿费、渔业资源增殖保护费，等等。资源

① 参见王晓丽：《我国环境税设立问题刍议》，载《武汉理工学院学报（社会科学版）》，2003（6），285页。

费制度和自然资源有偿使用制度的主要内容是重合的，有关资源费的主要内容将在自然资源有偿使用制度中进行论述，此处不再赘述。

2. 环境费。目前我国征收的环境费主要是排污费。征收排污费制度是指国家环境保护机关根据环境保护法的规定，对排放污染物的单位征收一定数额费用的法律制度。1978 年 12 月，在中共中央批转的原国务院环境保护领导小组《环境保护工作汇报要点》中，首先提出在我国实行“排放污染物收费制度”。1979 年的《环境保护法（试行）》在第 18 条中规定了超标排污收费制度。1982 年 12 月，国务院颁布了《征收排污费暂行办法》，该办法奠定了我国征收排污费制度的基本框架，对征收排污费的目的、范围、标准、加收和减收的条件、费用管理和使用等都作了规定。2002 年 1 月 30 日，国务院颁布了《排污费征收使用管理条例》，对排污费的征收、使用和管理进行了规定，该条例于 2003 年 7 月 1 日起施行，《征收排污费暂行办法》同时废止。另外，《环境保护法》、《水污染防治法》、《放射环境管理办法》等法律、法规中都有排污收费的相关规定。

（1）排污费的征收范围和对象。征收排污费污染物范围包括污水、废气、固体废物、噪音四类。排污费的征收对象主要是超过国家或地方污染物排放标准排放污染物的企事业单位和超标排放采暖锅炉烟尘的其他单位。在未超过国家或地方污染物排放标准排放污染物的情况下，也存在交纳排污费的情况。例如，《水污染防治法》第 24 条规定：“直接向水体排放污染物的企业事业单位和个体工商户，应当按照排放水污染物的种类、数量和排污费征收标准缴纳排污费。”同时需要注意的是，排污费的征收对象主要是一些企事业单位，在某些情况下，个人也可以成为排污费的征收对象。例如，《海洋环境保护法》第 11 条第 1 款规定：“直接向海洋排放污染物的单位和个人，必须按照国家规定缴纳排污费。”

（2）排污费征收的标准。《排污费征收使用管理条例》第 11 条规定，国务院价格主管部门、财政部门、环境保护行政主管部门和经济贸易主管部门，根据污染治理产业化发展的需要、污染防治的要求和经济、技术条件以及排污者的承受能力，制定国家排污费征收标准。国家排污费征收标准中未作规定的，省、自治区、直辖市人民政府可以制定地方排污费征收标准，并报国务院价格主管部门、财政部门、环境保护行政主管部门和经济贸易主管部门备案。排污费征收标准的修订，实行预告制。

（3）排污费的减免和缓缴。根据《排污费征收使用管理条例》第 15 条的规定，排污者因不可抗力遭受重大经济损失的，可以申请减半缴纳排污费或者免缴排污费。该条例第 16 条规定，排污者因有特殊困难不能按期缴纳排污费的，自接到排污费缴纳通知单之日起 7 日内，可以向发出缴费通知单的环境保护行政主管部门申请缓缴排污费；环境保护行政主管部门应当自接到申请之日起 7 日内，作出书面决定；期满未作出决定的，视为同意。但是，排污费的缓缴期限最长不超过 3 个月。

（4）排污费的征收程序。首先，负责污染物排放核定工作的环境保护行政主管部门，应当根据排污费征收标准和排污者排放的污染物种类、数量，确定排污者应当缴纳的排污费数额，并予以公告。[①] 其次，排污费数额确定后，由负责污染物排放核定工

① 参见《排污费征收使用管理条例》第 13 条。

作的环境保护行政主管部门向排污者送达排污费缴纳通知单。最后，排污者应当自接到排污费缴纳通知单之日起 7 日内，到指定的商业银行缴纳排污费。商业银行应当按照规定的比例将收到的排污费分别解缴中央国库和地方国库。具体办法由国务院财政部门会同国务院环境保护行政主管部门制定。参见《排污费征收使用管理条例》，第 14 条。

（5）排污费的使用。排污费必须纳入财政预算，列入环境保护专项资金进行管理，主要用于下列项目的拨款补助或者贷款贴息：1）重点污染源防治；2）区域性污染防治；3）污染防治新技术、新工艺的开发、示范和应用；4）国务院规定的其他污染防治项目。具体使用办法由国务院财政部门会同国务院环境保护行政主管部门征求其他有关部门意见后制定。①

（6）罚则。《排污费征收使用管理条例》还规定了违反条例的处罚措施。例如，该条例第 21 条规定：排污者未按照规定缴纳排污费的，由县级以上地方人民政府环境保护行政主管部门依据职权责令限期缴纳；逾期拒不缴纳的，处应缴纳排污费数额 1 倍以上 3 倍以下的罚款，并报经有批准权的人民政府批准，责令停产停业整顿。第 22 条规定：排污者以欺骗手段骗取批准减缴、免缴或者缓缴排污费的，由县级以上地方人民政府环境保护行政主管部门依据职权责令限期补缴应当缴纳的排污费，并处所骗取批准减缴、免缴或者缓缴排污费数额 1 倍以上 3 倍以下的罚款。

八、自然资源权属制度

（一）自然资源权属制度概述

自然资源权属制度是法律关于自然资源归谁所有、使用以及由此产生的法律后果由谁承担的一系列规定构成的规范系统。它是自然资源保护管理中最有影响力、不可缺少的基本法律制度。

我国对自然资源权属制度的规定可以追溯到 1954 年《宪法》，该法第 6 条第 2 款规定：“矿藏、水流，由法律规定为国有的森林、荒地和其他资源，都属于全民所有。”此后颁布的资源类法律都对自然资源权属问题作出了规定。综合各资源法律、法规的规定，我国的自然资源权属制度主要包括两方面的内容：一是自然资源所有权，二是自然资源使用权。

（二）自然资源权属制度的主要内容

1. 自然资源所有权。自然资源所有权，是指所有权人依法占有、使用、收益、处分自然资源的权利。按照自然资源权属的主体来划分，我国自然资源法中所规定的自然资源所有权，基本有两类，即：自然资源国家所有权与自然资源集体所有权。按自然资源的种类划分，可分为土地资源所有权、水资源所有权、森林资源所有权、草原资源所有权、矿产资源所有权、野生动物资源所有权等。

（1）自然资源所有权的取得。自然资源所有权的取得，是指自然资源权属主体根据一定的法律事实获得某资源的所有权，从而可以对该自然资源行使占有、使用、收益和处分的权利。在我国，自然资源权属主体不同，其权属取得方式也不同。

---

① 参见《排污费征收使用管理条例》第 18 条。

国家可以成为我国范围内一切自然资源所有权的主体，法律对国家自然资源所有权客体的种类和范围未作限制。在我国，自然资源国家所有权的取得主要有下列三种方式：

1）法定取得。指国家根据法律规定直接取得自然资源的所有权，法定取得是我国国家自然资源所有权取得的主要方式。

2）强制取得。国家从社会的公共利益出发，凭借其依法享有的权力，采用国有化、没收、征收等强制手段使国家取得自然资源的所有权。

3）天然孳息或自然添附。天然孳息是指自然资源依自然规律产生出来的新的自然资源。例如，野生动物资源在自然条件下繁殖所生出的更多野生动物。自然添附则是指自然资源在自然条件的作用下而使自然资源产生或增加的情况，如在江河入海口形成的冲积扇。

自然资源集体所有权的种类和范围是有限的，集体只能在法律规定的范围内享有部分自然资源所有权，矿产资源、水流等自然资源不能成为集体所有权的客体。自然资源集体所有权的取得，也主要有两种方式：

1）法定取得。法定取得是指集体组织根据法律的规定取得自然资源的所有权。我国《宪法》在规定自然资源国家所有权的同时，也规定集体组织可以依法取得土地、森林、山岭、草原、荒地、滩涂等的所有权。《土地管理法》、《森林法》、《草原法》都规定了集体组织对土地、森林、草原的所有权。

2）开发利用取得。这是指集体组织可以通过开发利用自然资源的行为取得新产生的自然资源的所有权。例如，我国《森林法》第 27 条第 2 款规定：“集体所有制单位营造的林木，归该单位所有。”

个人所有权的取得。在我国，基本上没有完整意义的资源个人所有权，只存在某些自然资源个别部分的个人所有权。如个人承包集体的荒山、荒地植树造林，而取得该森林林木的所有权，但并不包括林地的所有权。又如在个人承包的草原上种草，取得草场的所有权，但并不包括草地的所有权。因此，自然资源个人所有权的取得方式主要是开发利用和继承，而不存在法定取得和强制取得。

（2）自然资源所有权的变更。自然资源所有权变更是指自然资源所有权的变化，亦即自然资源从一主体转移给另一主体的过程。自然资源所有权可因下列原因而变更：

1）因征收而变更。法律授予国家有依法征收集体所有的自然资源权力。国家因公共利益的需要，把原属于集体所有的自然资源征收为国家所有。

2）因原所有权主体的合并或分立而变更。自然资源所有权主体因合并或分立，其资源所有权主体变更为合并或分立后的组织。

3）因依法转让而变更。如林木的合法买卖，导致林木所有权主体的变更。要注意的是，很多自然资源的所有权，如土地资源、河流、湖泊等的所有权是禁止转让的。此外，某些自然资源所有权只能发生有限的转让，如个人承包营造的用材林、经济林、薪炭林，可以依法转让，但这些森林所着生的林地是不能转让的。

4）因对换或调换而变更。国家出于公益的需要，可以采用以国家所有的一种资源对换或调换集体所有的一种资源的方式达到目的。例如，为了建设公路的需要而占用了集体的某一片土地，国家可以用另一片国有土地与其调换，而不采用征收的方式。

在不同的集体经济组织之间也时常发生自然资源对换或调换的情况，在该种情况下都要发生自然资源所有权的变更问题。[①]

（3）自然资源所有权的消灭。自然资源所有权的消灭是指自然资源所有权基于一定的法律事实而归于消灭。自然资源所有权的消灭，主要有两种原因：

1）因客体的消灭而消灭。由于某种原因导致自然资源灭失，其所有权也不复存在。例如，林木因火灾或被利用而灭失，其所有权亦随之灭失。

2）因法律的规定而消灭。例如，《土地管理法》第 2 条规定："中华人民共和国实行土地的社会主义公有制，即全民所有制和劳动群众集体所有制。"因此，土地的私有制也就随之消灭。

2. 自然资源使用权。自然资源使用权，是指单位和个人依法对国家所有或者集体所有的自然资源进行占有、使用和收益的权利。我国自然资源使用权，根据不同的标准可以进行不同的分类：按照自然资源的主体来划分，可分为国有资源使用权、集体资源使用权两类；按照自然资源的种类来划分，又可分为土地资源使用权、森林资源使用权、草原资源使用权、水资源使用权、矿产资源使用权、海洋资源使用权、野生动植物资源使用权等。按照是否向所有权人支付费用，可分为有偿使用和无偿使用；按使用权是否设定了使用期限，可分为有期限使用权和无期限使用权。

（1）自然资源使用权的取得。自然资源使用权的取得，是指自然资源使用权的主体以一定方式取得其对自然资源占有、使用、收益的权利。我国自然资源法所规定的自然资源使用权的取得方式主要有以下四种：

1）确认取得。指自然资源的权利主体依据法律规定取得该自然资源的使用权。例如，《土地管理法》第 11 条第 1 款规定：农民集体所有的土地，由县级人民政府登记造册，核发证书，确认所有权。

2）许可或承包经营取得。指国家所有的自然资源可许可给申请人使用或承包者通过承包经营使用。例如，国务院地质矿产行政主管部门根据矿山企业的申请，颁发采矿许可证，就使得矿山企业通过授权取得了矿产资源的开采权。

3）转让取得。指单位或者个人通过自然资源使用权的买卖取得其使用权。例如，我国《土地管理法》第 2 条中规定："土地使用权可以依法转让。"在我国，自然资源使用权的转让有许多限制条件，其中主要包括转让客体限制、受让主体限制、转让方式限制、转让内容限制、转让价格限制、转让客体的用途限制、转让期限限制等。如法律规定草原只能以承包方式转让。属于集体经济组织所有的土地、森林、草原，可以承包给个人使用，但不能以出卖、抵押的方式转让。

4）开发利用取得。指权利主体依法通过开发利用活动取得相应自然资源的使用权。例如，我国《土地管理法》第 40 条规定：开发未确定使用权的国有荒山、荒地、荒滩从事种植业、林业、畜牧业、渔业生产的，经县级以上人民政府依法批准，可以确定给开发单位或者个人长期使用。

（2）自然资源使用权的变更。自然资源使用权的变更，是指自然资源使用权的主体或内容所发生的变化。其变更的原因通常有：

---

① 参见金瑞林主编：《环境法》，118 页，北京，北京大学出版社，2002。

1）因主体的合并或分立而变更。享有自然资源使用权的主体时常发生合并或分立的情况，从而产生新的主体。那么，原有主体的自然资源使用权也就转给新的主体，并相应发生自然资源使用权主体的变更。

2）因转让而变更。法律规定某些自然资源的使用权可以依法转让，转让以后，其主体就会发生变化，那么也就产生了自然资源使用权主体的变更。

3）因破产、抵债而变更。如果自然资源使用权主体经营管理不善破产，就会发生破产分配而变更自然资源使用权主体的情况。有的自然资源使用权可以用于抵押，如果自然资源使用权人不能按时还债，其使用权就会转归抵押权人，从而发生自然资源使用权主体的变更。

4）因合同内容变更而变更。有的自然资源的使用权是通过合同形式取得的，如果合同双方在合同履行过程中协议改变合同内容，就会发生自然资源使用权内容的变更。①

（3）自然资源使用权的消灭。自然资源使用权的消灭，是指自然资源使用权因某种法律事实的出现而丧失。自然资源使用权消灭的原因主要有以下三种：

1）因权利客体的消失而消灭。例如，采矿权因矿产资源耗竭而消灭。

2）因法定或者约定的事由出现或期限届满而消灭。

3）因权利主体的消灭而消灭。②

九、自然资源有偿使用制度

（一）自然资源有偿使用制度概述

自然资源有偿使用制度，是指自然资源使用人或生态受益人在合法利用自然资源或享受生态系统所提供服务的过程中，对自然资源的所有权人或生态功能提供者支付相应费用的法律制度。这一概念包括两层含义：（1）自然资源作为资源性资产是具有经济价值、生态价值和社会价值的，自然资源使用者应当在开发利用自然资源的过程中向所有权人支付一定的费用，使所有权主体的经济利益得以实现，这是狭义层面的自然资源有偿使用。（2）生态功能的提供者为生态环境的保护和改善付出了代价，生态功能的受益者不能免费享有改善了的生态环境，因为，生态功能也是具有价值的，为了实现生态正义，生态功能的享受者应当向生态功能的提供者支付一定的费用，这是从广义层面所讲的自然资源有偿使用所包括的重要内容，即生态服务功能付费制度或称之为生态补偿制度。狭义层面的自然资源有偿使用制度，主要是通过市场机制实现自然资源的经济价值。③ 而生态补偿制度主要是在合理估算自然生态系统所提供生态功能价值的基础之上，通过国家的宏观经济调控实现自然生态系统所提供生态服务的有偿使用。因此，自然资源有偿使用制度的有效实施，可以使得自然资源的经济效益、生态效益、社会效益。因此，本书所讲的自然资源有偿使用制度包括狭义层面的自然资源有偿使用和生态补偿两个方面的内容。

---

① 参见金瑞林主编：《环境法学》，120～121页，北京，北京大学出版社，2002。

② 参见曹明德：《生态法原理》，246页，北京，人民出版社，2002。

③ 参见曹明德、黄锡生：《环境资源法》，68页，北京，中信出版社，2004。

（二）自然资源有偿使用制度的主要内容

1. 狭义层面的自然资源有偿使用制度

狭义层面的自然资源有偿使用制度主要借助于市场机制，使自然资源的经济价值得以实现。《土地管理法》第 2 条第 4 款规定，“国家依法实行国有土地有偿使用制度。但是，国家在法律规定的范围内划拨国有土地使用权的除外”。第 54 条规定，“建设单位使用国有土地，应当以出让等有偿使用方式取得”。《水法》第 7 条规定：“国家对水资源依法实行取水许可制度和有偿使用制度”；该法第 48 条规定：“直接从江河、湖泊或者地下取用水资源的单位和个人，应当按照国家取水许可制度和水资源有偿使用制度的规定，向水行政主管部门或者流域管理机构申请领取取水许可证，并缴纳水资源费，取得取水权。但是，家庭生活和零星散养、圈养畜禽饮用等少量取水的除外”；该法第 55 条规定：“使用水工程供应的水，应当按照国家规定向供水单位缴纳水费。”此外，《森林法》、《草原法》、《渔业法》等自然资源保护类法律中都有关于自然资源有偿使用的规定。狭义层面自然资源的有偿使用主要体现在自然资源使用费的征收，我国已经开征的自然资源使用费包括：土地使用费、水费、水资源费等。

2. 生态补偿制度

我国对生态补偿制度的研究始于 20 世纪 90 年代，在生态学中的补偿是指自然生态补偿，指自然生态系统对由于社会、经济活动所造成的生态环境破坏所需要起到的缓冲和补偿作用。① 从法学的角度来看，生态补偿是自然资源有偿使用制度的重要内容，生态补偿是指为了实现自然资源利用的社会公正，通过经济调控手段对自然资源的利用者和生态系统服务功能的受益者征收一定量的生态补偿金，把补偿金用于自然资源的恢复，并对生态系统服务功能的提供者进行补偿的法律制度。由于环境保护类法律规定自身存在的缺陷，造成环境利益与经济利益关系的扭曲，出现了保护者不能得到经济回报、受害者得不到充分补偿、生态环境状况持续恶化的现象。完善的生态补偿法律制度，有利于推动环境保护工作实现从以行政手段为主向综合运用法律、经济、技术和行政手段的转变。

我国政府很早就开始进行生态系统服务功能补偿的实践。1953 年建立育林基金制度，此制度对我国用材林的发展起到了积极的促进作用，随着社会经济的发展，建立森林生态效益补偿制度的时机已经成熟。《关于保护森林发展林业若干问题的决定》（中发［1981］12 号）指出：“‘建立国家林业基金制度’，适当提高（除黑龙江、吉林、内蒙林区外）集体林区和国有林区育林基金和更改资金的征收标准，扩大育林基金征收范围。”据此，不少省区的林业部门要求把征收育林基金范围扩大到防护林和经济林等生态林。《国务院批转国家体改委关于一九九二年经济体制改革要点的通知》（国发［1992］12 号）也明确指出：“要建立林价制度和森林生态效益补偿制度，实行森林资源有偿使用。”1992 年 9 月 10 日《关于出席联合国环境与发展大会的情况及有关对策的报告》（中办发［1992］7 号）第 7 条“运用经济手段保护环境”强调提出，“按资源有偿使用的原则，要逐步开征资源利用补偿费，并开展对环境税的研究”。1993 年国务

① 参见［美］保罗·萨缪尔森、威廉·诺德豪斯：《微观经济学》，16 版，29 页，北京，中国人民大学出版社，1999。

院《关于进一步加强造林绿化工作的通知》指出："要改革造林绿化资金投入机制，逐步实行征收生态效益补偿费制度"。1998 年 7 月 1 日新修改的《森林法》规定："国家建立森林生态效益补偿基金，用于提供生态效益的防护林和特种用途林的森林资源、林木的营造，抚育，保护和管理。"2000 年，国家又发布《森林法实施条例》，其中规定：防护林、特种用途林的经营者有获得森林生态效益补偿的权利。法律确保了生态补偿制度的实行，国家决定这项生态效益补偿基金由国家财政预算直接拨款的方式建立。《水法》、《矿产资源法》、《渔业法》、《土地管理法》等相关法律法规对生态补偿制度也作了相应的规定。

2003 年 3 月，第十届全国政协会议已将建立生态补偿机制正式纳入议事日程。2005 年以来，国务院颁布的《关于落实科学发展观加强环境保护的决定》和《国民经济和社会发展第十一个五年规划纲要》都有关于生态补偿的规定。国务院《关于落实科学发展观加强环境保护的决定》中提出"要完善生态补偿政策，尽快建立生态补偿机制。中央和地方政府财政转移支付应考虑生态补偿因素，国家和地方可分别开展生态补偿试点"。《国民经济和社会发展第十一个五年规划纲要》要求"按照谁开发谁保护、谁受益谁补偿的原则，建立生态补偿机制"。2006 年 4 月，温家宝总理在第六次全国环境保护大会上的重要讲话中指出："要按照谁开发谁保护、谁破坏谁恢复、谁受益谁补偿、谁排污谁付费的原则完善生态补偿政策，建立生态补偿机制。"2007 年，国家环境保护总局发布了《关于开展生态补偿试点工作的指导意见》等。显而易见，从中央政府到地方政府对于尽快建立起一套完善的生态环境补偿机制都有迫切要求。2010 年将研究制定生态补偿条例列入立法计划。2010 年，国家发改委牵头起草《关于建立健全生态补偿机制的若干意见》和《生态补偿条例》草案。近年来，很多地方在积极探索生态补偿机制建设，在森林、草原、湿地、流域和水资源、矿产资源开发、海洋以及重点生态功能区等领域进行积极探索，取得了一定成效。

十、自然资源恢复制度

（一）自然资源恢复制度概述

1. 自然资源恢复制度的概念。自然资源恢复制度，是指为了实现自然资源的可持续利用，要求行为人对因其开发利用活动或其他活动所造成的自然资源的破坏，必须采取恢复措施加以补救的法律制度。设立自然资源恢复制度的目的在于恢复自然资源所具有的生态功能，最大程度地实现自然资源的生态效益和社会效益，从而达到协调人与自然之间的关系，实现经济社会的可持续发展和资源的可持续利用。自然资源恢复制度是一项重要的责任制度，但与一般的民事责任制度有着明显的区别：一般民事责任制度的目的，在于填补受害人的损失，主要采用金钱给付为内容的民事赔偿方式。自然资源补救制度的目的在于自然资源生态价值的恢复，主要采用恢复原状和金钱赔偿的方式。但是，由于自然资源不仅具有经济价值，而且具有生态价值和社会价值，其生态价值和社会价值往往高于其经济价值。因而，对自然资源的损害不是以简单的金钱赔偿就可以弥补其损失的，更重要的是在于自然资源生态价值的恢复。①

① 参见曹明德：《生态法原理》，247 页，北京，人民出版社，2002。

2. 自然资源恢复制度的性质。自然资源恢复制度从性质上讲它是一种义务和责任，是自然资源使用人在利用自然资源时所应承担的恢复自然资源功能的义务和责任。这种义务和责任主要适用于保护自然资源方面，当行为人破坏了环境资源时，如果能够恢复，应尽量让其承担此责任，如当森林和草原被滥垦滥伐时，可以责令加害人恢复植被；又如《草原法》第69条规定，违反本法第52条规定，擅自在草原上开展经营性旅游活动，破坏草原植被的，由县级以上人民政府草原行政主管部门依据职权责令停止违法行为，限期恢复植被，没收违法所得，可以并处违法所得一倍以上二倍以下的罚款。

3. 自然资源恢复制度的分类。自然资源恢复制度是以恢复自然资源功能形态为主要目的，以采用补救和治理的方式来恢复自然资源的功能和形态。自然资源恢复义务和种类，因划分的依据不同，可以有不同的分类：第一，按照自然资源恢复对象来划分，可以分为自然资源功能的恢复和自然资源形态的恢复。例如，《水法》第27条规定：国家鼓励开发，利用水运资源。在水生生物洄游通道通航或竹木流放的河流上修建永久性拦河闸坝，建设单位应当同时修建过鱼、过船、过木设施，或者经国务院授权的部门批准采取其他补救措施，并妥善安排施工和蓄水期间的水生生物保护，航运和竹木流放，所需要费用由建设单位承担。此款的规定主要采用补救的方式来恢复河流的通航功能和作为水生生物洄游通道的功能。又如，《草原法》第46条规定，禁止开垦草原。对水土流失严重、有沙化趋势、需要改善生态环境的已垦草原，应当有计划、有步骤地退耕还草；已造成沙化、盐碱化、沙漠化的应当限期治理。此规定主要采用治理的方式恢复草原资源的自然形态。第二，按照恢复自然资源的手段来划分，可以分为补救恢复和治理恢复。一定的资源利用不可能恢复原状时，大多数情形下是采用补救方式。例如，《渔业法》第32条规定：在鱼、虾、蟹洄游通道建闸、筑坝，对渔业资源有严重影响的，建设单位应当建造过鱼设施或者采取其他补救措施。《水土保持法》第23条规定：在五度以上坡地植树造林、抚育幼林、种植中药材等，应当采取水土保持措施。在禁止开垦坡度以下、五度以上的荒坡地开垦种植农作物，应当采取水土保持措施。这是有关自然资源治理措施的规定。

（二）自然资源恢复制度的主要内容

自然资源恢复制度是一种以恢复自然资源为内容的制度。自然资源的恢复主体和自然资源恢复主体履行相应的恢复义务是自然资源恢复制度的主要内容。

在进行自然资源恢复以前，我们必须明确自然资源恢复的责任主体。自然资源恢复的责任主体可以分为原主体和代位主体两大类，原主体通常有两种：（1）对自然资源享有合法开发利用资格的单位和个人。例如，《水土保持法》第52条规定：在林区采伐林木不依法采取防止水土保持措施的，由县级以上地方人民政府林业主管部门、水行政主管部门责令限期改正，采取补救措施。这是有关自然资源补救措施的规定。（2）基于违法行为而产生恢复责任的单位和个人。例如，《森林法》第39条规定："盗伐森林或者其他林木的，依法赔偿损失；由林业主管部门责令补种盗伐株数十倍的树木，没收盗伐的林木或者变卖所得，并处盗伐林木价值三倍以上十倍以下的罚款。滥伐森林或者其他林木，由林业主管部门责令补种滥伐株数五倍的树木，并处滥伐林木价值二倍以上五倍以下的罚款。"第44条规定："违反本法规定，进行开垦、采石、采砂、采土、采种、采脂、砍柴和其他活动，致使森林、林木受到毁坏的依法赔偿损失；由林业主管部门责令停止违法行为，补种毁坏株数一倍以上三倍以下的树木。”代位主体主要是在自然资源恢复主体拒绝履行、履行不能、履行不符合规定或未查明具体资源破坏责任人的情况下，代替资源恢复原主体承担资源恢复责任的自然资源主管机关。代位主体代位责任的产生有两种情况：（1）自然资源恢复责任主体拒绝履行、履行不能或履行不符合规定。例如，《森林法》第39条第3款规定：“拒不补种树木或者补种不符合国家有关规定的，由林业主管部门代为补种，所需费用由违法者支付。”（2）不能查明具体的自然资源恢复责任主体。国家作为自然资源的权属主体，为了保障自然资源的永继利用，应当对被破坏的自然资源进行形态和功能上的恢复。

在明确自然资源恢复责任主体的情况下，必须明确责任主体的恢复义务。恢复义务的核心内容是行为人以实际履行的方式对被损害自然资源进行恢复、补救，而非经济上的补偿或赔偿，恢复那些不能再生或不能恢复的自然资源时更是如此。当行为人破坏了自然资源时，如果能够恢复原状则应尽力采用一切补救措施来恢复自然资源的形态和功能；若不能恢复才采用金钱赔偿弥补其损失，由相应的国家机关代替原责任人对被破坏的自然资源进行恢复。具体的恢复内容，因资源的种类而有所差别。

十一、自然资源开发利用禁限制度

（一）自然资源开发利用禁限制度概述

自然资源开发利用禁限制度，是指资源法根据自然资源的特点和保护自然资源的需要，对其进行利用的方式、对象、时间、范围、工具等所作的禁止和限制的制度。[①] 此制度的价值意义在于它充分地尊重生态规律；有节制、有限度地开发利用资源，对自然资源的保护起着重大作用。自然资源禁限制度主要有以下两种分类：第一类，依自然资源禁限的内容来划分，可以区分为资源用途的禁限、利用工具的禁限、利用方式的禁限、利用时间的禁限、利用区域的禁限、利用对象的禁限等。第二类，依自然资源的种类来划分，可以区分为渔事禁限、林事禁限、草原利用禁限、矿事禁限、地事禁限、水事禁限等。

（二）自然资源禁限制度的主要内容

1. 渔事禁限。渔事禁限是指为了保护渔业资源及其有关的渔业发展条件而在渔业活动中禁止和限制的事项。渔业资源是能够繁殖再生的水生物资源，它具有自身的繁殖生长规律。因此，在捕捞渔业资源时必须尊重此规律，才能有效地保护渔业资源。我国《渔业法》中关于禁渔区、禁渔期以及禁用捕鱼方式及渔具等的规定均是对渔业资源繁殖、生长规律的尊重。具体如下：

（1）捕鱼方式与渔具的禁止规定。例如，《渔业法》第30条规定：禁止使用炸鱼、毒鱼、电鱼等破坏渔业资源的方式进行捕捞，禁止制造、销售、使用禁用的渔具。

（2）禁渔区、禁渔期。禁渔期就是国家禁止或限制捕捞水生动物的时间界限。禁渔区就是国家禁止或限制捕捞水生动物的水域。

（3）为保护水生动物苗种而作的禁限制规定。例如，《渔业法》第31条规定：“禁

---

① 参见马骧聪主编：《环境资源法》，136页，北京，北京师范大学出版社，1999。

止捕捞有重要经济价值的水生动物苗种”；“在水生动物苗种重点产区引水用水时，应当采取措施，保护苗种。”

（4）对可能影响渔业资源的渔业活动及其他行业的活动进行限制。《渔业法》第 33 条规定：用于渔业并兼有调蓄、灌溉等功能的水体，有关主管部门应当确定渔业生产所需的最低水位线。

2. 林事禁限。林事禁限是指为了保护、发展森林资源，在利用森林资源的活动中禁止和限制的事项。依据我国《森林法》的规定，林事禁限主要包括如下内容：

（1）森林采伐量的限制和采伐许可证。《森林法》第 29 条、第 30 条规定了年采伐限额制度，即根据用材林的消耗量低于生长量的原则确定的森林年采伐量的最高限额制度。

（2）森林采伐方式的限制。例如，《森林法》第 31 条规定了采伐森林和林木的法定方式：第一，成熟的用材林应当根据不同情况，分别采取择伐、皆伐和渐伐方式，皆伐应当严格控制，并在采伐的当年或次年内完成更新造林；第二，防护林和特种用途林中的国防林、母树林、环境保护林、风景林等，只准进行抚育和更新性质的采伐；第三，特种用途林中的名胜古迹和革命纪念地的林木、自然保护区的森林，严禁采伐。

（3）封山育林的限制。封山育林是指对划定的区域采取封禁措施，利用林木天然更新能力使森林恢复的育林方法。

3. 草原利用禁限。草原利用禁限制度是指为了保护和发展草原资源而对利用草原资源及其有关的活动予以禁止和限制的制度。我国《草原法》所规定的禁限事项主要有五个方面：

禁止开垦和毁坏草原植被；禁牧、休牧制度；采集、砍挖的限制；对草原载畜量的限制；对机动车行驶的限制。

4. 矿事禁限。矿事禁限是指在矿产资源利用及其有关活动中的禁止和限制事项。我国《矿产资源法》规定的禁限事项主要有四方面：

（1）禁止开矿的区域。《矿产资源法》第 20 条规定了禁止开矿的区域。

（2）普查、勘探方法的限制。《矿产资源法》第 26 条规定：普查、勘探易损坏的特种非金属矿产、流体矿产、易燃易爆易溶矿产和含有放射性元素的矿产，必须采用省级以上人民政府有关主管部门规定的普查、勘探方法，并有必要的技术装备和安全措施。

（3）禁止压覆重要矿床。《矿产资源法》第 33 条规定：在建筑铁路、工厂、水库、输油管道、输电线路和各种大型建筑物或建筑群之前，建设单位必须向所在省、自治区、直辖市地质矿产主管部门了解拟建工程所在地区的矿产资源分布和开采情况。非经国务院授权的部门批准，不得压覆重要矿床。

（4）矿产品购销的限制。《矿产资源法》第 34 条规定：国务院规定由指定的单位统一收购的矿产品，任何其他单位或者个人不得收购；开采者不得向非指定单位销售。①

5. 地事禁限。地事禁限是指在土地资源的利用及其与土地利用有关的活动中予以

① 参见马骧聪主编：《环境资源法》，141 页，北京，北京师范大学出版社，1999。

禁止或限制的事项。根据我国《土地管理法》的规定，地事禁限事项主要有三方面：

（1）耕地、基本农田利用的禁限。我国《土地管理法》第4条、第36条、第37条确立了耕地、基本农田利用的禁限，包括占用的禁限、禁止弃荒、闲置等。如《土地管理法》第4条规定：严格控制将耕地转为非耕地使用。国家严格限制农用地转为建设用地，控制建设用地总量，对耕地实行特殊保护。使用土地者必须严格按照土地利用总体规划确定的用途使用土地，国家实行土地用途管制制度。

（2）耕地开垦的禁止。《土地管理法》第39条规定：开垦未利用的土地，必须经过科学论证和评估，在土地利用总体规划划定的可开垦的区域内，经依法批准后进行。禁止毁坏森林、草原开垦耕地，禁止围湖造田和侵占江河滩地。

（3）开发、复垦用途的限制。《土地管理法》第38条、第42条规定：开发未利用的土地，适宜开发为农用地的，应当优先开发成农用地，复垦的土地应当优先用于农业。

6. 水事禁限。水事禁限是指在水资源的利用及其有关的活动中应予禁止或限制的事项。根据我国《水法》的规定，水事禁限主要有五方面：

（1）妨碍行洪的禁限。《水法》第37条规定：禁止在江河、湖泊、水库、运河、渠道内弃置、堆放阻碍行洪的物体和种植阻碍行洪的林木及高秆作物。禁止在河道管理范围内建设妨碍行洪的建筑物、构筑物以及从事影响河势稳定、危害河岸堤防安全和其他妨碍河道行洪的活动。

（2）河道采砂的禁限。《水法》第39条规定：国家实行河道采砂许可制度。河道采砂许可制度实施办法由国务院规定。在河道管理范围内采砂影响河势稳定或者危及堤防安全的，有关县级以上人民政府水行政主管部门应当划定禁采区和规定禁采期，并予以公告。

（3）禁止围湖造地，禁止围垦河道。《水法》第40条规定：禁止围湖造地。已经围垦的，应当按照国家规定的防洪标准有计划地退地还湖。禁止围垦河道。确需围垦的，应当经过科学论证，经省、自治区、直辖市人民政府水行政主管部门或者国务院水行政主管部门同意后，报本级人民政府批准。

（4）妨害水工程的禁限。《水法》第41条规定：不得侵占、毁坏堤防、护岸、防汛、水文监测、水文地质监测等工程设施。

（5）开采地下水的限制。《水法》第36条规定：在地下水超采地区，县级以上地方人民政府应当采取措施严格控制开采地下水。在地下水严重超采地区，经省、自治区、直辖市人民政府批准，可以划定地下水禁止开采或者限制开采区。

案例与思考

1. 综合案例

[题例]

鸭河口水库水产管理所（简称鸭河水管所）是南阳市南召县水利局下属的一家事业单位，南召县政府向其颁发了《水面养殖使用证》。自1982年开始，鸭河水管所就在水库内大力发展常规渔业和名特优渔业的养殖，目前，鸭河口水库已成为南阳市商品鱼基地和银鱼移植推广养殖的基地。

经有关部门批准，1998年5月，南阳市鸭河口发电有限责任公司（简称鸭电公司）在毗邻鸭河口水库处建成鸭河口电站。该电站是一座大型现代化燃煤火电站，发电机组凝汽器采用直流冷却方式，以水库作为冷却水源，利用水库作为散热水面，从水库抽取的水通过管道送往发电机凝汽器，将凝汽器冷却后再通过管道将其排入水库。鸭河口电厂的冷却水取水口、排水口设在同一位置，只是在高度上错开了，取水口在下，排水口在上，其设计方案是由中国水利水电科学研究院的专家经反复论证后实施的。鸭电公司与南阳市鸭河口水库工程管理局曾于2000年7月1日签订了一份供水协议，由南阳市鸭河口水库工程管理局按需要保证鸭河口电站发电及其他用水，鸭电公司每年向该局交纳630万元（含水费、移民扶助金等一切费用）作为协议有效期内的用水费用。

据鸭河水管所称，1998年5月，鸭河口电站并网发电后，尽管鸭河水管所不断加大鱼苗的投放，并想尽办法减少因电厂发电输排水造成的渔业损失，但近年来，水库中常规鱼类的产量不见增长，其中小银鱼在水库中已几近绝迹。

2001年8月10日，鸭河水管所委托河南省水产技术推广站渔业监测中心对原因进行调查鉴定。同年12月15日，监测中心给鸭河水管所出具鉴定报告，结论是：鸭河口电厂从水库抽水并把含热废水排入水库（能量介入及热污染）造成了水库渔业产量下降。其主要原因：(1) 由于电厂向水库排放冷却水造成泵房边相当范围内水域水温明显升高，同时使泵房边表层水流速度加快。因泵房边水温升高和流速加快，泵房周围形成了一定范围的集鱼区，从而增加了养殖鱼被抽走的机会。而拦污设施不能起到有效拦鱼的作用，因而水库中主要的经济鱼类被抽走致死，造成了水库银鱼及其他鱼种（团头鲂、鲤、鲫等）产量下降。(2) 大量的废热水排入水库，使得水库相当范围内水温形成超温区，对银鱼的生长、繁殖、生存直接或间接造成了影响。(3) 水温的升高使得凶猛鱼类活动量加大，代谢能力提高，活动能力增强，增加了对银鱼及其他鱼类的捕食机会，破坏了鱼类资源。

鉴定结论对1998年5月至2001年12月渔业损失计算如下：鸭河口电厂从水库抽水，并把含热废水排入水库，鸭河水管所累计鱼产品损失量约为643吨，其中损失大小银鱼331吨，其他鱼类312吨。直接经济额为707.34万元，其中大小银鱼损失599.5万元，其他鱼类99.84万元。根据该鉴定，鸭河水管所的直接损失年均189万元左右。

2003年，鸭河水管所向南召法院提起诉讼，要求鸭电公司赔偿鸭河水管所2001年度的部分直接经济损失79.8万元。

南召法院认为，本案中原告经调查鉴定年均损失为189万元左右，现原告仅就2001年度的部分损失79.8万元要求被告赔偿，这是原告对自己权利的处分，法院予以支持。被告仅向法院提交了有关部门对被告建厂及利用鸭河口水库作为冷却水源，取水口、排水口位置的批复和环保工程验收及环保设施竣工验收监测报告。法院认为，这仅能证明其环保工程及设施达到国家有关标准，并未就法律规定的免责事由及其行为与损害结果之间不存在因果关系进行举证，因此，被告应承担举证不能的法律后果——鸭电公司对自己的损害结果不能因其有关工程及设施达到有关标准而免除其环境污染的侵权民事责任。被告虽辩称其用水系有偿使用的，原告不应直接向其索赔，但因对原告造成损失的直接责任人系被告，故原告向被告提出赔偿损失的请求理由正当，法院予以支持。

南召法院判决如下：鸭电公司于本判决生效后10日内赔偿鸭河水管所损失79.8万元。案件受理费13 010元，其他费用1 990元，共计15 000元，鸭河水管所负担800元，鸭电公司负担14 200元。

鸭电公司不服一审判决，向南阳市中级人民法院提起上诉。

南阳中院认为：(1) 本案属于环境污染损害赔偿纠纷，适用严格责任原则和举证责任倒置原则。依法取得鸭河口水库养殖水域的鸭河水管所因鸭电公司的鸭河口电厂未设置有效的拦鱼措施，致使鱼类被抽进电厂循环管道内受热而直接死亡，同时，大量的含热废水排入水库，对部分鱼类造成损害的事实，由鸭河水管所委托监测中心进行鱼损鉴定，虽鸭电公司对该报告有异议，但一审时未要求重新鉴定。同时，鸭电公司没有举证证明抽水、排水不能给鸭河水管所的渔业养殖造成损害，虽鸭电公司举证证明鸭河口电厂的环保工程及设施达到国家标准，但并不能排除抽水、排水给鸭河水管所造成的渔业养殖损失。因此，应当推定鱼损鉴定是客观、真实的，应当作为本案的定案依据。(2) 鸭河口电厂的直接抽水、排水给鸭河水管所造成的损失，经监测中心鉴定年均损失为189万元左右，双方对鱼损的合理范畴未作出约定。因此，该巨额损失不应当视为合理范畴。(3) 鸭电公司用水给鸭管局支付用水费用，而鸭管局与鸭河水管所是不同的权利主体，鸭河口电厂抽水、排水给鸭河水管所渔业养殖造成损失，有监测中心鉴定作为依据。因此，鸭电公司应当对鸭河水管所承担赔偿责任。

2006年5月29日，南阳中院根据《中华人民共和国民事诉讼法》第153条第1款第1项之规定判决：驳回上诉，维持原判。

[答题思路]

本案例是因热污染而引发的环境侵权赔偿案件，该案例涉及环境法基本制度的具体应用，应结合案例和环境法的基本制度进行阐述：

(1) 南召县政府向鸭河水管所颁发《水面养殖使用证》是许可证制度在环境保护实践中的具体运用。《渔业法》第11条规定："单位和个人使用国家规划确定用于养殖业的全民所有的水域、滩涂的，使用者应当向县级以上地方人民政府渔业行政主管部门提出申请，由本级人民政府核发养殖证，许可其使用该水域、滩涂从事养殖生产。"鸭河水管所欲利用鸭河水库的水资源进行渔业养殖，需要首先向南召县政府渔业行政主管部门提出申请，在取得《水面养殖使用证》后成为整个鸭河口水库养殖水域的合法使用者，鸭河水管所享有在水库从事渔业资源的养殖权利。养殖权的取得使得鸭河水管所在其养殖的渔产品受到热污染损害时，成为适格原告的基础。

(2) 鸭电公司在鸭河口水库建鸭河口电站将涉及环境规划制度、环境影响评价制度、"三同时"制度、环境监测等环境基本法律制度的运用。鸭河口电站属于工业建设项目，其选址要符合工农业布局的总体规划；鸭河口电站属于对环境有重大影响的建设项目，在该项目建设施工前要进行环境影响评价；鸭河口电站的建设可能对鸭河口水库的水环境和周边的生态环境产生污染，必须严格地执行"三同时"制度的相关规定；鸭河口水电站设置了排污口，需要对排污口排放污染物的情况进行监视性监测。

(3) 鸭电公司与南阳市鸭河口水库工程管理局签订供水协议，鸭电公司每年向该局交纳630万元（含水费、移民扶助金等一切费用）作为协议有效期内的用水费用，这属于自然资源有偿使用制度的具体法律实践。《水法》第7条规定："国家对水资源依法实行取水许可制度和有偿使用制度。但是，农村集体经济组织及其成员使用本集体经济组织的水塘、水库中的水的除外。国务院水行政主管部门负责全国取水许可制度和水资源有偿使用制度的组织实施。"鸭河口水库的水资源属于国家所有，鸭河口水库工程管理局代表国家行使对鸭河口水库水资源的管理权。鸭河口电站在鸭河口水库取水用于发电或其他用途，需要向国家支付一定的资源使用费。

(4) 2001年8月10日，鸭河水管所委托河南省水产技术推广站渔业监测中心对原因进行调查鉴定，这属于环境检测制度中特定目的的监测。根据《全国环境监测管理条例》第12～14条的规定，专业环境监测机构的一项重要职责是参加污染事件调查，为环境污染纠纷的解决提供监测数据。在本案例中，为了达到解决鸭河水管所和鸭电公司之间特定的环境纠纷之目的，由河南省水产技术推广站渔业监测中心提供监测技术性结论，此监测结论在本案件的解决中作为重要的证据被使用。

(5) 鸭河口电站将冷却水和其他用水排入水库需要遵守相应的水污染物排放标准，这是环境标准制度的具体体现。根据1996年《水污染防治法》第35条的规定："向水体排放含热废水，应当采取措施，保证水体的水温符合水环境质量标准，防止热污染危害。"虽然在本案中，原告辩称其环保工程和设施是达到国家标准的，鸭河口电站在符合排放标准的情况下造成鸭河水管理所所养殖的渔业产品的损失可不可以免责？答案是否定的，这也是本案件中法院判决鸭电公司承担环境侵权责任的关键。在符合环境标准排放污染物造成损失的情况下，侵权人不承担环境刑事责任或行政责任，但是应当承担相应的环境民事责任。由于环境侵权的特殊性，环境侵权的归则原则包括过错责任和无过错责任两种，本案中，虽然鸭河口电站并没有过错，但是其排放热水的行为和鸭河水管理所鱼类的损害存在着因果关系，因而，南阳市中院在审理案件时适用无过错责任归责原则，鸭河口电站需要承担相应的民事责任。

2. 思考题

(1) 试述环境法基本制度的概念及特征。

(2) 试述环境影响评价制度的内容。

(3) 试述经济调控制度的主要内容。

(4) 试述自然资源有偿使用制度的内容。

第四章 环境法律责任

重点问题

1. 环境法律责任的体系和追究原则
2. 环境行政责任的种类
3. 公害民事责任的构成要件
4. 破坏环境资源保护罪的内容

第一节 环境法律责任概述

环境法中的法律责任是指违反环境法，破坏或者污染环境的单位或者个人所应当承担的责任。环境法律责任可以分为环境行政责任、环境民事责任和环境刑事责任三种。

环境法中的法律制裁，是指国家对承担法律责任的单位或个人依法实施的惩罚措施。与法律责任相对应，法律制裁也分为行政制裁、民事制裁和刑事制裁三种。

法律责任和法律制裁是既有联系又有区别的两个概念。环境违法行为往往导致法律责任的承担，而法律责任的承担，一般又导致法律制裁。对于承担某一法律责任者，可以根据违法行为的性质、情节，给予相应的法律制裁，从重、从轻、减轻甚至免于法律制裁。法律责任和法律制裁不应混淆。

一定的环境法律事实是环境法律责任发生的基础。所以，环境法律责任的判断和分析都是以事实为依据，以法律为准绳，结合案情进行法律分析。一般而言，环境法律责任的判断和分析可以依据以下几个原则进行：

1. 公法责任和私法责任分别追究的原则。有关环境法的诸多案例中，一个案件往往同时存在环境民事责任和环境行政责任、环境民事责任和环境刑事责任，或三种责任并存的情形，这时应当同时追究责任人的公法责任和私法责任，那种认为一种法律责任的承担是对另一种法律责任的免除的观点是错误的。《民法通则》第110条规定："对承担民事责任的公民、法人需要追究行政责任的，应当追究行政责任；构成犯罪的，对公民、法人的法定代表人应当依法追究刑事责任。"由此可知，我国法律不存在"罚了就不打、打了就不罚"的原则，任何单位或者个人，如果其行为触犯了几个部门法，就要相应地承担几种法律责任，受到几种不同的法律制裁。①

2. 不重复追究的原则。该原则是指性质、内容相同的具有可替代性的数种法律责任不可重复追究。如对同一个行政违法行为，不得就同一相对人处以两次以上的罚款。再如，如果违法行为人被判处刑事责任中的附加刑罚金，而在行政责任中又被处以行政处罚的形式之一罚款，那么，应当在罚金的数额中减去罚款的数额，剩余的部分由违法行为人补缴。

3. 私法责任主体唯一的原则。在民事责任承担中，民事权利能力和民事行为能力是当事人承担民事责任的充分必要条件，只有同时具备上述条件的自然人和单位才能承担民事责任。该原则是针对法人的民事责任来说的，法人的民事责任只能由具备法人资格的主体承担，仅以法人名义但不具有法人资格而从事民事活动的主体，倘若造成他人环境民事权利和利益的损害的，民事责任应当还是由法人直接承担。

4. 公法责任中个人和单位分别追究的原则。在环境刑事责任和环境行政责任的承担上，对个人和单位分别追究。在对单位追究环境刑事责任和行政责任的同时，还要对单位主要负责人和直接责任人员追究公法责任。

此外，还应当注意环境法责任条款的适用规则：依法律规范的效力依次适用；新法优于旧法；特别法优于一般法；例外规定优于一般规定。

环境法律责任表现为环境民事责任、环境刑事责任和环境行政责任三种形式。这三种责任形式和法律责任的实现方式密切相关。通常认为，法律责任的实现，即承担或追究法律责任的具体形式包括惩罚、强制和补偿。民事法律责任实现的目的在于补偿，行政法律责任实现的目的在于强制，而刑事法律责任实现的目的则是惩罚。

作为环境法律体系的一个重要组成部分，环境法律责任带着鲜明的环境法烙印。环境法系统的开放性，规范协调性和部门边界模糊性的特点决定了环境法律责任的实现方式只能是采取综合手段。作为一种综合法律责任，环境法律责任的具体形式包括

① 参见韩德培：《环境保护法教程》，330页，北京，法律出版社，2003。

环境民事责任、环境行政责任和环境刑事责任，多样的责任形式决定了环境法律责任的归责无法适用统一的原则，而只能依据三种法律责任方式各自的特点适用不同的归责原则。

环境法多样的责任形式不仅决定了它只能按法律责任的不同性质分别适用归责原则，同时使得环境法律规范的适用必然产生大量的责任竞合问题。同一事实符合数个规范要件，致该数个规范皆得适用的现象，即为规范竞合。规范竞合既可以产生于同一法律部门，也可以发生在不同法律部门之间。责任竞合是规范竞合的一种，是同一行为违反了数个法条的规定，符合多种责任构成要件，导致了多种责任并存和冲突的现象。如何协调适用三种环境法律责任形式，更好地解决环境法律责任竞合问题①，是当前我国环境法学界需要加以研究的一个课题。

第二节　环境行政法律责任

一、环境行政责任的概念

所谓环境行政责任，是指违反环境法，实施了破坏或者污染环境行为的单位或者个人所应承担的行政方面的法律责任。此定义中的“单位”，是指法人和其他组织。法人是指具有民事权利能力和民事行为能力，依法独立享有民事权利和承担民事义务的组织。具备的条件是：依法成立，有自己的名称、组织机构和场所，有必要的财产或者经费，并可以自己单位的名义独立承担民事责任的社会组织。根据《民法通则》的规定，法人分为企业法人和非企业法人，后者包括国家机关、事业单位和社会团体法人和在我国境内的外国法人以及港、澳、台地区法人。“其他组织”是指未取得法人资格的社会组织。“个人”是指到达法定年龄并具有民事行为能力的自然人，包括我国公民和在我国境内的外国人以及无国籍人。

承担环境行政责任者还包括在履行环境保护监督管理职责的环境保护监督管理机构工作人员中的滥用职权、玩忽职守或者徇私舞弊而触犯法律者。追究环境行政责任者的法律依据，如前所述，包括一切环境法律、法规、规章和具有普遍约束力的决定、命令。

二、环境行政责任的构成要件②

（一）环境行政责任构成要件的含义

环境行政责任构成要件是指承担环境行政责任者所必须具备的法定条件，即依法追究环境行政责任时，违法者必须具备的主、客观条件，这些条件是由环境法所规定的。

环境行政责任的构成要件与行政违法行为不同。前者是确定行为者承担环境行政责任的条件、标准，后者则是环境行政责任构成要件的重要组成部分和基础；没有破

---

① 参见吴继刚：《论环境法律责任》，载《学术交流》，2004（2），36页。

② 参见韩德培：《环境保护法教程》，292～293页，北京，法律出版社，2003。

坏或者污染环境的违法行为，就谈不上确定行为者是否存在环境行政责任件的问题。但是，要确定行为者的环境行政责任，仅仅存在违法行为是不够的，还必须查清行为者是否有过错、违法行为是否造成危害结果等。

（二）环境行政责任构成要件的内容

根据环境法的规定，环境行政责任的构成要件包括：行为违法，行为有危害后果、违法行为与危害后果之间有因果关系和行为者有过错四个要件。

1. 行为违法。指行为人（包括单位和自然人，下同）实施了破坏或者污染环境的行为因而违反了环境法。这是环境保护领域中行为者承担环境行政责任的第一个必要条件。具体违法行为，如《环境保护法》第35条的规定：拒绝环境保护监督管理部门现场检查、拒报或者谎报污染物排放申报事项、不按照国家规定缴纳超标排污费等。例如，2013年12月28日修订通过的《海洋环境保护法》第73条和2015年8月29日修订通过的《大气污染防治法》第99条明文规定，超过规定标准向海洋或者大气环境排放污染物者，属于违法行为。

2. 行为有危害后果。指违法行为造成了破坏或者污染环境的后果，例如，采伐林木者未按照规定完成更新造林任务，造成水土流失者；排污单位擅自闲置或者拆除防治污染设施致使排放的污染物超标，致使农作物或鱼类死亡等。

值得注意的是，《环境保护法》和环境保护单行法的许多环境行政责任规范中，并未将危害后果规定为承担环境行政责任的必要条件。如《环境保护法》第61条、第62条和第63条的规定等。这体现了环境法的“预防”原则，行为只要实施了破坏或者污染环境的行为，即使未造成危害后果，也应追究其环境行政责任，给予相应的行政制裁。但是，在另一些场合，环境保护法明文规定，只有在具备危害后果时才承担环境行政责任。例如《环境保护法》第60条规定，“……情节严重的，报经有批准权的人民政府批准，责令停业、关闭”。第68条规定，“地方各级人民政府、县级以上人民政府环境保护主管部门和其他负有环境保护监督管理职责的部门有下列行为之一的，对直接负责的主管人员和其他直接责任人员给予记过、记大过或者降级处分；造成严重后果的，给予撤职或者开除处分，其主要负责人应当引咎辞职……”

可见，“危害后果”的法律意义不尽相同：（1）在法律明文规定的情况下，它是承担环境行政责任的构成要件；（2）它不是承担环境行政责任的构成要件，只是对违法者给予行政制裁的从重情节；（3）只有在情节严重时，危害后果才成为追究有关责任人员特定类型的环境行政责任的构成要件。

3. 违法行为与危害后果有因果关系。指违法行为与该行为所造成的破坏或者污染环境后果之间存在着内在的、必然的联系，而不是表面的、偶然的联系。例如，某鱼塘鱼类的大批死亡，经环境监测确认系由附近某化工厂因发生事故大量超标排放污染物所致，而不是其他单位的排污行为或者其他行为（如投毒）所造成。这时，才可认定该化工厂的排污行为是造成鱼类大批死亡的原因，该鱼塘的鱼类死亡便成为化工厂排污行为造成的危害后果。它们之间存在着必然的因果关系。

但是，现实生活中的因果关系往往比较复杂，多因一果、多因多果的情况比较常见。因此，必须坚持从客观事物的内在、必然联系出发，排除非人为（如自然灾害）的因素，正确区分因果关系锁链中的主、次环节（即主因与次因）、原因与条件（如鱼塘内的污染物种类、浓度与当时气候异常）的界限。

确定环境行政责任构成要件中的因果关系，必须坚持直接因果关系，而不适用污染损害赔偿的“因果关系推定”原则。在不以危害后果为环境行政责任构成要件的场合，则不需要确认因果关系。

4. 行为者有过错。指行为者实施破坏或者污染环境违法行为时的心理状态，分为故意与过失两种。行政法律责任中过错的概念，一般参照刑法的规定。“故意”是指行为者明知自己的行为会造成破坏或者污染环境的危害后果，并且希望或者放任这种危害后果的发生。从上述定义可知，故意分直接故意和间接故意两种：如果行为者希望危害后果发生，称直接故意；如果放任其发生，则称间接故意。“过失”是指行为者应当预见自己的行为可能发生破坏或者污染环境的危害后果，因为疏忽大意而没有预见，或者已经预见而轻信可以避免，以致发生这种危害后果的心理状态。从上述定义可知，过失也分疏忽大意过失与过于自信过失两种。因疏忽大意本应预见而没有预见致使危害后果发生的，称疏忽大意过失；因轻信可以避免而未能避免致使危害后果发生的，称过于自信过失。

我国现行环境保护法，对故意实施破坏或者污染环境行为，一般都规定应当追究其环境行政责任。对过失行为，在一定条件下则规定不予追究。例如，2014 年修订的《环境保护法》第 59 条规定：“企业事业单位和其他生产经营者违法排放污染物，受到罚款处罚，被责令改正，拒不改正的，依法作出处罚决定的行政机关可以自责令改正之日的次日起，按照原处罚数额按日连续处罚。”如果不是“拒不改正”，而是因疏忽大意而忘却或者计算错误，就不应追究其“按日连续处罚”的环境行政责任。需要注意的是，一些违法行为既可以是故意也可以是过失造成的。区分故意与过失心理状态的意义在于：过错的形式不同，对其惩罚的程度也应有区别。故意表明行为者“明知故犯”，比过失行为的社会危害性大。在同等损害后果的场合，对其处罚应比过失的重。重大过失和一般过失也会影响环境行政责任的承担，以罚款为例，由于重大过失而导致的环境污染，罚款的数额应当数倍于一般过失。以 2010 年 5 月 5 日发生在美国墨西哥湾的 BP 公司漏油事件为例，美国联邦环保署对 BP 公司因重大过失导致的原油泄漏处以惩罚性的罚款，大大高于因一般过失导致的原油泄漏的罚款数额。过错形式影响处罚程度这一情况，是环境行政责任与环境污染赔偿责任的重要区别之一。

实践中，间接故意与过于自信过失这两种心理状态容易混淆。因为两者对危害后果都有一定程度的预见，并都不希望危害后果发生。但是，只要仔细分析就可看出，两者在希望和预见程度上是有差别的，因而在行为上也不同。间接故意对危害后果的发生表现为有意放任，且不采取任何防止危害后果发生的行为；过于自信过失只是过高地估计了自己的经验、技术、能力等认为可以避免危害后果的发生，并在危害后果发生之前一般都采取了避免其发生的措施。

从上述可知，行为违法和有过错是承担环境行政责任的必备条件；危害后果和违法行为与危害后果的因果关系，则只有在法律明文规定的场合才成为行为者承担环境行政责任的必要条件。故可将前者称为承担环境行政责任的“必要条件”，后者则称为“选择条件”。

三、环境行政责任的种类

环境行政责任主要分为环境行政处罚和环境行政处分两大类。分述如下：

（一）环境行政处罚的种类

环境行政处罚的种类，是指环境保护监督管理部门对破坏或者污染环境者实施环境行政处罚的类别或者形式，是环境行政处罚的外在表现，并且是由环境法明文规定的。

对应破坏或者污染环境的两类违法行为，环境法规定了两类环境行政处罚形式，即对破坏环境者与对污染环境者的行政处罚形式。《环境保护法》第59条至第63条规定的行政处罚形式，包括罚款，责令改正，按日连续处罚，责令限制生产、停产整治，责令停业、关闭，责令停止建设，责令恢复原状，责令公开等形式，这些处罚形式实际上是我国对污染环境者实施行政处罚的基本处罚形式。此外，在《大气污染防治法》、《水污染防治法》、《海洋环境保护法》和《固体废物污染环境防治法》中，还分别规定了责令限期改正，责令停止违法行为，责令停止施工，责令限期拆除，责令停业整顿，责令非法运输危险废物船舶退出我国管辖海域，限期治理，暂扣或吊销许可证，没收（如没收违法所得，没收违法使用设施，没收非法进口、生产、销售的含铅汽油），销毁未达到规定污染物排放标准的机动车船等。

对破坏环境者的行政处罚形式，必须分别根据《环境保护法》、《水法》、《土地管理法》、《森林法》、《草原法》、《矿产资源法》、《渔业法》、《野生动物保护法》、《水土保持法》、《防沙治沙法》和《野生植物保护条例》等法律、法规的规定。这些处罚形式，除罚款之外，还有责令退还非法占用的土地，限期拆除非法转让的土地与新建的建筑物和其他设施，责令限期改正或者治理，责令限期开发利用，责令限期拆除养殖设施，责令缴纳复垦费，责令补种被盗伐、滥伐的林木，责令停止开垦，责令停业治理，责令采取补救措施，责令收回非法批准、使用的土地，没收（包括没收违法所得，没收违法买卖的证件、文件，没收在非法转让的土地上新建的建筑物和其他设施，没收苗种），责令非法进入我国管辖海域从事渔业生产或者渔业资源调查的外国人、外国渔船离开或者将其驱逐等。这些处罚形式同样只能在特定的自然资源保护领域和由特定的自然资源保护监督管理部门适用。

（二）环境行政处分的种类

环境行政处分，是指国家机关、企业事业单位按照行政隶属关系，依法对在保护和改善生活环境和生态环境，防治污染和其他公害中违法失职，但又不够刑事惩罚的所属人员的一种行政惩罚措施。环境保护领域中，环境行政处分的对象有二：一是单位实施了破坏或者污染环境的行为，情节较重但又不够刑事惩罚的有关责任人员，二是环境保护监督管理部门的工作人员在执法活动中滥用职权、玩忽职守、徇私舞弊但又不够刑事惩罚的违法行为。[①]

根据《环境保护法》第68条之规定，地方各级人民政府、县级以上人民政府环境保护主管部门和其他负有环境保护监督管理职责的部门有下列行为之一的，包括：不

① 参见陈汉光：《环境法基础》，213～214页，北京，中国环境科学出版社，2004。

符合行政许可条件准予行政许可、对环境违法行为进行包庇的；依法应当作出责令停业、关闭的决定而未作出的；对超标排放污染物、采用逃避监管的方式排放污染物、造成环境事故以及不落实生态保护措施造成生态破坏等行为，发现或者接到举报未及时查处的；违反本法规定，查封、扣押企业事业单位和其他生产经营者的设施、设备的；篡改、伪造或者指使篡改、伪造监测数据的；应当依法公开环境信息而未公开的；将征收的排污费截留、挤占或者挪作他用的；法律法规规定的其他违法行为，对直接负责的主管人员和其他直接责任人员给予记过、记大过或者降级处分；造成严重后果的，给予撤职或者开除处分，其主要负责人应当引咎辞职。

根据《公务员法》，公务员因违法违纪应当承担纪律责任的，可以给予警告、记过、记大过、降级、撤职、开除。对公务员的处分，应当事实清楚、证据确凿、定性准确、处理恰当、程序合法、手续完备。公务员违纪的，应当由处分决定机关决定对公务员违纪的情况进行调查，并将调查认定的事实及拟给予处分的依据告知公务员本人。公务员有权进行陈述和申辩。处分决定机关认为对公务员应当给予处分的，应当在规定的期限内，按照管理权限和规定的程序作出处分决定。处分决定应当以书面形式通知公务员本人。

公务员在受处分期间不得晋升职务和级别，其中受记过、记大过、降级、撤职处分的，不得晋升工资档次。受处分的期间为：警告，6 个月；记过，12 个月；记大过，18 个月；降级、撤职，24 个月。公务员受开除以外的处分，在受处分期间有悔改表现，并且没有再发生违纪行为的，处分期满后，由处分决定机关解除处分并以书面形式通知本人。解除处分后，晋升工资档次、级别和职务不再受原处分的影响。但是，解除降级、撤职处分的，不视为恢复原级别、原职务。

第三节　环境民事法律责任

民事责任，是指当事人在民事活动中违反民事法律规定的义务而承担的民事法律后果。我国的民事责任基本上可以分为违反合同的民事责任和侵权的民事责任。侵权的民事责任又可以分为过失责任和无过失责任。环境法中的民事责任分为环境污染的民事责任和生态破坏的民事责任两大类。

一、环境污染民事责任的构成要件

根据传统民法原理，承担民事责任，通常必须具备四个要件，即侵害行为、损害结果、行为人的过错、侵害行为和损害结果之间存在因果关系。但随着公害事件的日益增多，为了有效地救济环境污染受害人，司法实践率先对传统民事责任理论进行了改造。在追究公害民事责任时，不把行为人的过错作为必备要件之一。依据《环境保护法》、《水污染防治法》、《大气污染防治法》、《固体废物污染环境防治法》、《环境噪声污染防治法》、《海洋环境保护法》、《侵权责任法》的规定，环境污染民事责任的构成要件为：(1) 损害事实；(2) 损害行为；(3) 损害行为与损害后果间存在因果关系。

同时，为防止因适用环境污染民事责任构成原理造成不公平的后果，相关立法将不可抗力、第三人的过错、受害人自身的过错等规定为免责事由，被告可以据此主张免责的抗辩。但是，抗辩是否成立，仍然需要对免责事由是否存在，免责事由是否完全符合法律规定进行严格审查。综合起来，主要有以下情形：（1）不可抗力，即完全由于不可抗拒的自然灾害，并经及时采取合理措施，仍然不能避免造成环境污染损害的，免于承担责任；（2）污染损失由第三人故意或者过失所引起的，由第三人承担责任；（3）污染损失由受害者自身的责任所引起的，排污单位不承担责任；（4）由于负责灯塔或者其他助航设备的主管部门在执行职责时的疏忽或者其他过失行为，造成海洋环境污染损失的，有关责任者依法免于承担责任。

二、环境污染民事责任举证责任的分配

最高人民法院《关于适用〈民事诉讼法〉若干问题的意见》第 74 条规定，在诉讼中，当事人对自己提出的主张，有责任提供证据。但在因环境污染引起的损害赔偿诉讼中，对原告提出的侵权事实，被告否认的，由被告负责举证。最高人民法院《关于民事诉讼证据的若干规定》第 4 条进一步规定："因环境污染引起的损害赔偿诉讼，由加害人就法律规定的免责事由及其行为与损害之间不存在因果关系承担举证责任。"这一司法解释后来被立法所吸收。2008 年修订的《水污染防治法》第 87 条规定："因水污染引起的损害赔偿诉讼，由排污方就法律规定的免责事由及其行为与损害结果之间不存在因果关系承担举证责任。"2009 年颁布的《侵权责任法》第 66 条明确规定："因污染环境发生纠纷，污染者应当就法律规定的不承担责任或者减轻责任的情形及其行为与损害之间不存在因果关系承担举证责任。"很显然，在环境污染民事损害赔偿案件审理中，实行了部分举证责任的倒置，特别是在因果关系的证明责任方面。2014 年修订的《环境保护法》第 64 条规定："因污染环境和破坏生态造成损害的，应当依照《中华人民共和国侵权责任法》的有关规定承担侵权责任。"第 65 条规定："环境影响评价机构、环境监测机构以及从事环境监测设备和防治污染设施维护、运营的机构，在有关环境服务活动中弄虚作假，对造成的环境污染和生态破坏负有责任的，除依照有关法律法规规定予以处罚外，还应当与造成环境污染和生态破坏的其他责任者承担连带责任。"

环境污染损害赔偿纠纷之所以实行举证责任倒置，原因如下：首先，符合纠纷当事人的实际举证能力。作为加害方的排污企业对自身生产工艺和所排放污染物的种类、数量及特征最为了解，相对于受害方而言，处于信息优势地位，具有充足的举证能力和便利的举证条件；其次，体现了法律的公平正义。如果在环境污染纠纷中实行一般的"谁主张谁举证"原则，将使污染受害人因不具备举证能力和举证条件而得不到赔偿；通过实行举证责任倒置规则，有利于充分保护处于弱势地位的污染受害人；最后，举证责任倒置有利于强化企业的环境责任意识，促使企业加强环境管理，从而防止和减少环境污染事故的发生。

但是，举证责任倒置虽然减轻了污染受害人的举证责任，但并未完全免除受害人的举证责任。根据现行法律、法规规定，污染受害人仍然必须就以下事项举证：（1）污染受害人遭受了污染损害，并因此承受了直接损失。"直接损失"包括已经遭受的实际损失和合理预期收益的丧失。（2）存在污染损害行为，而且该污染损害行为由

其指控的加害人实施。

三、环境污染民事责任因果关系的认定

关于污染行为与损害后果之间的因果关系，排污企业最具有举证能力加以证明。如果被告明确承认存在因果关系，当然不需要举证；如果被告意图否认因果关系，则应提供足以反驳的相反证据。若被告没有证据或者证据不足以证明不存在因果关系，则应承担“举证不能”的后果。在这种情况下，推定存在因果关系。

因果关系的认定在环境侵权中有自己的特点：在污染行为和损害后果之间只要有间接的因果关系即可推定因果关系的成立。推定因果关系成为各国司法实践广泛适用的做法，尤其在人身损害案件中。在这类案件中，污染行为侵犯的客体是人身权，一般认为，人身权在权利序列中优先于财产权，反映在立法和实践中，对保护人身权的制度设计上向人身权的受害者倾斜。传统的法律和理论要求侵权行为和损害后果间必须具有直接的必然的因果关系。按照这种因果关系说，环境侵权的因果关系链由以下四个环节组成：行为者排放污染物，污染物在环境要素中迁移转化的过程，污染物到达人的身体，污染物在人体内经过生理生化反应引起病变。这么苛刻的要求无异于剥夺污染受害者的人身权获得法律救济的权利。

四、环境污染民事责任的承担方式

根据《民法通则》、《侵权责任法》的有关规定，承担民事责任的方式有以下 8 种：(1) 停止侵害；(2) 排除妨碍；(3) 消除危险；(4) 返还财产；(5) 恢复原状；(6) 赔偿损失；(7) 赔礼道歉；(8) 消除影响、恢复名誉。这些民事责任承担方式同样适用于环境民事责任领域。英美法中环境污染民事责任的救济方式通常包括赔偿损失和禁止令这两种救济方式。而我国的环境污染民事责任的救济方式则包括赔偿损失、停止侵害、排除妨碍、消除危险、恢复原状等，环境污染受害人不仅可以要求污染者赔偿损失和停止侵害，还有权要求对已经发生的环境污染危害进行消除或排除。

赔偿损失是指国家强令污染环境的公民和法人，以自己的财产弥补对国家或者他人所造成的财产损失的民事责任形式。与财产损失相关的概念，环境法将其分为直接损失和间接损失，物质损害和精神损害等。

直接损失是指受环境污染危害而导致法律所保护的现有财产的减少或者丧失的实际价值，也即受害人的权利客体的缩减或者灭失，也称实际损失；间接损失是指由直接损失引起和牵连的其他损失，也即在正常条件下可以得到，但因环境污染危害而未能得到的那部分合法收入，也称可得利益损失。

直接受到损害者，是指环境污染危害行为直接指向的公民、法人或者其他组织。间接受到侵害者是指环境污染危害行为非直接造成的受害者。我国现行的环境法只要求侵权人对直接受害人负赔偿责任；间接受害人的损失，如纯经济利益损失尚不能得到法律的有效救济。

物质损害与精神损害。前者是指受害人因受环境污染危害所导致的财产上的损失；精神损害是指侵害行为所造成的人格损害。最高人民法院《关于确定民事侵权精神损

害赔偿责任若干问题的解释》第 8 条规定："因侵权致人精神损害，造成严重后果的，人民法院除判令侵权人承担停止侵害、恢复原状、消除影响、赔礼道歉等民事责任外，可以根据受害人一方的请求判令其赔偿相应的精神损害抚慰金。"

排除妨碍是指国家强令造成或者可能造成环境污染损害者，排除可能发生的环境污染危害，或者停止已经发生并予以消除继续发生环境污染危害这样一种民事责任形式。它是赔偿损失之外的另一种主要的环境民事责任形式。

第四节　环境刑事法律责任

一、环境刑事法律责任的概念

我国环境法中的刑事责任，是指个人或者单位（包括法人和其他组织，下同）因违反环境法，严重污染或者破坏环境（含自然资源，下同），造成或可能造成公私财产重大损失或者人身伤亡的严重后果，触犯刑法构成犯罪所应负的刑事方面的法律后果。

从上述定义可知，确定某种行为是否应负环境刑事责任，必须根据《刑法》和环境法的规定。从《刑法》第 13 条关于犯罪定义的规定可知，犯罪是具有危害性并依照《刑法》规定应受到刑事惩罚的行为。在环境保护领域中，社会危害性的行为就是指严重污染或者破坏环境，造成或者可能造成公私财产重大损失或者人身伤亡严重后果的行为。《刑法》还设专章对犯罪行为所应受的刑罚种类作了规定。刑罚分为主刑和附加刑。主刑是对犯罪者适用的刑罚种类，只能独立使用，即一个罪只能适用一种主刑。主刑可分为管制、拘役、有期徒刑、无期徒刑和死刑五种。附加刑又称从刑，是补充主刑的刑罚种类。附加刑也分为罚金、剥夺政治权利和没收财产三种。对于犯罪的外国人还可以适用驱逐出境的附加刑。附加刑也可独立使用。从《刑法》第 338 条至第 346 条的规定可知，对于该法规定的破坏环境资源保护罪类的刑罚种类包括管制、拘役、有期徒刑等三种主刑和罚金、没收财产两种附加刑。

二、《刑法》关于破坏环境资源保护罪的规定

第八届全国人民代表大会第五次会议于 1997 年 3 月 14 日通过了对《刑法》的修订。修订后的《刑法》，在分则第六章第六节中专设"破坏环境资源保护罪"。这是我国环境保护刑事立法的重大突破，体现了国家运用最严厉的法律武器保护环境、走可持续发展道路的决心，对我国环境保护事业和环境保护法制建设起着极大的推动作用。之后，全国人大常委会分别于 2011 年 2 月 25 日、2015 年 8 月 29 日通过了《刑法修正案（八）》和《刑法修正案（九）》。

破坏环境资源保护罪是指个人或者单位违反环境法、污染或者破坏环境造成或者可能造成公私财产重大损失或者人身伤亡的严重后果，依照《刑法》应受到刑事惩罚的行为。破坏环境资源保护罪也可以理解为违反环境法规，严重污染环境，破坏土地、矿产、林木、水源、野生珍贵动植物等环境资源的行为。我国是世界上最大的发展中国家，在经济发展中，我们不能沿袭发达国家先污染后治理的老路，更不能以牺牲环

境资源为代价。我们既要保持经济的不断增长，又要防止环境资源的污染破坏，改善生态环境，保护自然资源，维持人类生存与环境的协调统一。鉴于此，我国刑法设置此类犯罪对于惩治破坏环境资源领域的犯罪有重要的法治意义。

从《刑法》分则第六章第六节的规定可知，破坏环境资源保护罪属于“妨害社会管理秩序罪”中的一种，此类犯罪既包括污染环境构成犯罪的行为，也包括破坏自然资源构成犯罪的行为，它们都是对环境法所保护的环境资源保护关系的破坏并达到一定社会危害程度，因而触犯《刑法》构成犯罪并应受到刑事惩罚的行为。从《刑法》第338条至第346条的规定还可知，破坏环境资源保护罪包括下列14种具体犯罪：环境污染罪；非法处置进口的固体废物罪；擅自进口固体废物罪；非法捕捞水产品罪；非法猎捕、杀害珍贵、濒危野生动物罪；非法收购、运输、出售珍贵、濒危野生动物、珍贵、濒危野生动物制品罪；非法狩猎罪；非法占用农用地罪；非法采矿罪；破坏性采矿罪；非法采伐、毁坏珍贵树木罪；盗伐林木罪；滥伐林木罪；非法收购盗伐、滥伐的林木罪，此外，《刑法》第346条还规定了单位犯破坏环境资源保护罪中各种犯罪的刑罚，以及对其直接负责的主管人员和其他直接责任人员的刑罚。

环境资源管理与保护问题是一个重大的社会问题，是人们关注的热点问题之一。在实践中，既有违法，也有破坏环境资源保护的犯罪问题，因此，分清罪与非罪界限问题是十分重要的。根据我国《刑法》分则第六章第六节规定的14种犯罪，划清罪与非罪应掌握以下两点：一是以是否有严重危害结果作为划分罪与非罪的界限。如擅自进口固体废物罪，必须是已经造成重大环境污染事故，致使公私财产遭受重大损失或者危害人体健康甚至人身伤亡的严重后果才构成犯罪。否则，不构成犯罪。二是以情节是否严重作为划分罪与非罪的界限。如非法狩猎罪，偶尔进行非法狩猎，对野生动物资源损失不大，情节轻微，不构成犯罪，可由野生动物行政主管部门或公安机关予以适当的环境行政处罚。人们在从事正常的生产、经营中，在开发利用环境资源、能源以造福于社会的过程中，恪守各项环境法规，但由于技术水平的限制，技术手段的落后等各项原因引起的环境污染、破坏的意外事故，由于行为人主观上无罪过，即无故意和过失，一般不认定为犯罪，不适用刑事制裁这种最严厉的方式，这也是刑罚谦抑性的体现。

不过，伴随着环境污染和生态破坏形势的日益严峻，世界各国开始重视运用刑事手段来保护生态环境。一些发达国家，在刑法典或其他行政法规中规定了惩治危害环境的刑事条款。如1970年日本的《关于危害人体健康的公害犯罪制裁法》、1978年联邦德国的《环境犯罪惩治法》、1989年澳大利亚新南威尔士州的《环境犯罪与惩治法》等。近年来，国际上刑法及各种学术讨论会，多次探讨了环境的刑法保护问题，并作出了有关决议或建议。1972年联合国在斯德哥尔摩召开了人类环境会议，讨论了有关环境问题。《斯德哥尔摩宣言》前言指出：“享有健康而舒适的生存环境是人类的权利。”1978年国际刑法学会华沙预备会议，提出了“关于运用刑法保护环境的决议案”。1990年召开的欧洲司法部长会议批准通过了77（28）号关于“应用刑法保护环境的决议案”和88（18）号关于“公司危害环境的责任”的议案，并号召成员国：（1）规定各种有关的犯罪现象，为水、土壤、大气和其他环境因素及人类提供刑法保护；（2）危害行为地和危害结果产生地的犯罪都要受到刑事制裁。1990年10月，联合国第

8届预防犯罪和罪犯处理大会作出了关于“用刑法保护环境”的决议。1991年国际刑法会议向联合国大会提交的报告中有关于环境犯罪的建议。1992年11月在加拿大渥太华召开的第15届国际刑法学会预备会议上，与会者专门讨论了危害环境罪，并起草了相应的决议，1994年9月在巴西的里约热内卢通过了这一决议。可见，加强环境的刑法保护，是世界性的潮流。我国《刑法》增设专门章节，对破坏环境资源保护的犯罪进行惩处，一方面是我国环境保护与可持续发展的现实需要，另一方面也顺应了国际环境保护的发展趋势——即环境保护刑法化的加强，这无疑将对促进我国的环保事业发展产生重要的影响。

三、破坏环境资源保护罪概述

（一）污染环境罪

污染环境罪是指违反国家规定，排放、倾倒或者处置有放射性的废物、含传染病病原体的废物、有毒物质或者其他有害物质，严重污染环境，触犯《刑法》构成犯罪的行为。

1. 污染环境罪的基本特征。第一，犯罪客体（指直接客体，下同）是公民的环境权益。犯罪行为指向的对象是非法排入环境的有放射性的废物、含传染病病原体的废物、有毒物质或者其他有害物质，而非一般废物。第二，犯罪客观方面表现为向环境非法排入上述物质的行为。其中的“排入”包括排放、倾倒或者处置。“非法”是指违反《水污染防治法》、《大气污染防治法》、《固体废物污染环境防治法》、《海洋环境保护法》、《放射性污染防治法》、《化学危险物品安全管理条例》、《农药管理条例》等法律、法规和规章的行为。第三，犯罪主体。属于一般主体。包括中国人（含自然人和单位）和在中国境内的外国人或者无国籍人（包括自然人和单位）。第四，犯罪主观方面表现为间接故意。如前所述，心理状态为直接故意的不得以本罪论处；过失的不认为犯罪。需要特别指出的是，在《环境保护法》已经实施了二十多年的今天，不能再说排污者在将危险废物排入环境之前，没有预见或者没有认识到会造成或者可能造成严重的环境污染危害后果，而仅仅是由于管理不善或者违反操作规程的过失。况且，排放污染物造成严重环境污染的，不少是因污染严重而限期治理，或者是属于“十五小”被取缔的企业；它们还往往伴有逃避治理污染的义务或者牟取暴利的目的，是属于“明知故犯”者。

2. 污染环境罪罪的刑罚。根据《刑法》第338条规定，犯污染环境罪，判处3年以下有期徒刑或者拘役并处或单处罚金；后果特别严重的，判处3年以上7年以下有期徒刑，并处罚金。单位触犯本罪的，对单位判处罚金，并对直接负责的主管人员和其他直接责任人员，按《刑法》第338条规定处罚。

（二）非法处置进口的固体废物罪

非法处置进口的固体废物罪是指违反《固体废物污染环境防治法》，将境外固体废物进境倾倒、堆放、造成或者可能造成重大环境污染事故，致使公私财产遭受或者可能遭受损失或者严重危害人体健康，触犯《刑法》构成犯罪的行为。[①]

---

① 参见韩德培：《环境保护法教程》，361～369页，北京，法律出版社，2003。

1. 非法处置进口的固体废物罪的基本特征是：

（1）客体特征。本罪侵害的客体是国家有关固体废物污染防治的管制制度。本罪的犯罪对象只能是进境的固体废物。所谓废物，是指在生产建设、日常生活和其他活动中产生的污染环境的固态、半固态废弃物质，包括工业固体废物和城市生活垃圾等。这些物质不仅有碍环境的净化，更因其具有危险成分，如果处置不当，就可能造成污染事故，造成公私财产重大损失甚至人身伤亡的严重后果，因此其危害性相当大。

（2）客观特征。非法处置进口的固体废物罪在客观上表现为，违反国家规定，将中国境外的固体废物进境倾倒、堆放、处置的行为。“违反国家规定”，主要是指违反国家有关固体废物污染环境防治的规定。根据有关规定，国家禁止境外的固体废物进境倾倒、堆放、处置，否则就可能构成本罪。倾倒固体废物，是指通过船舶、汽车等载运工具向我国境内处置固体废物的行为；堆放境外固体废物，是指将境外固体废物任意堆存在我国境内的任何地方；处置境外固体废物，是指将境外的固体废物焚烧或用其他改变其物理、化学、生物特性的方法，达到减少数量、缩小其体积、减少或消除其成分的活动，或者将固体废物最终置于符合环境保护规定要求的场所或设施并不再回取的活动。处置进境固体废物的方法多种多样，但对于构成本罪来说，重要的是要查明其处置行为是否有发生污染环境的危害。

（3）主体特征。非法处置进口的固体废物罪的主体是一般主体，自然人和单位均可成为本罪主体。

（4）主观特征。非法处置进口的固体废物罪在主观上是故意，亦即行为人明知将境外的固体废物进境倾倒、堆放、处置违反国家规定，并有可能污染环境却故意为之。至于犯罪的动机则可能是多种多样的，如有的是出于谋利，有的是出于私利进行污染转嫁，有的是嫁祸于人，但上述动机均不影响本罪的成立。

2. 非法处置进口的固体废物罪的刑罚。依照不同的危险程度和危害后果分为三个档次：第一个档次，将境外固体废物进境倾倒、堆放、处置的犯罪行为，处 5 年以下有期徒刑或者拘役，并处罚金；第二个档次，上述行为造成了重大环境污染事故，致使公私财产遭受重大损失或者严重危害人体健康的，处 5 年以上 10 年以下有期徒刑，并处罚金；第三个档次，造成后果特别严重的，处 10 年以上有期徒刑，并处罚金。

（三）擅自进口固体废物罪

擅自进口固体废物罪是指未经环境保护行政主管部门许可，擅自进口国家禁止进口或者限制进口用做原料的固体废物，造成重大环境污染事故，致使公私财产遭受重大损失或者严重危害人体健康，触犯《刑法》构成犯罪的行为。

1. 擅自进口固体废物罪的基本特征。第一，犯罪客体是公民的环境权益，犯罪对象是境外国家禁止进口或者限制进口的固体废物。第二，犯罪客观方面表现为，未经市级以上的环境保护行政主管部门同意，擅自进口国家禁止、限制进口的固体废物用做原料的行为，并造成重大环境污染事故，致使公私财产遭受重大损失或者严重危害人体健康的后果。如果是利用境内固体废物做原料，其行为构成犯罪的，应当按照《刑法》第 338 条污染环境罪判处；如果未造成严重危害后果，则不认为是本罪，而按照非法倾倒、堆放、处置进口固体废物罪处罚。可见，本罪属于“结果犯”。如果行为表现为逃避海关，以原料利用为名进口不能用做原料固体废物的，则依照《刑法》第

155条有关走私罪论处。第三，犯罪主观方面为间接故意。第四，犯罪主体为一般主体。

2. 擅自进口固体废物罪的刑罚。按照造成危害后果的大小分为两个档次：第一个档次，造成严重后果的，处5年以下有期徒刑或者拘役，并处罚金；第二个档次，对后果特别严重的，处5年以上10年以下有期徒刑，并处罚金。

（四）非法捕捞水产品罪

非法捕捞水产品罪是指违反《渔业法》，在禁渔区、禁渔期，或者使用禁用的工具、方法捕捞水产品，情节严重触犯《刑法》构成犯罪的行为。

1. 非法捕捞水产品罪的基本特征。第一，犯罪客体是渔业资源保护权益和国家对渔业的管理秩序（属于复合客体，下同）。犯罪对象是在我国内水、滩涂、领海以及我国管辖的一切其他海域内的水生动物，水生植物等水产品。第二，犯罪客观方面表现为违反《渔业法》的规定，在禁渔区、禁渔期或者使用禁用的工具、方法捕捞水产品，情节严重的行为。就是说，行为人违反了“四禁”之一，情节严重，即构成本罪。所谓“情节严重”，是指数量较大，屡教不改，以禁止使用的炸药、剧毒农药、电击等严重危害渔业资源的方法捕捞等。第三，犯罪主观方面是故意（包括直接故意和间接故意），如果过失实施或者无上述情节，不构成本罪。第四，犯罪主体为一般主体，多为我国不法渔民和境外渔轮。

2. 非法捕捞水产品罪的刑罚。处3年以下有期徒刑、拘役、管制或者罚金。其中的“管制”，是指限制犯罪者一定自由，由公安机关管束和群众监督下在原单位或者居住地执行的一种刑罚。管制的期限为3个月以上2年以下。

3. 非法捕捞水产品罪与故意毁坏他人财物罪的区别。如果实施上述行为的对象是他人承包的湖塘、河段放养的鱼类以及他人养殖水体、养殖设施的，则应依照《刑法》第275条的规定，以故意毁坏公私财物罪论处；如果采用投放剧毒农药等严重危害渔业资源的方法捕捞的，可视为“情节严重”而处以3年以下有期徒刑、拘役或者罚金；如果数额巨大或者有其他特别严重情节的，处3年以上7年以下有期徒刑。

（五）非法猎捕、杀害珍贵、濒危野生动物罪

非法猎捕、杀害珍贵、濒危野生动物罪是指违反《野生动物保护法》的规定，猎捕、杀害或者收购、运输、出售国家重点保护的珍贵、濒危野生动物，触犯《刑法》构成犯罪的行为。

1. 非法猎捕、杀害珍贵、濒危野生动物罪的基本特征。第一，犯罪客体是珍贵、濒危野生动物的生存权益和国家对其的管理秩序。犯罪对象是国家重点保护的珍贵、濒危的野生动物。第二，犯罪客观方面表现为，非法猎捕、杀害、收购、运输、出售国家重点保护的珍贵、濒危野生动物的行为。第三，犯罪主观方面为故意，且多是为了牟取暴利。第四，犯罪主体为一般主体。

2. 非法猎捕、杀害珍贵、濒危野生动物罪的刑罚。分为三个档次，一般情节的，处5年以下有期徒刑或者拘役，并处罚金；情节严重的，处5年以上10年以下有期徒刑，并处罚金；情节特别严重的，处10年以上有期徒刑，并处罚金或者没收财产。

（六）非法收购、运输、出售珍贵、濒危野生动物、珍贵、濒危野生动物制品罪

非法收购、运输、出售珍贵、濒危野生动物、珍贵、濒危野生动物制品罪是指违

反《野生动物保护法》的规定，收购、运输、出售国家重点保护的珍贵、濒危野生动物制品，触犯《刑法》构成犯罪的行为。

1. 基本特征。第一，犯罪客体是国家重点保护的珍贵、濒危野生动物的生存权益和国家对其的管理秩序。犯罪对象是国家重点保护的珍贵、濒危野生动物制品，而不是有生命的珍贵、濒危野生动物，也不是非国家重点保护的野生动物及其制品。第二，犯罪客观方面表现为实施了收购、运输、出售国家重点保护的珍贵、濒危野生动物制品的行为。第三，犯罪主观方面表现为故意，并往往有为牟取暴利而转手出售给外商的动机。第四，犯罪主体为一般主体。

2. 刑罚。与非法猎捕、杀害、收购、运输、出售国家重点保护珍贵、濒危野生动物的刑罚基本相同。这是由于两种犯罪行为有密切的联系；而且前一种犯罪行为往往是促使后一种犯罪行为发生的动因。故不能一概认为实施前一类犯罪行为的社会危害性一定比后一类犯罪行为小，特别是对多次从事非法收购、运输、出售国家重点保护的珍贵、濒危野生动物制品的犯罪，应从重处罚，这样，才有利于野生动物的保护。

（七）非法狩猎罪

非法狩猎罪是指违反《野生动物保护法》，在禁猎区、禁猎期或者使用禁用的工具、方法狩猎，破坏野生动物资源，情节严重触犯《刑法》构成犯罪的行为。

1. 非法狩猎罪的基本特征。第一，犯罪客体是野生动物的生存权益和国家对其的管理秩序。犯罪对象为除国家重点保护的珍贵、濒危野生动物之外的其他野生动物。第二，犯罪客观方面表现为实施了违反“四禁”中任何一种行为进行猎捕，且具备情节严重的行为，其中的“情节严重”是指未持有狩猎证的、屡教不改的或者是数量较大的，等等。如果虽持有狩猎证，但猎捕的是国家重点保护的珍贵、濒危野生动物，则不应以本罪论处。第三，犯罪主观方面为故意。第四，犯罪主体为一般主体。

2. 非法狩猎罪的刑罚。按照不同情节处以3年以下徒刑、拘役、管制或者罚金。

（八）非法占用农用地罪

非法占用农用地罪是指违反《土地管理法》、《基本农田保护条例》等法律、法规，非法占用耕地改作他用，数量较大，造成耕地大量毁坏，触犯《刑法》构成犯罪的行为。

1. 非法占用农用地罪的基本特征。第一，犯罪客体是公民耕地资源的环境保护权益和国家对耕地的管理秩序，犯罪对象是耕地而非其他土地。第二，犯罪客观方面表现为非法占用耕地数量较大造成耕地大量毁坏的行为。其中，“非法占用”是指未经批准或者采取欺骗、行贿等手段获取批准而占用耕地。“改作他用”是指将耕地改作建窑、建房、建坟、挖沙、采石、取土、堆放废物或者其他活动毁坏种植条件、破坏耕地等。需要注意的是，本罪属于“结果犯”，即只要实施了上述破坏耕地中的任何一种行为，并已造成耕地大量被毁，就构成本罪。第三，犯罪主观方面为故意。第四，犯罪主体为一般主体。

2. 非法占用农用地罪的刑罚。根据不同的情节处以5年以下有期徒刑，或者拘役，并处或者单处罚金。

（九）非法采矿罪

非法采矿罪是指违反《矿产资源法》的规定，未取得采矿许可证擅自采矿或者擅自进入国家规划矿区、对国民经济具有重要价值的矿区和他人矿区范围采矿的，擅自开采国家规定实行保护性开采的特定矿种，经责令停止开采后拒不停止开采造成矿区资源破坏，触犯《刑法》构成犯罪的行为。

1. 非法采矿罪的基本特征。第一，犯罪客体是公民矿产资源的环境保护权益和国家对矿产资源的管理秩序，其中，对擅自进入他人矿区范围开采的，还包括他人的财产权。第二，犯罪客观方面表现为未取得采矿许可证而实施了五个“擅自”采矿的违法行为之一，经责令停止开采后拒不停止开采并造成矿产资源破坏的。可见，本罪为“结果犯”。第三，犯罪的主观方面表现为故意：明知自己无权开采或者明知自己进入未经批准国家规划矿区、对国民经济具有重要价值矿区或者他人矿区是非法的；或者明知自己开采的是国家规定实行保护性开采的特定矿种，经责令停止开采后仍拒不停止开采的。第四，犯罪主体为一般主体。

2. 非法采矿罪的刑罚。分两个档次：造成矿产资源破坏的，处3年以下有期徒刑、拘役或者管制，并处或者单处罚金；造成矿产资源严重破坏的，处3年以上7年以下有期徒刑，并处罚金。

（十）破坏性采矿罪

破坏性采矿罪是指违反《矿产资源法》的规定，采取破坏性方法开采矿产资源造成严重破坏，触犯《刑法》构成犯罪的行为。

1. 破坏性采矿罪的基本特征。第一，犯罪客体是公民矿产资源的环境保护权益和国家对矿产资源的管理秩序。第二，犯罪客观方面表现为采取破坏性开采方法的行为，产生矿产资源遭受严重破坏的危害结果。其中的“破坏性开采方法”，如对具有工业价值的共生矿和伴生矿未采取综合性开采措施；对暂时不能综合开采或者必须同时开采而暂时不能综合利用的矿产，以及含有有用成分的尾矿未采取保护性措施而造成矿产资源破坏、浪费的严重后果。第三，犯罪主观方面是故意。第四，犯罪主体为一般主体。

2. 破坏性采矿罪的刑罚。根据不同情节处以5年以下有期徒刑或者拘役，并处罚金。

（十一）非法采伐、毁坏珍贵树木罪

非法采伐、毁坏珍贵树木罪是指违反《森林法》和《野生植物保护条例》的规定，非法采伐、毁坏珍贵树木触犯《刑法》构成犯罪的行为。

1. 非法采伐、毁坏珍贵树木罪的基本特征。第一，犯罪客体是公民对珍贵树木的环境保护权益和国家对珍贵树木的管理秩序。犯罪对象是国家重点保护的珍贵树木，而非一般树木。第二，犯罪客观方面表现为非法采伐，或者毁坏珍贵树木的行为，“非法采伐”是指未取得采伐许可证或者经过欺骗、行贿等手段取得采伐许可证，或者超过许可证规定的采伐株数、树种进行采伐；“毁坏珍贵树木”则表现为使其丧失原有功能和正常生长发育的能力。第三，犯罪主观方面表现为故意，即明知所采伐的树木是属于国家重点保护的珍贵树木，也明知自己的采伐行为非法，而为了牟取暴利仍实施采伐、毁坏行为。第四，犯罪主体为一般主体。

2. 非法采伐、毁坏珍贵树木罪的刑罚。对一般情节的，处3年以下有期徒刑、拘役或者管制，并处罚金；情节严重的，处3年以上7年以下有期徒刑，并处罚金。

（十二）盗伐林木罪

盗伐林木罪是指违反《森林法》的规定，以非法占有为目的和秘密的方法砍伐国家、集体或者他人森林或者其他林木，触犯《刑法》构成犯罪的行为。

1. 盗伐林木罪的基本特征。第一，犯罪客体是公民对森林的环境保护权益和国家对森林资源的管理秩序，以及国家、集体或者个人对森林的所有权。犯罪对象为国家、集体或者他人的树木。第二，犯罪客观方面表现为以秘密的方法砍伐大量的不属于自己的树木占为己有的行为。第三，犯罪主观方面为直接故意，并具有将其占为己有的目的。第四，犯罪主体为一般主体。

2. 盗伐林木罪的刑罚。分为三个档次："数量较大的"，处 3 年以下有期徒刑、拘役或者管制，并处或者单处罚金；"数量巨大的"，处 3 年以上 7 年以下有期徒刑，并处罚金；"数量特别巨大的"，处 7 年以上有期徒刑，并处罚金。

（十三）滥伐林木罪

滥伐林木罪是指违反《森林法》的规定，无采伐许可证或者未按照采伐许可证规定的地点、数量、树种、方式而任意采伐本单位所有或者管理，或者本人自留山上的森林或者其他林木，数量较大，触犯《刑法》构成犯罪的行为。

1. 滥伐林木罪的基本特征。第一，犯罪客体是公民的森林环境保护权益和国家对森林资源的管理秩序。犯罪对象是本单位所有、所管或者本人种植、管理的林木。第二，犯罪客观方面表现为无采伐许可证或者未按照采伐许可证的规定、要求进行采伐，而且数量较大。第三，犯罪主观方面为故意。第四，犯罪主体为一般主体。

2. 滥伐林木罪的刑罚。分两个档次："数量较大的"处 3 年以下有期徒刑、拘役或者管制，并处或者单处罚金；"数量巨大的"，处 3 年以上 7 年以下有期徒刑，并处罚金。《刑法》第 345 条第 4 款规定："盗伐、滥伐国家级自然保护区内的森林或者其他林木的，从重处罚。"

（十四）非法收购盗伐、滥伐的林木罪

非法收购盗伐、滥伐的林木罪是指违反《森林法》的规定，为牟取暴利而在林区非法收购明知是盗伐或者滥伐的林木，触犯《刑法》构成犯罪的行为。

1. 非法收购盗伐、滥伐的林木罪的基本特征。第一，犯罪客体是公民的森林保护权益和国家对森林资源的管理秩序。犯罪对象是他人盗伐、滥伐的树木。第二，犯罪客观方面表现为实施了在林区内非法收购他人盗伐、滥伐的林木，而且情节严重的行为。"情节严重"是指数量较大，多次违法或者欺骗行为等。第三，犯罪主观方面是故意，即明知所收购的是他人盗伐、滥伐的林木，但为了牟取暴利而非法收购。第四，犯罪主体为一般主体。

2. 非法收购盗伐、滥伐的林木罪的刑罚。分为两个档次："情节严重的"，处 3 年以下有期徒刑、拘役或者管制，并处或者单处罚金；"情节特别严重的"，处 3 年以上 7 年以下有期徒刑，并处罚金。

四、环境监管失职罪

（一）环境监管失职罪的概念及相关法律规定

所谓环境监管失职罪，是指负有环境保护监督管理职责的国家机关工作人员严重不负责任、导致发生重大环境污染事故，致使公私财产遭受重大损失或者造成人身伤亡的严重后果的行为。它是一种国家机关工作人员的渎职犯罪，是1997年《刑法》修订时从1979年《刑法》中规定的玩忽职守罪中分离而单独规定的。

《刑法》中有关环境监管失职罪的规定在该法第408条："负有环境保护监督管理职责的国家机关工作人员严重不负责任，导致发生重大环境污染事故，致使公私财产遭受重大损失或者造成人身伤亡的严重后果的，处3年以下有期徒刑或者拘役。"《固体废物污染环境防治法》、《大气污染防治法》、《水污染防治法》等有关玩忽职守罪的规定中也有类似的内容。

（二）司法实践中对环境监管失职罪的把握

根据1999年9月9日最高人民检察院发布施行的《关于人民检察院直接受理立案侦查案件立案标准的规定》（试行）的规定，涉嫌下列情形之一的环境监管失职行为，应予立案：造成直接经济损失30万元以上的；造成人员死亡1人以上，或者重伤3人以上，或者轻伤10人以上的；使一定区域内的居民的身心健康受到严重危害的；其他致使公私财产遭受重大损失或者造成人身伤亡严重后果的情形。

2001年7月20日，最高人民检察院颁发《人民检察院直接受理立案侦查的渎职侵权重特大案件标准》（试行），其中规定，重大案件为造成直接经济损失100万元以上的；致人死亡2人以上或者重伤5人以上的；致使一定区域生态环境受到严重危害的。特大案件为造成直接经济损失300万元以上的；致人死亡5人以上或者重伤10人以上的；致使一定区域生态环境受到严重破坏的。

环境监管失职罪在客观方面表现为严重不负责任，导致发生重大环境污染事故，致使公私财产遭受重大损失或者造成人身伤亡的严重后果。严重不负责任的表现形式是多种多样的，如对建设项目的环境影响报告不作认真审查；或者对防治污染设施不进行审查验收即批准投入生产、使用；对不符合环境保护条件的企业、事业单位，发现污染隐患，不采取预防措施，不依法责令其整改；对造成严重环境污染的企业、事业单位应当提出限期治理意见而不提出治理意见，或者虽然提出意见，令其整改，但不认真检查、监督是否整改治理；应当现场检查排污单位的排污情况而不作现场检查；发现环境受到严重污染应当报告当地政府的，却不报告或者虽作报告但不及时等。

环境监管失职罪主体为特殊主体，即负有环境保护监督管理职责的国家机关工作人员，既包括对环境保护工作实施统一监督管理工作的各级环境保护行政主管部门，也包括依照有关法律规定对环境污染防治实施监督管理的其他部门。具体是指在国务院环境保护行政主管部门、县级以上地方人民政府环境保护行政主管部门中从事环境保护工作的人员，以及在国家海洋行政主管部门、港务监督、渔政渔港监督、军队环境保护部门和各级公安、交通、铁路、民航管理部门中，依照有关法律的规定对环境污染防治实施监督管理的人员。此外，县级以上人民政府的土地、矿产、林业、农业、水利行政主管部门中依照有关法律的规定对资源保护实施监督管理的人员，也可以构成本罪的主体。本罪的主体还包括虽不是国家机关人员，但代表国家机关行使环境监管职责的国家机关中从事公务的人员。

（三）环境监管失职罪与相关行为的区别

1. 环境监管失职罪与工作失误在主观方面的区别。工作失误是行为人由于作出错误决策，导致公共财产、国家和公民利益遭受损失的行为，行为人一般缺乏犯罪所必须具备的犯意。

2. 环境监管失职罪与一般环境监管失职行为的区别。一般环境监管失职行为是行为人具有环境监管失职行为，但并没有造成公私财产、国家和公民的利益重大损失或者人身伤亡的严重后果，或者虽然造成了损失但并没有达到《刑法》所规定的重大损失的程度。

3. 环境监管失职罪与重大责任事故罪的区别。具体表现在：

（1）主体不同。环境监管失职罪的主体只能为国家机关工作人员，以及虽不是国家机关人员，但代表国家机关行使环境监管职责的国家机关中从事公务的人员；而重大责任事故罪的主体是工厂、矿山、林场、建筑或者其他企业、事业单位的人员。

（2）犯罪行为发生的场合不同。环境监管失职犯罪只能发生在国家机关的环境监管活动过程中；而重大责任事故罪是发生在生产作业过程中。

（3）客观表现形式不同。环境监管失职罪往往表现为行为人严重不负责任，不履行或者不认真、不正确履行法律所赋予的环境监管职责；而重大责任事故罪，则一般表现为行为人不服从管理、违反规章制度，或者强令工人违章冒险作业。

（4）侵犯的客体不同。环境监管失职罪侵犯的客体是国家机关环境保护的正常监管活动，重大责任事故罪所侵犯的客体则是社会公共安全。

案例与思考

1. 综合案例

［题例］

原告上海市松江区叶榭镇人民政府（以下简称叶榭镇政府）因与被告蒋荣祥、董胜振、上海佳余化工有限公司（以下简称佳余公司）、浩盟车料（上海）有限公司（以下简称浩盟公司）、上海日新热镀锌有限公司（以下简称日新公司）发生水污染责任纠纷，向法院提起诉讼。

原告叶榭镇政府诉称：2011年2月，原告发现叶榭镇红先河周边水质、土壤、植被受严重污染，红先河河水有异味、水质变黄、河道旁小动物无故死亡，生态环境受到破坏。2011年3月27日晚，叶榭镇派出所发现被告董胜振正将其驾驶的号牌为豫P28879槽罐车中的工业废酸排放至红先河南侧100米处的雨水井中，遂将董胜振抓获。经公安机关侦查查明，2011年2月至3月期间，被告蒋荣祥指派其驾驶员董胜振将从被告佳余公司、浩盟公司、日新公司收集的六车废酸倾倒在叶榭镇红先河内，造成红先河严重污染。为此，蒋荣祥、董胜振分别被判处有期徒刑二年和一年三个月。佳余公司、浩盟公司、日新公司分别被上海市环境保护局罚款人民币46万元（以下币种同）、16万元、16万元。

本次污染事故发生后，为及时妥善处置各类污染物，避免造成二次污染，恢复河道原有的功能和生态，原告叶榭镇政府拨款并委托叶榭镇水务管理部门负责对污染河道进行了治理。治理工程完毕后，经审价确认治理河道污染原告实际共支出

887 266 元。

综上，原告叶榭镇政府认为被告蒋荣祥、董胜振违法将工业废酸倾倒至红先河内，造成本次污染事故，应当对原告由此而遭受的经济损失承担赔偿责任。被告佳余公司、浩盟公司、日新公司违反相关法律规定将危险废物提供或委托无经营许可证的蒋荣祥处置，依法应当承担连带赔偿责任。故要求判令蒋荣祥、董胜振、佳余公司、浩盟公司、日新公司连带赔偿原告为治理红先河污染而产生的经济损失 887 266 元、律师费 74 981 元，合计 962 247 元。

被告蒋荣祥辩称：被告董胜振系其雇用的驾驶员，董胜振是根据其指定的地点倾倒废酸，对本起污染事故其负有一定的责任，对原告叶榭镇政府为此产生的损失理应承担赔偿责任，但其实际无经济赔偿能力。

被告董胜振辩称：其系被告蒋荣祥雇用的驾驶员，从被告佳余公司、浩盟公司、日新公司收集的六车废酸是按照蒋荣祥的要求倾倒在红先河南侧 100 米处的雨水井中。对于本案纠纷希望法院依法处理。

被告佳余公司辩称：其与被告蒋荣祥间存有盐酸买卖关系，蒋荣祥称有单位需要废酸，故将其公司的废酸委托蒋荣祥处理。对于蒋荣祥实际将废酸随意倾倒的行为，其既不知情也无法掌控，其未直接参与倾倒废酸，故不应承担赔偿责任。

被告浩盟公司辩称：(1) 从诉讼主体上看，河道的管理者应当是水务部门，叶榭镇政府作为原告起诉不当；同时刑事判决书已经明确污染者是被告蒋荣祥、董胜振，故其他人不应作为被告。(2) 从实体上看，其与被告佳余公司系盐酸买卖关系，佳余公司同时承诺负责处理废酸，当时佳余公司还向其提供了上海浦东解放化工厂的危险物经营许可证，故其同意将废酸交付佳余公司处理并无不当；佳余公司实际将废酸交付蒋荣祥处理与其无关，故其不应承担赔偿责任。

被告日新公司辩称：其与被告蒋荣祥、董胜振之间无直接关系，其与被告佳余公司间存有盐酸买卖关系，佳余公司同时回购其生产而产生的废酸，佳余公司如何处理废酸与其无关，故其不应承担赔偿责任。

原告叶榭镇政府为证明自己的主张向法庭提供了如下证据：

(1) 上海市松江区人民法院 (2011) 松刑初字第 1222 号刑事判决书，证明被告蒋荣祥指使被告董胜振将从被告浩盟公司、佳余公司、日新公司运出废酸倾倒至原告境内红先河的雨水井中；

(2) 上海市环保局的行政处罚决定书 3 份，证明被告佳余公司、浩盟公司、日新公司在本次污染事故发生后，分别被上海市环境保护局进行行政罚款的事实；

(3) 被告蒋荣祥、董胜振在公安部门的讯问笔录，证明被告佳余公司、浩盟公司、日新公司将废酸交给蒋荣祥处理的事实，同时证明 2011 年 2 月至 3 月期间，董胜振在蒋荣祥的指使下倾倒在原告境内流向红先河的雨水井中六车废酸，分别来源于浩盟公司 4 车、日新公司 1 车、佳余公司 1 车；

(4) 公安机关询问被告佳余公司、浩盟公司、日新公司等工作人员的笔录，证明上述被告均知道佳余公司、蒋荣祥均没有危险物经营许可证；

(5) 治理河道工程合同、下水道污泥清理合同、工程监理合同、咨询合同、施工补偿合同、治理工程审价报告、付款凭证、发票，证明治理本次污染事故原告叶榭镇政府实际产生经济损失887 266元；

(6) 预付拨款凭证、付款凭证、发票，证明治理污染的费用系由原告叶榭镇政府通过财政拨款至叶榭水务站予以支付的；

(7) 聘用律师合同、律师收费发票，证明本案原告叶榭镇政府支付律师费74 981元；

被告蒋荣祥、董胜振、佳余公司对原告叶榭镇政府提供的上述证据的真实性无异议，要求法院依法审查。

被告浩盟公司对原告叶榭镇政府提供的上述证据的真实性无异议，同时认为根据上述证据（1）～（4）更能证明本次污染事故是由被告蒋荣祥、董胜振实施，其公司的废酸是交由被告佳余公司处理的事实；根据证据（5）显示治理污染的费用并非都是原告支付；要求被告承担律师费缺乏法律依据。

被告日新公司对原告叶榭镇政府提供上述证据的真实性无异议，但其认为行政处罚是对收集废酸行为的处罚，与治理污染而产生的损失无关联性，故其不应承担赔偿责任。

针对上述被告的质证意见，原告叶榭镇政府认为治理污染的费用大部分均由原告拨款支付，其中的勘察设计费35 000元确由上海市松江区水务局垫付，因上海市松江区水务局系松江区叶榭水务管理局上级主管单位，当时勘察设计是由上海市松江区水务局委托相关单位去设计，故由其代原告支付，之后该费用由原告承担，原告自行与其结算。同时提交了上海市松江区水务局的情况说明（证据（8）），证明勘察设计费35 000元由上海市松江区水务局垫付，之后由原告承担。故原告作为损失的承担者可以成为本案原告。

对于原告叶榭镇政府提供的证据（8），被告董胜振、佳余公司、日新公司不持异议；被告浩盟公司对该证据的真实性无异议，但其认为该费用应由上海市松江区水务局另行主张。

被告浩盟公司为证明自己的主张，向法庭提供了上海浦东解放化工厂的废物经营许可证（系复印件），证明该许可证是当时被告佳余公司提供给浩盟公司，为此浩盟公司确信佳余公司派人收集废酸是合法的。

原告叶榭镇政府对被告浩盟公司提供的上海浦东解放化工厂的废物经营许可证，认为从形式上看该许可证的有效期至2006年6月，已不具有合法性；同时认为该证据证明了被告浩盟公司明知被告佳余公司无危险物经营许可证。

被告董胜振对被告浩盟公司提供的废物经营许可证不知情。

被告佳余公司否认向被告浩盟公司提供过上海浦东解放化工厂的废物经营许可证。

被告日新公司对被告浩盟公司提供的废物经营许可证无异议。

根据原、被告的举证、质证意见，上海市松江区人民法院认证意见如下：对于原告叶榭镇政府提供的证据（1）～（8），因五被告对上述证据的真实性均无异议，经法院审查，法院对原告提供的证据的真实性予以确认。对于被告浩盟公司提供的上海浦东解放化工厂的废物经营许可证，因该证据系复印件，从形式上看不在有效期内，同时被告佳余公司也否认曾向浩盟公司提供该证据，故法院难以认定该证据的真实性，同时该证据与本案也不具有关联性。

上海市松江区人民法院查明：

一、被告佳余公司与被告浩盟公司、日新公司存有盐酸买卖关系，同时浩盟公司、日新公司委托佳余公司处理生产后产生的废酸，佳余公司委托没有取得危险废物经营许可证的被告蒋荣祥从上述被告公司运输和处理废酸，蒋荣祥从上述被告公司获得给予每车每吨一定金额的费用。2011年2月至3月期间，蒋荣祥多次指派其雇用的驾驶员被告董胜振将从佳余公司收集的1车、从浩盟公司收集的4车、从日新公司收集的1车，共计六车废酸倾倒至叶榭镇叶兴路红先河桥南侧100米处西侧的雨水井中，导致废酸经雨水井流入红先河，造成红先河严重污染。

二、本次污染事故发生后，原告叶榭镇政府为治理污染，拨款并委托松江区叶榭水务管理站对污染河道进行治理。治理完毕后又委托了上海市云间建设工程咨询有限公司对治理污染的费用进行了审计，经审计确认，红先河河道污染治理工程款为714 066元、清理管道污染淤泥工程款为25 000元、土地征用及迁移补偿费为75 800元、勘察设计费为35 000元、合同公证及工程质量监理费为27 700元、审计费9 700元，合计887 266元。其中勘察设计费35 000元系由上海市松江区水务局垫付，但该局明确该费用应由原告承担，对此原告不持异议。

三、因本次污染事故，上海市环境保护局对被告佳余公司处以行政罚款46万元、对被告浩盟公司、日新公司各处以行政罚款16万元。

思考以下问题：

(1) 原告的主体资格是否适格?

(2) 被告蒋荣祥、董胜振应承担哪些法律责任?

(3) 被告佳余公司、浩盟公司、日新公司是否应就本案发生的污染事故所产生的损失承担相应连带赔偿责任?

[答题思路]

结合环境法律责任的追究原则和构成要件进行分析。

2. 思考题

(1) 环境法律责任的特点是什么?

(2) 如何理解环境污染民事责任的构成要件?

(3) 环境行政处罚和环境行政处分的区别是什么?

(4) 破坏环境资源保护罪的构成要件是什么?

第五章 环境保护法的实施

重点问题

1. 环境守法的影响因素
2. 环境执法的原则、主体和方式
3. 环境司法的原则
4. 环境法律监督的体系

第一节　环境保护法实施概述

一、环境保护法实施的概念

古人云，“徒法不足以自行”，任何法律法规的创制、法律制度的设定都需要各种主体的遵守，否则无法取得立法者预想的效果。中国已经具有相对完善的环境保护法律体系，这是环境保护必不可少的基础，但也仅仅是迈出了第一步。下一步也至关重要，那就是环境保护法的实施。就现阶段与现状而言，中国环境保护法的实施可能比环境保护法的创制具有更重要的意义。因为环境保护法得不到实施，那么环境保护立法确立的目标就无法实现。

广义而言，环境保护法的实施包括了环境保护法的遵守、执行、适用与监督四个方面。狭义的环境保护法的实施仅指环境保护法的遵守与执行。我们采用广义的环境保护法实施概念。

环境保护法实施就是指各环境保护法律关系主体依照环境保护法律法规的规定，行使国家授予他们的权利和履行其义务的活动，包括环境守法、环境执法、环境司法与环境法律监督等方面。

二、环境保护法实施的意义

环境保护法实施的目的是实现国家制定的环境保护法律法规的要求，达到环境保护法律所希望建立的社会秩序，即实现环境质量的日益改善和公众健康的高水平保护。

环境保护法实施具有以下重要意义。

第一，环境保护法规范如果得不到有效地实施，则不过是一纸空文。环境保护法实施能够实现保护和改善环境质量与公众健康的目的。

第二，环境保护法实施有利于落实人、公民与其他组织各自的权利与义务。对有利于环境保护的行为进行奖励，对不利于环境保护的行为进行处罚，逐步形成良好的环境保护法实施的法治环境。环境保护法的有效实施有利于落实国家的环境保护政策，如以人为本的科学发展观和可持续发展战略。

第三，环境保护法实施有利于规范政府的执法行为，使政府有效地履行环境保护职责。

第四，环境保护法实施有利于保护受到环境污染与自然资源破坏行为损害的受害人的合法权益。

第五，环境保护法实施有利于加强对环境执法与司法的全方位监督。

第二节　环境守法

一、环境守法概述

环境守法是指各国家机关、社会组织、企事业单位和公民个人依照环境保护法律规定从事各种事务和行为的活动。环境守法是全面履行、遵守环境保护的法律规定，依照环境保护法的要求作为或不作为，以实现环境保护法的要求和目标。2014 修订的《环境保护法》第 6 条规定，一切单位和个人都有保护环境的义务。地方各级人民政府应当对本行政区域的环境质量负责。企业事业单位和其他生产经营者应当防止、减少环境污染和生态破坏，对所造成的损害依法承担责任。公民应当增强环境保护意识，采取低碳、节俭的生活方式，自觉履行环境保护义务。

环境守法的最大益处是，当法定主体的行为符合环境保护的要求时，环境质量会得以改善，公众健康水平得以提高。同时，这些符合环境保护法律法规要求的行为反过来又可以促进改善环境质量的各种努力以及增强环境法律制度的可信度。环境守法还会给社会与企业带来社会效益与经济效益。

二、环境守法的影响因素

（一）威慑

任何一个环境法律法规在其实施过程中都会存在这样几种情况：有的人自愿遵守，有的人不遵守，有的人只是在看到其他人因不守法而遭到制裁时才遵守。这后一种现象——法律主体为了避免制裁而改变其行为——称为“威慑”[①]。威慑的作用不仅在于防止违法者再度犯法，而且通过制裁向其他潜在违法者传递了不守法将导致不利后果的信息而威慑他们。

（二）经济因素

经济因素是指守法能够比违法更节约资金与成本，或者政府能够为守法者提供某种形式的补贴时，人们可能会更愿意守法而非违法。相反，如果违法的成本与守法的成本相比，守法成本更高时，人们就会因为巨大的利益诱惑而违法或者钻法律的空子。因此，环境法律法规应对违法者给予更严厉的制裁，对守法者给予更多的经济激励，以使其进行成本效益分析，诱导其守法。这也有利于打破违法获利的如意算盘，建立守法者与违法者之间的公平竞争。

（三）机构的可信度

各国都有自己关于守法的社会规范。这些规范很大程度上来自法律和负责实施法律的机构的可信度。[②] 政府执行环境法律法规的意愿，即正面促进自愿守法和查明违法

① 美国国家环境保护局编：《环境执法原理》，王曦、王夙理、李广兵、柯坚译，12 页，北京，民主与建设出版社，1999。

② 参见美国国家环境保护局编：《环境执法原理》，王曦、王夙理、李广兵、柯坚译，13 页，北京，民主与建设出版社，1999。

者并对其课加法律制裁，可表明政府尊重守法所具有的社会价值观。这需要在环境法律法规制定后，国家应采用促进与鼓励积极守法措施，逐步树立自愿守法的社会价值观。与此同时，国家应积极执法，向社会表明：不守法就会受到法律的制裁。

（四）社会因素

个人与社会的关系也影响行为。伦理的和社会的价值观可能鼓励或妨碍守法。在企业社会责任高涨的今天，很多企业已经开始意识到环境保护是其不可推卸的社会责任。不论是基于环境守法的考虑，还是从维护在社区或客户中的信誉的愿望出发，它们都有环境守法的自觉意愿。

（五）知识和技术可行性

环境法的科学技术性要求守法者必须具有环境守法的能力。他们必须知道他们受哪些法律法规的约束；了解为了守法必须采取何种措施；具备或拥有为防止、监测、控制或清除污染所必需的知识、技术与设备；知道如何正确运用这些知识、技术与设备。知识、技术与设备的缺乏往往成为环境守法的重大障碍。[①]

三、环境守法促进

（一）完善现有环境保护立法技术与手段

如果环境保护立法完善，所拟定的法律规定科学、合理、严密，通过履行这些规定即守法，就会达到预期的环境目标。反之，环境保护立法不完善，就会使环境守法变得困难，或者环境守法虽易，却难以实现立法所预期的环境保护目标。更有甚者，不完善的环境保护立法还会使环境守法和环境目标的实现变得更加困难。因此，加强环境保护立法技术与手段的完善，提高环境保护立法水平，对于环境守法而言，具有十分重要的意义。

（二）提高公众的环境意识，获取公众支持

公众对促进守法有很多影响。首先，政府或非政府组织可通过环境教育、发布环境信息等方式提高公众环境意识。例如，2014 年《环境保护法》第 9 条规定，各级人民政府应当加强环境保护宣传和普及工作，鼓励基层群众性自治组织、社会组织、环境保护志愿者开展环境保护法律法规和环境保护知识的宣传，营造保护环境的良好风气。教育行政部门、学校应当将环境保护知识纳入学校教育内容，培养学生的环境保护意识。其次，公众环境意识的提升可以促进其行为的改变，如改变不利于环境保护的消费模式、生活方式、行为习惯等。例如，2014 年《环境保护法》第 6 条规定，公民应当增强环境保护意识，采取低碳、节俭的生活方式，自觉履行环境保护义务。最后，政府在环境执法中应发挥公众保护环境的主动性与积极性，获取公众的支持，如公众可对环境违法行为产生广泛的监督作用。例如，2014 年《环境保护法》第 9 条规定，新闻媒体应当开展环境保护法律法规和环境保护知识的宣传，对环境违法行为进行舆论监督。

① 参见美国国家环境保护局编：《环境执法原理》，王曦、王夙理、李广兵、柯坚译，15 页，北京，民主与建设出版社，1999。

（三）引入市场机制，采取经济激励手段

妨碍守法的一个重要因素就是成本。环境法律法规应引入市场机制，规定守法的经济激励，促进守法。政府应促使守法者能够从守法中获取经济收益。经济激励手段包括：排污收费或污染税应足够高以遏制任意污染行为，税收激励，即对改善环境质量支出的费用可以减税，对严格遵守环境法律法规的企业给予一定的补贴。例如，2014 年《环境保护法》第 22 条规定，企业事业单位和其他生产经营者，在污染物排放符合法定要求的基础上，进一步减少污染物排放的，人民政府应当依法采取财政、税收、价格、政府采购等方面的政策和措施予以鼓励和支持。

（四）增强企业的环境管理能力

美国、加拿大和荷兰等许多国家，以及欧共体、国际商会、联合国环境规划署等国际组织，都很注重增强企业内部的环境管理能力，以促进环境守法与环境质量的改善。其中，增强管理能力的一个重要方法就是环境审计。[①]

第三节　环境执法

一、环境执法概述

（一）环境执法的概念

环境执法，是指环境保护行政主管部门或其他依法行使环境监督管理权的主管部门，在各自的职权范围内依法定权限和程序行使其权力和履行其义务的活动。

环境执法作为环境保护法实施中最重要的部分，其价值与重要性无法否认。但我们不能过分强调其作用，也不能与环境司法和环境监督相混淆。环境行政执法是国家以及地方各级环境行政主管部门或者其他有环境保护职权的行政部门依法履行其职权的活动。环境司法是国家司法机关依照法定程序适用环境法律法规的活动。环境监督则是一切国家机关、社会组织或公民个人对立法机关、行政机关和司法机关创制、执行和适用环境法律法规活动的合法性所进行的监察和督促。

（二）环境执法的特征

环境执法的性质决定了环境执法应具有如下一些特征：

1. 环境行政执法主体的多元性。在目前“统管与分管”相结合的环境管理体制下，环境行政执法主体就会呈现两级多元性，即既有国家部委的行政主管部门，又有地方各级政府主管部门。既有环境保护行政主管部门，也有海洋行政主管部门、港务监督、渔政渔港监督、军队环境保护部门和各级公安、交通、铁道、民航管理部门，以及地方人民政府的土地、矿产、林业、农业、水利行政主管部门等。他们分别在各自的管辖范围内从事环境行政执法活动。

2. 环境行政执法活动的单方性与强制性，即环境行政执法主体可自行决定或直接

① 参见美国国家环境保护局编：《环境执法原理》，王曦、王夙理、李广兵、柯坚译，54 页，北京，民主与建设出版社，1999。

实施执法行为，直接对环境行政相对人设定具体的权利义务，无须取得环境行政相对人的同意。环境行政相对人即使认为环境行政执法行为不合法也必须服从。环境行政相对人只能以行政复议或行政诉讼进行救济，而不能当场对抗环境行政执法行为。

3. 环境行政执法方式的多样性。环境行政执法方式既包括了像“警告”这种以说服教育为主的申诫罚，也包括最常见的“罚款”这种附加经济成本的财产罚，以及像“限期治理”之类设定资质门槛的能力罚，甚至包括对严重环境行政违法行为的责任人予以“拘留”等人身罚。

4. 环境行政执法的科学技术性。环境污染或破坏活动的产生与发展是与科学技术的产生与发展紧密相连的。环境问题的解决同样离不开科学技术的进步。由此，环境行政执法必然要求环境行政执法人员具备一定的环境科学技术知识。环境行政执法的科学技术性是环境行政执法合理、准确的重要保证。

5. 环境行政执法的超前性与补救性。环境行政执法的超前性，是指环境行政执法不应等到环境污染或者破坏的现象发生以后才进行，而应在环境危害后果发生之前进行，即通过许可、环境影响评价、警告等环境行政执法方式提前预防、及时制止环境污染或破坏现象的发生。环境行政执法的补救性，是指环境污染或者破坏的现象发生以后，环境保护行政主管部门及相关部门或机构应立即采取防范和治理措施，消除、减少环境污染或者破坏带来的危害后果，尽可能减轻环境损失。

二、环境执法原则

（一）合法性原则

合法性原则的基本含义是，环境行政主体所为的任何执法行为都必须依法而行。环境执法主体必须能够证实自己所做的事是有法律授权的，符合法律规定的程序和要求。

但需要注意的是，我们一方面要求行政机关严格依法行政，另一方面，立法及由此产生法律稳定性，又与社会生活的变动不居性形成矛盾。行政自由裁量权则是解决此矛盾的必然结果。但这种自由裁量权应受到法律的严格控制以防止被滥用。[①] 所以，环境行政执法需要明确环境行政主体的权利义务边界。

（二）公平性原则

公平性原则要求环境行政主体必须平等保护任何自然人、法人或者其他组织所享有的环境权利，同时对任何自然人、法人或者其他组织污染和破坏环境的行为依法追究其相应的法律责任。

公平性原则应包括公平程序的两个根本规则：一个人不能在自己的案件中作法官，人们的抗辩必须公正地听取。[②]

---

① 2010年发布的《环境行政处罚办法》第6条规定，行使行政处罚自由裁量权必须符合立法目的，并综合考虑以下情节：(1) 违法行为所造成的环境污染、生态破坏程度及社会影响；(2) 当事人的过错程度；(3) 违法行为的具体方式或者手段；(4) 违法行为危害的具体对象；(5) 当事人是初犯还是再犯；(6) 当事人改正违法行为的态度和所采取的改正措施及效果。同类违法行为的情节相同或者相似、社会危害程度相当的，行政处罚种类和幅度应当相当。

② 参见［英］威廉·韦德：《行政法》，95页，北京，中国大百科全书出版社，1997。

（三）合理性原则

合理性原则是指环境行政主体在履行环境执法行为时，应当根据环境违法行为的情节轻重、影响大小以及后果的严重程度等情况，公允适当地进行处理。

（四）效率性原则

效率性原则是指环境行政主体进行环境执法行为应讲求效率，做到迅速及时、准确、有效。所谓迅速及时，是指环境行政主体处理环境污染或破坏事件时，要快速反应，抓住时机，以免延误最佳时机。但这并不意味着可以不管法律时效和程序而随意执法。所谓准确，是指环境行政执法要严格以环境法律法规为准则，不能“拍脑袋、凭感觉”。所谓有效，是指环境行政执法的结果要产生一定的实际效果，做到社会效益、经济效益与环境效益的统一。

我们需要注意的是，不能以效率性原则为由，破坏公平性原则。相反，环境执法主体应在维护公平性原则的基础上提高环境执法效率。

三、环境执法主体

（一）环境行政主体

环境行政主体，是指那些享有环境执法权的国家行政机关或由立法授予其行使环境执法权的机构。我国环境行政管理机关的多元性，决定了环境行政执法行政管理主体的多元性。环境保护行政主管部门是环境行政执法的最重要的主体，但并非环境行政执法的唯一主体。按照我国现行法律法规的规定，环境行政执法主体有：

1. 各级人民政府。地方各级人民政府应当对本行政区域的环境质量负责。① 地方各级人民政府应当根据环境保护目标和治理任务，采取有效措施，改善环境质量。② 各级人民政府对具有代表性的各种类型的自然生态系统区域，珍稀、濒危的野生动植物自然分布区域，重要的水源涵养区域，具有重大科学文化价值的地质构造、著名溶洞和化石分布区、冰川、火山、温泉等自然遗迹，以及人文遗迹、古树名木，应当采取措施予以保护，严禁破坏。③

2. 各级环境保护行政主管部门。国务院环境保护主管部门，对全国环境保护工作实施统一监督管理；县级以上地方人民政府环境保护主管部门，对本行政区域环境保护工作实施统一监督管理。④

3. 其他行政主管部门。县级以上人民政府有关部门和军队环境保护部门，依照有关法律的规定对资源保护和污染防治等环境保护工作实施监督管理。⑤

4. 其他经授权或委托的组织或机构。某些事业单位或社会团体，如附属于环境保护行政主管部门的环境监测机构，环境保护协会等，经过法律法规的授权或受行政机关的委托，也可在授权或委托的权限内从事环境行政执法活动。例如，2014 年《环境保护法》第 24 条规定，县级以上人民政府环境保护主管部门及其委托的环境监察机构

---

① 参见《环境保护法》第 6 条。

② 参见《环境保护法》第 28 条。

③ 参见《环境保护法》第 29 条。

④⑤ 参见《环境保护法》第 10 条。

和其他负有环境保护监督管理职责的部门，有权对排放污染物的企业事业单位和其他生产经营者进行现场检查。

（二）环境行政相对人

环境行政相对人，是指环境行政执法活动中处于被监督管理地位的公民、法人和其他组织，是与环境行政主体相对应的一方当事人。

四、环境执法方式

环境行政执法方式，是指环境行政执法主体依照环境法律法规的规定和要求，针对环境行政相对人所采取的各种方法、措施和手段。

环境执法方式，包括环境行政许可、环境行政检查、环境行政处理、环境行政处罚与环境行政复议等。这些执法方式并不是各自独立、互不关联的。相反，一项环境行政执法活动可能会涉及所有环境行政执法方式。

（一）环境行政许可

环境行政许可，是指享有环境行政许可权的环境行政主体根据环境行政相对人的请求，依法赋予符合法定条件的环境行政相对人从事某项一般为环境法律法规禁止事项的资格的环境行政执法行为。

环境行政许可是环境行政执法机关依照《中华人民共和国行政许可法》以及相关环境法律法规的规定，根据环境行政相对人的申请作出行政执法行为。因此，环境行政许可行为是一种消极行政行为。如果没有环境行政相对人的申请，环境行政执法主体不能主动作为。环境行政许可的活动往往是环境法律法规一般禁止的事项，所以，并不是只要环境行政相对人申请即可取得，而是环境行政相对人的申请在经过环境保护行政主管部门依照法定程序进行审查，认为环境行政相对人从事该项活动不会导致对环境的污染或破坏，从而授予其从事该项活动的资格。

环境行政许可的上述特点必然要求环境行政主管部门在进行环境行政许可时严格按照法律规定的条件和程序进行，既不能把此种资格授予不适格的环境行政相对人，也不能无故不把此种资格授予适格的环境行政相对人。此外，环境行政执法主体有权在作出许可决定时，依法附加于环境行政相对人一定的义务或责任。

环境行政许可行为必须按照《行政许可法》规定的管理程序进行，主要包括申请受理、审查、决定、监督与处理等环节。

（二）环境行政检查

环境行政检查，是指环境保护行政主管部门或者其他依照法律规定行使环境监督管理权的部门，对管辖范围内的环境行政相对人执行环境保护法律法规的情况进行检验查证。被检查的单位应当如实反映情况，提供必要的资料。检查机关应当为被检查的单位保守技术秘密和业务秘密。例如，2014 年《环境保护法》第 24 条规定，县级以上人民政府环境保护主管部门及其委托的环境监察机构和其他负有环境保护监督管理职责的部门，有权对排放污染物的企业事业单位和其他生产经营者进行现场检查。被检查者应当如实反映情况，提供必要的资料。实施现场检查的部门、机构及其工作人员应当为被检查者保守商业秘密。环境行政检查的目的是督促排污单位履行自己的承诺，切实遵守环境法律法规的要求。

环境行政检查与其他执法方式的区别在于：后者都是对环境行政相对人的权利、义务进行设定、取消或确认，即对环境行政相对人的实体权利义务产生法律上的效力和后果。但环境行政检查只对环境行政相对人按照环境法律法规行使权利和履行义务的情况进行了解，并不会对环境行政相对人的权利义务产生直接影响。

环境保护行政主管部门及其委托的环境监察机构或者其他负有环境保护监督管理职责的部门可以采取在线监测、现场检查、临时检查、随机抽查等方式对管辖范围内的排污单位进行检查。环境行政检查的内容包括对环境行政许可的执行、排污情况、减排措施、污染的限期治理、整顿等。

（三）环境行政调解处理

行政调解是在国家行政机关的主持下，以当事人双方自愿为基础，由行政机关主持，以国家法律、法规及政策为依据，以自愿为原则，通过对争议双方的说服与劝导，促使双方当事人互让互谅、平等协商、达成协议，以解决有关争议而达成和解协议的活动。

环境行政调解处理，是指环境保护行政主管部门或者其他依照法律规定行使环境监督管理权的部门应当事人的请求对环境污染赔偿责任和赔偿金额的纠纷进行调解处理的程序。环境行政调解处理既不是必经程序，也不是最终程序。环境民事纠纷当事人对行政调解处理决定不服的，可以向人民法院起诉，也可以不经过行政调解处理直接向人民法院起诉。环境行政调解处理决定没有强制执行的效力，对调解处理决定不服的，不能提起行政诉讼，而应提起以对方当事人为被告的环境民事诉讼。

《固体废物污染环境防治法》第 84 条规定：受到固体废物污染损害的单位和个人，有权要求依法赔偿损失。赔偿责任和赔偿金额的纠纷，可以根据当事人的请求，由环境保护行政主管部门或者其他固体废物污染环境防治工作的监督管理部门调解处理；调解不成的，当事人可以向人民法院提起诉讼。当事人也可以直接向人民法院提起诉讼。

（四）环境行政处罚

1. 环境行政处罚的概念。行政处罚是行政主体有效地进行行政管理、维护公共利益和社会秩序，保障法律贯彻实施的一个重要手段。环境行政处罚，是指有环境行政处罚权的环境行政主体或者根据环境法律法规的授权或者环境行政主体的委托，在法定职权范围内对违反环境法律法规的环境行政相对人实施的一种行政制裁。它是环境行政执法中最常见的执法方式，也是一种环境行政责任形式。

2. 环境行政处罚的特点。具体表现为：

（1）广泛性。是指环境行政处罚的主体与对象非常广泛。根据《环境保护行政处罚办法》的规定，县级以上环境保护行政主管部门在法定职权范围内实施环境保护行政处罚。环境保护行政主管部门可以在其法定职权范围内委托环境监察机构实施行政处罚。受委托的环境监察机构在委托范围内，以委托其处罚的环境保护行政主管部门的名义实施行政处罚。[①] 此外，依照环境法律法规规定享有环境监督管理权限的其他行政主管部门也应享有一定的环境行政处罚权。环境行政处罚的对象，即环境行政相对

① 参见 2010 年《环境保护行政处罚办法》第 10 条。

人也非常广泛，包括一切公民、法人和其他组织。

(2) 法定性。是指对环境行政处罚的主体、权限、管辖范围与程序等法律法规都作出了明确的规定，环境行政主体必须严格按照环境法律法规的规定行使处罚权，不得滥用。环境行政处罚依法应由具有行政处罚权的环境保护行政机关实施，其他组织未经法律、法规授权，依法不具有实施环境保护行政处罚的主体资格；行政机关委托其他组织实施环境保护行政处罚的，也应在其法定权限之内委托处罚，超越法定职权委托处罚应属无效。

需要注意的是，我们不能以法定性否认环境行政处罚的自由裁量权。如《环境保护行政处罚办法》第6条规定：行使行政处罚自由裁量权必须符合立法目的，并综合考虑以下情节：违法行为所造成的环境污染、生态破坏程度及社会影响；当事人的过错程度；违法行为的具体方式或者手段；违法行为危害的具体对象；当事人是初犯还是再犯；当事人改正违法行为的态度和所采取的改正措施及效果。同时，我们也不能滥用自由裁量权，任意对环境行政相对人进行处罚，而应合法、合理、公平地制裁违法者。

(3) 单方性。是指环境行政处罚是由环境行政主体单方面作出的，不需要征求环境行政相对人的同意。这是由环境行政执法的性质决定的，即环境行政主体与环境行政相对人之间的关系是管理与被管理、命令与服从的不平等主体之间的法律关系。这也是环境行政处罚与环境行政调解处理之间的区别。后者是环境行政主体作为第三方居间调解平等的违法者与受害者之间产生的法律纠纷问题，而不是以环境行政主体的身份出现。

(4) 强制性。是指不管环境行政处罚决定是否合法、合理或公平，环境行政相对人都必须服从。如果环境行政相对人对环境行政处罚行为不服，可以事后采取其他途径救济，如环境行政复议、环境行政诉讼等，而不能拒绝执行环境行政主体的处罚决定。这是由环境行政执法性质决定的。这也是环境行政处罚与环境行政调解处理之间的区别。在后一情况下，违法者或受害者如果不遵守已经达成的调解协议，则该调解协议不产生法律效力。

3. 环境行政处罚的处罚种类。根据《行政处罚法》和《环境行政处罚办法》的规定，环境行政处罚的种类有：警告、罚款、责令停产整顿、责令停产、停业、关闭、暂扣、吊销许可证或者其他具有许可性质的证件、没收违法所得、没收非法财物、行政拘留以及法律、行政法规设定的其他行政处罚种类。

4. 环境行政处罚的程序。根据《行政处罚法》和《环境保护行政处罚办法》的规定，环境行政处罚一般包括：一般程序、简易程序与听证程序。

(1) 一般程序。是指环境行政主体对违反环境保护法律法规的行政相对人实施环境行政处罚应遵守的法定基本程序。

环境行政处罚的一般程序包括立案、调查取证、案件审查、告知和听证、处理决定五个方面的内容。

1) 立案。环境保护主管部门对符合以下条件的涉嫌违反环境保护法律、法规和规章的违法行为，应当进行初步审查，并在7个工作日内决定是否予以立案：有涉嫌违反环境保护法律、法规和规章的行为；依法应当或者可以给予行政处罚；属于本机关管辖；违法行为发生之日起到被发现之日止未超过 2 年，法律另有规定的除外。违法行为处于连续或继续状态的，从行为终了之日起计算。[①] 但对需要立即查处的环境违法行为，可以先行调查取证，并在 7 个工作日内决定是否立案和补办立案手续。

2）调查取证。环境保护主管部门对登记立案的环境违法行为，应当指定专人负责，及时组织调查取证。调查取证时，调查人员不得少于两人，并应当出示中国环境监察证或者其他行政执法证件。当事人及有关人员应当配合调查、检查或者现场勘验，如实回答询问，不得拒绝、阻碍、隐瞒或者提供虚假情况。

环境行政处罚证据，主要有书证、物证、证人证言、视听资料和计算机数据、当事人陈述、监测报告和其他鉴定结论、现场检查（勘察）笔录等形式。证据应当符合法律、法规、规章和最高人民法院有关行政执法和行政诉讼证据的规定，并经查证属实才能作为认定事实的依据。

环境保护行政主管部门遇到下列情形之一的，可以终结调查：违法事实清楚、法律手续完备、证据充分的；违法事实不成立的；作为当事人的自然人死亡的；作为当事人的法人或者其他组织终止，无法人或者其他组织承受其权利义务，又无其他关系人可以追查的；发现不属于本机关管辖的；其他依法应当终结调查的情形。终结调查的，案件调查机构应当提出已查明违法行为的事实和证据、初步处理意见，按照查处分离的原则送本机关处罚案件审查部门审查。

3）案件审查。环境保护行政主管部门对以下内容进行审查：本机关是否有管辖权；违法事实是否清楚；证据是否确凿；调查取证是否符合法定程序；是否超过行政处罚追诉时效；适用依据和初步处理意见是否合法、适当。如果遇到案件违法事实不清、证据不充分或者调查程序违法的，环境保护行政主管部门应当退回补充调查取证或者重新调查取证。

4）告知和听证。环境保护行政主管部门在作出行政处罚决定前，应当告知当事人有关事实、理由、依据和当事人依法享有的陈述、申辩权利。在作出暂扣或吊销许可证、较大数额的罚款和没收等重大行政处罚决定之前，应当告知当事人有要求举行听证的权利。

5）处理决定。环境保护行政主管部门负责人经过审查，对违法事实成立，依法应当给予行政处罚的，根据其情节轻重及具体情况，作出行政处罚决定；对违法行为轻微，依法可以不予行政处罚的，不予行政处罚；对发现不属于环境保护主管部门管辖的案件，应当按照有关要求和时限移送有管辖权的机关处理。决定给予行政处罚的，应当制作行政处罚决定书。对同一当事人的两个或者两个以上环境违法行为，可以分别制作行政处罚决定书，也可以列入同一行政处罚决定书。

（2）简易程序。环境行政主体对违法事实确凿、情节轻微并有法定依据，可以当场作出行政处罚决定的程序。

依据简易程序作出环境行政处罚，必须符合以下条件：环境保护执法人员不得少于两人，违法事实确凿、情节轻微并有法定依据，对公民处以 50 元以下、对法人或者其他组织处以 1 000 元以下罚款或者警告的，由执法人员当场作出的行政处罚决定。

① 参见 2010 年《环境保护行政处罚办法》第 22 条。

简易程序的内容包括：1）执法人员应向当事人出示中国环境监察证或者其他行政执法证件；2）现场查清当事人的违法事实，并依法取证；3）向当事人说明违法的事实，行政处罚的理由和依据，拟给予的行政处罚，告知陈述、申辩权利；4）听取当事人的陈述和申辩；5）填写预定格式、编有号码、盖有环境保护主管部门印章的行政处罚决定书，由执法人员签名或者盖章，并将行政处罚决定书当场交付当事人；6）告知当事人如对当场作出的行政处罚决定不服，可以依法申请行政复议或者提起行政诉讼。以上过程应当制作笔录。执法人员当场作出的行政处罚决定，应当在决定之日起3个工作日内报所属环境保护主管部门备案。[①]

（3）听证程序。环境行政主体依照法律法规作出暂扣或吊销许可证、较大数额的罚款和没收等重大行政处罚决定的，应当适用听证程序。行政处罚听证程序依照《行政处罚法》的有关规定执行。

（五）环境行政复议

1. 环境行政复议的概念。环境行政复议是环境行政相对人（公民、法人或者其他组织）认为环境行政主体的具体行政行为侵犯其合法环境权益，依照法定程序向作出该具体行政行为的机关的上一级机关提出申请，由具有行政复议管辖权的环境行政主体对有争议的具体行政行为进行审查，并作出决定的环境行政执法活动。

环境行政复议是以解决环境行政争议为前提与内容的环境行政执法的一种。它是针对具体环境行政行为是否合法与适当的一种内部审查、监督。所谓环境行政争议，是指环境行政机关与环境行政相对人之间因特定的具体行政行为而产生的纠纷。这是一种管理与被管理的纵向的不平等主体之间的法律关系，也即行政关系。环境行政复议是解决环境行政争议最广泛和最重要的一种环境行政执法方式。

2. 环境行政复议的受案范围。根据《环境行政复议办法》的规定，有下列情形之一的，公民、法人或者其他组织可以申请行政复议：（1）对环境保护行政主管部门作出的查封、扣押财产等行政强制措施不服的；（2）对环境保护行政主管部门作出的警告、罚款、责令停止生产或者使用、暂扣、吊销许可证、没收违法所得等行政处罚决定不服的；（3）认为符合法定条件，申请环境保护行政主管部门颁发许可证、资质证、资格证等证书，或者申请审批、登记等有关事项，环境保护行政主管部门没有依法办理的；（4）对环境保护行政主管部门有关许可证、资质证、资格证等证书的变更、中止、撤销、注销决定不服的；（5）认为环境保护行政主管部门违法征收排污费或者违法要求履行其他义务的；（6）认为环境保护行政主管部门的其他具体行政行为侵犯其合法权益的。[②]

同时，该办法也规定了行政复议机关不予受理并说明理由的情形：（1）申请行政复议的时间超过了法定申请期限又无法定正当理由的；（2）不服环境保护行政主管部门对环境污染损害赔偿责任和赔偿金额等民事纠纷作出的调解或者其他处理的；（3）申请人在申请行政复议前已经向其他行政复议机关申请行政复议或者已向人民法院提起行政诉讼，其他行政复议机关或者人民法院已经依法受理的；（4）法律、法规

① 参见2010年《环境保护行政处罚办法》第59条。

② 参见《环境行政复议办法》第7条。

规定的其他不予受理的情形。[1]

3. 环境行政复议程序。根据《环境行政复议办法》的规定，环境行政复议程序应包括以下几个阶段：

（1）复议申请。环境行政相对人认为环境行政主体的具体行政行为侵犯了其合法环境权益，在法定期限内按照法定条件和方式向上一级环境行政机关提出环境行政复议的请求。

（2）复议受理。环境行政复议机关接到环境行政相对人的复议申请书后，经审查认为符合法定申请复议的条件而接受申请并作出立案决定予以受理。

（3）复议审理。环境行政复议机关在受理环境行政复议案件后，应对该案件进行审查。行政复议原则上采取书面审查的办法，但是申请人提出要求或者行政复议机关负责法制工作的机构认为有必要时，可以向有关组织和人员调查情况，听取申请人、被申请人和第三人的意见。

（4）复议决定。环境行政复议机关对环境行政复议案件进行全面审查后，应作出行政复议决定并制作行政复议决定书。

（5）复议决定的执行。环境行政复议机关作出环境行政复议决定后，依法予以实施复议决定。

（六）环境行政强制执行

1. 环境行政强制执行的概念。环境行政强制执行，是指有权的环境行政机关或者环境行政机关申请人民法院，对不履行行政决定的公民、法人或者其他组织，依法强制履行义务的行为。

环境行政强制执行作为环境行政执法的一种方式，只能由环境行政主管部门或者授权的组织行使。虽然环境行政主管部门往往要申请人民法院强制执行，但不能以此认为，人民法院也享有环境行政强制执行权，更不能认为，人民法院在环境强制执行过程中有变更或者处分环境行政主管部门作出的强制执行决定的权力。[2] 人民法院实施的强制执行，是人民法院依环境行政执行主体的申请所实施的执法行为。人民法院只有根据环境行政机关的申请，并依照法律的明确规定和一定程序，才能实施行政强制执行。一般认为，人民法院所实施的行政强制执行，是行政机关强制执行权的延伸和继续。[3]

2. 环境行政强制执行的条件。环境行政主体强制执行或者申请强制执行应具备以下条件：

（1）法定环境义务的存在，即依照环境法律法规的规定，环境行政相对人依法应承担某种法定的环境保护与改善的作为义务或者不污染、不破坏的不作为义务。如果不存在这样的法定义务，也就不存在环境行政强制执行问题。

（2）法定环境义务的不履行，即环境行政主体要求环境行政相对人在法定期限内履行其环境义务，但环境行政相对人没有依法履行义务，而且这种不履行不是由于环境行政相对人不能履行，而是其故意不履行。

---

① 参见《环境行政复议办法》第 8 条。

② 参见周珂：《环境与资源保护法》，205 页，北京，中国人民大学出版社，2007。

③ 参见姜明安：《行政法与行政诉讼法》，184 页，北京，法律出版社，2006。

(3) 环境强制执行主体与执行措施的法定性，即环境强制执行主体必须是法律法规明确授予其环境强制执行权的机关。没有法律明确授权的其他任何主体都不得从事环境强制执行行为。环境强制执行主体所采取的强制执行措施也必须依照法律法规的明确规定进行，不得滥用强制执行权。

3. 环境行政强制执行的类型。根据2011年《行政强制法》的规定可分为两种类型：

(1) 行政强制措施，是指行政机关在行政管理过程中，为制止违法行为、防止证据损毁、避免危害发生、控制危险扩大等情形，依法对公民的人身自由实施暂时性限制，或者对公民、法人或者其他组织的财物实施暂时性控制的行为。

(2) 行政强制执行，是指行政机关或者行政机关申请人民法院，对不履行行政决定的公民、法人或者其他组织，依法强制履行义务的行为。

直接强制执行，即环境行政主体在环境行政相对人逾期不履行其应履行的环境义务时，对其人身或财产施以强制力，以达到与义务主体履行义务相同状态的强制执行。

由于直接强制以国家机关所拥有的强制力为手段，以义务主体的人身权利或财产为直接执行对象，如果适用不当，极易造成对义务主体的合法权利和利益的侵害。因而，不到必要时，一般不得采取直接强制执行，而应采用其他较为缓和的措施迫使义务主体履行义务。一般认为，只有在无法采用代执行、执行罚，或者虽采用了代执行或执行罚，仍难以到达执行目的时，才能适用直接强制执行。①

间接强制执行，即环境行政主体通过间接手段迫使环境行政相对人履行其应履行的环境义务或者达到与履行义务相同状态的强制执行措施。间接强制执行又分为代执行和执行罚。

代执行，也称代履行，是环境行政强制机关或第三人代替环境行政相对人履行法律法规直接规定的或者环境行政行为确立的作为义务。代执行的对象是环境行政行为所确立的可为他人代为履行的作为义务，如《草原法》规定，临时占用草原，占用期届满，用地单位不予恢复草原植被的，由县级以上地方人民政府草原行政主管部门依据职权责令限期恢复；逾期不恢复的，由县级以上地方人民政府草原行政主管部门代为恢复，所需费用由违法者承担。② 实施代执行的前提是有法律根据或者有合法的行政行为存在，而法定行政相对人不履行其应该履行的法定义务。代执行的主体必须是行政强制执行机关，行政强制执行机构所指定的第三人也可以成为代执行的实施主体。代执行一般包括告诫、代执行和征收费用三个阶段。

执行罚，也称强制金，是环境行政强制执行机构对拒不履行不作为义务或者不可为他人代履行的作为义务的义务主体，科以新的金钱给付义务，以迫使其履行的强制执行手段。执行罚的典型形式是滞纳金。如根据《水法》的规定，拒不缴纳、拖延缴纳或者拖欠水资源费的，由县级以上人民政府水行政主管部门或者流域管理机构依据职权，责令限期缴纳；逾期不缴纳的，从滞纳之日起按日加收滞纳部分千分之二的滞纳金，并处应缴或者补缴水资源费1倍以上5倍以下的罚款。③

① 参见姜明安：《行政法与行政诉讼法》，188页，北京，法律出版社，2006。

② 参见《草原法》第71条。

③ 参见《水法》第70条。

五、环境行政执法行为的效力

环境行政执法行为效力，是指已经存在的环境行政执法行为所具有的产生一定法律效果的特殊作用。根据行政法有关行政行为效力的一般理论与通说，我们认为，环境行政执法具有以下五种法律效力：

1. 环境行政执法行为的公定力，即环境行政执法行为一经被环境行政主管部门或有环境监督管理权的机构作出，就应推定其有内在效力。即使环境行政相对人认为该执法行为违法，在有关行政机关或人民法院予以撤销或变更之前，不能以任何借口否认其法律效力，而只能视之为有效行为。

2. 环境行政执法行为的确定力，即环境行政执行主体作出的具有有效要件的环境行政执法行为不受任意改变的效力。

3. 环境行政执法行为的约束力，即在环境行政执法的救济机构或司法机关对有争议的环境行政执法行为予以支持，或者将其变更为新的环境行政执法行为后新生的不可争力。

4. 环境行政执法行为的执行力，即环境行政执法主体对环境行政执法行为内容的自行执行或强制实现的法律效力。环境行政执法行为的执行力既包括对环境行政相对人一方的执行力，也包括对环境行政主体的执行力；既表现为自执行力，也表现为强制实现力。

5. 环境行政执法行为的时效力，即环境行政执法行为在经过了环境法律法规规定的对该执法行为提起行政复议或行政诉讼的期限后，立即对环境行政执法相对人产生法律效力，且环境行政执法相对人此时不得就该行政执法行为提出异议的效力。

第四节　环境司法

一、环境司法概述

（一）环境司法的概念

法的适用，通常简称为“司法”，是指国家司法机关依据法定职权和法定程序，具体应用法律处理案件的专门活动。司法活动是独立存在的，并不包含在执法之中，是法的实施的重要组成部分。

环境司法，是指国家司法机关依据法定职权和法定程序，具体应用环境法律处理环境案件的一种专门活动。

（二）环境司法的特征

作为司法重要组成部分的环境司法当然具有司法的一般特征，即：职权法定性、程序法定性和裁决权威性。[①] 同时，环境案件的特殊性，又使得环境司法具有自身的

---

① 有关司法的职权法定性、程序法定性和裁决权威性特征的具体解释，参见张文显：《法理学》，365～366页，北京，法律出版社，1997。

特征：

1. 环境司法审判主体多元性，即环境司法需要根据不同的诉讼性质，由不同的审判主体进行审判。如环境侵权诉讼主要由民事审判庭进行审理，环境行政诉讼由行政审判庭进行审理，而环境刑事诉讼则需要由刑事审判庭审理。

2. 环境司法的科学技术性，即环境法的科学技术性特点，决定了环境司法人员必须具备一定的环境科学技术知识。环境司法裁决往往需要严格按照国家的技术性规范，如国家环境质量标准、国家污染物排放标准、环境监测方法标准、环境标准样品标准和环境基础标准等所确立的科学技术指标作出，因为它们是确定环境是否已被污染、排污行为是否合法、所示证据是否合法的根据。

3. 环境司法的复杂多样性，即环境司法所审判的环境案件具有复杂多样性的特点。从环境纠纷案件或环境资源保护犯罪案件发生的原因、所涉及的当事人以及审判所适用的程序法来看，一般都具有多层次、多方面的复杂因素。如从环境纠纷案件或环境资源保护犯罪案件发生的原因看，既有违法行为引起的案件，也有合法行为引发的案件；既有重大环境污染事故引发的案件，也有一般污染事故引起的案件；既有排污者行为引起的案件，也有第三者或受害者自身过错行为引起的案件；既有故意或过失引起的案件，也有无过错责任以及不可抗力造成的案件等。[①]

4. 环境司法保护的滞后性，即环境司法往往是在环境污染或环境破坏的危害后果发生之后进行的，而不是在环境遭受污染或破坏之前进行。这是由司法的救济性特点所决定的。所以，环境司法仅对需要其司法救济的环境案件而言，具有滞后性特点。但需要注意，这种滞后性并不影响环境司法审判活动的教育性、预防性和威慑性。

5. 环境司法裁决执行的多样性，即环境司法裁决的执行不仅涉及财产罚、人身罚与能力罚的执行，而且包括对环境要素的执行。如在环境污染侵权诉讼中，侵权者不仅要赔偿受害人的人身与财产损失，而且要恢复被污染或破坏的生态环境。

二、环境司法的原则

环境司法的原则是指在环境法的适用过程中应遵循的基本准则。一般包括以下原则：

1. 环境司法法治原则，即在环境司法过程中，司法机关应严格依法司法。该原则的具体体现就是“以事实为依据，以法律为准绳”。所谓以事实为依据，就是司法机关对环境案件作出的裁决，只能以客观事实作基础，而不能以其他东西为根据。所谓以法律为准绳，即司法机关在审理环境案件时，要严格按照法律规定，既包括实体法也包括程序法，进行审理，法律是裁决案件的唯一标准和尺度，而不能以领导的意志或人情为转移。

2. 环境司法公正原则，即司法机关在审理环境案件时，在依照法定职权和法定程序进行审理的同时，也应本着保护弱者的公平正义观念，维护处于弱势的环境污染或破坏的受害者的合法利益。我国民事诉讼法中的有关环境侵权的举证责任倒置即是该原则的体现。

① 参见陈仁、朴光洙：《环境执法基础》，159页，北京，法律出版社，1997。

3．环境司法平等原则，即司法机关必须对任何单位和个人所享有的环境权益给予同等保护，同时，对任何单位和个人污染和破坏环境的行为无一例外地加以追究和制裁。该原则是“法律面前人人平等原则”的具体体现。这一原则的实行有利于切实保障公民的环境权益，打破“地方保护主义”和特权思想，维护社会主义法治的权威、尊严和统一。

4．环境司法责任原则，即司法机关和司法人员在进行环境司法审判过程中侵犯了公民、法人和其他社会组织的合法权益，造成严重后果而应承担相应法律责任的原则。环境司法责任原则是根据权力与责任相统一的法治原则而提出的一个权力约束机制。司法机关和司法人员接受人民权力的委托，行使国家的司法权，负有重大的责任和权力。一方面，司法机关和司法人员在行使国家授予的司法权审判环境案件时，受法律的保障，任何单位和个人都不得以任何借口干涉司法权的行使。另一方面，司法机关和司法人员不得利用国家授予的司法权进行违法甚至犯罪活动，否则就会受到法律的严惩。只有将司法权力与司法责任结合起来，才能更好地增强司法机关和司法人员的责任感，防止司法腐败，树立司法权威和尊严。

三、环境司法的种类

（一）环境行政诉讼

1．环境行政诉讼的概念。环境行政诉讼，是指公民、法人和其他组织认为环境行政主体的具体行政行为侵犯其合法环境权益，而依法向人民法院提起诉讼，人民法院依照法定程序，审理并裁决的活动。可见，环境行政诉讼具有如下特征：

（1）环境行政诉讼是因公民、法人和其他组织不服环境行政主管部门或具有环境监督管理权的机关以及这些机关的工作人员的具体环境行政行为而引起的。

（2）环境行政诉讼的原告是受环境行政主管部门或具有环境监督管理权的机关以及这些机关的工作人员的具体环境行政行为侵犯的公民、法人和其他组织。而环境行政诉讼的被告只能是作出侵犯公民、法人和其他组织合法环境权益的环境行政主管部门或具有环境监督管理权的机关。

（3）环境行政诉讼的标的是环境行政争议，即环境行政主体在实施环境行政执法行为过程中与环境行政相对人发生的争执。

2．环境行政诉讼的功能。法律的功能是指立法者所预设的能力，这种能力一经确认就具有了客观性，成为法律所固有的不可分割的东西。[①] 从环境行政诉讼所涉的诉讼构造分析，我们认为，环境行政诉讼具有以下功能：

（1）环境行政诉讼对于环境行政相对人而言，具有环境救济功能。作为环境行政相对人的公民、法人和其他组织，有义务遵守国家的环境法律法规，有义务服从环境行政主体的管理，但大量环境行政行为的作出难免有违法或不当情形发生，从而引起争议。这些争议在行政机关内部通过行政程序不能解决时，有必要通过司法程序处理和解决，环境行政诉讼则成为解决环境行政纠纷、实施环境权益救济的最为重要的途径。

---

① 参见姜明安：《行政法与行政诉讼法》，337页，北京，法律出版社，2006。

(2) 环境行政诉讼对于环境行政主体而言，意味着要求其承担相应的法律责任。在环境行政执法过程中，环境行政主体通过实施具体行政行为实现国家的行政权，而现代政府应该是责任政府，即政府必须为其行为承担政治、法律责任。[①] 环境行政主体在执法过程中作出了违法不当的环境行政行为，通过环境行政诉讼制度对之进行审查，即在于让违法者承担相应的责任。《行政诉讼法》和最高人民法院《关于执行〈中华人民共和国行政诉讼法〉若干问题的解释》(以下简称《行政诉讼法若干问题的解释》)规定的撤销判决、履行判决、变更判决、确认判决、赔偿判决等判决类型，对于行政主体而言，就意味着责成其对违法或不当的行政行为承担责任。

(3) 环境行政诉讼对法院而言，具有对环境行政权进行监督和制约的功能。环境行政诉讼作为环境司法审查制度，功能就在于监督环境行政主体是否依照法定权限与法定程序行使行政职权。人民法院通过对环境行政诉讼案件的审理，及时发现违法的环境行政行为，并运用国家司法权，撤销违法的环境行政行为，或者要求环境行政主体变更或重新作出环境行政行为。一方面，环境行政诉讼有助于监督和约束环境行政主体权力的行使，防止环境行政权力的滥用；另一方面，又有利于保护环境行政相对人的合法权益。

3. 环境行政诉讼的种类。根据不同的标准，可以进行不同的分类：

(1) 根据诉讼标的的性质，可将行政诉讼分为主观诉讼与客观诉讼。我国《行政诉讼法》规定了直接相对人之诉和利害关系人之诉，即主观诉讼。2014 年的《环境保护法》对客观诉讼，即公益诉讼已经作出了规定，即对于对污染环境、破坏生态，损害社会公共利益的行为，符合条件的社会组织可以向人民法院提起诉讼。

但需要注意的是，目前我国的环境公益诉讼还被限定在民事诉讼领域，其并非真正意义上的行政公益诉讼。例如，2014 年最高人民法院《关于审理环境民事公益诉讼案件适用法律若干问题的解释》即明确了《环境保护法》第 58 条的环境民事公益诉讼的性质。客观诉讼不以保护起诉人个人法律权利为目的，因此要求对行政诉讼的许多制度作出不同于主观诉讼的安排，包括受理范围、当事人的起诉资格、审判组织的结构、法官审查行政行为的范围和方式，特别是法院在证据调查查明事实中的职能、法院判决的种类和对生效判决的执行程序等方面。[②]

在美国，环境行政公益诉讼制度已经相对完善，如美国《清洁空气法》、《清洁水法》等法律都对环境行政公益诉讼制度作出了明确的规定，也有相当多的环境行政公益诉讼案件的司法实践。我国台湾地区也通过修改“行政诉讼法”引入了环境公益诉讼制度。环境公益诉讼制度也被欧盟、加拿大、澳大利亚等世界主要国家和地区广泛借鉴。实践证明，这项制度对于监督私权和公权，保护公共环境和公众环境权益，起到了非常重要的作用。

(2) 从法院判决形式的角度，我国行政诉讼种类可分为：维持判决、撤销判决、变更判决、履行判决、驳回诉讼请求的判决和确认判决六种。这六种行政诉讼类型当然也适用于环境行政诉讼的争议。

---

① 参见陈端洪：《中国行政法》，47 页，北京，法律出版社，1998。

② 参见姜明安：《行政法与行政诉讼法》，485 页，北京，法律出版社，2006。

4. 环境行政诉讼的受案范围。环境行政诉讼的受案范围是指人民法院受理环境行政诉讼案件的范围，即环境行政相对人对哪些争议、纠纷可以向人民法院提起行政诉讼，人民法院应当将其作为行政案件进行审理。

根据《行政诉讼法》、《行政诉讼法若干问题的解释》以及环境法律法规的规定，我国环境行政诉讼的受案范围主要包括：

（1）环境行政诉讼的肯定范围。环境行政诉讼的肯定范围是指公民、法人或者其他组织认为行政机关和行政机关工作人员的具体环境行政行为侵犯其合法权益，依照行政诉讼法的规定向人民法院提起行政诉讼，人民法院应当予以受理的范围。主要包括：

1）环境行政处罚行为，如企业对环境保护行政主管部门或者其他依照法律规定行使环境监督管理权的部门给予的警告或者处以罚款等环境行政处罚行为不服的；

2）环境行政强制措施，如对限制人身自由或者对财产的查封、扣押、冻结等行政强制措施不服的；

3）认为行政机关侵犯法律规定的经营自主权的，如根据《国务院关于坚决制止向企业乱摊派的通知》的规定，对于环境行政主管部门或享有环境监督管理权的机关乱摊派的行为，企业有权抵制，抵制无效的，可向上级经委、审计、财税、财务、物价等部门反映，也可向人民法院提起诉讼；

4）认为符合法定条件申请行政机关颁发许可证和执照，行政机关拒绝颁发或者不予答复的，如根据环境法律法规向环境保护行政主管部门申请排污许可证而其拒绝颁发或不予答复，申请人可以提起环境行政诉讼；

5）申请行政机关履行保护人身权、财产权的法定职责，行政机关拒绝履行或者不予答复的，如污染受害者向环境保护行政主管部门要求其履行环境监管职责，而遭拒绝的，受害者可以提起环境行政诉讼；

6）认为行政机关违法要求履行义务的，如环境保护行政主管部门违法法定程序和条件，要求环境行政相对人履行义务的，环境行政相对人可以提起环境行政诉讼。

（2）环境行政诉讼的否定范围。根据《行政诉讼法》以及《行政诉讼法若干问题的解释》的规定，由行政机关的下列行为引发的争议不属于行政诉讼的受案范围：

1）国家行为，即国务院、中央军事委员会、国防部、外交部等根据宪法和法律的授权，以国家的名义实施的有关国防和外交事务的行为，以及经宪法和法律授权的国家机关宣布紧急状态、实施戒严和总动员等行为。

2）抽象环境行政行为，即行政机关针对不特定对象发布的能反复适用的行政规范性文件。对于它的合法性监督，依照宪法和有关法律的规定，由国家权力机关和上级行政机关进行。

3）对公务员的处理行为，即环境保护行政主管部门作出的涉及该行政机关公务员权利义务的决定。目前，没有纳入行政诉讼受案范围之内，不能通过行政诉讼途径获得救济。

4）法定的行政终局行为，即由法律（全国人民代表大会及其常务委员会制定、通过的规范性文件）明确规定由行政机关最终作出处理的行为。如《水法》规定，不同行政区域之间发生水事纠纷的，应当协商处理；协商不成的，由上一级人民政府裁决，有关各方必须遵照执行。①

5）环境刑事司法行为。特指公安机关、国家安全机关和监狱等机关依刑事诉讼法的明确授权而实施的行为。

6）环境行政调解行为。行政调解行为虽然也是行政机关的活动，却不具有强制的效力，不属具体行政行为，因此，双方当事人若对调解协议不满意的，也不能以行政机关为被告提起行政诉讼，而应将原始的民事争议通过民事诉讼解决。如《固体废物污染环境防治法》规定，赔偿责任和赔偿金额的纠纷，可以根据当事人的请求，由环境保护行政主管部门或者其他固体废物污染环境防治工作的监督管理部门调解处理；调解不成的，当事人可以向人民法院提起（民事）诉讼。当事人也可以直接向人民法院提起（民事）诉讼。②

7）不具有强制力的行政指导行为，行政指导行为是行政机关运用倡导、建议、示范、咨询等方式，引导相对人自愿配合而达到实现行政管理目标的行为，它是行政机关运用职权的行为，但是，由于其对相对人并不直接产生权利义务的强制性影响，因而，不属于行政行为，不能提起行政诉讼。

8）驳回当事人提起申诉的重复处理行为，即相对人向行政机关申诉要求对已存在的具体行政行为重新作出处理，而行政机关对此作出的驳回处理，由于行政机关对原行为并没有作出改变，即没有形成新的权利义务关系，因而，相对人如果诉讼，只能针对原行为提起诉讼，而不能对驳回处理行为提起行政诉讼。

9）对相对人的权利义务不产生实际影响的行为，具体行政行为须是对相对人的权利、义务产生实际影响的行为，而对权利义务不产生实际影响的行为则不属于具体行政行为。

5. 环境行政诉讼的管辖。环境行政诉讼的管辖，是指各级人民法院受理第一审环境行政诉讼案件的分工和权限。根据《行政诉讼法》的规定，环境行政诉讼管辖的目的是解决环境行政案件应当由哪一级哪一个人民法院行使审判权的问题。

（1）级别管辖，即各级人民法院之间审理第一审环境行政案件的分工与权限。根据《行政诉讼法》的规定，环境行政案件的级别管辖可分为：一般的环境行政诉讼案件，由基层人民法院管辖；对国务院各部门或者省、自治区、直辖市人民政府所作的具体环境行政行为提起诉讼的案件，或者中级人民法院辖区内重大、复杂的环境行政案件，由中级人民法院管辖；高级人民法院辖区内重大、复杂的第一审环境行政案件，由高级人民法院管辖；全国范围内重大、复杂的第一审环境行政案件，由最高人民法院管辖。

（2）地域管辖，即根据人民法院的辖区和当事人的住所地，确立同级人民法院之间审理第一审环境行政案件的分工与权限。根据《行政诉讼法》的规定，环境行政案件的地域管辖可分为：环境行政案件由最初作出具体环境行政行为的行政机关所在地人民法院管辖；经复议的环境行政案件，复议机关改变原具体环境行政行为的，也可以由复议机关所在地人民法院管辖；对限制人身自由的环境行政强制措施不服提起的

① 参见《水法》第56条。

② 参见《固体废物污染环境防治法》第84条。

诉讼，由被告所在地或者原告所在地人民法院管辖；因不动产提起的环境行政诉讼，由不动产所在地人民法院管辖。

（3）移送管辖，即受诉人民法院把不属于自己管辖的环境行政案件，移送给有管辖权的人民法院审理。《行政诉讼法》第22条规定，人民法院发现受理的案件不属于自己管辖时，应当移送有管辖权的人民法院。受移送的人民法院不得自行移送。

（4）指定管辖，即由于特殊原因或两个以上人民法院对管辖权发生争议时，由上一级人民法院以裁定的方式指定其中一个人民法院审理第一审环境行政案件。《行政诉讼法》第23条规定，有管辖权的人民法院由于特殊原因不能行使管辖权的，由上级人民法院指定管辖。人民法院对管辖权发生争议，由争议双方协商解决。协商不成的，报它们的共同上级人民法院指定管辖。

6. 环境行政诉讼的时效。诉讼时效是指权利人于一定期限内不行使请求权，而丧失胜诉权的一项法律制度。《行政诉讼法》规定了两种诉讼时效：一是公民、法人或者其他组织直接向人民法院提起诉讼的，应当在知道作出具体行政行为之日起3个月内提出。二是申请人不服复议决定的，可以在收到复议决定书之日起15日内向人民法院提起诉讼。复议机关逾期不作决定的，申请人可以在复议期满之日起15日内向人民法院提起诉讼。

7. 环境行政诉讼的举证责任，即作为被告的环境行政主体依法提供证据，证明自己所作出的具体环境行政行为合法与适当。《行政诉讼法》规定，被告对作出的具体行政行为负有举证责任，应当提供作出该具体行政行为的证据和所依据的规范性文件。在诉讼过程中，被告不得自行向原告和证人收集证据。

8. 环境行政诉讼的诉讼程序，即人民法院和诉讼参与人在环境行政诉讼活动中必须遵循的法定方式和步骤的总称。根据《行政诉讼法》的规定，环境行政诉讼主要包括第一审程序和第二审程序。前者是指人民法院审理第一审环境行政案件所适用的程序，主要包括起诉、受理、开庭审理和判决四个阶段。后者是指上级人民法院对下级人民法院作出的第一审环境行政案件的裁决，在其发生法律效力之前，由于当事人的上诉而进行审理所适用的程序，主要包括上诉的提起、上诉案件的受理、上诉案件的审理和上诉案件的裁判等四个阶段。

9. 环境行政诉讼的执行，即人民法院依照法定程序，运用国家强制力强制义务人履行已经发生法律效力的判决、裁定以及其他法律文书所确定的义务的司法执法行为。根据《行政诉讼法》的规定，环境行政诉讼的执行规则是：

（1）公民、法人或者其他组织拒绝履行判决、裁定的，行政机关可以向第一审人民法院申请强制执行，或者依法强制执行。

（2）行政机关拒绝履行判决、裁定的，第一审人民法院可以采取以下措施：对应当归还的罚款或者应当给付的赔偿金，通知银行从该行政机关的账户内划拨；在规定期限内不执行的，从期满之日起，对该行政机关按日处50元至100元的罚款；向该行政机关的上一级行政机关或者监察、人事机关提出司法建议。接受司法建议的机关，根据有关规定进行处理，并将处理情况告知人民法院；拒不执行判决、裁定，情节严重构成犯罪的，依法追究主管人员和直接责任人员的刑事责任。

（3）公民、法人或者其他组织对具体行政行为在法定期间不提起诉讼又不履行的，行政机关可以申请人民法院强制执行，或者依法强制执行。

（二）环境民事公益诉讼

1. 环境民事公益诉讼的概念

环境民事公益诉讼，是指符合条件的社会组织对污染环境、破坏生态，损害社会公共利益的行为，依民事诉讼程序提出诉讼请求，人民法院依法对其进行审理和裁判的活动。

2012 年新修订的《民事诉讼法》作出了有关环境民事公益诉讼的规定，即对污染环境、侵害众多消费者合法权益等损害社会公共利益的行为，法律规定的机关和有关组织可以向人民法院提起诉讼。[①] 2014 年的《环境保护法》规定，对于污染环境、破坏生态，损害社会公共利益的行为，依法在设区的市级以上人民政府民政部门登记和专门从事环境保护公益活动连续 5 年以上且无违法记录的社会组织可以向人民法院提起诉讼。符合法律规定的社会组织向人民法院提起诉讼，人民法院应当依法受理。但提起诉讼的社会组织不得通过诉讼牟取经济利益。2014 年 12 月 8 日，最高人民法院审判委员会第 1631 次会议通过《关于审理环境民事公益诉讼案件适用法律若干问题的解释》，自 2015 年 1 月 7 日起施行，2014 年最高人民法院、民政部、环境保护部联合发布的《关于贯彻实施环境民事公益诉讼制度的通知》也对环境民事公益诉讼作出了更加具体的规定。

2. 环境民事公益诉讼特点

与传统的、一般的民事诉讼相比，环境民事公益诉讼有其特殊性：

（1）环境民事公益诉讼的主体具有特殊性。环境民事公益诉讼的原告一般不是与本案有直接利害关系的主体。根据《环境保护法》和最高人民法院《关于审理环境民事公益诉讼案件适用法律若干问题的解释》的规定，环境民事公益诉讼的原告包括依照法律、法规的规定，在设区的市级以上人民政府民政部门登记的社会团体、民办非企业单位以及基金会等社会组织。

（2）环境民事公益诉讼目的具有特殊性。环境民事公益诉讼的目的是维护环境公共利益。具体来说，是为了保护国家环境利益、社会环境利益及不特定多数人的环境利益，追求社会公正、公平，保障社会可持续发展。

（3）环境民事公益诉讼具有显著的预防性，同时兼具补救功能。环境民事公益诉讼的提起及最终裁决并不要求一定有损害事实发生，只要具有损害社会公共利益重大风险的污染环境、破坏生态的行为即可提起诉讼，由违法行为人承担相应的法律责任。

3. 环境民事公益诉讼的管辖

第一审环境民事公益诉讼案件由污染环境、破坏生态行为发生地、损害结果地或者被告住所地的中级以上人民法院管辖。中级人民法院认为确有必要的，可以在报请高级人民法院批准后，裁定将本院管辖的第一审环境民事公益诉讼案件交由基层人民法院审理。同一原告或者不同原告对同一污染环境、破坏生态行为分别向两个以上有管辖权的人民法院提起环境民事公益诉讼的，由最先立案的人民法院管辖，必要时由共同上级人民法院指定管辖。经最高人民法院批准，高级人民法院可以根据本辖区环

---

① 参见《民事诉讼法》第 55 条。

境和生态保护的实际情况，在辖区内确定部分中级人民法院受理第一审环境民事公益诉讼案件。中级人民法院管辖环境民事公益诉讼案件的区域由高级人民法院确定。

4. 环境民事公益诉讼的受理与审判

社会组织提起环境民事公益诉讼应当提交下列材料：符合民事诉讼法规定的起诉状，并按照被告人数提出副本；被告的行为已经损害社会公共利益或者具有损害社会公共利益重大风险的初步证明材料；社会组织提起诉讼的，应当提交社会组织登记证书、章程、起诉前连续5年的年度工作报告书或者年检报告书，以及由其法定代表人或者负责人签字并加盖公章的无违法记录的声明。人民法院认为原告提出的诉讼请求不足以保护社会公共利益的，可以向其释明变更或者增加停止侵害、恢复原状等诉讼请求。

人民法院受理环境民事公益诉讼后，应当在立案之日起 5 日内将起诉状副本发送被告，并公告案件受理情况。有权提起诉讼的其他机关和社会组织在公告之日起 30 日内申请参加诉讼，经审查符合法定条件的，人民法院应当将其列为共同原告；逾期申请的，不予准许。公民、法人和其他组织以人身、财产受到损害为由申请参加诉讼的，告知其另行起诉。人民法院受理环境民事公益诉讼后，应当在 10 日内告知对被告行为负有环境保护监督管理职责的部门。

对于审理环境民事公益诉讼案件需要的证据，人民法院认为必要的，应当调查收集。对于应当由原告承担举证责任且为维护社会公共利益所必要的专门性问题，人民法院可以委托具备资格的鉴定人进行鉴定。原告请求被告提供其排放的主要污染物名称、排放方式、排放浓度和总量、超标排放情况以及防治污染设施的建设和运行情况等环境信息，法律、法规、规章规定被告应当持有或者有证据证明被告持有而拒不提供，如果原告主张相关事实不利于被告的，人民法院可以推定该主张成立。当事人申请通知有专门知识的人出庭，就鉴定人作出的鉴定意见或者就因果关系、生态环境修复方式、生态环境修复费用以及生态环境受到损害至恢复原状期间服务功能的损失等专门性问题提出意见的，人民法院可以准许。专家意见经质证，可以作为认定事实的根据。

原告在诉讼过程中承认的对己方不利的事实和认可的证据，人民法院认为损害社会公共利益的，应当不予确认。环境民事公益诉讼案件审理过程中，被告以反诉方式提出诉讼请求的，人民法院不予受理。

对污染环境、破坏生态，已经损害社会公共利益或者具有损害社会公共利益重大风险的行为，原告可以请求被告承担停止侵害、排除妨碍、消除危险、恢复原状、赔偿损失、赔礼道歉等民事责任。原告为防止生态环境损害的发生和扩大，请求被告停止侵害、排除妨碍、消除危险的，人民法院可以依法予以支持。原告为停止侵害、排除妨碍、消除危险采取合理预防、处置措施而发生的费用，请求被告承担的，人民法院可以依法予以支持。

环境民事公益诉讼当事人达成调解协议或者自行达成和解协议后，人民法院应当将协议内容公告，公告期间不少于 30 日。公告期满后，人民法院审查认为调解协议或者和解协议的内容不损害社会公共利益的，应当出具调解书。当事人以达成和解协议为由申请撤诉的，不予准许。调解书应当写明诉讼请求、案件的基本事实和协议内容，并应当公开。

负有环境保护监督管理职责的部门依法履行监管职责而使原告诉讼请求全部实现，原告申请撤诉的，人民法院应予准许。法庭辩论终结后，原告申请撤诉的，人民法院不予准许，但本解释规定的情形除外。

发生法律效力的环境民事公益诉讼案件的裁判，需要采取强制执行措施的，应当移送执行。

5. 环境民事公益诉讼与其他环境民事侵权诉讼的关系

法律规定的机关和社会组织提起环境民事公益诉讼的，不影响因同一污染环境、破坏生态行为受到人身、财产损害的公民、法人和其他组织依据民事诉讼法的规定提起诉讼。

已为环境民事公益诉讼生效裁判认定的事实，因同一污染环境、破坏生态行为依据民事诉讼法规定提起诉讼的原告、被告均无须举证证明，但原告对该事实有异议并有相反证据足以推翻的除外。对于环境民事公益诉讼生效裁判就被告是否存在法律规定的不承担责任或者减轻责任的情形、行为与损害之间是否存在因果关系、被告承担责任的大小等所作的认定，因同一污染环境、破坏生态行为依据民事诉讼法规定提起诉讼的原告主张适用的，人民法院应予支持，但被告有相反证据足以推翻的除外。被告主张直接适用对其有利的认定的，人民法院不予支持，被告仍应举证证明。

被告因污染环境、破坏生态在环境民事公益诉讼和其他民事诉讼中均应承担责任，其财产不足以履行全部义务的，应当先履行其他民事诉讼生效裁判所确定的义务，但法律另有规定的除外。

（三）环境刑事诉讼

1. 环境刑事诉讼的概念。环境刑事诉讼，是指由国家检察机关为追究环境犯罪者的刑事责任向人民法院提起的诉讼，人民法院依据有关刑事法律法规的规定，依法进行审理和裁判的活动。环境刑事诉讼具有下述特点：

第一，环境刑事诉讼是一种国家活动。环境刑事诉讼是由专门的国家司法机关进行的，刑事诉讼中的侦查权、检察权和审判权是国家权力的具体体现；是依照体现国家意志的法律进行的；是以国家强制力为保障的。

第二，环境刑事诉讼具有特定的任务，即通过环境刑事诉讼揭露破坏环境与资源保护的犯罪，证实犯罪，追究犯罪人的刑事责任。

第三，环境刑事诉讼是在污染受害者或生态环境的受托管理人等当事人和其他诉讼参与人的参加下进行的，尤其是当事人是刑事诉讼不可缺少的诉讼主体。这一特点决定了环境刑事诉讼的公开性和民主性。公开性的最直接的含义是要让当事人知悉诉讼的进程，当事人不能在对诉讼过程毫不了解的情况下就接受诉讼的裁决。民主性的最基本的要求是让人说话，即允许当事人充分陈述事实和理由，审判官只不过是在当事人陈述的基础上进行裁决；民主性的另一个要求是兼听，即审判官必须认真听取控辩双方的观点。民主性是当事人服从诉讼结果，接受诉讼裁决的必要条件。

第四，环境刑事诉讼是依照法定的刑事诉讼程序进行的。司法机关进行刑事诉讼必须依照法律规定，分阶段循序渐进地进行，而不能任意颠倒或者超越诉讼阶段。依照法定程序办案，对于保证当事人和其他诉讼参与人的合法权益，防止司法机关滥用职权，保证刑事案件的办案质量等，具有十分重要的意义。

2. 环境刑事诉讼的价值。环境刑事诉讼的价值可归纳为如下几项：

（1）秩序。秩序是法治的基础，秩序若陷入崩溃，法治也就无从谈起。良好环境保护秩序的建立当然需要法律的维护。刑事诉讼作为一种特定的法律机制，其产生和存续的基础之一在于它具有实现环境刑法目的之功能。难以想象完全不具有这一功能的整体刑事诉讼机制能够存在。[①] 环境刑事诉讼将秩序作为其价值追求也应为必然。

（2）环境正义。环境正义，是指全体人民，不论其种族、民族、原始国籍和收入，在环境法律、法规与政策的制定、遵守和执行等方面，都应得到公平对待和有效参与。[②] 在经济快速发展、环境与资源保护问题严峻的中国，环境刑事诉讼也应当体现环境正义原则。1991 年 10 月 27 日在华盛顿召开的美国“第一届全国有色人种环境领袖高峰会”讨论通过了环境正义的基本原则，主要包括：尊重地球及生态系统；人类应互相尊重，彼此平等；停止对他人及自然的剥削；反核以及反对任何对环境及人体有危害之设施或物质；程序正义；安全及健康的工作环境；合理的赔偿与救治；政府保障环境正义的施行；反对跨国企业之破坏；加强社会及环境议题之全民教育；世代正义。不论任何人的环境犯罪行为，只要符合刑事法律中有关破坏环境与资源保护罪的规定，就应受到法律的惩罚。

（3）效率。通过环境刑事诉讼解决破坏环境与资源问题意味着司法资源的投入，如何以较少的投入取得最大的收益，是个日益受到普遍关注的问题。简易、速决程序的确立，可以减少司法资源不必要的丧失。但应当注意的是，我们不能以效率为借口取代公平与正义，效率必须建立在公平正义的基础上。

3. 环境刑事诉讼的管辖。具体内容有：

（1）环境刑事诉讼管辖的概念。环境刑事诉讼管辖，是指人民法院、人民检察院、公安机关直接受理刑事案件权限范围的分工，以及人民法院组织系统内部审判第一审刑事案件的分工。环境刑事诉讼的管辖，一般是根据环境刑事案件的性质、案情的轻重、复杂程度、发生地点、影响大小等不同特点和司法机关在刑事诉讼中的职责确定的。

（2）环境刑事诉讼管辖确立的原则。体现为：有利于司法机关准确、及时地查明环境刑事案件事实，保证案件得到正确、合法、及时的处理；要适应司法机关的性质和职权，均衡各司法机关的工作负担，以利于它们有效地履行各自的职责，充分发挥它们的职能作用，保证办案质量，提高办案效率；便利遭受污染损害的群众参加环境刑事诉讼活动，有利于扩大环境刑事案件的社会效果和教育意义。

（3）环境刑事诉讼管辖的分类。可分为：

1）立案管辖。又称职能管辖或部门管辖，是指公安机关（包括国家安全机关等）、人民检察院和人民法院之间，在直接受理的刑事案件范围上的分工。

立案管辖所要解决的是哪类刑事案件应当由公、检、法三机关中的哪一个机关立

① 参见张建伟：《刑事诉讼法通义》，15 页，北京，清华大学出版社，2007。

② See USEPA · OSWER Environmental Justice Success Stories Report（FY 2004 ～ 2005），http：// www. epa. gov /oswer/ ej/ pdf/ejss2001. pdf.

案受理的问题。具体地讲，也就是确定哪些刑事案件不需要经过侦查，而由人民法院直接受理审判；哪些刑事案件由人民检察院直接受理立案侦查；哪些刑事案件由公安机关立案侦查。划分立案管辖的主要根据是公、检、法三机关在刑事诉讼中的职责分工和刑事案件的性质及其严重、复杂程度。

根据《刑事诉讼法》的规定，环境刑事诉讼案件的侦查主要由公安机关进行。但对于国家工作人员渎职造成的环境刑事案件则应由人民检察院立案侦查。对于国家机关工作人员利用职权实施的其他重大环境犯罪案件，需要由人民检察院直接受理的时候，经省级以上人民检察院决定，可以由人民检察院立案侦查。环境刑事自诉案件，由人民法院直接受理。

2）审判管辖。它是人民法院组织系统内部在审判第一审环境刑事案件上的分工。包括普通管辖和专门管辖，普通管辖又分为级别管辖和地区管辖。刑事诉讼法中只对普通管辖作了具体规定，专门管辖则由有关的法律进行规定。

级别管辖，是上、下级法院之间在审判第一审环境刑事案件上的分工。根据《刑事诉讼法》对级别管辖的规定，基层人民法院管辖第一审普通环境刑事案件。中级人民法院管辖可能判处无期徒刑、死刑的或外国人犯罪的第一审环境刑事案件。高级人民法院管辖全省（直辖市、自治区）性的重大环境刑事案件。最高人民法院管辖全国性的重大环境刑事案件。同时，上级人民法院在必要的时候，可以审判下级人民法院管辖的第一审环境刑事案件；下级人民法院认为案情重大、复杂需要由上级人民法院审判的第一审环境刑事案件，可以请求移送上一级人民法院审判。

地区管辖，是指同一级不同地区的人民法院之间在审判第一审环境刑事案件上的分工。根据《刑事诉讼法》的规定，环境刑事案件由犯罪地的人民法院管辖。对犯罪地如何界定问题，法律未做具体规定。但从实践情况看，一般都是从比较广的意义上理解的，即犯罪地包括与犯罪行为有关的一切场所。既包括行为地，也包括结果地；既包括预备地，也包括销赃地；不作为形式的犯罪，其犯罪地就是被告人应该作为的地点。此外，《刑事诉讼法》也规定，如果由被告人居住地的人民法院审判更为适宜的，可以由被告人居住地的人民法院管辖。由此可以看出，《刑事诉讼法》确定了以犯罪地法院审判为主，以被告人居住地法院审判相补充的地区管辖原则。

4. 环境刑事诉讼的程序。为了实现诉讼正义，我国将环境刑事诉讼的程序设定为：

（1）立案。环境刑事诉讼中，立案包括立案阶段和立案决定两个步骤。立案阶段，是指公安机关、人民检察院或者人民法院依法接受环境污染受害者或者监管者报案、控告、举报和犯罪嫌疑人的自首，并且按照管辖范围，对报案、控告、举报和犯罪人的自首材料进行审查，确认有无犯罪事实，依法是否需要追究刑事责任，以决定是否作为刑事案件进行侦查或者审判的诉讼活动。立案决定，则是指公安机关、人民检察院或者人民法院，对环境污染受害者或者监管者报案、控告、举报和犯罪嫌疑人的自首材料进行审查后，认为有破坏环境与资源保护的犯罪事实发生，依法需要追究环境刑事责任的时候，决定将该环境犯罪事件确立为环境刑事案件进行追究，以开始侦查或者审判的一种诉讼活动。

（2）侦查。侦查是指公安机关、人民检察院在办理环境刑事案件过程中，依照法律进行的专门调查工作和有关的强制性措施。侦查是继立案之后的又一个独立的诉讼阶段，可以起到为以后的起诉和审判工作提供事实基础，打击和预防环境犯罪，保护生态环境与人民健康等多方面的作用。

（3）刑事起诉。环境刑事起诉是指有起诉权的机关或个人向国家审判机关提起诉讼，请求对被告人进行审判的诉讼活动。环境刑事起诉分为公诉和自诉两种：环境公诉，是指国家公诉机关向审判机关提起的环境刑事诉讼；环境自诉，是指环境污染受害人或其法定代理人等为维护环境污染受害人的合法权益而直接向审判机关提起的环境刑事诉讼。

（4）审判。环境刑事诉讼中的审判，是指人民法院对人民检察院提起环境公诉或者环境污染受害人或其法定代理人提起环境自诉的案件进行审理和裁判的诉讼活动。审判包括审理和裁判两个阶段。审理是人民法院通过开庭或书面形式对环境刑事案件事实情节和证据等问题进行全面审查、核实并听取控辩双方的意见的诉讼活动。在环境刑事案件的审理过程中，对案件所涉的环境污染专门性问题难以确定的，由司法鉴定机构出具鉴定意见，或者由国务院环境保护部门指定的机构出具检验报告。县级以上环境保护部门及其所属监测机构出具的监测数据，经省级以上环境保护部门认可的，可以作为证据使用。① 裁判是人民法院在对环境刑事案件进行审理的基础上，根据刑事法律对案件的实体和部分程序问题所作的判决和裁定。审理和裁判是审判活动的两个有机组成部分。审理为裁判提供事实依据，是正确裁判的前提和基础；裁判是根据事实适用法律的结论，是审判活动的归宿。

第五节　环境法律监督

一、环境法律监督概述

（一）环境法律监督的概念

法律监督是指一切国家机关、社会组织和公民对各种法律活动的合法性依法所进行的监察和督促。狭义的法律监督专指有关国家机关依照法定职权和法定程序，对立法、执法和司法活动的合法性所进行的监察和督促。法律监督是现代法治国家法律实施的一种重要机制。我们这里采用的是广义的法律监督，它不仅包括国家权力机关和检察机关对法律实施过程的监督，而且包括国家行政监察机关、行政机关组织系统内部自上而下对行政法规实施过程的监督，以及政党、社会团体、企事业单位、公众、社会各界对法律实施过程的监督。既包括对刑事法律活动的监督，也包括对民事法律、环境法律、行政法律活动的监督，是一种内容广泛的综合性法律监督。环境法律监督属于法律监督的一个重要组成部分，即一切国家机关、社会组织和公民对各种环境法律法规活动的合法性依法所进行的监察和督促。

（二）环境法律监督的意义

环境法律监督对于保证环境法律的正确实施具有重要意义：

---

① 参见 2013 年《最高人民法院 最高人民检察院关于办理环境污染刑事案件适用法律若干问题的解释》第 11 条。

第一，环境法律监督是树立环境法律法规的权威，维护环境法制尊严的基本措施。第二，环境法律监督是保证环境法律法规得以真正实施的重要条件。第三，环境法律监督是维护公民合法环境权益的重要保证，是预防、制止和纠正环境污染与破坏行为的有效措施。第四，环境法律监督既是保证环境行政主管部门以及享有环境管理权的机关及其工作人员依法办事的重要手段，也是考核执法机关和执法人员的有效措施。

（三）环境法律监督的分类

对于环境法律监督可以按不同的标准，从不同的角度进行各种分类，基本的分类有以下几种：

1. 根据环境法律监督主体不同，可以分为政党监督、国家机关的监督和社会监督三大类。

2. 根据监督主体和被监督的国家机关的地位和相互关系的不同，可以分为纵向监督和横向监督。

3. 根据监督主体和被监督的国家机关是否属于同一系统，可以分为内部监督和外部监督。

4. 根据监督实行时间的先后，可以分为事前监督和事后监督。

5. 根据监督的性质和效力，可以分为具有法律效力的监督和不具法律效力的监督。

二、环境法律监督的构成

环境法律监督的构成是指那些构成环境法律监督的基本要素。环境法律监督的构成要素一般有三个：即环境法律监督的主体，环境法律监督的客体，环境法律监督的内容。

（一）环境法律监督的主体

环境法律监督的主体是指谁从事环境法律法规的监督活动。环境法律监督的主体主要有三类：国家机关、社会组织和公众。

作为环境法律监督主体的国家机关一般指国家立法机关、行政机关和司法机关。这三种国家机关在不同国家的法律监督体系中的地位和作用不完全相同。国家机关的法律监督权限和范围由宪法和法律加以规定，并且严格按照法定程序进行监督。国家机关的监督在法律监督体系中居于核心地位，其监督是具有法律效力的监督。

社会组织。作为环境法律监督主体的社会组织，一般指政党和社会团体。这类监督主体具有广泛的代表性。作为执政党的中国共产党和参政党的民主党派的监督当然必不可少和意义重大。各种环境非政府组织在环境法律监督中也已经开始起着越来越重要的作用。这类主体的监督特点是：第一，不以国家名义进行；第二，不具法律效力。

公众。随着环境问题的日益凸显和公众环境意识的不断提升，公众参与环境监督的热情也不断高涨。公众作为环境法律监督的主体已经开始显现其在环境法律监督中的重要作用。

（二）环境法律监督的客体

环境法律监督的客体，是指环境法律监督权所指向的对象，即对国家机关、社会组织和公民所从事的与环境保护有关的各种法律活动。其中，国家环境行政主管部门、享有环境监督管理权的行政部门及其公职人员执行环境法律法规的活动应成为环境法律监督的重点。

（三）环境法律监督的内容

环境法律监督的内容是指对国家机关、社会组织和公民从事各种环境法律法规活动的合法性的监督。其中主要是国家环境行政主管部门、享有环境监督管理权的行政部门及其公职人员执行环境法律法规活动的合法性问题，它包括两个方面：一是对国家机关制定各种环境法律法规在程序上和实体上的合法性进行监督；二是对行政机关的具体环境行政执法活动、司法机关的环境司法活动在程序和实体方面的合法性进行监督。

有关法律监督的构成学界有不同的观点，本书采用“三要素说”，该说也获得了大多数学者的认可。但也有学者认可法律监督的“五要素说”，认可该说的学者在具体内容上也有一些细微的差别，如有学者认为，法律监督的构成包括法律监督的主体、法律监督的客体、法律监督的内容、法律监督的权力、法律监督的规则等；有学者认为，法律监督的构成包括法律监督的主体、法律监督的范围和内容、法律监督对象和客体、法律监督的依据、法律监督的目的；也有学者认为，法律监督的构成包括律监督的主体、法律监督的客体、法律监督的内容、法律监督的依据、法律监督的方式等。

三、环境法律监督的体系

环境法律监督体系，是指由国家机关、社会组织和公众依法对各种环境法律活动进行监督所构成的多层次的系统或网络。我国环境法律实施的监督体系由权力机关的环境法律监督、行政机关的环境法律监督和社会环境法律监督三部分有机结合而成。

（一）国家环境法律监督

国家环境法律监督又包括国家权力机关的环境法律监督、国家行政机关的环境法律监督和国家司法机关的环境法律监督。社会监督又包括社会组织和公民的环境法律监督。

1. 国家权力机关的环境法律监督。国家权力机关的环境法律监督是我国环境法律监督体系中层次最高、最具权威的监督方式。宪法与环境法律法规设定了多种权能与方式保障国家权力机关监督职权的行使。主要包括：听取和审议工作报告、专题汇报、质询和询问、调查、执法检查、法规批准、备案、审查、撤销、清理等。例如，2014年《环境保护法》第27条规定，县级以上人民政府应当每年向本级人民代表大会或者人民代表大会常务委员会报告环境状况和环境保护目标完成情况，对发生的重大环境事件应当及时向本级人民代表大会常务委员会报告，依法接受监督。

此外，近几年来，全国人大常委会分别组成以副委员长，环资委正副主任委员为团长的检查团，对除西藏外的30个省、自治区、直辖市的地方各级政府执行环保法律的情况进行检查，各省、自治区、直辖市人大常委会的环境与资源保护机构也对本辖区的环境执法进行了检查。检查期间，各地政府依法查处和检查团责成地方政府查处的违法案件6 000余起。

2. 国家行政机关的环境法律监督。由于我国实行“议行合一”的政治体制，国家行政机关的环境法律监督主要是行政内部的自我监督。国家行政机关的环境法律监督又可以分为一般层级监督和专门监督。其中，专门监督包括环境行政监察监督、环境审计监督和环境行政复议监督。如国家环境保护部和监察部连续 3 年联合组成检查团，对全国部分地区贯彻国务院《关于环境保护若干问题的决定》情况进行了检查。部分地方的环保部门和监察部门还在环境行政执法监察的制度化、规范化方面进行了探索，并取得了积极的效果。实践证明，监察部门和环保部门联合实施环境行政执法监察，受到各地政府重视，增强了环境执法监督力度。

3. 国家司法机关的环境法律监督。司法机关的监督，根据监督主体的不同，具体分为检察机关的环境法律监督和审判机关的环境法律监督两种。检察环境法律监督具体包括五个方面，即法纪监督、经济监督、侦查监督、审判监督和监所、劳改监督。审判环境法律监督包括对内监督和对外监督两个方面。

（二）社会环境法律监督

社会环境法律监督是指社会力量对环境法律法规实施的监督，监督的主体主要包括执政党、民主党派和人民政协、社会团体、公众以及新闻媒体。2014 年《环境保护法》明确要求重点排污单位应当如实向社会公开其主要污染物的名称、排放方式、排放浓度和总量、超标排放情况，以及防治污染设施的建设和运行情况，接受社会监督。

1. 各政党的监督。各政党的监督主要分为执政的共产党的监督和参政的各民主党派的监督。中国共产党作为执政党，虽然不能直接参加和干预国家机关实施环境法律法规的活动，但有权对其在实施环境法律法规中存在的问题提出改进和修正的意见和建议。此外，中国共产党也可以通过纪律检查委员会对各级国家机关中的共产党员进行监督，这也是环境法律监督的重要途径。民主党派作为参政党也可以通过专题调查、会议协商、发表意见等方式监督各级国家机关的环境法律法规实施活动。

2. 社会组织的监督。社会组织的监督主要是指人民政协、社会团体、公众和新闻媒体的监督。人民政协是爱国统一战线组织，是共产党领导的多党合作和政治协商的机构。人民政协通过向环境保护行政主管部门和其他享有环境行政管理权的部门提出建议案、委员视察、委员提案、委员举报、参加有关部门组织的调查和检查活动等形式监督环境法律法规的实施。工会、共青团、妇联以及城市居民委员会和农村的村民委员会等群众自治组织，分别依据《劳动法》、《工会法》、《共青团章程》、《妇女权益保护法》、《居民委员会组织法》和《村民委员会组织法》等法律法规的规定对环境法律法规的实施进行监督。

3. 公民、法人和其他组织的监督。2014 年《环境保护法》第 53 条规定，公民、法人和其他组织依法享有获取环境信息、参与和监督环境保护的权利。各级人民政府环境保护主管部门和其他负有环境保护监督管理职责的部门，应当依法公开环境信息、完善公众参与程序，为公民、法人和其他组织参与和监督环境保护提供便利。2015 年《环境保护公众参与办法》也规定，环境保护主管部门支持和鼓励公民、法人和其他组织对环境保护公共事务进行舆论监督和社会监督。公民、法人和其他组织发现任何单位和个人有污染环境和破坏生态行为的，可以通过信函、传真、电子邮件、“12369”环保举报热线、政府网站等途径，向环境保护主管部门举报。公民、法人和其他组织发现地方各级人民政府、县级以上环境保护主管部门不依法履行职责的，有权向其上级机关或者监察机关举报。

4. 环境保护非政府组织的监督。环境保护非政府组织主要依据《宪法》、《环境保护法》、《环境影响评价法》、《环境保护公众参与办法》和《环境影响评价公众参与暂行办法》等法律、法规、规章对环境法的实施进行监督。近年来，很多环境保护事件都是由像绿色和平中国、地球之友等一大批专门从事环境保护事业的非政府组织对多起破坏生态环境的事件进行跟踪调查并将事实真相予以披露，从而遏制了多起破坏生态环境的活动。

5. 新闻媒体的监督。新闻媒体的监督是社会各界和人民群众通过报刊、电视、广播互联网等新闻媒体工具对环境法律法规的实施进行的监督。这也是公民言论自由、出版自由等基本宪法权利的具体体现形式。2014 年《环境保护法》第 9 条规定，新闻媒体应当开展环境保护法律法规和环境保护知识的宣传，对环境违法行为进行舆论监督。近年来，新闻媒体披露了大量的环境污染和生态破坏事件，引起了政府机关和社会各界的广泛关注，并由此制止了环境污染和生态破坏事件的发生或得到积极的治理，很好地保护了人民的生命和财产安全。

案例与思考

1. 综合案例

［题例］

2012 年 1 月至 2013 年 2 月，江苏泰兴经济开发区 6 家化工企业将生产过程中产生的危险废物废盐酸、废硫酸总计 25 000 余吨，以每吨支付 20～100 元不等的价格，交给无危险废物处理资质的公司偷排于泰兴市如泰运河、泰州市高港区古马干河中。在一年多的时间里，仅有据可查的数据便显示，泰州戴卫国、姚雪元等人将未经处理的 25 000 多吨废酸直接倾倒进河流内，导致附近水体污染严重。2013 年 2 月，这伙人在倾倒废酸时，被环保部门现场抓获。2014 年 8 月，泰州泰兴市人民法院判决，戴卫国等 14 人因犯环境污染罪，判处有期徒刑 2～5 年不等，并处罚金 16 万～41 万元。

2014 年 8 月，在泰州市环保局指导下，新成立的环保组织——泰州市环保联合会，将泰兴经济开发区 6 家化工企业告上了法庭，要求它们共同赔偿环境污染修复费用等共计 1.64 亿元。

问：该案件中，泰州市环保联合会是否是合法的诉讼主体？人民法院是否应受理？其提起的是什么诉讼？为什么？

［答题思路］

（1）泰州市环保联合会是合法的诉讼主体。依照《环境保护法》第 58 条的规定，对污染环境、破坏生态，损害社会公共利益的行为，依法在设区的市级以上人民政府民政部门登记的社会组织可以向人民法院提起诉讼。符合规定的社会组织向人民法院提起诉讼，人民法院应当依法受理。

（2）泰州市环保联合会提起的是环境民事公益诉讼。因为泰州市环保联合会是对江苏泰兴经济开发区 6 家化工企业将生产过程中产生的危险废物废盐酸、废硫酸总计 25 000 余吨，以每吨支付 20～100 元不等的价格，交给无危险废物处理资质的公司偷排于泰兴市如泰运河、泰州市高港区古马干河中，从而造成两条河流被污染的污染环境和破坏生态的行为提起的诉讼。该诉讼符合最高人民法院《关于审理环境民事公益诉讼案件适用法律若干问题的解释》关于法律规定的机关和有关组织依法对已经损害社会公共利益或者具有损害社会公共利益重大风险的污染环境、破坏生态的行为提起诉讼，符合民事诉讼法规定的，人民法院应予受理。

2. 思考题

(1) 环境保护法实施的概念是什么？

(2) 环境行政执法的具体措施有哪些？

(3) 环境民事公益诉讼的主要内容是什么？

(4) 环境法律监督的体系包括哪些内容？

第二篇 各 论

第六章 环境污染防治法

第一节 环境污染防治法概述

一、环境污染和其他公害的概念

二、环境污染和其他公害的类型及其特征

三、我国环境污染防治立法概况

第二节 大气污染防治法

一、大气污染及其危害

二、大气污染防治立法及其主要法律规定

第三节 水污染防治法

一、水污染及其危害

二、水污染防治立法及其主要法律规定

第四节 海洋环境污染防治法

一、海洋环境污染的概念

二、海洋环境污染的特点及危害

三、海洋环境污染防治立法及其主要法律规定

第五节 噪声污染防治法

一、噪声污染的概念及危害

二、环境噪声污染防治立法及其主要法律规定

第六节 固体废物污染环境防治法

一、固体废物污染及其危害

二、固体废物污染环境防治立法及其主要法律规定

第七节 放射性污染防治法

一、放射性污染的概念及其危害

二、放射性污染防治立法及其主要法律规定

第八节 有毒有害物质污染防治法

一、有毒化学品污染防治法

二、农药污染防治法

重点问题

1. 环境污染和其他公害的概念、类型及其特征

2. 大气污染防治立法沿革及其主要内容
3. 我国关于饮用水安全保障的法律规定
4. 固体废物污染及其防治原则
5. 环境噪声污染及其防治

第一节　环境污染防治法概述

一、环境污染和其他公害的概念

人为环境问题一般可以分为两类，即环境污染和生态破坏，因此污染防治是环境保护事业的两大任务之一。事实上，环境污染和其他公害对环境资源和人体健康的危害较之生态破坏更为直接和明显，而且环境污染往往又是生态破坏的直接原因，所以，各国的环境保护事业基本上是直接起源于对环境污染的防治，我国亦如此。

环境污染通常是指人类向环境排放了超过环境容量的物质或者能量，导致环境质量下降，进而对人体健康、财产等造成不利影响的现象。

有关“环境污染”比较有影响的概念，是经济合作与发展组织（OECD）在1974年的一份建议书中提出的为成员国共同接受的定义。[①] 该建议书认为，所谓环境污染，是指被人们利用的物质或者能量直接或间接地进入环境，导致对自然的有害影响，以至于危及人类健康、危害生命资源和生态系统，以及损害或者妨害舒适性和环境的其他合法用途的现象。这个定义将污染明确地限定在人类活动所产生的变化中。按照这个定义，危害（包括损害或妨害等）是污染的结果形式。定义中提到的“物质或者能量”不仅包括了固体、液体或气体物质，而且还包括了诸如噪声、振动、热辐射以及放射性物质。对于污染物的理解，不能将向环境排放的所有不能为人类完全利用的物质或能量都视为污染物，而仅仅只将那些危害程度可以延伸到一定水平的物质或要素视为污染物，如可能导致危险或者对人类、生命资源和生态系统可能造成实质性损害的物质。

与环境污染紧密相连的另一个概念是“公害”。一般认为，环境法上的“公害”概念是从英美法上的“Public Nuisance”演化而来的。环境法中使用公害一词，首见于日本明治29年（1897年）大阪府令《制造场管理规则》第3条。目前广为接受的公害概念是日本1967通过的《公害对策基本法》规定的定义，即：公害是由于事业活动或人类其他活动所造成的相当范围的大气污染、水质污染、土壤污染、噪声、振动、地面沉降以及恶臭，对人体健康和生活环境带来的损害。

一般认为，公害就是指环境污染。我国首次使用公害这一概念的是1978年的《宪法》。1978年《宪法》第11条规定：“国家保护环境和自然资源，防治污染和其他公害。”后来在1982年的《宪法》、1989的《环境保护法》和2014年修订的《环境保护法》中都以“环境污染和其他公害”的概念来描述环境污染等现象。可见，我国现行的环境立法中是将“环境污染”和“其他公害”并列起来，将环境污染作为公害的一

① See OECE Council Recommendation C（74）224，1974.

种加以对待，并未对“环境污染”与“公害”进行严格的区分。但严格说来，两者之间既在很大程度上具有统一性，又在内涵上存在细微的差别。环境污染与公害的共同点在于：二者均对环境造成了损害。二者之间的不同点在于：环境污染不一定对人的健康和财产造成损害，而公害则必须对多数人的健康和财产造成损害；环境污染主要是行为，直接作用对象是环境；而公害主要是结果，直接作用对象是人群，着重强调的是因环境受到污染进而造成对人类的危害。它们在某种情况下表现出来的是一种因果关系，环境污染导致公害，是原因；而公害是由于环境污染引起、造成的，是结果。但需要指出的是，本书中如无特别说明，对环境污染的论述也同样适用于公害。

二、环境污染和其他公害的类型及其特征

（一）环境污染和其他公害的类型

环境污染和其他公害的产生，在大多数情况下是因污染源排放了污染物造成的。《环境保护法》第42条所列举的产生环境污染和其他公害的主要物质和因素，如废气、废水、废渣、医疗废物、粉尘、恶臭气体、放射性物质以及噪声、振动、光辐射、电磁波辐射等，都是产生环境污染和其他公害的主要物质。此外，某些在人们的日常生产、生活中使用的本不是污染物质的有毒有害物质，也可能会由于保管或者安全管理措施不善而流失、散发或遗失，进入环境而造成环境污染。

在污染类型上，根据以上主要物质和因素介入环境要素的不同，可以把环境污染和其他公害分为环境要素污染和有毒有害物质污染；此外，还可以从其他方面对环境污染和其他公害进行分类，如根据环境的不同性质，可将其分为大气污染、水质污染、海洋环境污染、土壤污染等；根据污染物的特性，可以分为生物污染危害、化学污染危害以及物理污染危害、放射污染等；根据这些物质和因素的形态，又可以分为废气污染、废水污染和固体废物污染，以及振动危害、噪声危害和电磁波辐射危害等。

（二）环境污染和其他公害的特征

环境污染和其他公害具有如下特征①：

1. 环境污染和其他公害是人类正常活动的有害副作用。工矿企业、事业单位向环境排放废气、废水、废渣、噪声等，总是伴随着人们的生产、生活等对社会有益的正常活动而出现的对人体健康、社会经济发展有害的一种副作用。公害这种特点与投毒、伤害、杀人等行为本身就属于犯罪而对社会有害的行为不同。

2. 环境污染和其他公害以环境为媒介对不特定人群造成危害，即人类活动排放的污染物和能量进入环境，使其质量下降之后，受污染的环境才对人体健康、生命安全造成危害，而且是对不特定人群的侵害。

3. 环境污染和其他公害具有综合性和积累性。造成公害的原因是多种多样的，且往往是综合起作用；公害还具有积累性、连续性特点。以日本的水俣病事件为例，从工厂排放甲基汞到连续发生人畜中毒，前后经历了数十年，这与传统的侵害行为原因较为单一和危害多为一次性有别。

---

① 参见邱聪智：《公害法原理》，19～22页，台北，辅仁大学法学丛书编辑委员会，1984；［日］原田尚彦：《环境法》，4～5页，北京，法律出版社，1999。

4. 环境污染和其他公害往往同时侵害多种权益，如危害人体健康、生命安全、污染大气、水体、土壤、动植物、建筑物，造成健康权、生命权、财产权、环境权益等的损害。

5. 环境污染和其他公害危及的范围广。不仅可以污染一条河流、一个地区、几个国家，还可危及整个大洲、几个大洋，甚至遍及全世界。

6. 环境污染和其他公害引起的疾病往往难以发现和治疗。医学表明，人类的疾病多与环境污染有关，但病理复杂，短时间内难以发现和治疗，有的甚至不能根治，有的还会危及下一代。

三、我国环境污染防治立法概况

防治环境污染是保护环境的重要内容，也是环境立法的重要任务。环境污染防治法并不是指单独存在的一部法律，而是指国家为预防和治理环境污染和其他公害，对产生或可能产生环境污染和其他公害的原因活动实施管理，以达到保护生活环境和生态环境，进而达到保护人体健康和财产安全的目的而制定的同类法律的总称。环境污染防治法作为环境法的重要组成部分，以对各种环境要素污染的防治及有毒有害物质污染防治为主要内容，在形式上表现为环境保护基本法下属的单行法及其配套法规，既是对基本法防治环境污染的原则性规定的具体化，又是对环境污染防治的综合性规定。

我国环境污染防治立法是环境法中发展得较早和较快的领域。萌芽于 20 世纪五、六十年代，起步于 70 年代，快速发展于 80 年代，初步完善于 90 年代，现在，我国的环境污染防治立法正处于进一步的健全和完善过程中。迄今，已经颁布的专门的环境污染防治单行法律法规主要有《环境保护法》（1989 年通过，2014 年修订）；《大气污染防治法》（1987 年通过，1995 年修正，2000 年、2015 年修订）；《水污染防治法》（1984 年通过，1996 年修正，2008 年修订）；《海洋环境保护法》（1982 年通过，1999 年修订，2013 年修正）；《环境噪声污染防治法》（1996 年）；《固体废物污染环境防治法》（1995 年通过，2004 年修订，2013 年修正）；《清洁生产促进法》（2002 年通过，2012 年修订）；《环境影响评价法》（2002 年）；《放射性污染防治法》（2003 年）；等等。除全国人大、全国人大常委会外，国务院也制定和实施了大量综合性或单行环境污染防治的行政法规，各主管部门也分别制定了一些专项部门规章或环境标准，各地方则根据本地方的特点制定了许多地方性环境污染防治的法规、规章或地方环境标准。我国现已初步形成了环境污染防治法的体系，大体由以下几个方面构成：（1）宪法中的有关污染防治方面的法律规范。我国《宪法》第 26 条规定："国家保护和改善生活环境和生态环境，防治污染和其他公害。"这是我国《宪法》对国家防治污染义务的原则性规定。（2）综合性环境保护基本法中的有关污染防治方面的法律规范。在我国，综合性环境保护基本法是指我国 2014 年修订的《环境保护法》。在污染防治方面，《环境保护法》第四章"防治污染和其他公害"对以下问题作出了较为明确的规定，从而为环境污染防治单行立法提供了依据：促进清洁生产和资源循环利用，防污设施的设计、施工与投产，排污者防治污染责任，排污费和环境保护税，重点污染物排放总量控制，排污许可制度，突发环境事件处理，化学物品和含有放射性物质物品安全控制和管理，农业、农村环境污染防治等。（3）环境污染防治单行立法。单行环境立法，是指专门针对某种环境要素或对特定的环境社会关系所进行调整的立法。在污染防治方面，我国单行环境立法主要由大气污染防治、海洋污染防治、水污染防治、环境噪声污染防治、固体废物污染环境防治、放射性污染防治以及其他有毒有害物质安全管理等方面的法律、行政法规、部门规章以及地方性环境法规或者规章组成。根据造成环境污染和危害的污染物的性质的不同，可以把环境污染和其他公害大致分为两种类型：环境要素污染和有毒有害物质污染。据此可以将我国污染防治法分为环境要素污染防治法和有毒有害物质污染控制法两个子系统。① 目前我国污染防治法的体系主要由以上几个方面法律、行政法规、部门规章以及地方性环境法规或规章组成。我国单行污染防治立法还包括《建设项目环境保护管理条例》、《全国环境监测管理条例》等特别方面的单行环境立法。此外，环境标准也属于我国环境单行立法。在我国，环境标准主要由《环境标准管理办法》和环境标准组成，其中绝大多数环境标准与环境污染防治有关。（4）其他部门法中的有关污染防治方面的法律规范。在我国，民法、刑法、行政法、诉讼法以及其他部门法中的法律规范均对污染防治作出了直接或者间接的规定，这些内容也属于我国环境污染防治法体系的组成部分。

第二节　大气污染防治法

一、大气污染及其危害

（一）大气及大气污染

大气是环境的重要组成要素，是维持一切生命所必需的最基本条件。大气质量的好坏，不仅直接影响到人体健康，而且直接影响到工农业生产，直接影响到社会经济的发展。大气是一种由多种气体组成的混合物，其主要成分包括氮、氧、氩、氖、氪、氙以及二氧化碳、水蒸气和其他杂质。在正常情况下，大气中的上述各种成分所占比例一般为：氮约占78.1%，氧约占20.9%，氩及其他惰性气体约占0.94%，二氧化碳及其他气体、杂质约占0.06%。在构成大气的诸多成分中，氮、氧、惰性气体为恒定成分，二氧化碳、水蒸气为可变成分，杂质及其他有害化合物等为不定成分。大气的不定成分是造成大气污染的根源，而二氧化碳排放过多，则是造成地球温室效应的重要原因。

按照大气圈的温度、成分以及其他方面的物理性质在垂直方向上的变化和不同，可以将大气圈分为对流层、平流层、中间层、热层和外层这五层。超出外层为外层空间，在外层空间已无大气，因此它不属于大气保护的范围。大气保护主要是保护对流层的大气质量，因为主要的大气污染都发生在对流层。由于该层温度下高上低，给大气污染物的扩散创造了条件。但有时也会出现温度随高度升高而升高或不变的现象，分别称为逆温和等温现象，在这种情况下，往往使污染物得不到扩散而使地面污染加

① 参见周珂主编：《环境与资源保护法》，3版，118页，北京，中国人民大学出版社，2015。

剧。在平流层有一臭氧层，它能吸收对人体及生物有杀伤力的紫外线，使它们不能到达地面，因此，保护臭氧层不受污染物破坏也是大气污染防治的内容。

大气污染，是指大气因某种物质的介入，导致其化学、物理、生物或者放射性等方面特性的改变，从而影响大气的有效利用，危害人类的生命健康、财产安全以及破坏自然生态系统，造成大气质量恶化的现象。大气污染的原因有两方面，一方面是自然过程本身向大气排放的各种污染物质，如火山爆发时喷发的火山灰和其他有毒气体，天然森林大火排放的烟尘等；另一方面是人类的生产、生活、科学试验和军事等活动向大气排放的各种污染物质。前一种大气污染是局部的、暂时的和不依人的意志为转移的，而且也不能被人们所控制；后一种大气污染是普遍的、经常的、可以预防的。一般来说，环境污染防治法中所称的大气污染是指由后者即人为因素所引起的大气污染，而自然在自身的变化过程中所产生的大气污染则不是法律控制的对象。人类活动所引起的大气污染的污染源，从其生产来源来看，主要包括生活污染源、工业污染源、交通污染源及扬尘污染源等。

所谓大气污染物，是指能导致大气污染的物质。它的种类繁多，其物理和化学性质也非常复杂，毒性也各不相同。其中，将由污染源直接排入大气，其物理和化学性状未发生变化的大气污染物称为一次污染物，又称原发性污染物，如悬浮颗粒物、二氧化碳、二氧化硫等，由一次污染物造成的环境污染称为一次污染。将进入大气中的一次污染物在物理、化学或生物因素的作用中发生变化，或与大气中的其他物质发生反应所形成的物理、化学性状与一次污染物不同的新污染物称为二次污染物，也称继发性污染物，如光化学氧化剂、硫酸雾、硝酸雾等，由二次污染物造成的环境污染称为二次污染。在大气层或其他环境中，一次污染较为常见，但二次污染造成的危害往往比一次污染严重。

我国目前对大气环境质量影响较大的污染物主要有二氧化硫、二氧化碳、悬浮颗粒物、可吸入颗粒物、氮氧化物、一氧化碳、臭氧、铅、苯并［a］芘以及氟化物十大类。此外，在非正常情况下向大气排放的气体或可以挥发的固态或液态物质如氯气、煤气、油类等物质也可能成为大气污染物，在大气层进行核试验所产生的放射性尘埃也是一种大气污染物。

（二）大气污染的危害

大气污染能对环境和人类造成各种危害。其主要表现为：

1. 大气污染对人体健康的危害。大气污染对人体健康的危害，主要有直接和间接两个途径。直接的侵害是指大气污染物直接通过空气的传播造成对人体呼吸和消化系统以及对体表肌肤的侵害。间接的侵害是指降落在食品、水体或土壤等物体上的大气污染物或二次污染，随人类进餐或饮水等途径进入人体造成对人体的侵害。大气污染物对人体的危害是多方面的，但主要表现为呼吸道疾病和生理机能障碍，以及眼鼻等黏膜组织受到刺激而患病。在突然的高浓度污染物作用下可造成急性中毒，在短时间内可夺去众多人的生命，如印度的博帕尔事件、伦敦烟雾事件、重庆的12·23井喷事故。大气污染更多的是引起慢性疾病。在长期接触低浓度的污染气体的情况下，可引起慢性支气管炎、支气管哮喘、肺气肿和肺癌等病症。

2. 大气污染对工农业生产的危害。大气污染对工业生产的危害主要表现为：大气污染可侵蚀机器设备、腐蚀金属、使高压电线短路；大气污染可对油漆涂料、皮革制品、纸制品、纺织衣料、橡胶制品等造成严重危害，如光化学烟雾成分臭氧能使一般橡胶制品迅速老化和脆裂。

大气污染对农业生产的危害主要表现为：大气污染可使植物生长减慢、发育受阻、叶片褪绿枯萎脱落、品质变劣、产量下降、农作物死亡等。以酸雨为例，酸雨不但使整个城市建筑灰暗脏旧，还使土地酸化，病虫害加剧。研究结果表明，我国酸雨覆盖面积已占国土面积的40%，酸雨对我国农作物的危害，仅江苏、浙江等7省就造成农田减产约1.5亿亩，年经济损失约37亿元。

3. 大气污染对动植物的危害。大气污染会使动物发生畸变、癌变，破坏遗传基因。大剂量的大气污染，会使家畜、家禽、野生动物很快中毒死亡。小剂量的大气污染长时间作用，会使动物的呼吸道受感染而患病。

大气污染对植物的危害主要表现为三种情况：第一种是在高浓度污染影响下产生急性危害，使植物表面产生伤斑，或者直接使叶面枯萎脱落；第二种是在低浓度下污染物长期影响产生慢性危害，使植物叶片退绿；第三种情况为不可视危害，指在低浓度污染物影响下，植物外表不出现受害症状，但植物的生理机能却受到影响，造成植物产量下降，品质变坏。大气污染还会对植物的外形和生长发育产生间接影响，表现为植物生长减弱，对病虫害的抵抗能力降低。

4. 大气污染对器物的危害。许多大气污染物的化学活性比较强，使它们对暴露在空气中的各种物体（器物）具有侵蚀和破坏作用。例如，排放到大气中的二氧化硫等酸性气体就对金属制品、建筑物以及文物古迹等具有强烈的腐蚀作用，各国政府每年都要为此拨出巨额经费来对这些器物进行养护和维修。此外，许多长期暴露在空气中的物体还会因为大气污染的侵蚀而加快老化的进程。

5. 大气污染对天气和气候的影响。大气污染可对局部地区的天气造成影响。它能降低空气透明度，减弱空气能见度，使雾天增多，使飞行、交通事故增多；导致局部地区气温升高，形成“热岛效应”；形成酸雨，对水体和各种生物造成危害；形成的“温室效应”将使地球变暖，从而导致冰川融化，海水上涨并淹没一些沿海城市。此外，一些大气污染物正在消耗大气中的臭氧层，使两极上空的臭氧层形成空洞，从而使地球上的生物过多地受到紫外线的辐射。

二、大气污染防治立法及其主要法律规定

（一）大气污染防治立法

大气污染历来是人类面临的极为严重的环境污染之一。我国关于防治大气污染的法规，最早为国务院1956年5月25日颁布的《关于防止厂、矿企业中矽尘危害的决定》，该决定主要是为了保护厂矿企业的空气，消除矽尘对职工的危害。20世纪70年代，大气污染防治以改造锅炉和消烟除尘为主要内容。1973年，国家计委发出《关于加强防止矽尘和有毒物质危害工作的通知》，制定了《防止企业中矽尘和有毒物质的规划》。1973年，国家计委、国家建委、卫生部联合发布了《工业“三废”排放试行标准》，该项标准由中国第一次环境保护会议筹备小组办公室主持制订。我国1979年颁布的《环境保护法（试行）》中首次以法律的形式对大气污染防治作出了原则性的

规定。

为了加强大气环境管理，防止大气污染，1987年9月5日全国人大常委会制定了《大气污染防治法》，自1988年6月1日起施行。根据我国大气污染的状况和对大气污染治理认识的深入，全国人大常委会先后于1995年、2000年和2015年对该法进行了修改。1987年的条文为41条，经过一次修正（1995年），两次修改（2000年、2015年），2000年时增至66条，2015年增至129条。2015年8月29日修订通过的《大气污染防治法》（2016年1月1日施行）是我国目前防治大气污染的基础性法律，其对大气污染防治的监督管理、大气污染防治标准和限期达标规划、大气污染防治措施、重点区域大气污染联合防治、重污染天气应对、法律责任等都作了较为具体的规定。

（二）我国大气污染防治的主要法律规定

针对现实存在的突出大气污染问题，2015年的《大气污染防治法》修订采取了一些得力措施，体现了立法修订的必要性。大气环境保护事关公民健康环境权，事关经济社会可持续发展，事关美丽中国和中国梦。当前，我国大气污染形势严峻，以可吸入颗粒物（PM10）、细颗粒物（PM2.5）为特征污染物的区域性大气环境问题日益突出，损害公众身体健康，影响社会和谐稳定。为切实改善空气质量，国务院于2013年9月10日发布了《大气污染防治行动计划》（简称“大气十条”）。修订后的《大气污染防治法》除了响应“大气十条”的要求，主要在以下几个方面作出了新的规定①：

1. 总量控制、强化责任

污染物总量减排，是环境质量改善的前提和重要手段。但根据2000年修订的《大气污染防治法》，我国实行总量控制的“两控区”——酸雨控制区和二氧化硫控制区，仅占全国国土面积的11.4%，不能适应全国总量减排的现实需要。

修订后的《大气污染防治法》第19条规定：“排放工业废气或者本法第七十八条规定名录中所列有毒有害大气污染物的企业事业单位、集中供热设施的燃煤热源生产运营单位以及其他依法实行排污许可管理的单位，应当取得排污许可证。”第21条规定：“国家对重点大气污染物排放实行总量控制。重点大气污染物排放总量控制目标，由国务院环境保护主管部门在征求国务院有关部门和各省、自治区、直辖市人民政府意见后，会同国务院经济综合主管部门报国务院批准并下达实施。省、自治区、直辖市人民政府应当按照国务院下达的总量控制目标，控制或者削减本行政区域的重点大气污染物排放总量……国家逐步推行重点大气污染物排污权交易。”第22条规定：“对超过国家重点大气污染物排放总量控制指标或者未完成国家下达的大气环境质量改善目标的地区，省级以上人民政府环境保护主管部门应当会同有关部门约谈该地区人民政府的主要负责人，并暂停审批该地区新增重点大气污染物排放总量的建设项目环境影响评价文件。约谈情况应当向社会公开。”

可见，修订后的《大气污染防治法》将排放总量控制和排污许可由“两控区”扩展到全国，明确分配总量指标，对超总量和未完成达标任务的地区实行区域限批，并

① 修订后的大气污染防治法，能否解除“心肺之患”，见 http：//pad.npc.gov.cn/npc/xinwen/2015-08/31/content_1945451.htm，2015-08-29。

约谈主要负责人。

“守法是底线，不论是企业还是政府，都要守法，这不是高要求，这是一个底线的要求。”[①] 2015 年修订的《大气污染防治法》则从法律角度再次明确了大气污染防治工作是“各级政府、各个部门共同面临的责任”。尽管在 2000 年的《大气污染防治法》中，就有各级人民政府对辖区环境质量负责的规定，但要求空气质量限期达标并持续改善的新规定充分体现了 2015 年《大气污染防治法》的立法目标，即以空气质量达标为核心，以保护公众的健康为目的。为现实该目标，2015 年修订的《大气污染防治法》确立了目标责任制、约谈制和考核评价制度。三大制度齐下，督促地方政府为当地的空气质量负责，并要求将考核结果向社会公开。

2. 控车减煤、源头治理

机动车尾气污染和燃煤污染，是我国大气污染的重要来源。然而长期以来，机动车尾气污染治理效果不佳，煤炭消费居高不下，污染治理困局难解。2015 年修订的《大气污染防治法》在控车减煤，特别是提高油品和燃煤治理方面取得了进展。

在提高燃油质量标准方面，2015 年修订的《大气污染防治法》规定，制订燃油质量标准，应当符合国家大气污染物控制要求，同时，石油炼制企业应当按照燃油质量标准生产燃油。

为减少燃煤大气污染，法律提出国务院有关部门和地方各级人民政府应当采取措施，推广清洁能源的生产和使用，逐步降低煤炭在一次能源消费中的比重，同时要求地方各级人民政府加强民用散煤的管理，禁止销售不符合民用散煤质量标准的煤炭。

3. 重典处罚、不设上限

2015 年修订的《大气污染防治法》加大了行政处罚力度。针对违法企事业单位，新修订的《大气污染防治法》制定了大量具体的、有针对性的措施，并配以相应的处罚。具体的处罚行为和种类接近 90 种，提高了法律的可操作性和针对性。

2015 年的《大气污染防治法》取消了以往法律中对造成大气污染事故企业事业单位罚款“最高不超过 50 万元”的封顶限额，同时增加了“按日计罚”的规定。2015 年的《大气污染防治法》第 122 条规定：“违反本法规定，造成大气污染事故的，由县级以上人民政府环境保护主管部门依照本条第二款的规定处以罚款；对直接负责的主管人员和其他直接责任人员可以处上一年度从本企业事业单位取得收入百分之五十以下的罚款。对造成一般或者较大大气污染事故的，按照污染事故造成直接损失的一倍以上三倍以下计算罚款；对造成重大或者特大大气污染事故的，按照污染事故造成的直接损失的三倍以上五倍以下计算罚款。”

4. 信息公开、奖励举报

环境信息公开是最有效的“防污剂”。新修订的《大气污染防治法》在 2000 年修订的《环境保护法》基础上，更加强调信息公开和公众参与，共有 22 处要求信息公开和公布，不但要求公开政府考核结果，而且明确要求制订大气环境质量标准和排放标准应当征求公众意见，标准要公布，供公众免费查阅、下载。

为了保障公民参与和监督大气环境保护的权利，修订后的《大气污染防治法》

① 《环保部长：改变环保不守法常态，守法是底线》，载《京华时报》，2015-03-02。

第31条规定："环境保护主管部门和其他负有大气环境保护监督管理职责的部门应当公布举报电话、电子邮箱等，方便公众举报。环境保护主管部门和其他负有大气环境保护监督管理职责的部门接到举报的，应当及时处理并对举报人的相关信息予以保密；对实名举报的，应当反馈处理结果等情况，查证属实的，处理结果依法向社会公开，并对举报人给予奖励。"

大气污染防治是环境保护的一个重要内容。修订后的《大气污染防治法》应成为"史上最严"《环境保护法》的细化和深化，也应当成为《环境保护法》在大气污染防治领域内的全面突破。这两部法律应相互统一，相互衔接，进行更紧密的融合，形成大气污染防治的合力。

第三节　水污染防治法

一、水污染及其危害

水是一种非常重要的自然资源，同时又是人类和其他一切生物生存和发展不可或缺和不可替代的基本环境要素。在环境科学中所讲的"水"，是指河流、湖泊、水库、沼泽、地下水、冰川、海洋等表层水。而水污染防治法所要保护的水，是指我国领域内的陆地水体，包括所有的江河、湖泊、运河渠道、水库等地表水和地下水以及水中的悬浮物、溶解物、水中生物和底泥等。海洋污染的防治适用《海洋环境保护法》，不适用《水污染防治法》。

水污染实际上就是水体污染。它是指由于物质或能量排入水体，导致其化学、物理、生物或者放射性等方面特性的改变，造成水质恶化，从而影响水的有效利用，危害人体健康或者破坏生态环境的现象。

水污染按不同的标准从不同角度可分为许多类型。从污染的水体不同，可将水污染分为地表水污染和地下水污染；从造成水污染的污染物质和能量的性质不同，可将水污染分为需氧物质污染、植物营养物污染、病原体污染、油类污染、盐污染、有毒化学物质污染、放射性物质污染和热污染等类型。

造成水污染的原因很多，既有自然界灾害性因素，如火山爆发、地震等；也有人为因素，如人类在生产、生活中的排污行为、战争等。从环境保护的角度来讲，水污染主要是指人为因素造成的污染，而且其主要污染源是来自企事业单位排放的废水、废物以及人类生活污水和垃圾。

水污染的危害是多方面的，关系到人类的生存和发展，其主要表现在以下几个方面：

1. 对人体健康的危害。水污染对人体健康的危害可以分为两类：一类是由病原体引起的传染病的蔓延。水被病原体污染后，人如果直接饮用，就会诱发各种疾病，如痢疾、肝炎、血吸虫病等。另一类是水体中有毒物质通过各种渠道进入人体而引起人的中毒。例如，受到放射性物质的污染，会对人体产生内照射，导致婴儿畸形，智力低下或导致癌变。

2. 对工农业生产的危害。工农业生产都离不开水，水污染直接影响到工农业生产的正常进行，关系到工农业生产的产品的质量和经济效益。例如，农业灌溉用水被污染，会造成农产品质量的降低，甚至生产出的粮食不能食用；工业用水被污染，会使工业产品质量下降甚至停产；风景名胜区水体被污染，会引起旅游业的衰退等。

3. 对生态系统的破坏。水是地球生态环境的基本组成要素之一。水污染破坏了水体环境的平衡，也必然会导致其他环境要素的变化，进而造成整体生态系统的失衡。水污染对生态系统的破坏突出地表现在对生物多样性的危害，使生物的数量和种类大大减少，有的甚至会绝迹。

4. 水污染造成水资源短缺。水污染造成水质恶化，影响了水的有效利用，加剧了我国水资源不足的矛盾，缺水已经成为相当普遍的环境问题。为解决地表水源的不足和水污染的严重，许多地区不得不大量开采地下水以满足生活和生产用水的需求。但这样做又导致了新的环境问题，如地下水污染、地下水资源枯竭、地面沉降等。

二、水污染防治立法及其主要法律规定

（一）水污染防治立法

水污染是一个长期存在的环境问题，我国水污染防治的法律法规是随着水污染问题的日益严重和水污染防治工作的发展而逐步发展起来的。

20 世纪 50 年代初期，我国卫生部门开始进行水质监测。1955 年制定了《自来水水质暂行标准》。1956 年卫生部和国家建委颁布了《饮用水水质标准》。1957 年，国务院有关部门颁布了《集中式生活饮用水水源选择和水质评价暂行规定》和《关于注意处理工矿企业排出有毒废水、废气问题的通知》。1959 年颁布了《生活饮用水卫生规程》。1973 年国务院批转的《关于保护和改善环境的若干规定（试行草案）》对防治水污染提出了要求。1979 年颁布的《环境保护法（试行）》对防治水污染的基本原则和基本制度都作了原则性的规定。

1984 年我国制定了第一部防治水污染的法律《水污染防治法》。在《水污染防治法》出台前后，国务院有关部门还制定了一系列的水污染物排放标准，这些标准后来大多被编入了《污水综合排放标准》。进入 20 世纪 90 年代，随着我国经济的高速增长，水污染在总体上仍呈恶化趋势，水污染防治领域出现了许多新情况和新问题。1996 年 5 月 15 日，第八届全国人大常委会第十九次会议通过了《关于修改〈水污染防治法〉的决定》，并于同日公布施行。这部出台于 1984 年、修正于 1996 年的《水污染防治法》，对控制和减轻水污染、保护生态环境和人民生命健康、促进我国经济社会的可持续发展发挥了积极作用。但是，随着我国经济的持续快速增长和经济规模的不断扩大，水污染物排放一直没有得到有效控制，水污染防治和水环境保护面临着“旧账未清完又欠新账”的局面。

针对水污染持续恶化的状况，2008 年 2 月 28 日，第十届全国人大常委会第三十二次会议通过了修订后的《水污染防治法》，自 2008 年 6 月 1 日起施行。与在此之前施行了近十二年之久的、1996 年修正的《水污染防治法》相比，修订后的《水污染防治法》指导思想明确，内容比较全面，为水污染防治工作由被动应对转向主动防控、让江河湖泊休养生息提供了法律基础。修订后的《水污染防治法》共 8 章 92 条，比修订前增

加了30条。不仅内容大为丰富，而且结构进行了很大的调整。修订后的《水污染防治法》有不少亮点，如明确提出保障饮用水安全，强化地方政府的责任，全面推行排污许可制度，确立超标违法原则，强化淘汰严重污染的落后产能机制；还增加了水污染事故处置、污水集中处理设施监管、污染源自动监控设备等方面的规定；尤其是在加大对违法行为的处罚力度方面，这次修订取得了重大突破，修订后的《水污染防治法》中，“法律责任”一章共22条，比修订前《水污染防治法》增加了9条，处罚手段上凸显了更多的刚性，明显增强了对违法行为的震慑力，既可对污染物的排放形成强大压力，又可对水环境的治理形成积极动力。

（二）我国水污染防治的主要法律规定

具体来说，修订后的《水污染防治法》主要在以下几个方面作出了规定[①]：

1. 饮用水安全保障成首要任务

饮用水的安全问题，直接关系到人民群众的身体健康，关系到社会的和谐稳定，关系到经济社会的可持续发展。修订后的《水污染防治法》在第1条就增加了“保障饮用水安全”作为该法的立法目的，并且在第3条提出“水污染防治应当坚持预防为主、防治结合、综合治理的原则，优先保护饮用水水源，严格控制工业污染、城镇生活污染，防治农业面源污染，积极推进生态治理工程建设，预防、控制和减少水环境污染和生态破坏”，将“优先保护饮用水水源”放在了首位。

修订后的《水污染防治法》将饮用水水源保护专门列为一章，显示了对于饮用水水源地保护的决心和重视程度。在这一章中，一是完善了饮用水水源保护区分级管理制度。该法规定饮用水水源保护区分为一级和二级保护区，必要时，可以在饮用水水源保护区外围划定一定的区域作为准保护区。二是明确了饮用水水源保护区的划定机关和争议解决机制。三是对饮用水水源保护区实行严格管理。该法规定禁止在饮用水水源保护区内设置排污口。四是在饮用水准保护区内实行积极的保护措施。该法规定县级以上地方人民政府应当根据保护饮用水水源地的实际需要，在准保护区内采取工程措施或者建造湿地、水源涵养林等生态保护措施，防止水污染物直接排入饮用水水体，确保饮用水安全。

2. 总量控制制度适用范围扩大

修订前的《水污染防治法》中是“对实现水污染物达标排放仍不能达到国家规定的水环境质量标准的水体，可以实施重点污染物排放的总量控制制度”，修订后的《水污染防治法》将总量控制范围扩大到对重点水污染物排放实施总量控制制度，为实施减排的目标责任状提供了法律支持。修订后的《水污染防治法》第18条规定：“省、自治区、直辖市人民政府应当按照国务院的规定削减和控制本行政区域的重点水污染物排放总量，并将重点水污染物排放总量控制指标分解落实到市、县人民政府。市、县人民政府根据本行政区域重点水污染物排放总量控制指标的要求，将重点水污染物排放总量控制指标分解落实到排污单位……省、自治区、直辖市人民政府可以根据本行政区域水环境质量状况和水污染防治工作的需要，确定本行政区域实施总量削减和

① 新修订《水污染防治法》实现八大突破，见 http：//info. ep. hc360. com/2008/05/01233753043. shtml，2008-10-31。

控制的重点水污染物。”

3.“区域限批”制度法制化

“区域限批”制度是以解决区域严重环境问题为切入点，从根本上推进地区产业结构升级和布局优化，走出低水平发展道路，实现经济发展与环境保护的协调统一。修订后的《水污染防治法》规定：“对超过重点水污染物排放总量控制指标的地区，有关人民政府环境保护主管部门应当暂停审批新增重点水污染物排放总量的建设项目的环境影响评价文件。”修订后的《水污染防治法》第19条还规定：“国务院环境保护主管部门对未按照要求完成重点水污染物排放总量控制指标的省、自治区、直辖市予以公布。省、自治区、直辖市人民政府环境保护主管部门对未按照要求完成重点水污染物排放总量控制指标的市、县予以公布。县级以上人民政府环境保护主管部门对违反本法规定、严重污染水环境的企业予以公布。”

4.强化地方政府责任

修订后的《水污染防治法》第5条规定：“国家实行水环境保护目标责任制和考核评价制度，将水环境保护目标完成情况作为对地方人民政府及其负责人考核评价的内容。”同时第4条还规定：“县级以上人民政府应当将水环境保护工作纳入国民经济和社会发展规划。县级以上地方人民政府应当采取防治水污染的对策和措施，对本行政区域的水环境质量负责。”在修订后的《水污染防治法》中，地方政府还有确定本行政区域实施总量削减和控制的重点水污染物、分配总量控制指标、制定或适时修订国家水环境质量标准中未作规定的项目的地方标准，调处跨行政区域的水污染纠纷、合理规划工业布局，提高本行政区域城镇污水的收集率和处理率、划定饮用水水源保护区等责任。

5.构建全面防治水污染机制

当前，我国水污染排放的构成日趋复杂，工业污染还在发展，生活、农业污染又日益突出。让江河湖泊休养生息，必须在进一步加强工业污染防治的同时，实行工业、城镇、农业和农村、船舶水污染全面防治，实现上游、中游、下游水环境保护协调发展。修订前的《水污染防治法》只是将水污染防治简单地分类为地表水和地下水的污染防治，修订后的《水污染防治法》将水污染防治重新进行归并划分为：一般规定、工业水污染防治、城镇水污染防治、农业和农村水污染防治以及船舶水污染防治，构建了一整套全面防治水污染的法律机制。

6.建立水环境信息统一发布制度

修订后的《水污染防治法》理顺了水环境监测机制，在第25条中规定由国务院环境保护主管部门负责制定水环境监测规范，统一发布国家水环境状况信息，确保了向社会公布数据的统一和规范，今后将避免产生不同部门发布数据的差异，保证公众有效获得相关环境信息，为公众参与环境保护提供帮助，充分保障人民群众的环境知情权、监督权和参与权。

7.加大违法成本

“守法成本高、违法成本低”一直是水污染防治的瓶颈。修订后的《水污染防治法》加大了水污染的违法成本，“重典”治污，大大增强了对违法行为的震慑力。修订后的《水污染防治法》第83条第2款规定：“对造成一般或者较大水污染事故的，按照水污染事故造成的直接损失的百分之二十计算罚款；对造成重大或者特大水污染事故的，按照水污染事故造成的直接损失的百分之三十计算罚款”，同时，对超标排污或者超过重点水污染物排放总量控制指标的罚款数额，也修改为“处应缴纳排污费数额二倍以上五倍以下的罚款”，也就是说，超标排放行为越严重，造成的损失越大，罚的款就越多，即上不封顶。此外，对造成水污染事故的直接负责的主管人员和其他直接责任人规定了罚款，即不仅是罚单位，还要罚个人。修订后的《水污染防治法》还规定，企事业单位造成水污染事故的，除对单位给予处罚外，还可对直接负责的主管人员和其他直接责任人员处上一年度从本单位取得的收入50%以下的罚款等。

8. 增加水污染事故应急处置

修订后的《水污染防治法》，一是完善了水污染事故报告制度，规定企业事业单位造成或者可能造成水污染事故的，应当立即向事故发生地的县级以上地方人民政府或者环境保护主管部门报告；有关地方人民政府及其环境保护主管部门要按规定上报事故，通告可能受到危害的毗邻或者相关地方人民政府和单位。造成渔业污染事故或者渔业船舶造成水污染事故的，向事故发生地的海事管理机构报告。二是明确了应急演练制度，规定对可能发生水污染事故的企业事业单位，应当制定有关水污染事故的应急方案，做好应急准备，并定期进行演练。修订后的《水污染防治法》同时还规定生产、储存危险化学品的企业事业单位，应当采取措施，防止在处理安全生产事故过程中产生的可能严重污染水体的消防废水、废液直接排入水体，防止措施不当引发新的污染，减少水污染事故对环境造成的危害。

第四节　海洋环境污染防治法

一、海洋环境污染的概念

海洋是地球表面广大连续水域的总称。其总面积为32 600万平方千米，约占地球总面积的70.9%，平均深度3 800米，最大深度11 500米。它由“洋”和“海”所组成。远离大陆，深度在2 000米～3 000米以上，有独立的潮汐和海流系统，温度、盐度、密度、水色、透明度等水文状况比较稳定的部分，称为“洋”。离大陆较近，深度在2 000米～3 000米以内，没有独立的潮汐和海流系统，水文状况有显著季节变化，为岛和半岛分割的大陆边缘部分，称为“海”。

海洋是生命的摇篮，它是一个巨大而重要的生态系统，对人类的生存和发展有着重要的作用和影响。其丰富的生物资源，可为人类提供多种多样的鲜美食物；其储量巨大的矿产资源和永无休止的波浪、潮汐、海流，可以为人类提供所需能源；其广阔的水面，可以为人类提供航运之便，为人类的海上运动、娱乐、疗养活动提供天然场所，并起到调节气候、愉悦身心、促进经济文化发展的作用。

关于海洋环境污染的概念，国内外学者的认识基本一致。联合国及其专门机构，包括环境规划署、国际海事组织、世界气象组织等八个国际组织联合设立的“海洋污染科学问题专家联合小组”认为，海洋环境污染，是指“人类直接或间接地把物质或者能量引入海洋环境（其中包括河口湾），以致造成损害生物资源和海洋生物、危害人类健康、妨碍包括捕鱼和海洋的其他正当用途在内的各种海洋活动、损害海水使用质量和减损环境优美等有害影响”。《联合国海洋法公约》第 1 条完全接受了这一定义。我国的《海洋环境保护法》第 95 条规定，“海洋环境污染损害，是指直接或间接地把物质或能量引入海洋环境，产生损害海洋生物资源、危害人体健康、妨碍渔业和海上其他合法活动、损害海水使用素质和减损环境质量等有害影响”。这一定义包括了由于有害物质和能量对海洋环境的污染和破坏，有着广泛的外延。

二、海洋环境污染的特点及危害

（一）海洋环境污染的特点

海洋在人类环境中的特殊地位和海洋的自然特性决定了海洋环境污染有与陆地环境污染不同的特点。其主要表现在以下几个方面：

1. 海洋污染源广。除了自然原因外，海洋污染多由人类各种活动排放的污染物所造成。根据《海洋环境保护法》所列举的，主要污染源有海岸工程、海洋石油勘探、陆源污染物、船舶等。

2. 海洋污染扩散面广。从整个地球来看，太平洋、大西洋、印度洋、北冰洋等，实际上是一个彼此相通的巨大咸水体。而欧洲、亚洲、美洲、非洲、大洋洲、南极洲等，只不过是广阔水域中的几个岛屿。污染物进入海洋后，由于海水并不是静止不动的死水，而是不断地流动，会把污染物扩散到海洋的每一处。所以，海洋污染常常超越国界，形成世界性的问题。

3. 停留时间长。海洋面积占地球面积的大部分，因而海洋成为蓄积污染物的最大仓库。污染物一旦进入到海洋，除了海洋本身的自净能力，就很难再转移到别处，日积月累，海洋成为污染物转移的最后场所。

4. 治理难度大。正因为海洋污染源广、海洋污染扩散面广、停留时间长等特点，所以造成海洋环境污染的危害大，治理相当困难。这种困难不仅表现在花费巨额的开支，而且需要相当先进的技术，否则，收效甚微。所以，在现阶段对海洋污染主要是预防而非治理。

（二）海洋环境污染的危害

各种污染物大量排入海洋，超过了海洋的自净能力，造成了日益严重的海洋污染，使海洋生态环境受到严重的破坏。其危害主要表现在以下几个方面：

1. 海洋污染对海洋生物资源的损害。由于向海域排入了大量有机物和重金属，使内海渔场严重污染，外海渔场也受到了很大的威胁，鱼类死亡，鱼体残留毒物增加，鱼质量下降，产量急剧减少，许多滩涂养殖场报废，海洋渔业受到严重损失。

2. 海洋污染对人体健康的危害。海洋生物资源是人类食物和药物的主要来源之一，人类食用被污染的鱼类等海洋生物会对健康产生不利的影响。

3. 海洋污染对海水水质的危害。人类活动产生的大量污染物质和有害能量不断地进入海洋，逐渐超过了一些海域的自然净化能力，使海洋环境的构成发生变化，恶化了海水水质和环境质量，造成海水使用素质的下降。

4. 海洋污染妨碍渔业和海上其他合法活动。海洋环境污染对渔业的妨碍，包括造成鱼产品质量和数量的降低，渔场的外移、减少甚至消失等；妨碍海上其他合法活动，包括污染物阻塞航道妨碍船舶航行，破坏海洋景观对海上旅游业造成损害等。

三、海洋环境污染防治立法及其主要法律规定

（一）海洋环境污染防治立法

我国的海洋污染防治立法始于20世纪70年代。1974年，国务院批准发布了《防止沿海水域污染暂行规定》，对沿海水域的污染防治作了较详细的规定。

1982年，我国颁布实施了《海洋环境保护法》，这是我国第一部以海洋环境污染防治为主要内容的专门法律。此后我国又陆续颁布了《防止船舶污染海域管理条例》（1983年，已失效）、《海洋石油勘探开发环境保护管理条例》（1988年）、《海洋倾废管理条例》（1985年）、《防止拆船污染环境管理条例》（1988年）、《防治陆源污染物污染损害海洋环境管理条例》（1990年）、《防治海岸工程建设项目污染损害海洋环境管理条例》（1990年）等行政法规。

分别于1989年和2014年修改的《环境保护法》均对保护海洋环境提出了更明确的要求。2014年修订的《环境保护法》第34条规定："国务院和沿海地方各级人民政府应当加强对海洋环境的保护。向海洋排放污染物、倾倒废弃物，进行海岸工程和海洋工程建设，应当符合法律法规规定和有关标准，防止和减少对海洋环境的污染损害。"第42条第4款规定："严禁通过暗管、渗井、渗坑、灌注或者篡改、伪造监测数据，或者不正常运行防治污染设施等逃避监管的方式违法排放污染物。"这项规定对于防治陆源污染物污染损害海洋环境起到了积极作用。

随着我国改革开放的不断深入，沿海经济快速发展，国际海洋事务也呈现新的发展和变化。为适应强化海洋环境管理，切实保护海洋环境的需要，1999年我国对《海洋环境保护法》进行了大幅修改，增加了重点海域污染物总量控制制度、海洋污染事故应急制度、船舶油污损害民事赔偿制度、船舶油污保险制度和海洋环境污染民事损害赔偿制度等内容。2013年12月28日，第十二届全国人大常委会第六次会议再次通过了关于修改《海洋环境保护法》的决定。修改后的法律强调从整体上保护海洋生态系统，对实施海洋环境监督管理作出更为全面、系统的规定，增加了对重点海域实行总量控制制度、海洋污染事故应急制度、"三同时"制度、落后工艺淘汰制度、排污收费制度、申报制度、环境影响评价制度等内容，强化了环境法律责任，并对国内法与国际公约相衔接等问题作出了明确规定。

（二）海洋环境污染防治的主要法律规定

1.《海洋环境保护法》的立法目的

《海洋环境保护法》的立法目的就是用法律的形式，明确我国海洋环境保护政策和海洋环境保护的任务，是海洋环境保护立法的核心之所在。现行《海洋环境保护法》第1条对立法目的作了明确的规定。这个目的就是"保护和改善海洋环境，保护海洋资源，防治污染损害，维护生态平衡，保障人体健康，促进经济和社会的可持续发展"。由此可见，其立法目的主要有两个层次：

（1）保护和改善海洋环境。随着人类环境意识的增强，海洋对于人类的价值也呈现出了多元化。作为生态环境的一个子系统，海洋具有维持生命、维持生态平衡的价

值；作为自然资源的宝库，海洋具有独特的经济价值；作为自然环境的一部分，海洋又具有其他任何风景都无法替代的美学价值及人文价值。因此，保护和改善海洋环境已不仅仅是关于海洋的污染防治问题，它需要一个系统的法律规范体系对从陆源污染物的治理到海底勘探的限制、从海岸工程的建设到船舶污染的防治各个环节进行全面的规范和治理。

（2）促进经济和社会的可持续发展。可持续发展的核心思想就是使经济、社会、科技、人口、资源、环境相互协调地、持续不断地发展，降低发展之成本，既使地球之资源与环境得到保护，又使经济得到持续之增长；既满足当代人的需要，又满足后代人继续发展的要求，从而实现代内公平与代际公平的统一。“经济和社会的可持续发展”实质上也是整个环境保护法的终极目标，以此目标来指导海洋环境保护法的制定、实施，避免重复发达国家所走过的“先污染，后治理”的路子。对此，《中国21世纪议程》对中国海洋产业的可持续发展、海洋与沿海地区的可持续发展、海岛的可持续发展以及海洋生物资源保护和可持续利用等都作了规定，成为国家指导经济社会可持续发展总体战略的重要组成内容。

2.《海洋环境保护法》的适用范围

《海洋环境保护法》第2条规定：“本法适用于中华人民共和国内水、领海、毗连区、专属经济区、大陆架以及中华人民共和国管辖的其他海域。在中华人民共和国管辖海域内从事航行、勘探、开发、生产、旅游、科学研究及其他活动，或者在沿海陆域内从事影响海洋环境活动的任何单位和个人，都必须遵守本法。在中华人民共和国管辖海域以外，造成中华人民共和国管辖海域污染的，也适用本法。”该条宣布了《海洋环境保护法》的对人效力和空间效力。空间效力即指“中华人民共和国的内水、领海、毗连区、专属经济区、大陆架以及中华人民共和国管辖的其他海域”。对人的效力即指“在中华人民共和国管辖海域内从事航行、勘探、开发、生产、旅游、科学研究及其他活动，或者在沿海陆域内从事影响海洋环境活动的任何单位和个人”，同时也包括“在中华人民共和国管辖海域以外，造成中华人民共和国管辖海域污染的任何单位和个人”。

3. 海洋环境的监督管理体制

海洋是一个整体，海洋环境保护需要统一的监督管理；海洋又是个综合的环境系统，其开发利用和保护管理涉及方方面面的工作。针对海洋环境保护的这一特点，《海洋环境保护法》第5条规定：

国务院环境保护行政主管部门作为对全国环境保护工作统一监督管理的部门，对全国海洋环境保护工作实施指导、协调和监督，并负责全国防治陆源污染物和海岸工程建设项目对海洋污染损害的环境保护工作。

国家海洋行政主管部门负责海洋环境的监督管理，组织海洋环境的调查、监测、监视、评价和科学研究，负责全国防治海洋工程建设项目和海洋倾倒废弃物对海洋污染损害的环境保护工作。

国家海事行政主管部门负责所辖港区水域内非军事船舶和港区水域外非渔业、非军事船舶污染海洋环境的监督管理，并负责污染事故的调查处理；对在中华人民共和国管辖海域航行、停泊和作业的外国籍船舶造成的污染事故登轮检查处理。船舶污染事故给渔业造成损害的，应当吸收渔业行政主管部门参与调查处理。

国家渔业行政主管部门负责渔港水域内非军事船舶和渔港水域外渔业船舶污染海洋环境的监督管理，负责保护渔业水域生态环境工作，并调查处理前款规定的污染事故以外的渔业污染事故。

军队环境保护部门负责军事船舶污染海洋环境的监督管理及污染事故的调查处理。

沿海县级以上地方人民政府行使海洋环境监督管理权的部门的职责，由省、自治区、直辖市人民政府根据本法及国务院有关规定确定。

根据上述规定，国务院环境保护行政主管部门是全国海洋环境保护工作的统一监督管理部门，而海洋行政主管部门、海事行政主管部门、渔业行政主管部门和军队环境保护部门则依法律规定的职责范围，行使各自的海洋环境保护监督管理职权。为了加强对海洋环境的监管，协调政府各部门的工作，2013 年修改的《海洋环境保护法》第四十三条规定，“环境影响报告书报环境保护行政主管部门审查批准。环境保护行政主管部门在批准环境影响报告书之前，必须征求海洋、海事、渔业行政主管部门和军队环境保护部门的意见。”

4. 防治海洋环境污染的具体规定

（1）防治陆源污染物

陆源污染物指由陆地污染源排放的污染物，主要有石油、农药、有机污染物、固体废弃物、放射性物质、热污染和传染病原体等。

设置入海排污口应该根据海洋功能区划、海水动力条件和有关规定，经科学论证后，报设区的市级以上人民政府环保部门审查批准。

环保部门在批准设置入海排污口之前，必须征求海洋、海事、渔业行政主管部门和军队环境保护部门的意见。在海洋自然保护区、重要渔业水域、海滨风景名胜区和其他需要特别保护的区域，不得新建排污口。在有条件的地区，应当根据海洋功能区划、海水动力条件和海底工程设施的具体情况，将排污口深海设置，实行离岸排放。

陆源污染物排放的禁止性措施主要包括：禁止向海域排放油类、酸液、碱液、剧毒废液和高、中水平放射性废水；禁止经中华人民共和国内水、领海转移危险废物。

陆源污染物排放的限制性措施主要包括：严格限制向海域排放低水平放射性废水，确需排放的必须严格执行国家辐射防护规定；严格控制向海域排放含有不易降解的有机物和重金属的废水；含病原体的医疗污水、生活污水和工业废水必须经过处理，符合国家有关排放标准后，方能排入海域；含有机物和营养物的工业废水、生活污水，应当严格控制向海湾、半封闭海及其他自净能力较差的海域排放；向海域排放含热废水，必须采取有效措施，保证邻近渔业水域的水温符合国家海洋环境质量标准，避免热污染对水产资源的危害；沿海农田、林场施用化学农药，必须执行国家农药安全使用的规定和标准；沿海农田、林场应当合理使用化肥和植物生长调节剂等。

（2）防治海岸工程污染

海岸工程建设项目，是指位于海岸或者与海岸连接，工程主体位于海岸线向陆一侧，对海洋环境产生影响的新建、改建、扩建工程项目。具体包括：港口、码头、航道、滨海机场工程项目；造船厂、修船厂；滨海火电站、核电站、风电站；滨海物资存储设施工程项目；滨海矿山、化工、轻工、冶金等工业工程项目；固体废弃物、污水等污染物处理处置排海工程项目；滨海大型养殖场；海岸防护工程、砂石场和入海河口处的水利设施；滨海石油勘探开发工程项目等。不合理的海岸工程建设是污染损害海洋环境的主要原因之一，为保护海洋环境，对其必须采取切实可行的措施严格管理。

海岸工程必须在建设项目可行性研究阶段，对海洋环境进行科学调查，根据自然条件和社会条件，合理选址，编报环境影响报告书。环境影响报告书报环境保护行政主管部门审查批准。环境保护行政主管部门在批准环境影响报告书之前，必须征求海洋、海事、渔业行政主管部门和军队环境保护部门的意见。

海岸工程建设项目的环境保护设施，必须与主体工程同时设计、同时施工、同时投产使用。《防治海岸工程建设项目污染损害海洋环境管理条例》亦作出了相关的具体规定。为加强海岸工程建设项目管理，《海洋环境保护法》还明确规定，禁止在沿海陆域内新建不具备有效措施的化学制浆造纸、化工、印染、制革、电镀、酿造、炼油、岸边冲滩拆船以及其他严重污染海洋环境的工业生产项目。严格限制在海岸采挖砂石。露天开采海滨砂矿和从岸上打井开采海底矿产资源，必须采取有效措施，防止污染海洋环境。

此外，建造海岸工程必须采取保护国家和地方重点保护的野生动植物及其生存环境和海洋水产资源措施。新建、改建、扩建海岸工程建设项目，必须把防治污染所需资金纳入建设项目投资计划。

（3）防治海洋工程污染

海洋工程是指以开发、利用、保护、恢复海洋资源为目的，并且工程主体位于海岸线向海一侧的新建、改建、扩建工程。具体包括：围填海、海上堤坝工程；人工岛、海上和海底物资储藏设施、跨海桥梁、海底隧道工程；海底管道、海底电（光）缆工程；海洋矿产资源勘探开发及其附属工程；海上潮汐电站、波浪电站、温差电站等海洋能源开发利用工程；大型海水养殖场、人工鱼礁工程；盐田、海水淡化等海水综合利用工程；海上娱乐及运动、景观开发工程等。

海洋工程建设项目必须严格执行环境影响报告书制度和“三同时”制度。《海洋环境保护法》第47条规定：“海洋工程建设项目必须符合海洋功能区划、海洋环境保护规划和国家有关环境保护标准，在可行性研究阶段，编报海洋环境影响报告书”，包括防止污染损害海洋环境的有效措施，按照法定程序送核准，并接受环境保护行政主管部门的监督。第48条规定：“海洋工程建设项目的环境保护设施，必须与主体工程同时设计、同时施工、同时投产使用。环境保护设施未经海洋行政主管部门检查批准，建设项目不得试运行；环境保护设施未经海洋行政主管部门验收，或者经验收不合格的，建设项目不得投入生产或者使用。拆除或者闲置环境保护设施，必须事先征得海洋行政主管部门的同意。”

海洋工程建设项目，不得使用含超标准放射性物质或者易溶出有毒有害物质的材料。

海洋石油钻井船、钻井平台和采油平台的含油污水和油性混合物，必须经过处理达标后排放；残油、废油必须予以回收，不得排放入海。经回收处理后排放的，其含油量不得超过国家规定的标准。钻井所使用的油基泥浆和其他有毒复合泥浆不得排放入海。水基泥浆和无毒复合泥浆及钻屑的排放，必须符合国家有关规定；海洋石油钻井船、钻井平台和采油平台及其有关海上设施，不得向海域处置含油的工业垃圾。处置其他工业垃圾，不得造成海洋环境污染。

（4）防治海洋倾废污染海洋环境

为了控制倾倒废弃物对海洋的污染损害，国际社会于1972年签署了《防止倾倒废弃物和其他物质污染海洋公约》。我国于1985年加入该公约，并在同一年发布了《海洋倾废管理条例》，修改后的《海洋环境保护法》也设专章对此进行了规定。

《海洋倾废管理条例》第5条规定："海洋倾倒区由国家海洋局商同有关部门，按科学、合理、安全和经济的原则划出，报国务院批准确定。"我国至1995年年底已划定五批共38个倾废区。

《海洋环境保护法》第55条规定："任何单位未经国家海洋行政主管部门批准，不得向中华人民共和国管辖海域倾倒任何废弃物。需要倾倒废弃物的单位，必须向国家海洋行政主管部门提出书面申请，经国家海洋行政主管部门审查批准，发给许可证后，方可倾倒。禁止中华人民共和国境外的废弃物在中华人民共和国管辖海域倾倒。"

（5）防治船舶污染海洋环境

向海洋排放或泄漏的油类、油性混合物、废弃物和其他有害物质，会造成海洋环境污染，成为海洋污染的主要污染源之一。为此，《海洋环境保护法》设专章进行了规定。

非油轮应当设有相应的防污设备、器材，油轮必须备有油类记录簿，并且应当按照吨位的不同而设专用容器，回收残油、废油。

非油轮排放含油污水必须遵守国家有关排放标准的规定，并如实地记入油类记录簿。

船舶进行加油和装卸油作业时，必须遵守操作规程，防止发生漏油事故。

船舶应当遵守海上交通安全法律、法规的规定，防止因碰撞、触礁、搁浅、火灾或者爆炸等引起的海难事故，造成海洋环境的污染。

国家完善并实施船舶油污损害民事赔偿责任制度；按照船舶油污损害赔偿责任由船东和货主共同承担风险的原则，建立船舶油污保险、油污损害赔偿基金制度。

载运具有污染危害性货物进出港口的船舶，其承运人、货物所有人或者代理人，必须事先向海事行政主管部门申报。经批准后，方可进出港口、过境停留或者装卸作业。

交付船舶装运污染危害性货物的单证、包装、标志、数量限制等，必须符合对所装货物的有关规定。需要船舶装运污染危害性不明的货物，应当按照有关规定事先进行评估。

装卸油类及有毒有害货物的作业，船岸双方必须遵守安全防污操作规程。

港口、码头、装卸站和船舶修造厂必须按照有关规定备有足够的用于处理船舶污染物、废弃物的接收设施，并使该设施处于良好状态。

装卸油类的港口、码头、装卸站和船舶必须编制溢油污染应急计划，并配备相应的溢油污染应急设备和器材。

第五节　噪声污染防治法

一、噪声污染的概念及危害

噪声是来源于固体、液体或气体的振动而有害于人体健康的声音。从物理学上讲，噪声是各种不同频率、不同声强的声音无规则的杂乱组合，如汽车的轰隆声、建筑工地的嘈杂声、娱乐场所的吵闹声等，它的波形是没有规则的非周期的曲线。从心理学上讲，噪声属于所有接收者所不需要的，或使人们产生厌烦、不愉快的声音。环境法中的噪声既不同于物理学上的噪声，也不同于心理学上的噪声，按照我国《环境噪声污染防治法》第 2 条的规定，环境噪声是指在工业生产、建筑施工、交通运输和社会生活中所产生的干扰周围生活环境的声音。

噪声的来源及类型多种多样。按其产生机理的不同，可将其分为机械性噪声、空气动力性噪声和电磁性噪声三大类。按时间变化的程度，可将其分为稳态噪声和非稳态噪声两大类。按产生的区域的不同，可将其分为城市环境噪声、农村环境噪声和海洋环境噪声三大类。按其污染源种类的不同，可将其分为工业噪声、建筑施工噪声、交通运输噪声和社会生活噪声四大类。其中，工业噪声、建筑施工噪声和社会生活噪声，其传播影响范围通常呈面状，交通运输噪声的传播影响范围通常沿着道路呈线状。我国关于环境噪声污染防治的立法是针对这四类环境噪声污染而规定的，它们都是人为原因造成的噪声，而对自然现象产生的噪声，如山崩、风啸、雷鸣等，法律不予调整也不能调整。

环境噪声污染，是指所产生的环境噪声超过国家规定的环境噪声排放标准，并干扰他人正常生活、工作和学习的现象。

噪声污染是现代社会的一大公害，也是各国环境保护工作的一个重点防治对象。噪声污染的危害是多方面的，其危害性主要表现为对人体健康的影响，并且噪声也会给人类财产造成一定的损害。

噪声污染影响人体健康主要表现在以下几个方面：一是影响人们正常学习、工作、休息和睡眠。如果噪声声级达到 50 分贝左右，就会使人觉得烦躁不安，不能入睡；达到 60 分贝左右，就会给人们的学习、工作带来影响；70 分贝以上声级的噪声，会造成人的精神分散，注意力不集中；如达到 90 分贝以上，则会严重干扰人们的工作，导致工作失误，事故增多。二是损害听觉。人们长期生活、工作在强噪声环境中，会使听力受到损伤，甚至导致耳聋。90 分贝以上噪声会造成听觉迟钝；140 分贝以上噪声，能使人的感觉器官发生急性外伤；175 分贝以上噪声可以致人死亡。三是引起疾病和造成其他危害。噪声声级达到 120 分贝，就会导致人的神经系统、心血管系统、消化系统和视觉系统的功能紊乱和造成障碍，出现头晕、呕吐、失眠、记忆力减退、血压升高等诸多症状。高频率的强噪声还能引起人体的嗜酸性粒细胞减少和网状细胞减少，降低人的免疫功能。长期受噪声危害的人，会因身体持续紧张，周身疲劳而使健康水平下降或引发各种疾病。四是影响胎儿发育及智力发育。研究结果表明，孕妇如果长期生活在强噪声环境中，会导致胎儿畸形或者流产。而儿童长期生活在强噪声环境中，思维不易集中，智力发育会受到影响。

环境噪声对人类财产的危害主要表现在以下两个方面：一是损坏建筑物。强烈的噪声可以引起振动，使门窗玻璃破裂，对轻型建筑物造成破坏或发生墙体裂痕、瓦片震落等危害建筑物的现象。二是损害设备。强噪声会造成机械疲劳，损伤机器设备，甚至会使自动化设备、高精度仪表失灵，从而危害生产、科研和国防建设等。

此外，噪声对动物的听觉器官、内脏器官和中枢神经系统会造成病理性变化和损伤，强烈的噪声还会引起动物死亡。试验证明，动物在噪声场中会出现听觉和视觉损伤，以及发生失去行为控制能力和导致痉挛的现象。

环境噪声污染与其他类型的环境污染公害相比，具有以下几个特点：一是环境噪声污染是一种感觉性公害。它对人的危害不仅取决于噪声的强弱，而且与人的生理、心理状况有关，如老人、病人、脑力劳动者等对噪声的承受能力较差。由于人们的身体条件、生理和心理状态以及所处的周围环境不同，对同一声级的噪声，反应也可能不一样。例如，家用音响器材发出的乐声，对于收听者而言是悦耳的声音，但对于周围正在学习、睡觉以及生病的人来说，则可能成为讨厌的噪声。二是环境噪声污染具有暂时性。只要噪声源停止发出噪声，环境噪声的污染就会立即停止，没有残留物，它不会停留在环境中积累，它的能量最后转变为热能在环境中消失。同时，它不会像其他有形污染物那样可能会在环境中发生物理或化学等变化而形成二次污染。噪声对人体的危害只是限定在特定的时空范围内，一旦时空发生转移、变化，则该噪声对人体的危害也就消失。三是环境噪声污染具有局部性。局部性是指环境噪声污染是一种能量型污染，而能量在向四周传播的过程中，随着距离的增加和障碍物的阻隔，能量会显著衰减，因此，受环境噪声影响的仅是噪声源附近的人和物。环境噪声污染的这一特性使得对环境噪声污染的防治相对容易，只要人们远离噪声源或者把噪声限制在一定的范围内就可减轻或避免噪声污染的危害。四是环境噪声污染具有分散性。分散性是指由于噪声源的分布往往多而分散，因而噪声所造成的污染也是分散的，这就给环境噪声污染的集中控制带来各种困难。五是环境噪声污染是一种其危害性不易评估的公害。由于对环境噪声的评价取决于被干扰者的心理和生理等因素，对同样声强的噪声，不同的人反应可能不一样，这就决定了环境噪声污染所造成的危害不可能以一定的客观数值来衡量或评价。在国外，司法实践中通常是以人群对噪声可以忍受的最大限度作为判断是否可能造成干扰或者妨害的标准。

二、环境噪声污染防治立法及其主要法律规定

（一）环境噪声污染防治立法

制定环境噪声污染防治法律、法规，颁布一系列声环境质量标准和环境噪声排放标准，依法控制噪声危害是防治环境噪声污染的基本手段。我国早在20世纪50年代制定的《工厂安全卫生规程》中，就对工厂内各种噪声源规定了防治措施。我国实质意义上的环境噪声污染防治工作，是随着我国环境保护法制建设的步伐同时开展的。1973年国务院发布的《关于保护和改善环境的若干规定（试行草案）》中专门对工业和交通噪声的控制作出了规定。1979年，《环境保护法（试行）》对噪声控制作出了原

则性规定。1989 年，我国又专门制定了《环境噪声污染防治条例》，为全面开展防治环境噪声污染的行政管理提供了行政法的依据。1996 年 10 月 29 日，在全面总结环境噪声污染防治工作经验的基础上，我国制定了《环境噪声污染防治法》，自 1997 年 3 月 1 日起施行。1989 年颁布的《环境噪声污染防治条例》同时废止。

《环境噪声污染防治法》颁布之后，我国先后出台了《大气污染防治法》（2000 年、2015 年修订），《环境影响评价法》（2002 年），《排污费征收标准管理办法》（2003 年），《环境保护法》（2014 年修订）等，这些与噪声污染防治有关的法律、法规也属于我国环境噪声污染防治法体系的组成部分。

（二）环境噪声污染防治的主要法律规定

1. 环境噪声污染防治的监督管理体制

噪声污染防治实行统一监督管理与分部门监督管理相结合的管理体制。

国务院环境保护行政主管部门对全国环境噪声污染防治实施统一监督管理；县级以上地方人民政府环境保护行政主管部门对本行政区域内的环境噪声污染防治实施统一监督管理；各级公安、交通、铁路、民航等主管部门和港务监督机构，根据各自的职责，对交通运输和社会生活噪声污染防治实施监督管理。

2. 关于声环境标准与城市功能分区控制环境噪声的法律规定

我国的《声环境质量标准》将声环境功能区分为五类，分别适用不同的声环境质量标准。0 类声环境功能区，指康复疗养区等特别需要安静的区域。1 类声环境功能区，指以居民住宅、医疗卫生、文化体育、科研设计、行政办公为主要功能，需要保持安静的区域。2 类声环境功能区，指以商业金融、集市贸易为主要功能，或者居住、商业、工业混杂，需要维护住宅安静的区域。3 类声环境功能区，指以工业生产、仓储物流为主要功能，需要防止工业噪声对周围环境产生严重影响的区域。4 类声环境功能区，指交通干线两侧一定区域之内，需要防止交通噪声对周围环境产生严重影响的区域，包括 4a 类和 4b 类两种类型。4a 类为高速公路、一级公路、二级公路、城市快速路、城市主干路、城市次干路、城市轨道交通（地面段）、内河航道两侧区域；4b 类为铁路干线两侧区域。

除此之外，我国还制定了《城市港口及江河两岸区域环境噪声标准》、《机场周围飞机噪声环境标准》等特殊区域的声环境质量标准。

声环境质量标准是衡量区域环境是否受到环境噪声污染的客观判断标准，也是制定环境噪声排放标准的主要依据。

目前我国噪声污染物排放标准主要包括《建筑施工厂界环境噪声排放标准》、《工业企业厂界环境噪声排放标准》、《建筑施工场界噪声限值》、《社会生活环境噪声排放标准》等。

3. 环境噪声污染防治的基本制度

（1）环境影响评价制度和“三同时”制度

《环境噪声污染防治法》规定，新建、改建、扩建的建设项目，必须遵守国家有关建设项目环境保护管理的规定。建设项目可能产生环境噪声污染的，建设单位必须提出环境影响报告书，规定环境噪声污染的防治措施，并按照国家规定的程序报环境保护行政主管部门批准。环境影响报告书中，应当有该建设项目所在地单位和居民的意见。

建设项目的环境噪声污染防治设施必须与主体工程同时设计、同时施工、同时投产使用。建设项目在投入生产或者使用之前，其环境噪声污染防治设施必须经原审批环境影响报告书的环境保护行政主管部门验收；达不到国家规定要求的，该建设项目不得投入生产或者使用。

（2）落后设备淘汰制度

对于环境噪声污染严重的落后设备，国家实行淘汰制度，由国务院经济综合主管部门等公布限期禁止生产、销售和进口的环境噪声污染严重的设备目录。生产者、销售者和进口者必须在规定期限内分别停止生产、销售和进口列入名录中的设备。

（3）偶发性强烈噪声排放的申请和公告制度

偶发性强烈噪声排放具有突发性、非规划性与强烈性，人们没有思想准备，危害极大。因此，对于在城市范围内从事生产活动确需排放偶发性强烈噪声的，必须事先向当地公安机关提出申请，经批准后方可进行。在产生偶发性强烈噪声活动前，当地公安机关还应当向社会公告，使周围居民和单位及早采取防护措施。

（4）征收超标排污费制度

《环境噪声污染防治法》第16条规定：产生环境噪声污染的单位，应当采取措施进行治理，并按照国家规定缴纳超标准排污费。国家有关规定主要指《征收排污费管理办法》以及各类环境噪声排放标准等规定。

（5）限期治理制度

对于在噪声敏感建筑物集中区域内造成严重环境噪声污染的企事业单位，限期治理。被限期治理的单位必须按期完成治理任务。限期治理由县级以上人民政府按照国务院规定的权限决定。对小型企事业单位的限期治理，可以由县级以上人民政府在国务院规定的权限内授权其环境保护行政主管部门决定。

（6）环境噪声监测制度

《环境噪声污染防治法》规定，国务院环境保护行政主管部门应当建立环境噪声监测制度，制定监测规范，并会同有关部门组织监测网络。环境噪声监测机构应当按照国务院环境保护行政主管部门的规定报送环境噪声监测结果。

（7）现场检查制度

《环境噪声污染防治法》规定，县级以上人民政府环境保护行政主管部门和其他环境噪声防治工作的监督管理部门、机构，有权依据各自的职责对管辖范围内排放环境噪声的单位进行环境检查。被检查的单位必须如实反映情况，并提供必要的资料。检查部门、机构应当为被检查的单位保守技术秘密和业务秘密。另外，《环境噪声污染防治法》还规定，检查人员进行现场检查，应当出示证件。

4. 关于工业噪声污染防治的法律规定

依照《环境噪声污染防治法》的解释，工业噪声是指在工业生产活动中使用固定的设备时产生的干扰周围生活环境的声音。《环境噪声污染防治法》设立专章对防治工业噪声污染作了以下规定：

（1）达标排放制度。《环境噪声污染防治法》规定，在城市范围内向周围生活环境排放工业噪声的，应当符合国家规定的工业企业厂界环境噪声排放标准。产生环境噪声污染的工业企业，应当采取有效措施，减轻噪声对周围生活环境的影响。

（2）环境噪声排放申报登记制度。对于在工业生产中因使用固定的设备造成环境噪声污染的工业企业，必须按照国家环境保护行政主管部门的规定，向所在地的县级以上地方人民政府环境保护行政主管部门申报拥有的造成环境噪声污染的设备的种类、数量以及在正常作业下所发出的噪声值和防治环境噪声污染的设施情况，并提供防治噪声污染的技术资料。造成环境噪声污染的设备的种类、数量、噪声值和防治设施有重大改变的，必须及时申报，并采取应有的防治措施。

（3）规定工业设备的噪声限值。《环境噪声污染防治法》第 26 条规定，国务院有关主管部门对可能造成环境噪声污染的工业设备，应当根据声环境保护的要求和国家的经济、技术条件，逐步达到在依法制定的产品的国家标准、行业标准中规定的噪声限值。工业设备运行时发出的噪声值，应当在有关技术文件中予以注明。

5. 关于建筑施工噪声污染防治的法律规定

建筑施工噪声，是指在建筑施工过程中产生的干扰周围生活环境的声音。《环境噪声污染防治法》第四章第 27 条至第 30 条规定了建筑施工噪声污染防治，主要规定有：

（1）达标排放制度。在城市市区范围内向周围生活环境排放建筑施工噪声的，应当符合国家规定的建筑施工场界环境噪声排放标准。“建筑施工场界环境噪声排放标准”是指国家对建筑施工场地边界线噪声敏感处所允许的噪声值作出的规定，主要指 1990 年国家环境保护局发布的《建筑施工场界噪声限值》。

对于排放建筑施工噪声超过国家规定的环境噪声施工场界排放标准，危害周围生活环境的建筑施工单位，当地人民政府环境保护行政主管部门在报经县级以上人民政府批准后，可以限制其作业时间，以免影响生活在周围环境中的人民群众的正常工作、学习和生活。

（2）实行申报制度。在城市市区范围内，当建筑施工过程中使用的机械设备可能产生环境噪声污染时，施工单位必须在工程开工 15 日以前向工程所在地县级以上地方人民政府环境保护行政主管部门申报该工程的项目名称、施工场所和期限、可能产生的环境噪声值以及所采取的环境噪声污染防治措施情况。

（3）禁止在某些区域进行夜间施工。在城市市区噪声敏感建筑物集中区域内，禁止夜间进行产生环境噪声污染的建筑施工作业，但抢修、抢险作业和因生产工艺上要求或者特殊需要必须连续作业的除外。这里的“夜间”，是指晚上 10 点到早上 6 点之间的时间段。因特殊需要，必须连续作业的，必须有县级以上人民政府或者其有关主管部门的证明，并且经批准的夜间作业，还必须向附近居民公告。

6. 关于交通运输噪声污染防治的法律规定。交通运输噪声，是指机动车辆、铁路机车、机动船舶、航空器等交通运输工具在运行时所产生的干扰周围生活环境的声音。交通运输噪声大多属于移动污染源，其污染防治的措施主要应从交通运输工具本身及交通运输工具所运行的路线两方面来考虑。在我国，目前交通运输噪声污染呈日益恶化的严重态势，已成为环境噪声污染防治的重点。《环境噪声污染防治法》第五章对防治交通运输噪声污染作出了专章规定，主要内容有：

（1）防止成品汽车超标排放噪声。为了防止成品汽车超标排放噪声，《环境噪声污染防治法》规定，禁止制造、销售或者进口超过规定的噪声限值的汽车。除此之外，对于在城市市区范围内行驶的机动车辆所使用的消声器和喇叭，也必须符合国家规定的要求。机动车辆必须加强维修和保养，保持技术性能良好，防治环境噪声污染。

(2) 按规定使用声响装置。为了防止行驶在城市市区范围内的机动车辆、城市市区的内河航道航行的机动船舶以及驶经或者进入城市市区、疗养区的铁路机车所使用的声响装置对周围环境造成噪声干扰，使用者必须按照规定使用声响装置。此外，警车、消防车、工程抢险车、救护车等机动车辆安装、使用警报器，必须符合公安部门的规定，并且在执行非紧急任务时禁止使用警报器。

(3) 禁行、禁鸣区域和时间的规定。由于机动车辆使用的声响装置发出的噪声往往是瞬间性的，容易导致人体精神受到伤害或诱发其他疾病，因此《环境噪声污染防治法》规定，城市人民政府公安机关可以根据本地城市市区区域声环境保护的需要，划定禁止机动车辆行驶和禁止其使用声响装置的路段和时间，并向社会公告。

(4) 防治在道路建设和基础设施建设中产生的噪声污染的措施。建设经过已有的噪声敏感建筑物集中区域的高速公路、城市高架或轻轨道路，有可能造成环境噪声污染的，应当设置声屏障或者采取其他有效的控制环境噪声污染的措施。另外，在已有的城市交通干线的两侧建设噪声敏感建筑物的，建设单位应当按照国家规定间隔一段距离，并采取减轻、避免交通噪声影响的措施。

(5) 交通指挥作业时减轻噪声污染的规定。交通指挥作业，是指各种交通部门在车站、铁路编组站、港口、码头、航空港等地的指挥作业。在交通指挥作业时使用广播喇叭的，应当控制音量，减轻噪声对周围生活环境的影响。

(6) 铁路车辆运行时噪声污染的防治规定。穿越城市居民区、文教区的铁路，因铁路机车运行造成环境噪声污染的，当地城市人民政府应当组织铁路部门和其他有关部门，制定减轻环境噪声污染的规划，铁路部门和其他有关部门应当按照规划的要求，采取有效措施，减轻环境噪声污染。

(7) 防治航空器噪声污染的规定。《环境噪声污染防治法》规定，除起飞、降落或者依法规定的情形以外，民用航空器不得飞越城市市区上空。城市人民政府应当在航空器起飞、降落的净空周围划定限制建设噪声敏感建筑物的区域；在该区域内建设噪声敏感建筑物的，建设单位应当采取减轻、避免航空器运行时产生的噪声影响的措施。民航部门也应当采取有效措施，减轻环境噪声污染。

7. 社会生活噪声污染防治的法律规定

社会生活噪声是指人为活动所产生的除工业噪声、建筑施工噪声和交通运输噪声之外的干扰周围生活环境的声音。城市社会生活噪声，包括商业、娱乐业、饮食服务业、居民生活等方面产生的噪声。它具有分散、流动、面广、量多、与人们日常生活关系密切等特点。社会生活噪声污染近年来日益严重，已成为城市中的一个突出问题，因此也是环境噪声污染防治的一个重点。《环境噪声污染防治法》以专章规定。

(1) 控制商业噪声污染的规定。在城市市区噪声敏感建筑物集中区域内，因商业经营活动中使用固定设备造成环境噪声污染的商业企业，必须按照国务院环境保护部门的规定，向所在地环境保护部门申报拥有的造成环境噪声污染的设备的状况和防治环境噪声污染的设施的情况。

在商业活动中使用空调器、冷却塔等可能产生环境噪声污染的设备、设施的经营管理者，应当采取措施，使其边界噪声不超过国家规定的环境噪声排放标准。

禁止在商业经营活动中使用高音广播喇叭或者采用其他发出高噪声的方法招揽顾客。

（2）控制文化娱乐业噪声污染的规定。近年来，随着人民生活水平的不断提高和第三产业的迅速发展，各地兴建了大量的歌舞厅、游乐场、音像放映厅等文化娱乐设施。这些设施的存在一方面丰富了人民群众的文化生活，另一方面，其排放的噪声对周围的生活环境产生了很大的影响。因此，《环境噪声污染防治法》对文化娱乐业的噪声污染防治也作出了规定。新建营业性文化娱乐场所的边界噪声，必须符合国家规定的环境噪声排放标准；不符合国家规定的环境噪声排放标准的，文化行政主管部门不得核发文化经营许可证，工商部门不得核发营业执照。经营中的文化娱乐场所，其经营管理者必须采取有效措施，使其边界噪声不超过国家规定的环境噪声排放标准。

（3）对高音广播喇叭和音响器材的使用进行控制的规定。禁止任何单位、个人在城市市区噪声敏感建筑物集中区域内使用高音广播喇叭；在城市市区街道、广场、公园等公共场所组织娱乐、集会等活动，使用音响器材可能产生干扰周围生活环境的过大音量的，必须遵守当地公安机关的规定。

（4）控制家庭噪声污染的规定。使用家用电器、乐器或者进行其他家庭室内娱乐活动时，应当控制音量或者采取其他有效措施，避免对周围居民造成环境噪声污染。在已竣工交付使用的住宅楼进行室内装修活动，应当限制作业时间，并采取有效措施，以减轻、避免对周围居民造成环境噪声污染。

第六节　固体废物污染环境防治法

一、固体废物污染及其危害

（一）固体废物的概念

2004年第十届全国人大常委会第十三次会议修订通过，并于2005年4月1日实施的《固体废物污染环境防治法》（2013年修正）对固体废物作了如下定义：固体废物，是指在生产、生活和其他活动中产生的丧失原有利用价值或者虽未丧失利用价值但被抛弃或者放弃的固态、半固态和置于容器中的气态的物品、物质以及法律、行政法规规定纳入固体废物管理的物品、物质。

（二）固体废物污染及其危害

固体废物污染，是指对固体废物未经处置或者虽经处置但处置不当致使其存在于环境系统中，引起或可能引起危害人体健康、人身财产安全或者破坏自然生态系统正常运行的环境危害事故。固体废物污染与大气污染、水污染有所不同，由于固体废物自身便是污染物，所以，固体废物污染主要是指固体废物进入环境、造成环境污染后，才直接或间接对人类及环境所产生的危害。

固体废物污染环境的危害主要表现为：

1. 固体废物占用土地，污染土壤。大量的固体废物因堆放而占用土地。据统计，我国平均每堆放1万吨废渣，需占地1亩多，仅就已积存的废渣和尾矿来说，占地面积已达400多平方千米。固体废物及其渗出液还会改变土壤的性质和土壤结构，影响土壤中微生物的活动，妨碍植物根系生长，或在植物机体内积蓄，通过食物链影响人体健康。

2. 固体废物污染大气和水体。据资料统计，我国每年有1 000多万吨固体废物直接排入江河之中。许多企业长期向水域排放废渣，这些固体废物不仅会污染水体，还会直接影响和危害水生生物的生存和水资源的利用。固体废物中的细粒、粉尘还会随风飞扬，污染大气，如粉煤灰、尾矿堆物遇到4级以上风力时，可剥离1厘米～1.5厘米，灰尘飞扬高度可达20米～50米，在风季平均视程降低30%～70%。

3. 固体废物传播疾病，危害人体健康。目前，我国绝大多数的粪便垃圾未经无害化处理。医院、传染病院的粪便垃圾混入普通粪便垃圾之中，造成肝炎、肠炎、痢疾以及各种病毒的广泛传播。在对许多固体废物进行堆存分解或焚化的过程中，也会不同程度地产生毒气和臭气而直接危害人体健康。

4. 固体废物对其他方面的危害。固体废物如果堆置不当，会造成塌方、爆炸等后果。由于固体废物的危害通常具有长期潜在性，往往要经过比较缓慢的过程，在数十年之后才表现出来，但其污染危害一旦发生，往往难以消除。

二、固体废物污染环境防治立法及其主要法律规定

（一）固体废物污染环境防治立法

从20世纪70年代开始，我国全面地开展了有关固体废物的综合利用和管理工作，但是长期以来在固体废物管理方面并没有统一的法律规范。1982年，我国颁布了《城市市容环境卫生管理条例（试行）》（1982年发布，现已被1992年《城市市容和环境卫生管理条例》取代），对市容环境卫生和城市生活垃圾的管理作出了规定；1985年我国制定了《海洋倾废管理条例》（1985年发布，2011年修正），对向海洋倾废行为及其方法作出了规定；1989年我国制定了《传染病防治法》（1989年通过，2004年修订），对传染病病原体污染的垃圾等的卫生处理作出了规定。但上述规定远不能满足我国防治固体废物污染环境的实际需要。为此，我国于1995年制定了《固体废物污染环境防治法》。该法于2004年12月29日修订，2013年6月29日修正。

（二）固体废物污染环境防治的主要法律规定

1. 防治固体废物污染环境的原则

防治固体废物污染环境，应遵循环境保护法的基本原则。此外，根据固体废物污染的特点，应该遵循以下专门性的法律原则：

（1）固体废物污染防治全过程管理原则。它是指产生、收集、贮存、运输、利用、处置固体废物的全过程实行一体化管理。这通常也被人们形象地比喻为“从摇篮到坟墓”的管理。在全过程的各个环节，固体废物都有对环境产生污染危害的可能。因此，防治固体废物污染必须贯穿于全过程。为此，《固体废物污染环境防治法》第16条规定：“产生固体废物的单位和个人，应当采取措施，防止或者减少固体废物对环境的污染。”第17条规定：“收集、贮存、运输、利用、处置固体废物的单位和个人，必须采取防扬散、防流失、防渗漏或者其他防止污染环境的措施；不得擅自倾倒、堆放、丢

弃、遗撒固体废物。”

（2）实行“三化”管理的原则，即固体废物排量减量化、功能资源化、影响无害化。固体废物减量化是指减少固体废物的产生。实行这一原则，不仅可以减轻污染的危害，也可以提高资源能源的利用率。固体废物资源化，是指通过回收、加工、循环利用、交换等方式，对固体废物进行综合利用，使之转化为可利用的二次原料或再生资源。固体废物的无害化是指对固体废物进行无害化处置。对不能利用或者暂时不能利用的固体废物，特别是危险物，必须按照环境保护的要求，进行安全、卫生贮存、处置，以防止或者减轻对环境和人体健康的危害。实行这一原则，可以做到既防治污染，改善环境，又节约和合理开发利用资源，实现经济效益、环境效益、社会效益的统一。因此，《固体废物污染环境防治法》第3条规定：“国家对固体废物污染环境的防治，实行减少固体废物的产生量和危害性、充分合理利用固体废物和无害化处置固体废物的原则，促进清洁生产和循环经济发展。国家采取有利于固体废物综合利用活动的经济、技术政策和措施，对固体废物实行充分回收和合理利用。”

（3）禁止排放固体废物与产生者处置原则。排放是对固体废物未进行安全、无害处置的行为，实质上是污染行为，为防治固体废物的污染，实现固体废物对环境的无害化，促进固体废物资源化，必须对向环境排放的固体废物实行严格的控制，对排放行为予以禁止是固体废物无害化处置的必然要求。处置，是指将固体废物焚烧和用其他改变固体废物物理、化学、生物特性的方法，达到减少已产生的固体废物数量、缩小固体废物体积、减少或者消除其危险成分的活动，或者将固体废物最终置于符合环境保护规定要求的场所或者设施并不再取回的活动。

《固体废物污染环境防治法》并未直接作出禁止向环境排放工业固体废物和危险废物的规定，而是以规定废物产生者的强制处置义务的形式来予以体现。禁止排放与强制处置相联系、相配套。工业固体废物和危险废物的产生者必须将废物进行综合利用，并对不能利用的废物实行无害于环境的处置。

（4）集中处置与分散防治相结合的原则。在鼓励、扶持和强制企业、事业单位自行防治的同时，为提高治理污染的效益，还应实行集中收集和处置。在我国，固体废物污染的集中防治目前主要有三种形式：一是鼓励企事业单位将其拥有的固体废物利用、贮存、处置设施，在防治本单位污染的同时，可将剩余的防治能力向他人开放，接受他人提供的需要利用、贮存、处置的废物。二是区域性集中防治方式，即建设区域的专业性的固体废物（特别是城市生活垃圾和危险废物）利用、贮存、处置设施，把一些分散在各单位的固体废物，按一定要求和条件集中在一起进行利用、贮存和处置。三是推行“废物交换”。废物交换是根据一个生产过程产生的废物可能成为另一个生产过程的原料的特性，通过交换方式，使废物产生者和利用者之间进行物质传输，以比较经济的方式实现固体废物资源化。因此，企业、事业单位应将不能自行利用或者自用有余的废物，提供或者交给他人使用。交换可以是无偿的，也可以是有偿的。

（5）对危险废物实行特别严格的控制和重点防治的原则。危险废物，是指列入国家危险废物名录或者根据国家规定的危险废物鉴别标准和鉴别方法认定的具有危险特性的固体废物。由于危险废物可能造成对人体健康和环境的严重危害，因而必须对其实行比其他固体废物更严格的控制和重点防治，《固体废物污染环境防治法》第四章

“危险废物污染环境防治的特别规定”对此作了专门规定。

（6）污染者承担污染防治责任原则。《固体废物污染环境防治法》第5条规定：“国家对固体废物污染环境防治实行污染者依法负责的原则。产品的生产者、销售者、进口者、使用者对其产生的固体废物依法承担污染防治责任 。”第18条第2款又规定：“生产、销售、进口依法被列入强制回收目录的产品和包装物的企业，必须按照国家有关规定对该产品和包装物进行回收。”

它要求生产者不仅对其生产过程中的环境污染承担法律责任，还要求对其生产的产品的整个生命周期内的环境污染和破坏承担法律责任，包括废弃产品的回收、处置责任，以及所造成污染损害承担赔偿等法律规定的责任。

2. 固体废物污染环境防治的监督管理体制

《固体废物污染环境防治法》第10条对固体废物污染防治监督管理体制的规定如下：

国务院环境保护行政主管部门对全国固体废物污染环境的防治工作实施统一监督管理。国务院有关部门在各自的职责范围内负责固体废物污染环境防治的监督管理工作。

县级以上地方人民政府环境保护行政主管部门对本行政区域内固体废物污染环境的防治工作实施统一监督管理。县级以上地方人民政府有关部门在各自的职责范围内负责固体废物污染环境防治的监督管理工作。

国务院建设行政主管部门和县级以上地方人民政府环境卫生行政主管部门负责生活垃圾清扫、收集、贮存、运输和处置的监督管理工作。

据此，我国对固体废物污染环境防治的监督管理体制，仍然是实行统一监督管理与分级、分部门监督管理相结合的体制。

3. 关于固体废物转移及进出口管制的规定

固体废物转移，是指将固体废物的污染从一地扩散、蔓延到另一地的情况，包括境内转移和境外转移。由于固体废物转移会导致污染转移，并可能导致新的环境污染发生，因而受到严格的管制。

转移固体废物出省级行政区域贮存、处置的，应当向固体废物移出地的省级人民政府环境保护行政主管部门提出申请；移出地的省级人民政府环境保护行政主管部门应当商经接受地的省级人民政府环境保护行政主管部门同意后，方可批准转移该固体废物出省级行政区域。未经批准的，不得转移。

禁止进口不能用作原料或者不能以无害化方式利用的固体废物；对可以用作原料的固体废物实行限制进口和自动许可进口分类管理。国务院环保部门会同有关部门制定、调整并公布禁止进口、限制进口和自动许可进口的固体废物目录。

4. 关于防治工业固体废物污染环境的法律规定

工业固体废物，是指在工业生产活动中产生的固体废物。《固体废物污染环境防治法》对工业固体废物污染环境的防治，设专节作了规定，其主要内容如下：

（1）“黑名单”和污染工艺、设备淘汰制度的规定。《固体废物污染环境防治法》规定了鼓励科技进步和开发无废、少废工艺的内容，建立了“限期淘汰产生严重污染环境的工业固体废物的落后生产工艺、生产设备的名录”（即黑名单）制度。

（2）有关行政部门防治工业固体废物污染职责的规定。该法第29条规定：“县级以上人民政府有关部门应当制定工业固体废物污染环境防治工作规划，推广能够减少工业固体废物产生量和危害性的先进生产工艺和设备，推动工业固体废物污染环境防治工作。”

（3）产生工业固体废物者防治职责的规定。1）建立、健全责任制度。该法第30条规定：“产生工业固体废物的单位应当建立、健全污染环境防治责任制度，采取防治工业固体废物污染环境的措施。”2）采取防治工业固体废物污染的措施。产生工业固体废物的单位，在建立、健全防治责任制度之后，应根据工业固体废物产生量、性质、危害程度等，采取切实可行的防治措施。

（4）采用清洁能源、材料和先进生产工艺、设备的规定。该法第31条规定：“企业事业单位应当合理选择和利用原材料、能源和其他资源，采用先进的生产工艺和设备，减少工业固体废物产生量，降低工业固体废物的危害性。”

（5）回收利用和安全处置工业固体废物的规定。该法第33条规定：“企业事业单位应当根据经济、技术条件对其产生的工业固体废物加以利用；对暂时不利用或者不能利用的，必须按照国务院环境保护行政主管部门的规定建设贮存设施、场所，安全分类存放，或者采取无害化处置措施。建设工业固体废物贮存、处置的设施、场所，必须符合国家环境保护标准。”

（6）关闭、闭置或者拆除防治设施须经核准的规定。该法第34条规定：“禁止擅自关闭、闲置或者拆除工业固体废物污染环境防治设施、场所；确有必要关闭、闲置或者拆除的，必须经所在地县级以上地方人民政府环境保护行政主管部门核准，并采取措施，防止污染环境。”

（7）产生工业固体废物的单位终止或者变更后污染防治责任的规定。该法第35条规定了产生工业固体废物的单位需要终止或者发生变更后，对其贮存、处置设施、场所应当如何安全处置及其应负的污染防治责任。归纳起来，其防治污染的责任可分为三种：一是产生工业固体废物的单位终止时的污染防治责任。二是产生工业固体废物的单位发生变更后的污染防治责任。三是本法实施前已终止的单位的污染防治责任。

（8）处理废弃电器产品和废弃机动车船应当防止污染环境的规定。该法第37条规定：“拆解、利用、处置废弃电器产品和废弃机动车船，应当遵守有关法律、法规的规定，采取措施，防止污染环境。”

5. 关于防治城市生活垃圾污染环境的法律规定

生活垃圾，是指在日常生活中或者为日常生活提供服务的活动中产生的固体废物以及法律、行政法规规定为生活垃圾的固体废物。我国《固体废物污染环境防治法》对生活垃圾污染环境防治作了明确规定。如该法第40条是关于在指定地点倾倒、堆放城市生活垃圾的规定；第42条是有关城市生活垃圾及时清运、分类收集和无害化处置的规定；第43条对清洁能源和净菜进城作出了规定；第44、45、48条分别对城市环境卫生的标准要求、配套设施建设以及管理作了规定等。

6. 关于防治危险废物污染环境的特别规定

危险废物，是指列入国家危险废物名录或者根据国家规定的危险废物鉴别标准和鉴别方法认定的具有危险性的废物。所谓危险性，主要是指毒性、易燃性、腐蚀性、反应性、传染疾病性、放射性等。关于危险废物污染环境的防治，除适用《固体废物污染环境防治法》的一般规定外，还需要执行下列特别规定。

（1）危险废物名录和鉴别制度的规定。《固体废物污染环境防治法》第 51 条规定："国务院环境保护行政主管部门应当会同国务院有关部门制定国家危险废物名录，规定统一的危险废物鉴别标准、鉴别方法和识别标志。"

（2）危险废物识别标志制度的规定。标志是指以文字、图像、色彩等综合形式表明危险废物的特性和种类。实行此制度旨在使人们对危险废物引起重视并采取防范措施。《固体废物污染环境防治法》第 52 条规定："对危险废物的容器和包装物以及收集、贮存、运输、处置危险废物的设施、场所，必须设置危险废物识别标志。"

（3）制定管理计划和申报危险废物的规定。《固体废物污染环境防治法》第 53 条规定："产生危险废物的单位，必须按照国家有关规定制定危险废物管理计划，并向所在地县级以上地方人民政府环境保护行政主管部门申报危险废物的种类、产生量、流向、贮存、处置等有关资料。""前款所称危险废物管理计划应当包括减少危险废物产生量和危害性的措施以及危险废物贮存、利用、处置措施。危险废物管理计划应当报产生危险废物的单位所在地县级以上地方人民政府环境保护行政主管部门备案。""本条规定的申报事项或者危险废物管理计划内容有重大改变的，应当及时申报。"

（4）编制规划和建设危险废物集中处置设施、场所的规定。该法第 54 条规定："国务院环境保护行政主管部门会同国务院经济综合宏观调控部门组织编制危险废物集中处置设施、场所的建设规划，报国务院批准后实施。县级以上地方人民政府应当依据危险废物集中处置设施、场所的建设规划组织建设危险废物集中处置设施、场所。"

（5）强制处置、达标处置和代为处置的规定。危险废物的达标处置，是指必须按照国家有关标准和规定，安全、卫生、对环境无害地处置危险废物。不符合标准和规定的，为未达标或者超标，实行代为处置。代为处置主要针对两种情形：一是危险废物产生者不履行处置危险废物的义务，并经环境保护行政主管部门责令限期改正，逾期仍不处置的；二是危险废物产生者虽然自行处置其产生的危险废物，但处置不符合国家有关标准和规定的，其不法处置也造成或者可能造成危险废物污染危害。

（6）缴纳危险废物排污费和预提退役费的规定。该法第 56 条和第 65 条，分别规定以填埋方式处置危险废物不符合国务院环境保护行政主管部门规定的，应当缴纳危险废物排污费和预提重点危险废物集中处置设施、场所的退役费。

（7）危险废物污染防治经营活动许可证制度的规定。危险废物危险性决定了并非任何单位和个人都可以从事危险废物的收集、贮存、处置等污染防治经营活动。《固体废物污染环境防治法》明确规定对危险废物污染防治实行经营许可证制度，并且规定危险废物收集、贮存、处置的经营活动只限于单位进行。

（8）分类控制、安全处置的规定。危险废物的种类不同，特性各异，必须按不同种类危险废物的不同特性，采取与其相应的措施。该法第 58 条规定收集、贮存危险废物，必须按照危险废物特性分类进行。禁止混合收集、贮存、运输、处置性质不相容而未经安全性处置的危险废物。第 60 条、第 61 条也作了相应规定。

（9）危险废物转移联单制度的规定。《固体废物污染环境防治法》第 59 条规定："转移危险废物的，必须按照国家有关规定填写危险废物转移联单，并向危险废物移出地设区的市级以上地方人民政府环境保护行政主管部门提出申请。”转移的批准程序与固体废物转移批准程序相同。但由于危险废物转移过程中更具危险性，需要特别防范，故该条款规定，危险废物移出地设区的市级以上人民政府环境保护行政主管部门，有责任及时通知沿途经过的设区的市级以上地方人民政府环境保护行政主管部门。

此外，《固体废物污染环境防治法》第62条还对制定意外事故的防范措施和应急预案作出了规定，第63条和第64条对发生突发性事件报告和处理作了规定。

第七节 放射性污染防治法

一、放射性污染的概念及其危害

（一）放射性、放射性物质和放射性污染的概念

自然界中，某些原子核处于不稳定状态的元素或物质会发生核衰变现象，即自然地改变核结构从而转变为另一种物质。在核衰变的过程中，这些元素或者物质会放射出由粒子或光子组成的射线，并辐射出原子核里的过剩能量，变成原来物质的较低能态。这些元素或物质在核衰变过程中所表现出的放射线的属性称为放射性。放射性物质是指能够产生放射性以及辐射的元素及其化合物。

放射性污染是指因人类的生产、生活活动排放的放射性物质使环境的放射性水平高于天然本底或国家规定的标准，并使环境质量发生改变，从而危害人体健康的现象。我国《放射性污染防治法》中的放射性污染，是指由于人类活动造成物料、人体、场所、环境介质表面或内部出现超过国家标准的放射性物质或射线。环境中的放射性物质可以分为两类：一类是天然放射性物质，一类是人工放射性物质。环境法中所指的放射性物质，主要是指人工生产的放射性物质，也包括人工开采、运输、冶炼和储存的天然放射性物质，因为天然放射性物质经过人工开发提炼，也会放出射线污染环境。

（二）放射性污染的危害

放射性污染的危害是多方面的，其主要表现为：

1. 对人类生命健康的危害。放射性物质对人体照射到一定积存量时，能对人体健康产生损害，引起多种疾病；放射性污染能破坏人体免疫功能，降低肌体的防疫能力，缩短人的寿命；放射性物质的大剂量泄漏和排向环境，会造成大范围的伤亡损害；放射性污染能引起基因突变和染色体畸变并传给后代；X射线和各种放疗和射线能导致孕妇流产、胎儿死亡。

2. 对水体的污染。核试验沉降物会造成全球地表水放射水平增高；核工业的废水也会导致地表水和地下水的放射性污染，影响水质质量，并污染水生生物和土壤，通过食物链对人体产生内辐射。

3. 对大气的污染。放射性气体释放到大气后，使大气环境受到污染，间接危害人体健康。

4. 对土壤的污染。放射性物质会造成局部地区的土壤严重污染，并导致地下水的污染。

5. 放射性污染的其他危害。放射性物质还会对农作物、畜禽类、鱼虾类等动植物产生危害。

二、放射性污染防治立法及其主要法律规定

（一）放射性污染防治立法

为了防治放射性物质污染环境，世界上核工业发达国家，几乎从一开始就制定了一系列放射性防护法规和标准，以加强管理和防治工作。我国从 20 世纪 50 年代起陆续制定了一系列的防治放射性污染的政策和法规。我国于 1974 年制定了《放射防护规定》，1986 年制定了《民用核设施安全监督管理条例》，1987 年制定了《核材料管理条例》与《城市放射性废物管理办法》，1988 年制定了《核电厂安全监管实施细则》，1989 年制定了《放射性同位素与射线装置放射防护条例》（2005 年 9 月修改为《放射性同位素与射线装置安全和防护条例》、2014 年修订），1990 年制定了《放射环境管理办法》（2007 年被废止），1993 年制定了《核电厂核事故应急管理条例》。

为了防治放射性污染，保护环境，保障人体健康，促进核能、核技术的开发和利用，2003 年 6 月 28 日，我国专门制定了《放射性污染防治法》，2003 年 10 月 1 日起施行。该法适用于中华人民共和国领域和管辖的其他海域在核设施选址、建设、运行、退役和核技术、铀（钍）矿、伴生放射性矿开发利用过程中发生的放射性污染的防治活动。

（二）放射性污染防治的主要法律规定

1. 放射性污染防治的监督管理体制

《放射性污染防治法》规定，国务院环境保护行政主管部门对全国放射性污染防治工作依法实施统一监督管理。国务院卫生行政部门和其他有关部门依据国务院规定的职责，对有关的放射性污染防治工作依法实施监督管理。

可见，放射性污染防治实行统一监督管理与分部门监督管理相结合的管理体制。

2. 对放射性物质和核设施的监督管理

（1）核设施营运单位、核技术利用单位、铀（钍）矿和伴生放射性矿开发利用单位，负责本单位放射性污染的防治，接受环境保护行政主管部门和其他有关部门的监督管理，并依法对其造成的放射性污染承担责任。

（2）运输放射性物质和含放射源的射线装置，应当采取有效措施，防止放射性污染。具体办法由国务院规定。

（3）含有放射性物质的产品，应当符合国家放射性污染防治标准；不符合国家放射性污染防治标准的，不得出厂和销售。使用伴生放射性矿渣和含有天然放射性物质的石材做建筑和装修材料，应当符合国家建筑材料放射性核素控制标准。

（4）核设施选址，应当进行科学论证，并按照国家有关规定办理审批手续。在办理核设施选址审批手续前，应当编制环境影响报告书，报国务院环境保护行政主管部门审查批准；未经批准，有关部门不得办理核设施选址批准文件。

（5）核设施营运单位应当建立健全安全保卫制度，加强安全保卫工作，并接受公安部门的监督指导。核设施营运单位应当按照核设施的规模和性质制定核事故场内应

急计划，做好应急准备。出现核事故应急状态时，核设施营运单位必须立即采取有效的应急措施控制事故，并向核设施主管部门和环境保护行政主管部门、卫生行政部门、公安部门以及其他有关部门报告。

3. 对放射性核技术应用的监督管理

核技术利用是指密封放射源、非密封放射源和射线装置在医疗、工业、农业、地质调查、科学研究和教学等领域中的应用。

生产、销售、使用放射性同位素和射线装置的单位，应当按照国务院有关放射性同位素与射线装置放射防护的规定申请领取许可证，办理登记手续。转让、进口放射性同位素和射线装置的单位以及装备有放射性同位素的仪表的单位，应当按照国务院有关放射性同位素与射线装置放射防护的规定办理有关手续。

生产、销售、使用放射性同位素和加速器、中子发生器以及含放射源的射线装置的单位，应当在申请领取许可证前编制环境影响评价文件，报省级人民政府环境保护行政主管部门审查批准；未经批准，有关部门不得颁发许可证。

生产、使用放射性同位素和射线装置的单位，应当按照国务院环境保护行政主管部门的规定对其产生的放射性废物进行收集、包装、贮存。生产放射源的单位，应当按照国务院环境保护行政主管部门的规定回收和利用废旧放射源；使用放射源的单位，应当按照国务院环境保护行政主管部门的规定将废旧放射源交回生产放射源的单位或者送交专门从事放射性固体废物贮存、处置的单位。

生产、销售、使用、贮存放射源的单位，应当建立健全安全保卫制度，指定专人负责，落实安全责任制，制定必要的事故应急措施。发生放射源丢失、被盗和放射性污染事故时，有关单位和个人必须立即采取应急措施，并向公安部门、卫生行政部门和环境保护行政主管部门报告。公安部门、卫生行政部门和环境保护行政主管部门接到放射源丢失、被盗和放射性污染事故报告后，应当报告本级人民政府，并按照各自的职责立即组织采取有效措施，防止放射性污染蔓延，减少事故损失。当地人民政府应当及时将有关情况告知公众，并做好事故的调查、处理工作。

4. 对放射性废物的监督管理

向环境排放放射性废气、废液，必须符合国家放射性污染防治标准。

产生放射性废气、废液的单位向环境排放符合国家放射性污染防治标准的放射性废气、废液，应当向审批环境影响评价文件的环境保护行政主管部门申请放射性核素排放量，并定期报告排放计量结果。

产生放射性废液的单位，必须按照国家放射性污染防治标准的要求，对不得向环境排放的放射性废液进行处理或者贮存。产生放射性废液的单位，向环境排放符合国家放射性污染防治标准的放射性废液，必须采用符合国务院环境保护行政主管部门规定的排放方式。禁止利用渗井、渗坑、天然裂隙、溶洞或者国家禁止的其他方式排放放射性废液。

产生放射性固体废物的单位，应当按照国务院环境保护行政主管部门的规定，对其产生的放射性固体废物进行处理后，送交放射性固体废物处置单位处置，并承担处置费用。

第八节　有毒有害物质污染防治法[①]

一、有毒化学品污染防治法

（一）有毒化学品的概念及其危害

有毒化学品的概念和范围，与化学危险物品、化学品的概念和范围有一定的区别。根据《化学品首次进口及有毒化学品进出口环境管理规定》，“化学品”是指人工制造的或者是从自然界取得的化学物质，包括化学物质本身、化学混合物或者化学配制中的一部分，以及作为工业化学品和农药使用的物质。“有毒化学品”是指进入环境后通过环境蓄积、生物累积、生物转化或化学反应等方式损害健康和环境，或者通过接触对人体具有严重危害和具有潜在危险的化学品。而根据《化学危险物品安全管理条例》的规定，“化学危险物品”是指根据我国国家标准《危险货物分类与品名编号》规定的分类标准中所列的爆炸品、压缩气体和液化气体、易燃液体、易燃固体、自然物品和遇湿而燃物品、氧化剂和有机过氧化物、毒害品和腐蚀品，共分七大类。

从概念的定义可以看出，“化学品”、“化学危险物品”是从公共安全性角度出发，按化学反应方式来界定的，而“有毒化学品”则既从危害公共安全和人体健康角度来考虑，又从生态安全性角度来界定。“有毒”是指对人体健康和环境的危害性质。因此，“有毒化学品”的范围包括了通常的化学危险物品，并且比化学危险物品的范围更为广泛。[②]

有毒化学品的生产使用在国民经济和社会发展中不可或缺，如果对其管理得当和使用科学，就不会对环境造成污染。但如果在其生产、运输、销售、贮存、使用过程中，管理不善和使用不当，就会导致其泄漏、溢出、渗透、流失、扩散而进入环境，造成对生态环境、生活环境和人体健康的损害。一方面，有毒化学品性质复杂，毒性差异极大，且不少化学品对人体、环境的损害存在着科学上的不确定性。另一方面，有毒化学品是生物难以降解或不能降解的物质，对人体、环境的损害具有潜在性、持久性、生物转化性等特点，一旦发生污染事故，通常难以消除或不能消除。这些都给有毒化学品的环境管理带来极大的困难，也对有毒化学品的污染防治措施提出了更高的要求。

目前，在世界范围内有毒化学品的种类繁多、数量巨大、用途广泛、使用频繁且

---

① 有毒有害物质污染是与环境要素污染相对应的另一种类型的污染，是指对于人体或环境难以降解或不能降解的那些污染物质所造成的环境污染和危害。有毒有害物质主要包括固体废物、放射性物质、农药、人工合成的各种有机化合物等，其中不少物质能通过食物链而被生物富集，也有不少有毒有害的物质是致癌物、致畸物，因而对人类生存与发展的威胁极大。国际社会对于有毒有害物质的污染防治采取了许多措施。在立法方面，典型的有毒有害物质防治法有美国的《有毒物质控制法》、法国的《化学物质控制法》、德国的《危险物质防护法》以及日本的《化学物质审查及制造控制法》等。在国际法律文件方面，在联合国环境规划署主持下制定了《关于化学品国际贸易资料交流的伦敦准则》。本节将分别从有毒化学品污染防治法和农药污染防治法两个最主要的方面进行介绍和分析。

② 参见周珂主编：《环境与资源保护法》，381页，北京，中国人民大学出版社，2007。

方法多样，已经生产或使用的化学物质已达700多万种，其中大部分对人体健康和环境存在不利影响。有毒化学品的污染事故，性质严重、危害巨大、扩散速度快且范围大，能给人员造成极大的伤亡，给财产造成极大损失，给环境质量造成严重损害。因此，有毒化学品对环境的污染和可能产生的其他危害，已是全球所关注的主要环境问题之一。我国是化学品生产、使用和进出口大国，防治有毒化学品污染环境的工作任务十分繁重。

（二）有毒化学品污染防治立法

我国非常重视有毒化学品的安全监管。进入20世纪70年代以后，对有毒化学品的管理从只限于安全管理向保护环境方面扩展，并制定了一系列的防治有毒化学品污染环境的法规、规章，以及一些安全标准和环境标准。如《化学危险品安全管理条例》（1987年通过，已失效，为2002年通过、2011年修订的《危险化学品安全管理条例》所替代），《防止含多氯联苯电力装置及其废物污染环境的规定》（1991年），《关于防治铬化合物生产建设中环境污染的若干规定》（1992年），《关于停止生产和销售萘丸提倡使用樟脑制品的通知》（1993年），《化学品首次进口及有毒化学品进出口环境管理规定》（1994年），《监控化学品管理条例》（1995年通过、2011年修订），《易制毒化学品管理条例》（2005年），《危险化学品重大危险源辨识》（GB 18218—2009），《危险化学品登记管理办法》（2012年），《危险化学品安全使用许可证实施办法》（2012年）等。

此外，在《环境保护法》、《水污染防治法》、《大气污染防治法》、《海洋环境保护法》、《固体废物污染环境防治法》、《突发事件应对法》等法律法规中，也有有关防治有毒化学品污染环境的条款规定。然而，我国目前尚未制定一部专门的法律来加强对有毒化学品的安全监管。

（三）有毒化学品污染防治的主要法律规定

1. 有毒化学品生产经营许可证制度的法律规定。我国对有毒化学品实行生产前申报审查制度。生产化学危险物品的企业必须经省辖市以上人民政府审查同意，生产剧毒化学危险物品的企业必须经省级人民政府批准。拥有含多氯联苯电力装置的单位和个人须向当地环境保护部门申报登记。禁止乡、镇、街道企业生产剧毒化学危险物品。

对有毒化学品实行生产、经营许可证制度。国家对新建、扩建、改建生产剧毒化学危险物品企业实行严格控制。新建、扩建、改建生产化学危险物品的企业必须按照规定履行审批手续。经营化学危险物品的企业必须具备《化学危险物品安全管理条例》规定的条件。对于化学危险物品的流通，还应当遵守相应的规定。国家禁止无证生产、经营化学危险物品。

2. 有毒化学品的安全防护和污染防治措施的法律规定。生产、储存、使用有毒化学品，应根据其种类、性质，设置相应的通风、防爆、泄压、防火、防雷、监测、报警、降温、防潮、消除静电、隔离操作等安全防护设施和用具。装有毒化学品的容器，在使用前后，必须进行检查，消除火灾、爆炸、中毒等事故的发生。

储存有毒化学品必须修建专用危险物品贮存场地或使用专用储存室（柜），并设专人管理；有毒化学品生产企业、仓库和专用车站、码头必须设在安全地点；储存有毒化学品应分类分项存放，并设置安全距离，不得超量储存；不得在露天、潮湿、漏雨和低洼易积水地点存放；化学性质或防护、灭火方法相互抵触的有毒化学品不得在同一储存场所存放；有毒化学品入库前，必须进行检查登记，入库后应定期检查。

运输、装卸有毒化学品必须按国家有关危险货物运输管理的规定和要求办理。根据所装运有毒化学品的种类和性质，采取相应的防止碰撞、拖拉、倾倒、泄漏、溢流、脱落和密闭、覆盖、隔热、隔潮、喷淋等安全防护和预防污染的措施；性质不相容的有毒化学品不得违反配装限制和混合装运；装运有毒化学品时，不得客货混装或使用载客的交通工具。对不符合规定的，发货人不得托运，运输部门不得承运。

禁止在自然保护区、风景名胜区、饮用水源保护区等需要特别保护的区域内，新建有毒化学品生产项目和装卸、储存设施。禁止利用透水层孔隙、裂隙、溶洞及废弃矿坑储存有毒化学品。在发生船舶和海上、水上油污事故时，需使用化学消油剂的，必须事先经有关监督管理部门批准，并严格控制使用量。

3. 有毒化学品进出口环境管理的法律规定。我国在有毒化学品进出口环境管理中实施环境风险评价制度、进出口有毒化学品名录制度。国务院环境保护主管部门制定中国禁止或严格限制的有毒化学品名录，对列入名录的有毒化学品采取严格管制。

首次进口化学品必须事先向国务院环境保护主管部门提交化学品首次进口环境管理登记申请，并提交规定的资料和样品。国务院环境保护主管部门对符合我国环境管理规定和要求的，准予登记或临时登记，并发放登记证或临时登记证。凡未取得登记许可证件的，一律不得进口。

4. 监控化学品的法律规定。监控化学品是指列入国家监控化学品名录，可以作为化学武器、生产化学武器前体、生产化学武器主要原料的化学品和除炸药及纯碳氢化合物以外的特定有机化学品。我国将监控化学品分为四类：第一类是可作为化学武器的化学品；第二类是可作为生产化学武器前体的化学品；第三类是可作为生产化学武器主要原料的化学品；第四类是除炸药和纯碳氢化合物外的特定有机化学品。国家对这四类监控化学品以公布名录的形式实行监控，并且分别实行严格的审批、生产和使用规定。

生产第一类监控化学品，需要经过国务院化学工业主管部门批准，并在指定的小型设施中生产。对第二类、第三类、第四类监控化学品中含磷、硫、氟的特定有机化学品的生产，实行特别许可制度。需要使用第一类监控化学品的，须经国务院化学工业主管部门审查批准。需要使用第二类监控化学品的，须经省级人民政府化学工业主管部门审查批准。除此之外，国家对第一类监控化学品的进出口实行严格控制，规定非为科研、医疗、制造药物或者防护目的者不得进口第一类型监控化学品。

5. 有毒化学品污染事故应急救援和善后处理的法律规定。消除突发性的有毒化学品污染事故和在事故发生时采取紧急救援措施，是各国共同关心的问题。1988 年，联合国环境规划署提出了“区域性紧急事故意识与准备计划”（即“阿佩尔计划”），以提高政府、企业和公众对预防和处置突发性污染事故的认识，强调对紧急事故的应急和全社会的合作。这一计划受到了许多国家的重视，我国也对此作出了积极的响应，并先后制定了有关法律、法规，明确规定有毒化学品突发性污染事故的应急救援工作，由地方人民政府负责组织、协调和实施。应急措施包括控制、减少和消除污染的设施，如控制通道、食物、水源、人员撤离、物品迁移、对受污染地区的去污，以及受污染人员的救护、洗消、转运和医学处置等。

二、农药污染防治法

（一）农药污染的概念及其危害

根据我国《农药管理条例》的解释，农药是指用于预防、消灭或者控制危害农业、林业的病、虫、草和其他有害生物以及有目的地调节植物和昆虫生长的化学合成品或来源于生物、其他天然物质的一种或者几种物质的混合物及其制剂。

农药污染，是指因生产、贮存、运输、销售或施用农药使农药在环境中的数量或者浓度超过了环境标准限值以致影响生态系统的平衡，影响动植物的正常生长和有效利用，危害人体健康的现象。农药污染主要来源于农药所含物质的固有毒性。

农药在农业生产中起着重要作用，它是保障农业丰收的重要生产资料和救灾物资，而且在杀灭商业仓储害虫、木材防腐和公共卫生等方面也有着广泛的用途。然而，农药又是有毒物质，与人体健康和环境安全息息相关。由于农药有毒性的存在，在农药的生产、贮存、运输、销售和使用过程中如果不注意管理和使用不当（包括使用过量），就很容易造成环境污染，危害人、畜及其他生物。目前，全国每年使用的约万吨化学农药中，都有程度不同的毒性，并可以通过各种途径残留在大气、水体和土壤中，造成大气、水体、土壤、农产品、动植物和人体的农药污染。农药污染会给环境带来危害，造成大气污染，破坏土壤结构、降低土壤肥力，农药可以造成动物的急、慢性中毒，损害其生物机能，诱发各种病变，甚至导致死亡。农药会危害人体健康。因生产、运输、使用过程中操作不当或管理不善而直接误食、吸入或大量接触剧毒农药，会造成人体急、慢性中毒，导致人体患病，甚至死亡。

（二）农药污染防治立法

我国对农药的管理向来都很重视，包括对农药的投产、产品质量、贮运、销售、使用等环节进行管理，以充分发挥农药应有的效用，从而避免农药使人、畜中毒，并有利于环境保护，达到农药施用的预期效果。早在20世纪50年代就由国务院有关部门颁布了农药安全管理的若干规定，内容涉及防止农药中毒、农药质量与生产、使用的安全管理。如《关于严防农药中毒的联合通知》（1956年）、《“1605”及“1059”农药安全使用操作规程（试行）》（1957年）、《关于加强农药安全管理的规定（试行）》（1959年）等。20世纪70年代后，国家进一步加强了这方面的立法。如《剧毒农药安全使用注意事项》，1979年制定了《农药安全使用标准（试行）》，1982年有关部门联合发布了《农药安全使用规定》、《农药登记规定》、《农药毒性试验方法暂行规定》，1984年发布了《农药安全使用标准》（GB4285—84）和《农药合理使用准则》（GB/T 8321）等。

近二十年来，国家对防治农药污染愈加重视。1996年，农业部、原国家环境保护总局、国家工商行政管理总局等五个部门联合发出通知，严禁在蔬菜生产中使用高毒、高残留农药。为进一步加强对农药生产、经营和使用的监督管理，保证农药质量，保护农业、林业生产和生态环境，维护人畜安全，国务院于1997年5月8日以第216号令发布了《农药管理条例》（2011年修订）。此外，在《环境保护法》等环境保护法律法规和《农业法》、《农业技术推广法》中也有防治农药污染的条款规定。

（三）农药污染防治的主要法律规定

1. 农药管理的原则。《农药管理条例》第4条规定，国家鼓励和支持研制、生产和使用安全、高效、经济的农药。所谓“高效”，是指农药的药效高、毒性小、残留期短；所谓“安全”，既指农药毒性低，对人畜无害，也指在使用农药时要严格遵守使用范围、剂量和方法，减少对环境的污染；所谓“经济”，是指费用低，用少量的经济支出可以取得较高的防治效果。

实行这一原则旨在科学、合理和安全使用，避免不计后果地大量盲目施药，充分发挥农药的有益效能，减少其副作用，使农药使用最终既在经济上有效，又能符合人体健康和生态保护的要求。

2. 农药监督管理体制的法律规定。国务院农业行政主管部门负责全国的农药登记和农药监督管理工作。省、自治区、直辖市人民政府农业行政主管部门协助国务院农业行政主管部门做好本行政区域内的农药登记，并负责本行政区域内的农药监督管理工作。县级人民政府和设区的市、自治州人民政府的农业行政主管部门负责本行政区域内的农药监督管理工作。

国务院化学工业行政管理部门负责全国农药生产的统筹规划、协调指导、监督管理工作。省、自治区、直辖市人民政府化学工业行政管理部门负责本行政区域内农药生产的监督管理工作。

县级以上各级人民政府其他有关部门在各自的职责范围内负责有关的农药监督管理工作。

3. 农药登记制度的法律规定。《农药管理条例》规定，国家实行农药登记制度。生产和进口农药，必须进行登记。农药登记制度的实质是农药生产、销售、使用或者进口的许可证制度。实行这一制度是为了控制农药的环境风险，实施农药安全评审，改进农药品种结构，提高农药的质量和科学用药的水平，保持良好的农业生态环境，保护人体健康。

根据《农药管理条例》规定，国内首次生产的和首次进口的农药，按照田间试验阶段、临时登记阶段和正式登记三个阶段进行登记。田间试验阶段的农药不得销售；进行田间试验示范、试销的农药，要申请取得临时登记证；作为正式商品流通的农药，需取得农药登记证后方可生产、销售。

4. 农药生产的法律规定。主要有如下内容：

（1）开办农药生产企业的审批制度的规定。开办农药生产企业（包括联营、设立分厂和非农药生产企业设立农药生产车间），须经省级工业产品许可管理部门审核同意，并报国务院工业产品许可管理部门批准。

（2）农药生产许可制度的规定。国家实行农药生产许可制度。生产有国家或者行业标准的农药的，应按照规定获得农药生产许可证。生产国家尚未制定国家或者行业标准的农药的，应按规定获得农药生产许可文件。任何单位和个人不得生产、经营、进口或者使用未取得农药生产许可证或农药生产批准文件的农药。

（3）农药产品包装的规定。农药产品包装必须贴有标签或者附具说明书，注明农药名称、企业名称、产品批号和农药生产登记证号或农药生产临时登记证号，以及农药的有效成分、含量、重量、产品性能、毒性、用途、使用技术和使用方法、生产日期、有效期限和注意事项等；分装的，还应注明分装单位。

5. 农药经营的法律规定。具体包括：

（1）农药经营单位的规定。农药经营属限制性经营。《农药管理条例》规定，可以经营农药的单位为有：供销合作社的农业生产资料经营单位；植物保护站；土壤肥料站；农业、林业技术推广机构；森林病虫害防治机构；农药生产企业以及国务院规定的其他经营单位。经营的农药属于化学危险物品的，应当按照国家有关规定办理经营许可证。

（2）农药购销的规定。农药经营单位购进农药，应当将农药产品与产品标签或者说明书、产品质量合格证核对无误，并进行质量检验。禁止收购、销售无农药登记证或者农药临时登记证、无农药生产许可证或者农药生产批准文件、无产品质量标准和产品质量合格证和检验不合格的农药。禁止经营产品包装上未附加标签或者标签残缺不清的农药。

6. 农药使用的法律规定，主要有如下内容：

（1）农药使用指导的规定。县级以上地方各级人民政府农业行政主管部门应当加强对安全、合理使用农药的指导，根据本地区农业病、虫、草、鼠害发生情况，制定农药轮换使用规划，有计划地轮换使用农药，减缓病、虫、草、鼠的抗药性，提高防治效果。林业、粮食、卫生行政部门应当加强对林业、储粮、卫生用农药的安全、合理使用的指导。

（2）安全、合理使用农药的规定。使用农药必须严格执行农药安全使用规定和标准，防止农药对农、畜产品和环境的污染，防止毒害人体。使用农药应遵守农药防毒规程，正确配药和施药，做好废弃物处理和安全防护工作，防止农药污染环境和农药中毒事故；应遵守国家农药安全、合理使用的规定，按照规定的用药量、用药次数、用药方法和安全间隔期施药，防止污染农产品。

（3）废农药和农药废物管理的规定。废农药是指过期、失效的农药和被禁止而需要安全处置的农药。农药废物是指农药施用后弃置的农药包装物、容器和废旧的农药喷洒工具。废农药和农药废物都属于有毒有害的废物，如对其管理不善，极易产生污染，必须严格控制。

案例与思考

1. 综合案例

[题例]①

原告（上诉人）范根生自2002年起在嘉善县干窑镇白龙潭60亩水域从事渔业养殖。2012年11月20日，范根生致信嘉善县环保局反映，2012年5月以来有人养殖生猪，开办餐具洗涤厂，所产生的污水排入河道，造成水质严重污染，其养殖的鱼类大量死亡，要求履行法定职责，依法查处并弥补损失。同年11月21日，嘉善县环保局

① 案例来源：本案系最高人民法院于2014年2月17日公布的人民法院保障民生典型案例之一。

收悉投诉信件。同年12月31日，范根生以嘉善县环保局未履行法定职责为由申请嘉善县人民政府［被告（被上诉人）］行政复议，要求责令嘉善县环保局履行法定职责。2013年2月26日，嘉善县人民政府作出行政复议决定认为，依据《信访条例》第22条第2款的规定，有关行政机关收到信访事项后，能够当场答复是否受理的，应当当场书面答复；不能当场答复的，应当自收到信访事项之日起15日内书面告知信访人。被申请人嘉善县环保局未提交证据证明对范根生信访事项的登记受理情况，应当认为嘉善县环保局已经受理该信访事项。根据《信访条例》第33条规定，被申请人自收到信访申请至申请人申请行政复议的期间，仍在《信访条例》规定的办理期限内，故本案行政复议申请期限应当按照《信访条例》规定的履行期限届满之日起计算。据此，以范根生未在法定申请期限内提出行政复议申请为由，驳回其行政复议申请。范根生不服，提起行政诉讼。

案件审理期间，嘉兴市中级人民法院审理认为，根据我国《水污染防治法》第8条、第17条规定，以及该法所明确的环境保护主管部门可通过排污许可、排污监测、日常检查、行政处罚等方式对向水体排放污染物的主体进行管理可知，环境保护主管部门对水污染防治具有法定监督管理职责。原告范根生在信中陈述由于河岸旁的生猪养殖场和餐具消毒店直接向河道排污，造成水质污染，导致其养殖的鱼类大量死亡，其去信的目的是要求嘉善县环境保护局对河道排污问题进行调查处理，并作出具体行政行为，解决水质污染问题。因此，范根生的投诉行为符合要求履行法定职责的本质特征。嘉善县人民政府所作行政复议决定将该投诉行为定性为信访，适用《信访条例》，属于适用法律、法规错误。据此，依照《中华人民共和国行政诉讼法》第54条第2项的规定，撤销嘉善县人民政府善政复决字［2013］5号行政复议决定，责令其自本判决生效之日起在法定期限内重新作出具体行政行为。

范根生不服，提起上诉。浙江省高级人民法院审理后确认了原审认定的案件事实并认为，国务院《信访条例》第2条规定，信访人向各级人民政府、县级以上人民政府工作部门反映情况，提出建议、意见或者投诉申请的属于信访事项。《中华人民共和国水污染防治法》第8条第1款规定，县级以上人民政府环境保护主管部门对水污染防治实施统一监督管理。该法第27条、第69条规定，环境保护主管部门和其他依照本法规定行使监督管理权的部门，有权对管辖范围内的排污单位进行现场检查；发现违法行为或者接到对违法行为的举报后不予查处的，或者有其他未依照本法规定履行职责的行为的，对直接负责的主管人员和其他直接责任人员依法给予处分。被申请人嘉善县环保局在其网站公布的工作职责（三）、（六）亦明确，其承担监督管理大气、水体、土壤等事项的污染防治和环境保护行政执法检查工作。从范根生的投诉申请事项看并非属于《信访条例》规定的信访事项范畴，而系要求被申请人嘉善县环保局对河道污染行为予以制止并依法进行查处，该请求事项属于被申请人的法定职责范围。因此，嘉善县人民政府仍将范根生的投诉事项界定为信访投诉，并依据信访条例的规定认为其复议申请条件尚未成就，驳回其行政复议申请，属于认定事实不清，证据不足，依法应予撤销并判令其重作。原审判决主文第二项的重作期限表述虽然不够具体，但复议机关的复议期限由于《行政复议法》已经作出明确规定，故上诉人以此为由请求改判的理由不足。据此，判决驳回上诉，维持原判。

问：该案中，上诉人范根生致信嘉善县环保局的投诉行为是属于向行政机关信访，还是要求行政机关履行法定职责?

[答题思路]

本案的审查对象为嘉善县人民政府所作的行政复议决定适用法律、法规是否正确，争议焦点是上诉人范根生致信嘉善县环保局的投诉行为，究竟属于向行政机关信访，还是要求行政机关履行法定职责。本案的复议机关嘉善县人民政府认为，上诉人范根生的投诉行为属于向行政机关信访，但一审法院与二审法院均将范根生的投诉行为定性为要求行政机关履行法定职责。因此，有必要区分信访事项和履职申请行为，这也是本案裁判的关键。

首先，两者概念不同。“信访”作为法律概念，源于2005年国务院颁布的《信访条例》第2条，是指公民、法人或者其他组织采用书信、电子邮件、传真、电话、走访等形式，向各级人民政府、县级以上人民政府工作部门反映情况，提出建议、意见或者投诉请求，依法由有关行政机关处理的活动。该概念将信访类型划分为批评、建议式信访和行政救济式信访。显然，本案中嘉善县环保局将范根生的投诉行为定性为行政救济式信访。在理解“要求行政机关履行法定职责”这一概念时，需参见《行政诉讼法》第11条第1款第5项的规定：“人民法院受理公民、法人和其他组织对下列具体行政行为不服提起的诉讼：（五）申请行政机关履行保护人身权、财产权的法定职责，行政机关拒绝履行或者不予答复的。”通过该条规定，可知公民“要求行政机关履行法定职责”必须符合三个条件：一是行政机关负有保护公民、法人或者其他组织人身权、财产权的法定职责；二是行政机关在公民、法人或者其他组织的人身权、财产权面临被侵害时能够履行法定保护职责；三是当事人已向行政机关提出符合法定条件的申请。本案中，根据《水污染防治法》的规定，嘉善县环保局具有防治水污染防治的法定职责，范根生以去信的形式向嘉善县环保局提出申请，要求嘉善县环保局对河道排污问题进行调查处理，解决水质污染问题，以保护其财产权。

其次，两者受理事项不同。根据《信访条例》第14条，信访受理的事项主要是信访人对特定主体的职务行为进行反映情况，提出建议、意见，或者不服特定主体的职务行为而向有关行政机关投诉。具体至环境信访，国家环保总局于2006年颁布的《环保信访办法》第16条确立的信访人可以提出的环境信访事项包括：(1) 检举、揭发违反环境保护法律、法规和侵害公民、法人或者其他组织合法环境权益的行为；(2) 对环境保护工作提出意见、建议和要求；(3) 对环境保护行政主管部门及其所属单位工作人员提出批评、建议和要求。而根据我国《行政诉讼法》的规定，行政诉讼的受案范围是涉及公民、法人或者其他组织的人身权、财产权的具体行政行为。其具有明确的职权指向，因为行政机关履行其职责，必须具有相应的职权。因此，法官在对公民投诉的事项进行审查时，须审查申请的事项是要求履行行政管理职责，还是要求履行办理信访事项的职责。范根生的投诉源于其用于渔业养殖的水域被严重污染，致使其养殖业严重受损，其投诉时明确要求职能部门认真履行职责，依法查处，并作出具体行政行为，且通过分析，作出该具体行政行为的法律依据主要是《水污染防治法》。据此，范根生申请的事项属于要求嘉善县环保局履行行政管理职责。

再次，两者价值定位不同。我国《宪法》第41条第1款规定：“中华人民共和国公民对于任何国家机关和国家工作人员，有提出批评和建议的权利；对于任何国家机关和国家工作人员的违法失职行为，有向有关国家机关提出申诉、控告或者检举的权利，但是不得捏造或者歪曲事实进行诬告陷害。”其前半句可对应于批评建议式信访，后半句可对应于行政救济式信访。对公民而言，“信访权是一种兼具权利救济以及政治参与和监督双重属性的法律权利”。而行政机关以作出影响行政相对人权利义务的具体行政行为的方式处理行政相对人的履职申请，是行政管理活动的具体运行，是其通过行政执法以制止危害公共利益、公民权益和维护行政管理秩序的行为。一来体现行政机关为人民服务的工作宗旨，彰显依法行政、责任行政的理念；二来促使行政机关全面履行为行政相对人提供保护的义务，有利于及时将公民置于公权力的保护之下，促使公民的合法权益得到有效保障。因此，选择信访抑或申请行政机关履行法定职责，均是本案当事人范根生的权利，其具有选择争议解决方式的权利，而一旦选定以申请行政机关履行法定职责的方式维护自身的财产权益，嘉善县环境保护局无权以办理信访件之名行拒绝、推诿履行法定职责之实。

复次，两者职权依据不同。职权法定原则是行政法的重要原则之一，职权是职责的保障。行政机关处理信访人向其提出的信访事项，主要的法律依据是《信访条例》；在环境信访领域，环境信访办法亦是规范行政机关受理、办理环境信访职权事项的主要依据。而公民要求行政机关履行法定职责，其依据则是涉及特定行政管理领域的法律、法规或者规章。例如本案，《水污染防治法》第 8 条规定，县级以上人民政府环境保护主管部门对水污染防治实施统一监督管理。该法第 27 条、第 69 条规定，环境保护主管部门和其他依照本法规定行使监督管理权的部门，有权对管辖范围内的排污单位进行现场检查；发现违法行为或者接到对违法行为的举报后不予查处的，或者有其他未依照本法规定履行职责的行为的，对直接负责的主管人员和其他直接责任人员依法给予处分。被申请人嘉善县环保局在其网站公布的工作职责（三）、（六）亦明确，其承担监督管理大气、水体、土壤等事项的污染防治和环境保护行政执法检查工作。因此，《水污染防治法》和嘉善县环保局网站公布的工作职责系本案上诉人范根生要求嘉善县环保局对河道排污问题进行调查处理，解决水质污染问题的职权依据。

最后，两者的法定处理机关不同。《信访条例》规定，各级人民政府、县级以上人民政府工作部门须承担信访工作；县级以上人民政府信访工作机构是本级人民政府负责信访工作的行政机构；信访工作应当在各级人民政府领导下，坚持属地管理、分级负责，谁主管、谁负责的原则。对于环境信访，《环境信访办法》规定，县级环境保护行政主管部门应当设立或指定环境信访工作机构，配备环境信访工作专职或兼职人员；各省、自治区和设区的城市环境保护行政主管部门应当设立独立的环境信访工作机构。而受理申请履行法定职责的行政机关，必须依照相关法律的规定，由具有法定职责的行政机关受理。通过上文对《水污染防治法》若干规定的列举，可以明确，环境保护主管部门具有对向水体排放污染物的主体进行管理的职权，且其具有通过排污许可、排污监测、日常检查、行政处罚等方式防治水污染的职责。由此产生了一个机关“竞合”的问题，即在本案中，嘉善县环保局既是受理公民信访的行政机关，也是受理公民申请其履行环境保护法定职责的机关。如此，需区分一个行政机关的多个职能（职权）。通过审查范根生的投诉事项，可知其迫切要求嘉善县环境保护局认真履行职责，依法查处，并作出具体行政行为。有鉴于此，公民的举报投诉是一种信访，还是履职申请，应根据具体内容才能确定。如公民举报投诉的事项属于行政机关的职责范围，公民与行政机关的履职行为具有法律上的利害关系，且其举报投诉请求内容明确，未超过法定期限，应作为履职申请来处理。

结合本案，上诉人范根生的投诉行为符合申请行政机关履行法定职责的条件。一是嘉善县环保局对水污染防治具有法定的监督管理职责，范根生去信的目的是要求其对河道排污问题进行调查处理，解决水质污染问题，这属于嘉善县环保局的职责范围。二是范根生的举报投诉请求内容明确。其在投诉信中已经写明："在今年5月份几名外来务工人员租房养猪，开洗涤餐具工场，猪圈的污水和洗碟剂污水统统进入河道，造成水质严重污染。……猪水、废水仍在流向河道，侵害仍在进行。因此，我再次恳请职能部门依法查处。"嘉善县环保局在日后出具的《信访事项答复意见书》中亦将此情况进行核实。期间，作为查处对象的一家餐具消毒店与三家养殖场均得以明确。三是嘉善县环保局是否履行法定职责以及履行法定职责的程度与范根生养殖水域的水质密切相关，也直接影响到其经济利益，故范根生与嘉善县环保局的履职行为具有法律上的利害关系。综上所述，范根生向嘉善县环保局的投诉行为符合要求其履行法定职责的本质特征。

另需指出，最高人民法院《关于不服县级以上人民政府信访行政管理部门、负责受理信访事项的行政管理机关以及镇（乡）人民政府作出的处理意见或者不再受理决定而提起的行政诉讼人民法院是否受理的请示的答复意见》指出："信访工作机构是各级人民政府或政府工作部门授权负责信访工作的专门机构，其依据信访条例作出的登记、受理、交办、转送、承办、协调处理、监督检查、指导信访事项等行为，对信访人不具有强制力，对信访人的实体权利义务不产生实质影响。信访人对信访工作机构依据信访条例处理信访事项的行为或者不履行信访条例规定的职责不服提起行政诉讼的，人民法院不予受理。"因此，实践中存在少数行政机关将行政相对人提出的申请以信访的形式加以受理，以此规避有关的法律，变相剥夺了行政相对人的诉权，进而逃避司法审查和监督。在本案中，嘉善县环保局假借信访程序对上诉人范根生的权利义务作出实质性影响，经法官慎重审查，将上诉人范根生的投诉准确定性为申请嘉善县环境保护局履行法定职责，促使行政机关合法行政、合理行政、权责统一。

2. 思考题

(1) 什么是环境污染和其他公害？污染防治法在环境保护法体系中处于什么地位？

(2) 2015年修订的《大气污染防治法》主要有哪些新的规定？

(3) 我国防治水污染的主要法律规定有哪些？

(4) 我国防治海洋环境污染的主要法律规定有哪些？

(5) 我国防治固体废物污染的主要法律规定有哪些？

(6) 我国防治环境噪声污染的主要法律规定有哪些？

(7) 我国防治放射性污染的主要法律规定有哪些？

(8) 我国防治有毒化学品及农药污染的主要法律规定有哪些？

第七章 自然资源保护法

重点问题

1. 自然资源的含义与特点
2. 土地资源保护的主要规定
3. 矿产资源、土地资源和海洋资源之间的关系
4. 森林采伐的基本内容
5. 水资源保护的基本途径
6. 草原资源保护的基本制度体系
7. 海域使用管理的规定
8. 渔业捕捞的规定

第一节　自然资源保护法概述

一、自然资源的概念

自然资源是指自然界中一切能够为人类所利用的物质和能量。自然资源包括土地、水、森林、草原、野生动植物、矿产等自然要素，以及阳光、风力、地热、潮汐等能量。联合国出版的文献将自然资源解释为：人在其自然环境中发现的各种成分，只要它能以任何方式为人提供福利的都属于自然资源。从广义来说，自然资源包括全球范围内的一切要素，它既包括过去进化阶段中无生命的物理成分，如矿物，又包括地球演化过程中的产物，如植物、动物、景观要素、地形、水、空气、土壤和化石资源等。

如何对自然资源类型化，形成了不同的标准。根据自然资源在地球环境的分布状态，可分为矿产资源（地壳）、气候资源（大气圈）、水资源（水圈）、土地资源（地表）、生物资源（生物圈）；根据人类认识自然资源的轨迹，可分为物质资源、能量资源、环境资源；根据人类的利用行为对自然资源的影响，自然资源分为可再生资源、不可再生资源和恒定资源。可再生资源分为生物资源和非生物资源，是指用了一次之后，可以更新或再生，再被利用，如水、土地、动植物等。不可再生资源，是指经历若干年地质年代形成在人类可预期的时限内无法再生，并随人类开发强度的增大不断枯竭的资源，如矿产资源。恒定资源是指在大自然中大量存在，无论如何使用其总量也不会减少且无污染或少污染的资源，如太阳能、风能、潮汐能等。此外，地理科学家哈格特将自然资源分为恒定性资源、储存性资源和临界性资源。

近数十年来，人类对自然系统进行了前所未有的改造，如砍伐森林或开垦稀树草原造地、引水灌溉，或采用新型技术从事海上捕捞等活动，也确实在养活全世界快速增长的人口、改善舒适宜人的生计方面起到了积极的促进作用。然而，在我们以空前的速度大肆消耗自然资源的同时，也应该认真清查一下我们的自然资产状况。我们必须清醒地看到，在自然资产的负债表上，其赤字已远远超过盈余。①

① 参见《千年生态系统评估报告集（一）》，A5页，北京，中国环境科学出版社，2007。

二、自然资源的特征

自然资源与社会资源和人力资源相比，具有如下基本特征：

（一）整体性

整体性是指每个地区的自然资源要素彼此有生态的联系，形成一个整体，触动其中一个要素，可能引起连锁反应，影响到整个自然资源系统的变化。这种整体性，可再生资源表现得尤为突出。例如，森林资源除经济效益外，还具有涵养水分、保持土壤的环境效益，如果森林资源遭到破坏，不仅会导致河流含沙量的增加，引起洪水泛滥，而且使土壤肥力下降。土壤肥力的下降又进一步促使植被退化，甚至沙漠化，从而导致动物和微生物大量减少。相反，如果在沙漠地区通过种树种草，土壤肥力将会逐步提高，从而促进植被进一步优化及各种生物进入良性循环。总之，各种资源在不同时间、空间条件下，是按不同的比例、不同的关系联系在一起的。自然资源的整体性要求对自然资源必须进行综合研究和综合开发，顾全大局。

（二）区域性

区域性是指资源分布的不平衡，存在数量或质量上的显著地域差异，并有其特殊分布规律。自然资源的地域分布受太阳辐射、大气环流、地质构造和地表形态结构等因素的影响。因此，其种类特性、数量多寡、质量优劣都具有明显的区域差异，分布也不均匀，又由于影响自然资源地域分布的因素基本上是恒定的，在特定条件下必定会形成相应的自然资源区域，所以，自然资源的区域分布也有一定的规律性。

自然资源区域性的特点要求人类在开发利用资源以及相关立法方面应以因地制宜为原则，充分考虑区域、自然环境和社会经济特点，才能使自然资源的开发利用和保护兼有经济效益、环境效益和社会效益，为人类造福。

（三）有限性

有限性是自然资源最本质的特征。资源的有限性具有两个方面的含义：第一，任何资源在数量上都是有限的。资源的有限性在矿产资源中尤其明显，按美国学者梅多思于1974年的计算，全世界的金银最多可开采20年；石油、汞、铜、铝可开采40年；天然气可开采60年；镍可开采75年；锌、锰、铁、煤可开采100年。第二，其他可再生资源如动物植物，由于其再生能力受自身遗传因素的制约，受外在条件的限制，不仅其再生能力是有限的，而且利用过度，其稳定的结构遭到破坏就会丧失其再生能力，成为非再生资源。

（四）多用性

多用性是指任何一种自然资源都有多种用途，如土地资源既可用于农业，也可用于工业、交通、旅游以及改善居民的生活环境等。自然资源的多用性只是为人类利用资源提供了多种可能途径，至于具体采取何种方式加以利用，则是由社会、经济、科学技术以及环境保护等许多因素决定的。自然资源的多用性要求在对资源开发利用时，必须根据其可供利用的广度和深度，实行综合开发、综合利用和综合治理，以做到物尽其用，取得最佳效益。

三、自然资源保护法的概念与体系

（一）自然资源保护法的概念

自然资源保护法，是调整为了满足可持续发展的需要，在开发、利用、管理和养护自然资源的过程中所产生的社会关系的法律规范的总称。目前，我国没有统一的自然资源保护法典，有关自然资源保护的法律规范，除了《宪法》中的基本规定外[①]，主要体现在各种自然资源的单行法或专门法中，例如，《土地管理法》、《水法》、《草原法》、《森林法》、《渔业法》、《矿产资源法》、《野生动物保护法》、《野生植物保护条例》等。

（二）自然资源保护法的体系

自然资源保护法是环境与资源保护法的重要组成部分。根据我国现行保护自然资源的法规现状，可以归纳出自然资源保护法的体系如下：

1. 宪法性规范，即宪法中有关自然资源保护和合理利用的规定。

2. 环境保护基本法规范，即《中华人民共和国环境保护法》中有关保护和改善自然环境的规定。

3. 自然资源保护单行法规范，即分别体现在《水土保持法》、《矿产资源法》、《森林法》、《水法》、《草原法》、《野生动物保护法》、《土地管理法》和《渔业法》等法律中的规定。

4. 专门法中的相关规范，如《大气污染防治法》、《水污染防治法》、《海洋环境污染防治法》、《物权法》中关于自然资源保护的规定。

5. 其他部门法中的相关规范，如《民法通则》、《刑法》、《农业法》中保护自然资源的规定。

6. 行政法规规范，即由国务院制定或批准实施的涉及自然资源保护的行政法规，如《野生植物保护条例》、《自然保护区条例》、《水产资源繁殖保护条例》、《渔业法实施细则》、《矿产资源法实施细则》等。

7. 地方性法规规范，即由地方性法规制定机关制定的涉及自然资源保护的规定，如《西藏自治区实施〈中华人民共和国森林法〉办法》、《甘肃省草原条例》、《河北省渔业条例》等。

8. 行政规章规范，即由行政规章制定机关制定的涉及自然资源保护的规定，如农业部制定的《渔业捕捞许可管理规定》、郑州市政府制定的《闲置土地处置办法》等。

9. 国际条约中的相关规范，即我国缔结或者参加的有关保护自然资源的国际条约中的规定，如：《联合国海洋法公约》、《保护臭氧层维也纳公约》及其议定书、《生物多样性公约》和《湿地公约》等。除了我国政府声明保留的条款外，这些国际条约在我国具有法律效力。

---

① 《宪法》第 9 条第 2 款规定："国家保障自然资源的合理利用，保护珍贵的动物和植物。禁止任何组织或者个人用任何手段侵占或者破坏自然资源。"第 10 条第 5 款规定："一切使用土地的组织和个人必须合理利用土地。"第 26 条规定："国家保护和改善生活环境和生态环境，防治污染和其他公害。国家组织和鼓励植树造林，保护林木。"

第二节　土地资源保护法

一、土地资源保护立法概况

土地是最重要的自然资源，是陆地生物赖以生存的最根本的物质基础和环境条件，是人类进行物质生产不可缺少的生产资料，也是动植物生产发育和栖息繁衍的根基所在。自古以来，我国就非常重视土地资源保护的制度建设。远至公元前2世纪，秦朝就有一部“耕地法”。新中国成立后，1953年，政务院公布了《国家建设征用土地办法》；1981年，国务院发布了《关于制止农村建房侵占耕地的紧急通知》；1982年，国务院发布了《村镇建房用地管理条例》和《国家建设征用土地条例》；1986年，第六届全国人大常委会第十六次会议通过了《土地管理法》；1988年12月29日第七届全国人民代表大会常务委员会第五次会议通过了《关于修改〈中华人民共和国土地管理法〉的决定》，对1986年的《土地管理法》进行了部分修改；同年国务院发布了《土地复垦规定》；1991年，国务院发布了《土地管理法实施条例》；1998年8月29日第九届全国人民代表大会常务委员会第四次会议通过了《土地管理法》（修订），自1999年1月1日起施行；2004年8月28日，第十届全国人民代表大会常务委员会第十一次会议通过了《关于修改〈中华人民共和国土地管理法〉的决定》，自公布之日起施行。1998年《土地管理法》修订的重点是：将土地管理方式由以往的分级限额审批制度改为土地用途管理制度，强化土地利用总体规划和土地利用年度计划的效力，通过土地用途管制，加强对农用地、特别是耕地的保护；在土地用途管制的前提下，上收审批权，包括土地利用总体规划的审批权、占用农用地、特别是耕地的审批权和征地的审批权；充实和完善了执法监督检查和法律责任，加大了对土地违法行为的处罚力度。同年，国务院发布了《土地管理法实施条例》和《基本农田保护条例》。2004年的修订重点是进一步科学化土地征收制度和征用制度。此外，《环境保护法》、《农业法》、《矿产资源法》、《水土保持法》、《防沙治沙法》、《物权法》和《农村土地承包法》等都有关于土地资源保护的规定。

二、土地资源保护的主要法律规定

土地资源保护是一项涉及面广、利益关系复杂且推进难度大的重大社会行动，因此，健全的保护制度是实现保护目标不可或缺的基础。通过总结多年的实践经验，我国已经建立较为完备的保护制度体系。

（一）土地调查与统计的规定

土地调查与统计制度是土地保护管理的一项基础性工作，也是土地利用总体规划的依据。土地调查是指国家有关部门对本行政区域内土地自然条件、资源状况以及开发利用情况进行勘测，从而弄清本行政区域内土地的基本状况的工作。其内容包括土地权属调查、土地利用现状调查和土地条件调查。它是科学管理和合理利用土地，发展社会生产力以及改善人类环境条件的重要措施。土地统计是国家对土地数量、质量、分布、利用和权属状况进行调查、汇总、统计分析和提供统计资料的工作。其任务是及时、准确地掌握土地资源的构成、利用现状和变化动态，系统地收集、整理、分析土地数据信息，更新完善资料，保证统计资料的现实性。为此，《土地管理法》规定：县级以上人民政府土地行政主管部门会同同级有关部门进行土地调查，土地所有者或者使用者应当配合调查，并提供有关资料。县级以上人民政府土地行政主管部门会同同级有关部门根据土地调查成果、规划土地用途和国家制定的统一标准，评定土地等级。同时，县级以上人民政府土地行政主管部门和同级统计部门共同制定统计调查方案，依法进行土地统计，定期发布土地统计资料。土地所有者或使用者应当提供有关资料，不得虚报、瞒报、拒报或者迟报。土地行政主管部门和统计部门共同发布的土地面积统计资料是各级人民政府编制土地利用总体规划的依据。

（二）土地利用总体规划的规定

土地利用总体规划是指在一定区域内，根据国民经济和社会发展对土地的需求以及当地的自然、经济和社会条件，对该地区范围内全部土地的利用所作的长期的、战略性的总体布局和安排。它是实施土地用途管制制度的依据，也是保护和改善生态环境以及土地可持续利用的重要保障。

1. 土地利用总体规划的编制原则。根据《土地管理法》规定，编制土地利用总体规划应遵循以下原则：(1) 严格保护基本农田，控制非农业建设占用农用地；(2) 提高土地利用率；(3) 统筹安排各类、各区域用地；(4) 保护和改善生态环境，保障土地的可持续利用；(5) 占用耕地与开发复垦耕地相平衡。

2. 土地利用总体规划的编制依据。《土地管理法》确立的编制依据主要有：(1) 国民经济和社会发展规划；(2) 国土整治和环境保护的要求；(3) 土地供给能力以及各项建设对土地的要求。

3. 土地利用总体规划的编制要求。地方各级人民政府编制的土地利用总体规划中的建设用地总量不得超过上一级土地利用总体规划确定的控制指标；省级人民政府编制的土地利用总体规划，应当确保本行政区域内耕地总量不减少；县级土地利用总体规划应当划分土地利用区，明确土地用途，乡（镇）土地利用总体规划应当划分土地利用区，根据土地使用条件，明确每一块土地的用途，并予以公告。

4. 土地利用总体规划的审批。省级土地利用总体规划，报国务院批准；省、自治区人民政府所在地的市、人口在一百万以上的城市以及国务院指定的城市的土地利用总体规划，经省、自治区人民政府审查同意后，报国务院批准。除此以外的土地利用总体规划，逐级上报省级人民政府批准；其中乡（镇）土地利用总体规划，可以由省人民政府授权的设区的市、自治州人民政府批准。

5. 土地利用总体规划与其他规划的关系。(1) 土地利用总体规划与城乡规划的关系。制定和实施城乡规划，应当遵循城乡统筹、合理布局、节约土地、集约发展和先规划后建设的原则，改善生态环境，促进资源、能源节约和综合利用，保护耕地等自然资源和历史文化遗产，保持地方特色、民族特色和传统风貌，防止污染和其他公害，并符合区域人口发展、国防建设、防灾减灾和公共卫生、公共安全的需要。在规划区内进行建设活动，应当遵守土地管理、自然资源和环境保护等法律、法规的规定。城市总体规划、镇总体规划以及乡规划和村庄规划的编制，应当依据国民经济和社会发展规划，并与土地利用总体规划相衔接。（2）土地利用总体规划与江河、湖泊综合治理和开发利用规划的关系。江河、湖泊综合治理和开发利用规划，应当与土地利用总体规划相衔接。在江河、湖泊、水库的管理和保护范围以及蓄洪滞洪区内，土地利用应当符合江河、湖泊综合治理和开发利用规划，符合河道、湖泊行洪、蓄洪和输水的要求。

（三）土地用途管制的规定

该制度是在总结分级限额审批制度运行成效的基础上所作的替代选择。实践证明，分级限额审批制度难以有效控制建设用地总量，因为一些地方人民政府通过采用“化整为零”、“下放土地审批权”等办法以扩大审批土地的权力。为此，《土地管理法》第4条规定，国家实行土地用途管制制度。国家编制土地利用总体规划，规定土地用途，将土地分为农用地、建设用地和未利用地。严格限制农用地转为建设用地，控制建设用地总量，对耕地实行特殊保护。使用土地的单位和个人必须严格按照土地利用总体规划确定的用途使用土地。

农用地是指直接用于农业生产的土地，包括耕地、林地、草地、农田水利用地、养殖水面等；建设用地是指建造建筑物、构筑物的土地，包括城乡住宅和公共设施用地、工矿用地、交通水利设施用地、旅游用地、军事设施用地等；未利用地是指农用地和建设用地以外的土地。

（四）耕地保护的规定

保护耕地就是保障供给。自古以来，我国就有“手中有粮心不慌”的格言。在未来相当长的时间内，我国人口与耕地资源之间的结构性矛盾难以缓解，因此，保护耕地，事关国家的长治久安。为此，中央政府及时划定18亿亩耕地的保有量作为耕地保护的“红线”。现行《土地管理法》除了明确规定“十分珍惜、合理利用土地和切实保护耕地是我国的基本国策”外，更是设专章细化耕地保护的制度内容。具体表现在：

1. 实行占用耕地补偿制度。为了防止耕地减少，实现耕地总量动态平衡。[①]《土地管理法》规定，国家保护耕地，严格控制耕地转为非耕地。非农业建设经批准占用耕地的，按照“占多少，垦多少”的原则，由占用耕地的单位负责开垦与所占用耕地的数量和质量相当的耕地；没有条件开垦或者开垦的耕地不符合要求的，应当按照省、自治区、直辖市的规定缴纳耕地开垦费，专款用于开垦新的耕地。省、自治区、直辖市人民政府应当制定开垦耕地计划，监督占用耕地的单位按照计划开垦耕地或者按照计划组织开垦耕地，并进行验收。县级以上地方人民政府可以要求占用耕地的单位将所占用耕地耕作层的土壤用于新开垦耕地、劣质地或者其他耕地的土壤改良。

2. 坚守耕地总量保有制度。《土地管理法》第33条规定，省、自治区、直辖市人民政府应当严格执行土地利用总体规划和土地利用年度计划，采取措施，确保本行政区域内耕地总量不减少；耕地总量减少的，由国务院责令在规定期限内组织开垦与所减少耕地的数量与质量相当的耕地，并由国务院土地行政主管部门会同农业行政主管

① 耕地总量动态平衡，是指通过采取一系列行政、经济、法律的措施，保证我国现有耕地总面积在一定时间内只能增加，不能减少，并逐步提高耕地的质量。

部门验收。个别省、直辖市确因土地后备资源匮乏，新增建设用地后，新开垦耕地的数量不足以补偿所占用耕地的数量的，必须报经国务院批准减免本行政区域内开垦耕地的数量，进行易地开垦。

3. 实行基本农田保护制度。《土地管理法》第34条对此项制度的适用范围作出了详细规定，即下列耕地应当根据土地利用总体规划划入基本农田保护区，严格管理：(1) 经国务院有关主管部门或者县级以上地方人民政府批准确定的粮、棉、油生产基地内的耕地；(2) 有良好的水利与水土保持设施的耕地，正在实施改造计划以及可以改造的中、低产田；(3) 蔬菜生产基地；(4) 农业科研、教学试验田；(5) 国务院规定应当划入基本农田保护区的其他耕地。各省、自治区、直辖市划定的基本农田应当占本行政区域内耕地的百分之八十以上。基本农田保护区以乡（镇）为单位进行划区定界，由县级人民政府土地行政主管部门会同同级农业行政主管部门组织实施。为了对基本农田实行特殊保护，促进农业生产和社会经济的可持续发展，1998年，国务院根据《农业法》和《土地管理法》，制定了《基本农田保护条例》。该条例对基本农田保护的方针、管理体制、保护区的划定、保护措施和监督管理作了具体的规定。

4. 保持耕地地力制度。随着工业化的快速发展和现代农业技术的推广以及生态系统的局部破坏，耕地地力受到不同程度的损害。为此，《土地管理法》要求各级人民政府采取措施，维护排灌工程设施，改良土壤，提高地力，防止土地荒漠化、盐碱化、土地流失和污染土地。

5. 节约使用土地制度。法律规定：(1) 非农业建设必须节约使用土地，可以利用荒地的，不得占用耕地；可以使用劣地的，不得占用好地。(2) 禁止占用耕地建窑、建坟或者擅自在耕地上建房、挖砂、采石、采矿、取土等；(3) 禁止占用基本农田发展林果业和挖塘养鱼。

6. 禁止闲置、荒芜耕地制度。已经办理审批手续的非农业建设占用耕地，一年内不用而又可以耕种并收获的，应当由原耕种该幅耕地的集体或者个人恢复耕种，也可以由用地单位组织耕种；一年以上未动工建设的，应当按照省、自治区、直辖市的规定缴纳闲置费；连续二年未使用的，经原批准机关批准，由县级以上人民政府无偿收回用地单位的土地使用权；该幅土地原为农民集体所有的，应当交由原农村集体经济组织恢复耕种。承包经营耕地的单位或者个人连续二年弃耕抛荒的，原发包单位应当终止承包合同，收回发包的耕地。

7. 鼓励开发未利用地制度。为了增加有效耕地面积，国家鼓励单位和个人按照土地利用总体规划，在保护和改善生态环境、防止水土流失和土地荒漠化的前提下，开发未利用的土地；适宜开发为农用地的，应当优先开发成农用地。国家依法保护开发者的合法权益。

开垦未利用的土地，必须经过科学论证和评估，在土地利用总体规划划定的可开垦的区域内，经依法批准后进行。禁止毁坏森林、草原开垦耕地，禁止围湖造田和侵占江河滩地。

在土地利用总体规划确定的土地开垦区内，开发未确定土地使用权的国有荒山、荒地、荒滩从事种植业、林业、畜牧业、渔业生产的，应当向土地所在地的县级以上人民政府土地行政主管部门提出申请，报有批准权的人民政府批准。

一次性开发未确定土地使用权的国有荒山、荒地、荒滩600公顷以下的，按照省、自治区、直辖市规定的权限，由县级以上地方人民政府批准；开发600公顷以上的，报国务院批准。

开发未确定土地使用权的国有荒山、荒地、荒滩从事种植业、林业、畜牧业或者渔业生产的，经县级以上人民政府依法批准，可以确定给开发单位或者个人长期使用，使用期限最长不得超过50年。

8. 鼓励土地整理制度。土地整理是对既有的耕地追加投入和劳动，进行综合整治。它要求县、乡（镇）人民政府应当组织农村集体经济组织，按照土地利用总体规划，对田、水、路、林、村综合整治，提高耕地质量，增加有效耕地面积，改善农业生产条件和生态环境；同时，地方各级人民政府应当采取措施，改造中、低产田，整治闲散地和废弃地。土地整理新增耕地面积的百分之六十可以用做折抵建设占用耕地的补偿指标。土地整理所需费用，按照谁受益、谁负担的原则，由农村集体经济组织和土地使用者共同承担。

9. 强制推行土地复垦制度。土地复垦，是指对在生产建设过程中，因挖损、塌陷、压占等造成破坏的土地，采取整治措施，使其恢复到可供利用状态的活动。其主要内容是：(1) 土地复垦的范围。凡是因从事开采矿产资源、烧制砖瓦、燃煤发电等生产建设活动，造成破坏而废弃的土地，均属复垦的范围。(2) 土地复垦的原则。土地复垦实行“谁破坏，谁复垦”的原则。用地单位和个人承担复垦的义务，也可由其他有条件的单位和个人按合同承包复垦；没有条件复垦或者复垦不符合要求的，应当缴纳土地复垦费，专项用于土地复垦；复垦的土地应当优先用于农业。(3) 土地复垦的规划。复垦规划是土地利用总体规划的组成部分，由有关行业管理部门负责制定，其基本任务是，根据经济合理原则、自然条件和土地破坏状态，确定复垦方法、措施以及复垦后土地的用途。在城市规划区内，复垦后的土地利用应当符合城市规划。(4) 土地复垦的途径。有复垦任务的建设项目，土地复垦要与生产建设统一规划，建设任务书中应当包括土地复垦的内容，工艺设计应当兼顾土地复垦的要求，土地复垦应当充分利用邻近企业的废弃物充填挖损区、塌陷区和地下采空区；利用废弃物作为土地复垦的充填物，应当防止造成新的污染。(5) 复垦土地的交付。复垦后的土地达到复垦标准，并经土地行政主管部门会同有关行业管理部门验收合格后，方可交付使用。

（五）控制建设用地的规定

建设用地是指用于建设建筑物、构筑物及其附属设施的土地。基于土地资源的有限性和不可替代性，以及土地资源受到污染和破坏后很难恢复其原有的功能等特性，必须严格控制建设用地。近年来，随着城市的加速扩张和工业化的迅速发展，建设用地总量与日俱增，各种违法违规用地、滥占耕地现象屡禁不止。为此，《土地管理法》设定了如下主要内容：

1. 限定建设用地范围。任何单位和个人进行建设，需要使用土地的，必须依法申请使用国有土地（包括国家所有的土地和国家征收的原属于农民集体所有的土地）。但是，兴办乡镇企业和村民建设住宅经依法批准，可以使用本集体经济组织农民集体所有的土地；乡（镇）村公共设施和公益事业建设经依法批准，可以使用农民集体所有的土地。

2. 严格农用地转用和征地审批。(1) 农用地转用审批的规定：凡是建设占用土地，涉及农用地转为建设用地的，应当办理农用地转用审批手续。省级人民政府批准的道路、管线工程和大型基础设施建设项目、国务院批准的建设项目占用土地，涉及农用地转为建设用地的，由国务院批准。在土地利用总体规划明确的城市和村庄、集镇建设用地规模范围内，为实施该规划而将农用地转为建设用地的，按照土地利用年度计划分批次由原批准土地利用总体规划的机关批准；在已批准的农用地转用范围内，具体建设项目用地可以由市、县级人民政府批准。其他建设项目用地，涉及农用地转为建设用地的，由省级人民政府批准。(2) 土地征收的审批规定：征收基本农田，基本农田以外的耕地超过 35 公顷，其他土地超过 70 公顷的，由国务院审批；除此之外的土地征收，由省级人民政府审批，并报国务院备案。

3. 实行国有土地有偿使用。土地有偿使用，既是土地资本属性的基本要求，也是优化土地资源配置的必要途径。因此，除了法定的可以以划拨方式取得建设用地的情形外[①]，建设单位使用国有土地，都应当以出让等有偿使用方式取得，并按照国务院规定的标准和办法，缴纳土地使用权出让金等土地有偿使用费和其他费用后，方可使用土地。土地有偿使用费用，30%上缴中央财政、70%留给有关地方人民政府，二者都专项用于耕地开发。

4. 严格控制乡（镇）村建设用地。(1) 严格按照规划用地。乡（镇）村建设用地，应当按照村庄和集镇规划，坚持合理布局，综合开发，配套建设原则；建设用地应当符合乡（镇）土地利用总体规划和年度计划，并依法办理审批手续。(2) 控制乡镇企业建设用地。农村集体经济组织使用乡（镇）土地利用总体规划确定的建设用地兴办企业，或者与其他单位、个人以土地使用权入股、联营等形式共同兴办企业的，应当持有关批准文件向县级以上地方人民政府行政主管部门提出申请，按照省、自治区、直辖市规定的批准权限，由县级以上地方人民政府批准。省、自治区、直辖市可以按照乡镇企业的不同行业和经营规模，分别规定用地标准。(3) 控制乡（镇）村公用设施、公益事业建设用地。乡（镇）村公用设施、公益事业建设，需要使用土地的，经乡（镇）人民政府审核，向县级以上地方人民政府土地行政主管部门提出申请，按照省、自治区、直辖市规定的审批权限，由县级以上地方人民政府批准。(4) 控制农村村民建设住宅用地。农村村民一户只能拥有一处宅基地，其面积不得超过省、自治区、直辖市规定的标准。农村村民建住房，应当符合乡（镇）土地利用总体规划，并应尽量使用原有的宅基地和村内空闲地。农村村民住宅用地，经乡（镇）人民政府审核，由县级人民政府批准；农村村民出卖、出租住房后，再申请宅基地，不予批准。

---

① 根据《土地管理法》第 54 条的规定，经县级以上人民政府批准，可以以划拨方式取得建设用地的情形是：国家机关用地和军事用地；城市基础设施用地和公用事业用地；国家重点扶持的能源、交通、水利等基础设施用地；法律、行政法规规定的其他用地。

第三节　森林资源保护法

一、森林资源的概念

《森林法实施条例》第 2 条规定，森林资源，包括森林、林木、林地以及依托森林、林木、林地生存的野生动物、植物和微生物。森林，包括乔木林和竹林。林木，包括树木和竹子。林地，包括郁闭度 0.2 以上的乔木林地以及竹林地、灌木林地、疏林地、采伐迹地、火烧迹地、未成林造林地、苗圃地和县级以上人民政府规划的宜林地。

《森林法》将森林分为防护林、用材林、经济林、薪炭林和特种用途林五类。防护林是以防护为主要目的的森林、林木和灌木丛，包括水源涵养林，水土保持林，防风固沙林，农田、牧场防护林，护岸林，护路林。用材林是以生产木材为主要目的的森林和林木，包括以生产竹材为主要目的的竹林。经济林是以生产果品、食用油料、饮料、调料、工业原料和药材等为主要目的的林木。薪炭林是以生产燃料为主要目的的林木。特种用途林是以国防、环境保护、科学实验等为主要目的的森林和林木。包括国防林、实验林、母树林、环境保护林、风景林，名胜古迹和革命纪念地的林木，自然保护区的森林。由是观之，森林资源的主要特征表现在：

1. 可更新性。森林被采伐后，可以通过天然或人工植树造林恢复植被。只要人们遵循森林资源的规律，森林可以被人类持续利用。

2. 长周期性。森林的生长周期长，从种植到成材成林，需要很长的生长周期，俗话说“十年树木”，何况还有人为因素和自然灾害的破坏。

3. 多功能性。森林资源不仅有很高的经济价值、医药价值和科学研究价值等，还有极其重要的生态价值。森林的功能具体表现在，涵养水源、防风固沙、防止水土流失、调节气候、净化污染和娱乐休闲等方面。

二、森林资源保护立法概况

新中国成立以来，为了保护、培育和合理利用森林资源，国家颁布了一系列法律、法规。1952 年政务院公布了《关于严防森林火灾的指示》，1953 年发布了《关于发动群众开展造林、育林、护林工作的指示》，1956 年国务院公布了《关于保护和发展竹林的通知》，1957 年公布了《关于进一步加强护林防火工作的通知》，1963 年发布了《森林保护条例》，1973 年，农林部颁发了《森林采伐更新规程》。为了动员全国各族人民植树造林，加速绿化祖国，1979 年第五届全国人民代表大会常务委员会第六次会议根据国务院的提议，通过了《关于植树节的决议》，决定 3 月 12 日为我国的植树节。1979 年第五届全国人大常委会第六次会议通过了《森林法（试行）》。1984 年第六届全国人大常委会第七次会议通过了《森林法》。1986 年经国务院批准，林业部发布了《森林法实施细则》。1987 年经国务院批准，林业部发布了《森林采伐更新管理办法》。1988 年，林业部公布了《封山育林管理暂行办法》。1988 年国务院发布了《森林防火条例》，1989 年发布了《森林病虫害防治条例》。1998 年，国务院批准并颁布了《全国生态环境建设规划》；1998年4月29日，第九届全国人大常委会第二次会议通过了修改《森林法》的决定。这次修改，对林权的归属和森林建设中的方针、森林经营管理、森林保护、植树造林、森林采伐、法律责任等内容进行了完善，是一部依法治林、保障林业发展的重要法律。《森林法》修改之后，2000年1月29日，国务院发布了《森林法实施条例》；2005年6月16日，国家林业局发布了《国家级森林公园设立、撤销、合并、改变经营范围或者变更隶属关系审批管理办法》（国家林业局令第16号），自2005年7月20日起施行。为了加强森林资源保护管理，规范森林资源监督行为，2007年8月30日，国家林业局公布了《森林资源监督工作管理办法》（国家林业局令第23号），自2008年1月1日起施行。2009年8月27日，第十一届全国人大常委会第十次会议通过了修改《森林法》的决定，对该法再次进行修订。

三、森林资源保护的主要法律规定

森林资源保护是各级政府及其职能部门的重要任务，是每个社会成员应尽的法律义务。根据现行规定，森林资源保护的主要内容是：

（一）森林资源信息的规定

可靠的资源信息是进行科学管理、有效保护的基础。因此，根据《森林法》、《森林法实施条例》的规定，各级林业主管部门负责组织森林资源清查，建立资源档案制度，掌握资源变化情况。国务院林业主管部门负责定期监测全国森林资源消长和森林生态环境的变化。重点林区森林资源调查、建立档案等项工作，由国务院林业主管部门组织实施；其他森林资源调查、建立档案等项工作，由县级以上地方人民政府林业主管部门组织实施。

（二）森林保护的规定

根据《森林法》及其配套法规的规定，森林保护的主要内容是：

1. 确定保护性措施。国家对森林资源实行以下保护性措施：对森林实行限额采伐，鼓励植树造林、封山育林，扩大森林覆盖面积；根据国家和地方人民政府有关规定，对集体和个人造林、育林给予经济扶持或者长期贷款；提倡木材综合利用和节约使用木材，鼓励开发、利用木材代用品；征收育林费，专门用于造林育林；煤炭、造纸等部门，按照煤炭和木浆纸张等产品的产量提取一定数额的资金，专门用于营造坑木、造纸等用材林；建立林业基金制度；国家设立森林生态效益补偿基金，用于提供生态效益的防护林和特种用途林的森林资源、林木的营造、抚育、保护和管理。森林生态效益补偿基金必须专款专用，不得挪作他用。

2. 建立保护机构。森林保护需要广泛动员，群策群力，实行专门执法与公众参与相结合的措施。因此，地方各级人民政府应当组织有关部门建立护林组织，负责护林工作。根据实际需要在大面积林区增加护林设施，加强森林保护，督促有林的和林区的基层单位，订立护林公约，组织群众护林，划定护林责任区，配备专职或者兼职护林员。护林员可以由县级或者乡级人民政府委任。护林员的主要职责是：巡护森林，制止破坏森林资源的行为。对造成森林资源破坏的，护林员有权要求当地有关部门处理。

依照国家有关规定在林区设立的森林公安机关，负责维护辖区社会治安秩序，保护辖区内的森林资源，并可依法在国务院林业主管部门授权的范围内，代行行政处罚权。武装森林警察部队执行国家赋予的预防和扑救森林火灾的任务。

3. 防治森林火灾。森林防火，是指森林、林木和林地火灾的预防和扑救。森林防火工作实行“预防为主，积极消灭”的方针。主要措施有：（1）国家设立中央森林防火总指挥部，总指挥部办公室设在国务院林业主管部门。地方各级人民政府应当根据实际需要，组织有关部门和当地驻军设立森林防火指挥部，负责本地区的森林防火工作。未设森林防火指挥部的地方，由同级林业主管部门履行森林防火指挥部的职责。林区的国有林业企业事业单位、部队、铁路、农场、牧场、工矿企业、自然保护区和其他企业事业单位，以及村屯、集体经济组织，应当建立相应的森林防火组织，在当地人民政府领导下，负责本系统、本单位范围内的森林防火工作。在行政区交界的林区，有关地方人民政府应当建立森林防火联防组织。（2）规定森林防火期，在森林防火期内，禁止在林区野外用火；因特殊情况需要用火的，必须经过县级人民政府或者县级人民政府授权的机关批准；（3）在林区设置防火设施；（4）发生森林火灾，必须立即组织当地军民和有关部门扑救；（5）因扑救森林火灾负伤、致残、牺牲的，国家职工由所在单位给予医疗、抚恤；非国家职工由起火单位按照国务院有关主管部门的规定给予医疗、抚恤，起火单位对起火没有责任或者确实无力负担的，由当地人民政府给予医疗、抚恤。

4. 防治森林病虫害。森林病虫害防治，是指对森林、林木、林木种苗及木材、竹材的病害虫害的预防和除治。森林病虫害防治实行“预防为主，综合治理”的方针，实行“谁经营、谁防治”的责任制度。县级以上人民政府林业主管部门应当根据森林病虫害测报中心和测报点对测报对象的调查和监测情况，定期发布长期、中期、短期森林病虫害预报，并及时提出防治方案。森林经营者应当选用良种，营造混交林，实行科学育林，提高防御森林病虫害的能力。发生严重森林病虫害时，当地人民政府应当采取紧急除治措施，防止蔓延，消除隐患。国务院林业主管部门负责确定全国林木种苗检疫对象。省、自治区、直辖市人民政府林业主管部门根据本地区的需要，可以确定本省、自治区、直辖市的林木种苗补充检疫对象，报国务院林业主管部门备案。

5. 禁止毁林。禁止毁林开垦、毁林采种、毁林采石、采砂、采土以及违反操作技术规程采脂、挖笋、掘根、剥树皮及过度修枝的毁林行为。禁止在幼林地和特种用途林内砍柴、放牧。进入森林和森林边缘地区的人员，不得擅自移动或者损坏为林业服务的标志。

6. 建立自然保护区。《森林法》规定，国务院林业主管部门和省、自治区、直辖市人民政府，应当在不同自然地带的典型森林生态地区、珍贵动物和植物生长繁殖的林区、天然热带雨林区和具有特殊保护价值的其他天然林区，划定自然保护区，加强保护管理。对自然保护区以外的珍贵树木和林区内具有特殊价值的植物资源，未经省、自治区、直辖市林业主管部门批准，不得采伐和采集。

（三）植树造林的规定

植树造林是动员全社会力量绿化山川、美化家园、改善生态的有效途径。通过植树造林，既能扩大森林资源、提高森林覆盖率，又能培育热爱自然、保护自然的情怀。为此，森林法规作出了以下规定：

1. 确立植树造林是公民的义务。《森林法》第 11 条规定："植树造林、保护森林，是公民应尽的义务。各级人民政府应当组织全民义务植树，开展植树造林活动。"

2. 制定植树造林规划，提高森林覆盖率。《森林法》第 26 条规定："各级人民政府应当制定植树造林规划，因地制宜地确定本地区提高森林覆盖率的奋斗目标。"森林覆盖率，是指以行政区域为单位森林面积与土地面积的百分比。森林面积，包括郁闭度 0.2 以上的乔木林地面积和竹林地面积、国家特别规定的灌木林地面积、农田林网以及村旁、路旁、水旁、宅旁林木的覆盖面积。

3. 实行造林绿化责任制。各级人民政府应当组织各行各业和城乡居民完成植树造林规划确定的任务。宜林荒山荒地，属于国家所有的，由林业主管部门和其他主管部门组织造林；属于集体所有的，由集体经济组织组织造林。铁路公路两旁、江河两岸、湖泊水库周围，各有关主管单位是造林绿化的责任单位。工矿区，机关、学校用地，部队营区以及农场、牧场、渔场经营地区，各该单位是造林绿化的责任单位。责任单位的造林绿化任务，由所在地的县级人民政府下达责任通知书，予以确认。

4. 建立种植者受益的制度。国家所有和集体所有的宜林荒山荒地可以由集体或者个人承包造林。国家保护承包造林者依法享有的林木所有权和其他合法权益。未经发包方和承包方协商一致，不得随意变更或者解除承包造林合同。国有企业事业单位、机关、团体、部队营造的林木，由营造单位经营并按照国家规定支配林木收益。集体所有制单位营造的林木，归该单位所有。农村居民在房前屋后、自留地、自留山种植的林木，归个人所有。城镇居民和职工在自有房屋的庭院内种植的林木，归个人所有。

5. 组织封山育林。封山育林是利用树木天然下种或萌芽、萌蘖条件，通过一定期间的封禁措施培育森林资源的活动。封山育林贯彻"以封为主，封育结合"的原则。方式有全封、半封或轮封三种。封育年限，南方一般 3 年～5 年，北方 5 年～7 年。全封是指封育期间，禁止采伐、放牧、割草和其他一切不利于林木生长繁育的人为活动。半封是指在林木主要生长季节实行封禁，其余时间在严格保护目的树种幼苗、幼树的前提下，可以有计划地进行砍柴、割草、采集等活动。轮封是指将封育区划片分段，轮流封禁。《森林法》第 28 条规定，新造幼林地和其他必须封山育林的地方，由当地人民政府组织封山育林。

（四）森林采伐的规定

森林采伐，包括主伐、抚育采伐、更新采伐和低产林改造四种方式。森林采伐是及时更新采伐迹地，恢复和扩大森林资源的重要措施。合理的森林采伐，既有利于林木的更新和成长，又有利于森林资源综合效益的发挥。为此，《森林法》设专章作出规定：

1. 严格控制年采伐量。森林年采伐量，是指森林或林木所有人依照规定的标准和程序报经批准的年度森林或林木采伐总额。它是国家保护森林资源的重要调控手段之一。森林法规规定，国家根据用材林的消耗量低于生长量的原则，严格控制森林年采伐量。国家所有的森林和林木以国有林业企业事业单位、农场、厂矿为单位，集体所有的森林和林木、个人所有的林木以县为单位，制定年采伐限额，由省、自治区、直辖市林业主管部门汇总，经同级人民政府审核后，报国务院批准。其中，重点林区的年森林采伐限额，由国务院林业主管部门审核后，报国务院批准。国务院批准的年森林采伐限额，每5年核定一次。但是，利用外资营造的用材林达到一定规模需要采伐的，应当在国务院批准的年森林采伐限额内，由省、自治区、直辖市人民政府林业主管部门批准，实行采伐限额单列。

2. 制定年度木材生产计划。森林法规规定，国家制定统一的年度木材生产计划。年度木材生产计划不得超过批准的年采伐限额。除了农村居民采伐自留山上个人所有的薪炭林和自留地、房前屋后个人所有的零星林木以外，采伐森林、林木作为商品销售的，必须纳入国家年度木材生产计划。

3. 实行采伐对象的分类管理。《森林法》规定："采伐森林和林木必须遵守下列规定：（一）成熟的用材林应当根据不同情况，分别采取择伐、皆伐和渐伐方式，皆伐应当严格控制，并在采伐的当年或者次年内完成更新造林；（二）防护林和特种用途林中的国防林、母树林、环境保护林、风景林，只准进行抚育和更新性质的采伐；（三）特种用途林中的名胜古迹和革命纪念地的林木、自然保护区的森林，严禁采伐。"

4. 设立采伐许可证制度。这是年采伐量控制和年度木材生产计划得以有效落实的重要保障；同时，也有利于政府对森林资源保有量的全面监控。采伐林木包括采伐以生产竹材为主要目的的竹林。其主要内容有：

（1）采伐许可证的实施范围。除农村居民采伐自留地和房前屋后个人所有的零星林木外，采伐林木必须申请采伐许可证。

（2）采伐许可证的发放主体。具体分为：A. 国有林业企业事业单位、机关、团体、部队、学校和其他国有企业事业单位采伐林木，由所在地县级以上林业主管部门依照有关规定审核发放采伐许可证。其中，县属国有林场，由所在地的县级人民政府林业主管部门核发；省、自治区、直辖市和设区的市、自治州所属的国有林业企业事业单位、其他国有企业事业单位，由所在地的省、自治区、直辖市人民政府林业主管部门核发；重点林区的国有林业企业事业单位，由国务院林业主管部门核发。B. 铁路、公路的护路林和城镇林木的更新采伐，由有关主管部门依照有关规定审核发放采伐许可证。C. 农村集体经济组织采伐林木，由县级林业主管部门依照有关规定审核发放采伐许可证。D. 农村居民采伐自留山和个人承包集体的林木，由县级林业主管部门或者其委托的乡、镇人民政府依照有关规定审核发放采伐许可证。

（3）申请采伐许可证应提交的文件。具体有：申请采伐林木的所有权证书或者使用权证书；国有林业企业事业单位提交采伐区调查设计文件和上年度采伐更新验收证明，其他单位提交包括采伐林木的目的、地点、林种、林况、面积、蓄积量、方式和更新措施等内容的文件，个人提交包括采伐林木的地点、面积、树种、株数、蓄积量、更新时间等内容的文件。

（4）发放采伐许可证的禁止性规定。禁止发放采伐许可证的情形主要有：超过批准的年采伐限额的；对防护林和特种用途林进行非抚育或者非更新性质采伐的，或者采伐封山育林期、封山育林区内的林木的；上年度采伐后未完成更新造林任务的；上年度发生重大滥伐案件、森林火灾或者大面积严重森林病虫害，未采取预防和改进措施的。

（5）采伐许可证的效力。依法取得采伐许可证后，按照许可证的规定采伐木材。采伐林木的单位或者个人，必须按照采伐许可证规定的面积、株数、树种、期限完成更新造林任务，更新造林的面积和株数不得少于采伐的面积和株数。对伐区作业不符合规定的单位，发放采伐许可证的部门有权收缴采伐许可证，中止其采伐，直到纠正为止。

5. 实行木材运输证制度。通常情况下，非法采伐林木是为了牟利，因此，该制度有助于抑制违法行为，强化对森林资源的保护。法规规定，除国家统一调拨的木材外，从林区运出非国家统一调拨的木材，必须持有县级以上人民政府林业主管部门核发的木材运输证。重点林区的木材运输证，由国务院林业主管部门核发；其他木材运输证，由县级以上地方人民政府林业主管部门核发。木材运输证自木材起运点到终点全程有效，必须随货同行。没有木材运输证的，承运单位和个人不得承运。依法发放的木材运输证所准运的木材运输总量，不得超过当地年度木材生产计划规定可以运出销售的木材总量。经省、自治区、直辖市人民政府批准在林区设立的木材检查站，负责检查木材运输；无证运输木材的，木材检查站应当予以制止，可以暂扣无证运输的木材，并立即报请县级以上人民政府林业主管部门依法处理。

6. 禁止、限制出口珍贵树木及其制品、衍生物。《森林法》第 38 条规定，禁止、限制出口的珍贵树木及其制品、衍生物的名录和年度限制出口总量，由国务院林业主管部门会同国务院有关部门制定，报国务院批准。出口限制出口的珍贵树木或者其制品、衍生物的，必须经出口人所在地省、自治区、直辖市人民政府林业主管部门审核，报国务院林业主管部门批准，海关凭国务院林业主管部门的批准文件放行。进出口的树木或者其制品、衍生物属于中国参加的国际公约限制进出口的濒危物种的，必须向国家濒危物种进出口管理机构申请办理允许进出口证明书，海关凭允许进出口证明书放行。

第四节　草原资源保护法

一、草原资源的概念

环境科学认为，草原是指在中纬度地带大陆性半湿润和半干旱气候条件下，由多年生耐旱、耐低温的、以禾草占优势的植物群落的总称。① 我国在法学上对草原的界定，出自于《草原法》第 2 条第 2 款和第 74 条的规定，即“本法所称草原，是指天然草原和人工草地”。“天然草原包括草地、草山和草坡，人工草地包括改良草地和退耕还草地，不包括城镇草地。”实际上，该法的规定，并非是对草原的定义，只是对《草原法》适用范围的确定。

草原与耕地、森林、海洋等自然资源一样，是我国重要的战略资源。草原是我国面积最大的绿色生态屏障，与森林一起构成我国陆地生态系统的主体。草原也是畜牧业发展的重要物质基础和牧区农牧民赖以生存的基本生产资料。严格保护、科学利用、合理开发草原资源，对维护国家生态安全和食物安全，保护人类生存环境，建设美丽

① 参见《环境科学大辞典》，39 页，北京，中国环境科学出版社，1991。

中国，促进我国经济社会可持续发展具有十分重要的战略意义。

二、草原资源保护立法概况

草原作为地球的“皮肤”，在防风固沙、涵养水源、保持水土、净化空气以及维护生物多样性等方面，具有十分重要的作用。加强草原保护和建设，有利于防止水土流失，遏制生态环境恶化趋势，维护国家生态安全，建设环境友好型社会。

新中国成立后，我国高度重视对草原资源的保护，先后颁布了一系列保护、管理和建设草原的规范性文件。1960 年，全国人大第二次会议通过的《1956 年到 1967 年全国农业发展纲要》规定了“在牧区的要保护草原，改良和培植牧草”。1985 年 6 月 18 日，第六届全国人民代表大会常务委员会第十一次会议通过《草原法》。1993 年 10 月 5 日，国务院发布了《草原防火条例》。2002 年 9 月 16 日，国务院发布了《关于加强草原保护与建设的若干意见》。2002 年 12 月 28 日，第九届全国人民代表大会常务委员会第三十一次会议通过了对《草原法》的修订，自 2003 年 3 月 1 日起施行。修订后的《草原法》，不仅在体例上更加清晰、科学，而且在内容上更加完善，大大提升了草原保护的法制化水平。2013 年 6 月 29 日，第十二届全国人大常委会第三次会议对《草原法》进行了修正。

三、草原资源保护的主要法律规定

草原资源保护是维护国家生态安全、建设环境友好型社会的战略举措，是建设现代农业、增加农牧民收入的重要途径。现行法律、法规对草原资源保护的主要内容是：

（一）实行基本草原保护制度

《草原法》规定，重要放牧场，割草地，用于畜牧业生产的人工草地、退耕还草地以及改良草地、草种基地，对调节气候、涵养水源、保持水土、防风固沙具有特殊作用的草原，作为国家重点保护野生动植物生存环境的草原，草原科研、教学试验基地和根据国务院规定应当划定为基本草原的其他草原，确定为基本草原，实施严格管理。任何单位和个人不得擅自征用、占用基本草地或改变其用途。

（二）建立草原自然保护区制度

《草原法》规定，国务院草原行政主管部门或者省、自治区、直辖市人民政府可以按照自然保护区管理的有关规定在下列地区建立草原自然保护区：具有代表性的草原类型；珍稀濒危野生动植物分布区；具有重要生态功能和经济科研价值的草原。

（三）实行草畜平衡制度

根据区域内草原在一定时期提供的饲草饲料量，确定牲畜饲养量，实行草畜平衡。《草原法》第 45 条规定：“县级以上地方人民政府草原行政主管部门应当按照国务院草原行政主管部门制定的草原载畜量标准，结合当地实际情况，定期核定草原载畜量。各级人民政府应当采取有效措施，防止超载过牧。”

（四）推行划区轮牧、休牧和禁牧制度

为合理有效利用草原，在牧区推行草原划区轮牧；为保护牧草正常生长和繁殖，在春季牧草返青期和秋季牧草结实期实行季节性休牧；为恢复草原植被，在生态脆弱

区和草原退化严重的地区实行围封禁牧。《草原法》规定，对严重退化、沙化、盐碱化、石漠化的草原和生态脆弱区的草原，实行禁牧、休牧制度。

（五）草原植被保护制度

《草原法》规定，禁止开垦草原。对水土流失严重、有沙化趋势、需要改善生态环境的已垦草原，应当有计划、有步骤地退耕还草；已造成沙化、盐碱化、石漠化的，应当限期治理；禁止在荒漠、半荒漠和严重退化、沙化、盐碱化、石漠化、水土流失的草原以及生态脆弱区的草原上采挖植物和从事破坏草原植被的其他活动；在草原上从事采土、采砂、采石等作业活动，应当报县级人民政府草原行政主管部门批准；开采矿产资源的，并应当依法办理有关手续。经批准的作业活动，应当在规定的时间、区域内，按照准许的采挖方式作业，并采取保护草原植被的措施；在草原上种植牧草或者饲料作物，应当符合草原保护、建设、利用规划，防止草原沙化和水土流失；在草原上开展经营性旅游活动，不得破坏草原植被；除抢险救灾和牧民搬迁的机动车辆外，禁止机动车辆离开道路在草原上行驶，破坏草原植被。

（六）草原防火制度

草原火灾是造成草原破坏的重要原因之一，因此，草原防火贯彻“预防为主、防消结合”的方针。根据《草原法》和《草原防火条例》的规定，防止草原火灾的主要法律措施有：划定草原防火责任区，确定草原防火责任单位，建立草原防火责任制度，并定期进行检查；建立草原防火工作联防制度；规定草原防火期；进行草原防火设施建设；建立草原火险监测制度。如果发生草原火灾，当地人民政府或者草原防火主管部门，应当迅速组织当地军民扑救。草原火灾扑灭后，由有关地方人民政府草原主管部门指定的单位对火灾现场进行全面检查，消除余火，并留有足够的人员看守火场，经检查验收合格后，方可撤出看守人员。

（七）防治草原鼠虫害和毒害草制度

草原鼠害、病虫害和毒害草，直接破坏草原植被的天然更新，威胁畜牧业生产。因此，《草原法》第 54 条规定：“县级以上地方人民政府应当做好草原鼠害、病虫害和毒害草防治的组织管理工作。县级以上地方人民政府草原行政主管部门应当采取措施，加强草原鼠害、病虫害和毒害草监测预警、调查以及防治工作，组织研究和推广综合防治的办法。禁止在草原上使用剧毒、高残留以及可能导致二次中毒的农药。”

第五节　矿产资源保护法

一、矿产资源的概念

矿产资源，是指在地质活动过程中形成的，在一定经济技术条件下可为人类用于生产和生活的呈固态、液态、气态的自然资源。我国《矿产资源法实施细则》第 2 条将矿产资源定义为：“是指由地质作用形成的，具有利用价值的，呈固态、液态、气态的自然资源。”根据《矿产资源法实施细则》的规定，矿产资源可分为四大类：第一类能源矿产，有煤、石煤、油页岩、石油、天然气、油砂、天然沥青、铀、钍、地热等；

第二类金属矿产，有黑色金属矿产（如：铁、锰、铬等），有色金属矿产（如：铜、铅、锌等），贵金属矿产（如：金、银、铂等），稀有金属矿产（如：钽、铍、锂等），稀土金属矿产（如：铼、镉、硒）；第三类非金属矿产，有化工原料非金属矿产（如：磷、自然硫、钾盐、硼等），建材原料非金属矿产（如：金刚石、石墨、云母等）；第四类水气矿产，有地下水、矿泉水、二氧化碳气、硫化氢气、氦气、氡气。矿产资源具有以下基本特点：

第一，有限性。地球上的矿产资源是在漫长的地质演变过程中形成的，其总储量难以在短期时间内增加，因此，相对于人类对矿产资源的巨大需求量而言，现有资源是非常稀缺的。近年来，为了应对能源紧张局势，一些国家开始投入巨资研发生物质能源即是明证。

第二，耗竭性。由于矿产资源不具有生物资源的可更新性，一旦利用即归于灭失，因此，随着人类利用量的持续增加，矿产资源的总储量必然相应减低，直至完全消失。

第三，依附性。矿产资源储藏于地下或地表浅层，依附于土地，其勘察和开采活动都与土地密切相关。

二、矿产资源保护立法概况

矿产资源是人类赖以生存和发展不可缺少的物质基础，是重要的自然资源和宝贵的物质财富。从国际关系角度观察，一个国家的矿产资源结构与拥有量，往往决定着该国的战略地位，因此，矿产资源的勘探和开采，是各国政府的重要使命和常规任务。

为了保护和合理利用矿产资源，防治矿山环境污染和生态破坏，1951 年，政务院发布了《中华人民共和国矿业暂行条例》，1956 年，国务院批转了《矿产资源保护试行条例》，1978 年，国务院批转了《小煤矿管理试行办法》。1986 年，第六届全国人大常委会第十五次会议通过了《中华人民共和国矿产资源法》。1987 年，国务院发布了《矿产资源勘查登记管理暂行办法》、《全民所有制矿山企业采矿登记管理暂行办法》、《矿产资源监督管理暂行办法》。1994 年，国务院发布了《矿产资源补偿费征收管理办法》。1996 年第八届全国人大常委会第二十一次会议通过了《关于修改〈矿产资源法〉的决定》。1998 年，国务院相继发布了《矿产资源勘查区块登记管理办法》、《矿产资源开采登记管理办法》、《关于全面整顿和规范矿产资源开发秩序的通知》等配套法规和规范性文件。2009 年 8 月 27 日，第十一届全国人大常委会第十次会议对《矿产资源法》进行了修正。这些法律法规的颁布实施，对加强矿产资源勘查、开采的监督管理，打击乱采滥挖和破坏矿产资源的行为，治理整顿矿业秩序，促进矿产资源的合理开发利用和有效保护，实现矿业的可持续发展目标，维护国家权益等发挥了重要作用。

三、矿产资源保护的主要法律规定

为了发展矿业，加强矿产资源的勘查、开发利用和保护工作，《矿产资源法》和《矿产资源法实施细则》作出了如下主要规定：

（一）建立矿产资源勘查规划制度

目前，我国对矿产资源勘查实行统一规划。全国矿产资源中、长期勘查规划，在国务院计划行政主管部门指导下，由国务院地质矿产主管部门根据国民经济和社会发展中、长期规划，在国务院有关主管部门勘查规划的基础上组织编制。全国矿产资源年度勘查计划和省、自治区、直辖市矿产资源年度勘查计划，分别由国务院地质矿产主管部门和省、自治区、直辖市人民政府地质矿产主管部门组织有关主管部门，根据全国矿产资源中、长期勘查规划编制，经同级人民政府计划行政主管部门批准后施行。

（二）实行矿产资源勘查区块登记管理制度

根据规定，矿产资源勘查登记工作，由国务院地质矿产主管部门负责；特定矿种的矿产资源勘查登记工作，可以由国务院授权有关主管部门负责。实行这项制度，可以明确矿产资源勘查作业区的范围，减少探矿权属纠纷，有利于加强矿产资源的勘查、开发利用和保护工作，实现勘查管理工作的规范化、科学化。

（三）实施采矿许可证制度

申领采矿许可证是矿产资源开采主体的一项法定义务，也是矿产资源开采行为合法的基本保障。根据规定，需要申领采矿许可证的矿产资源开采范围是：国家规划矿区和对国民经济具有重要价值的矿区内的矿产资源；其他区域可供开采的矿产储量规模在大型以上的矿产资源；国家规定实行保护性开采的特定矿种；领海及中国管辖的其他海域的矿产资源；国务院规定的其他矿产资源。开采石油、天然气、放射性矿产等特定矿种的，可以由国务院授权的有关主管部门审批，并颁发采矿许可证。除此之外的矿产资源开采，审批和颁发采矿许可证，由省、自治区、直辖市人民政府地质矿产主管部门负责，或者由省、自治区、直辖市人民代表大会常务委员会依法制定矿产资源管理办法。

第六节　水资源保护法

一、水资源的概念和特征

水资源一般是指处于自然状态下的水，包括江河、湖泊、冰川等地表水和位于地壳上部岩石中的浅层地下水。一般情况下，水资源是指淡水。我国《水法》第 2 条规定："在中华人民共和国领域内开发、利用、节约、保护、管理水资源，防治水害，适用本法。本法所称水资源，包括地表水和地下水。"同法第 80 条规定："海水的开发、利用、保护和管理，依照有关法律的规定执行。"水资源具有以下一些基本特征：

1. 稀缺性。地球上总的水量虽然很大，但能够被人类利用的淡水量仅占全球总水量的 2.45%，其中能够被人们直接利用的淡水量就更少了。同时，淡水资源在时空分布上极不平衡，因而导致部分地区水资源严重不足，限制了当地居民生产和生活的需求，制约了经济水平的发展。

2. 流动性。水是在全球范围内持续运动的，通过蒸发、降水、径流、蒸发，形成不断循环再生的水资源系统。

3. 多功能性。水资源是既具有经济价值又具有生态价值的极为重要的自然资源。水在社会生产生活中具有保障工农业生产、发电、运输等多种功能。

4. 双重性。一方面，水是珍贵的自然资源；另一方面，由于水资源分布不均衡，特别是地球上的降水量和径流量分布很不均匀，在多雨地区或多雨季节，经常发生洪涝灾害，给人类的生产生活造成严重破坏。

二、水资源保护立法概况

水是人类生活和一切生产活动都离不开的重要自然资源，也是构成环境的基本要素。在我国正面临水资源匮乏且分布不均、水污染日益严峻的情境下，合理开发利用和有效保护水资源，防治水害，已经成为影响社会经济发展的极为重要的问题。为保护水资源，解决我国水资源利用所存在的各种问题，必须采用各种措施，其中，采用法律手段，严格依法治水是一个重要方面。我国历来十分重视水资源保护的立法工作，新中国成立以来颁布了许多有关水资源保护的法律、法规和规章。

从 20 世纪 50 年代起，国家有关主管部门就制定了治理黄河、加强水利管理等方面的规定。1957 年，国务院制定了《水土保持暂行纲要》，专门对保护水资源、防止水土流失等作出了规定。1979 年 9 月 13 日，随着第五届全国人民代表大会常务委员会第十一次会议原则通过的《环境保护法（试行）》的实施，中国逐步加强了水资源管理的法制化建设。1984 年，国务院颁布了《关于大力开展城市节约用水的通知》。为防治水污染，保护和改善环境，保障人体健康，保证水资源的有效利用，1984 年 5 月 11 日，第六届全国人民代表大会常务委员会第五次会议通过了《中华人民共和国水污染防治法》(该法先后于 1996 年 5 月 15 日第八届全国人民代表大会常务委员会第十九次会议修正和 2008 年 2 月 28 日第十届全国人民代表大会常务委员会第三十二次会议修订。) 1985 年，国家发布了《生活饮用水卫生标准》。为合理开发利用和保护水资源，防治水害，充分发挥水资源的综合效应，适应国民经济发展和人民生活的需要，1988 年 1 月 21 日，第六届全国人民代表大会常务委员会第二十四次会议通过了《水法》。这是新中国第一部规范水事活动的基本法，是统管水资源开发、利用、保护、管理和防治水害，以及调整各项水事关系的法律。它的公布和实施，标志着我国治水、利水、管水进入了一个新的阶段。进入 20 世纪 90 年代之后，我国水资源保护的立法工作进一步加快。国务院分别于 1991 年发布了《防汛条例》，1993 年颁布了《取水许可制度实施办法》，1994 年公布了《城市供水条例》。为了有效开发利用和保护水资源，防御、减轻洪涝灾害，1997 年 8 月 29 日，第八届全国人民代表大会常务委员会第二十七次会议通过了《中华人民共和国防洪法》，该法进一步确认了“兴利与除害相结合”的原则。针对《水法》实施中的新问题和新挑战，第九届全国人民代表大会常务委员会第二十九次会议于 2002 年 8 月 29 日对《水法》进行了修订。修订后的《水法》在水资源权属、水资源管理体制、水资源规划、水资源的配置和使用、水资源有偿使用和转让、节约用水、水资源保护及法律责任几方面做了进一步完善。此外，为加强水资源管理和保护，促进水资源的节约与合理开发利用，国务院于 2006 年 2 月 21 日发布了《取水许可和水资源费征收管理条例》，该条例于同年 4 月 15 日施行。

三、水资源保护的主要法律规定

水资源保护惠益面广、战略性强、基础地位突出，但任务也十分艰巨。因此，优先选择立法进行重要基础资源保护，乃势所必然。综观我国现行法律规范，可归纳出如下主要内容：

（一）水资源规划的规定

水资源规划是开发、利用、节约、保护水资源和防治水害的基本依据。规划分为流域规划和区域规划。流域规划包括流域综合规划和流域专业规划；区域规划包括区域综合规划和区域专业规划。综合规划，是指根据经济社会发展需要和水资源开发利用现状编制的开发、利用、节约、保护水资源和防治水害的总体部署。专业规划，是指防洪、治涝、灌溉、航运、供水、水力发电、竹木流放、渔业、水资源保护、水土保持、防沙治沙、节约用水等规划。制定规划，必须进行水资源综合科学考察和调查评价。流域范围内的区域规划必须服从流域规划，专业规划必须服从综合规划。流域综合规划和区域综合规划以及与土地利用关系密切的专业规划，应当与国民经济和社会发展规划以及土地利用总体规划、城市总体规划和环境保护规划相协调，兼顾各地区、各行业的需要。建设水工程，必须符合流域综合规划。

国家确定的重要江河、湖泊的流域综合规划，由国务院水行政主管部门会同国务院有关部门和有关省、自治区、直辖市人民政府编制，报国务院批准。跨省、自治区、直辖市的其他江河、湖泊的流域综合规划和区域综合规划，由有关流域管理机构会同江河、湖泊所在地的省、自治区、直辖市人民政府水行政主管部门和有关部门编制，分别经有关省、自治区、直辖市人民政府审查提出意见后，报国务院水行政主管部门审核；国务院水行政主管部门征求国务院有关部门意见后，报国务院或者其授权的部门批准。其他江河、湖泊的流域综合规划和区域综合规划，由县级以上地方人民政府水行政主管部门会同同级有关部门和有关地方人民政府编制，报本级人民政府或者其授权的部门批准，并报上一级水行政主管部门备案。专业规划由县级以上人民政府有关部门编制，征求同级其他有关部门意见后，报本级人民政府批准。其中，防洪规划、水土保持规划的编制、批准，还应遵照《防洪法》、《水土保持法》的规定。规划一经批准，必须严格执行。经批准的规划需要修改时，必须按照规划编制程序经原批准机关批准。

（二）水资源开发利用的规定

保护的目的是利用。相反，科学的开发利用水资源也是实现保护目标的重要途径。因此，开发、利用水资源，要遵循优先保护生态环境，地表水与地下水统一调度开发，开源与节流相结合和污水处理再利用的原则。在制定水资源开发、利用规划和调度水资源时，要注意维持江河的合理流量和湖泊、水库以及地下水的合理水位，维护水体的自然净化能力。既要坚持兴利与除害相结合，兼顾上下游、左右岸和有关地区之间的利益，充分发挥水资源的综合效益，并服从防洪的总体安排，又要充分满足城乡居民生活用水，并兼顾农业、工业、生态环境用水以及航运等需要。同时，在干旱和半干旱地区开发、利用水资源，还要充分考虑生态环境用水需要。建设水力发电站，必须在保护生态环境的基础上，兼顾防洪、供水、灌溉、航运、竹木流放和渔业等方面的需要。进行跨流域调水，必须全面规划和科学论证，统筹兼顾调出和调入流域的用水需要，防止对生态环境造成破坏。国家鼓励在水资源短缺的地区，采取措施收集、开发、利用雨水和微咸水，利用、淡化海水。国家鼓励开发、利用水能资源和水运资源。

（三）饮用水安全保障的规定

为了保证饮用水安全，保障人民身体健康和畜禽安全，国家专门建立了饮用水水源保护区制度。饮用水水源保护区分为一级保护区和二级保护区；必要时，还可以在饮用水水源保护区外围划定一定的区域作为准保护区。饮用水水源保护区的划定，由有关市、县人民政府提出划定方案，报省、自治区、直辖市人民政府批准；跨市、县饮用水水源保护区的划定，由有关市、县人民政府协商提出划定方案，报省、自治区、直辖市人民政府批准；协商不成的，由省、自治区、直辖市人民政府环境保护主管部门会同同级水行政、国土资源、卫生、建设等部门提出划定方案，征求同级有关部门的意见后，报省、自治区、直辖市人民政府批准。同时，国家禁止在饮用水水源保护区内设置排污口。在江河、湖泊新建、改建或者扩大排污口，必须经过有管辖权的水行政主管部门或者流域管理机构同意，由环境保护行政主管部门负责对该建设项目的环境影响报告书进行审批。此外，《水污染防治法》还作出了比较详细、系统的规定。

（四）地下水保护的规定

地下水是水资源的重要组成部分之一，通常水质优良，水温稳定适中，可以多年调节，就地开采，工程简易，不需要修建巨大的水库和渠道工程等。但是，如果长期超采地下水，就会导致水源枯竭，严重的可造成地面沉降，海水倒灌等。因此，《水法》规定，因违反规划造成地下水超采、地面沉降的，应当承担治理责任。开采矿藏或者建设地下工程，因疏干排水导致地下水水位下降、水源枯竭或者地面塌陷，采矿单位或者建设单位应当采取补救措施；对他人生活和生产造成损失的，依法给予补偿。在地下水超采地区，县级以上地方人民政府应当采取措施，严格控制开采地下水。在地下水严重超采地区，经省、自治区、直辖市人民政府批准，可以划定地下水禁止开采或者限制开采区。在沿海地区开采地下水，应当经过科学论证，并采取措施，防止地面沉降和海水入侵。

（五）水域保护的规定

根据《水法》的规定，保护水域的措施主要有：对违反规划造成江河和湖泊水域使用功能降低的，应当承担治理责任；禁止在江河、湖泊、水库、运河、渠道内弃置、堆放阻碍行洪的物体和种植阻碍行洪的林木及高秆作物。禁止在河道管理范围内建设妨碍行洪的建筑物、构筑物以及从事影响河势稳定、危害河岸堤防安全和其他妨碍河道行洪的活动。对河道采砂，实行许可制度；禁止围湖造地。已经围垦的，必须按防洪标准退地还湖；禁止围垦河道。确需围垦的，在经过科学论证，并报省、自治区、直辖市人民政府水行政主管部门或者国务院水行政主管部门审查同意后，由本级人民政府批准。

（六）水工程保护的规定

水工程，是指在江河、湖泊和地下水源上开发、利用、控制、调配和保护水资源的各类工程，如堤防、护岸、防汛、水文监测、水文地质监测等工程设施。《水法》规定：任何单位和个人有保护水工程的义务；国家对所有的水工程划定工程管理和保护范围。国务院水行政主管部门或者流域管理机构管理的水工程，由主管部门或者流域管理机构商有关省、自治区、直辖市人民政府划定工程管理和保护范围。其他水工程，应当按照省、自治区、直辖市人民政府的规定，划定工程保护范围和保护职责。在水工程保护范围内，禁止从事影响水工程运行和危害水工程安全的爆破、打井、采石、取土等活动。

（七）节约用水的规定

我国水资源人均占有量少，且全社会节水意识和节水管理工作薄弱、用水浪费严重、水的重复利用率低。目前，在一些城市和地区，水资源供需矛盾日益尖锐，已经成为阻碍当地经济和社会发展的重要因素。因此，《水法》规定，国家厉行节约用水，大力推行节约用水措施，推广节约用水新技术、新工艺，发展节水型工业、农业和服务业，建立节水型社会。各级人民政府应当采取措施，加强对节约用水的管理，建立节约用水技术开发推广体系，培育和发展节约用水产业。任何单位和个人都有节约用水的义务。

农业用水，应当推行节水灌溉方式和节水技术，对农业蓄水、输水工程采取必要的防渗漏措施，提高农业用水效率。工业用水，应当采用先进技术、工艺和设备，增加循环用水次数，提高水的重复利用率。生活用水，应当推广节水型生活用水器具，降低城市供水管网漏失率，提高生活用水效率；加强城市污水集中处理，鼓励使用再生水，提高污水再生利用率。新建、扩建、改建建设项目，应当制订节水措施方案，配套建设节水设施。节水设施应当与主体工程同时设计、同时施工、同时投产。国家力图通过这些措施，实现从资源消耗型向资源节约型社会转变。

第七节　海洋资源保护法

一、海洋资源的概念

根据《海洋环境保护法》第1条，该法的立法目的是“为了保护和改善海洋环境，保护海洋资源，防治污染损害，维护生态平衡，保障人体健康，促进经济和社会的可持续发展”。该法是将“海洋环境”与“海洋资源”并列对待的，因此，可以将海洋资源定义为：海洋资源是指存在于海水水面、水体、海床和底土中的物质、能量以及由其构成的整个海洋生态的总称。传统意义上的海洋资源，主要是指航行、捕鱼、制盐，现在一般认为的海洋资源则包括旅游、可再生能源、油气、渔业、港口和海水六大类。按照海洋资源的自然属性，可以把海洋资源分为海洋生物资源、海水化学资源、海底矿产资源、海洋空间资源、海洋再生能源。按照海洋资源的形成方式来分，可以把海洋资源分为可再生资源和非再生资源。可再生海洋资源又分为两类：第一类，海洋资源的流动或转化基本上与人类目前的利用水平无关，它们主要包括：海洋再生能源、海水化学资源；第二类，海洋资源指那些虽然具有自然再生能力，但能否可持续利用在很大程度上取决于人类的利用程度是否超过其自然再生力的阈值。人类可以通过采取一定措施，将利用率控制在其再生力以内，或通过投资采取一定的技术措施，提高其资源的再生力，使之与利用率相平衡，从而达到对其可持续利用的目的。这类资源主要包括海洋生物资源、海洋旅游资源、海洋空间资源。

21 世纪是海洋世纪。努力建设海洋强国是我们的重要战略目标。中国海的范围和面积广大而辽阔，就整个海域自然地理分布范围而言，南北跨度约 38 个纬度，东西跨度约 24 个经度。渤海、黄海、东海和南海四海相通，晶莹闪烁。我国拥有约 300 万平方千米的管辖海域，相当于 30 个浙江省的陆地面积。而连接这片蔚蓝色海洋国土和青翠色陆地国土的，则是蜿蜒绵长的海岸线。海岸线又分为岛屿岸线和大陆岸线两种，两者之和在我国约为 32 000 多千米，其中大陆岸线为 18 000 多千米，南北跨越 20 个地理纬度（从北纬 20°到北纬 40°）。

二、海洋资源保护立法概况

我国海域辽阔，海洋资源丰富，是我国的资源宝库，历来受到严格保护。我国海洋资源保护的立法工作始于 20 世纪 70 年代。1974 年，国务院批准发布了《防止沿海水域污染暂行规定》。1979 年颁布的《环境保护法（试行）》，对海洋资源的保护作了原则性的规定。为了保护海洋环境及资源，防止污染损害，保护生态平衡，促进海洋事业的发展，1982 年 8 月 23 日，第五届全国人民代表大会常务委员会第二十四次会议通过了《海洋环境保护法》。这是我国的第一部保护海洋环境的综合性专门法律，标志着中国海洋环境保护法制逐步健全。此后，国务院于 1982 年 1 月 30 日发布施行，并分别于 2001 年 9 月 23 日、2004 年 3 月 7 日、2006 年 4 月 10 日进行修改的《对外合作开采海洋石油资源条例》；1988 年 12 月 5 日，经国务院批准，财政部发布了《开采海洋石油资源缴纳矿区使用费的规定》；1983 年 12 月 29 日，国务院发布实施了《海洋石油勘探开发环境保护管理条例》；1990 年 9 月 20 日，国家海洋局根据该条例发布施行了《海洋石油勘探开发环境保护管理条例实施办法》；为加强海洋倾废管理，有效保护海洋环境，1985 年 3 月 6 日，国务院发布了《海洋倾废管理条例》（1985 年 4 月 1 日施行）。1990 年 9 月 25 日，国家海洋局以第 2 号令发布实施了《海洋倾废管理条例实施办法》。国土资源部第 25 号令公布了《委托签发废弃物海洋倾倒许可证管理办法》，自 2005 年 1 月 1 日起施行；1990 年 6 月 25 日，国务院第 62 号令发布了《防治海岸工程建设项目污染损害海洋环境管理条例》，自 1990 年 8 月 1 日起施行。该条例经 2007 年 9 月 25 日修改，于 2008 年 1 月 1 日起施行；随着我国经济的快速发展，国际海洋事务也呈现出了新的发展和变化，为适应强化海洋环境管理，切实保护海洋环境需要，1999 年 12 月 25 日第九届全国人民代表大会常务委员会第十三次会议修订公布了《海洋环境保护法》，自 2000 年 4 月 1 日起施行；2001 年 10 月 27 日，第九届全国人民代表大会常务委员会第二十四次会议通过了《海域使用管理法》，自 2002 年 1 月 1 日起施行。为贯彻落实《海域使用管理法》，适应海洋经济发展的要求，提高海域资源配置效率，财政部、国家海洋局于 2007 年 1 月 24 日《关于加强海域使用金征收管理的通知》；2002 年 7 月 19 日，国家海洋局发布实施了《海洋石油平台弃置管理暂行办法》；为了保护特定区域的海洋生态系统、资源和权益，保障海洋资源与环境可持续利用，促进海洋经济协调快速健康发展，国家海洋局于 2005 年 11 月 16 日制定了《海洋特别保护区管理暂行办法》；2006 年 8 月 30 日，国务院公布了《防治海洋工程建设项目污染损害海洋环境管理条例》，自 2006 年 11 月 1 日起施行；2007 年 7 月 12 日，国家海洋局发布了《海洋功能区划管理规定》，自 2007 年 8 月 1 日施行。

此外，第十届全国人民代表大会常务委员会第二十二次会议决定：批准于1996年11月7日在《防止倾倒废物及其他物质污染海洋的公约》缔约国会议上通过的《〈防止倾倒废物及其他物质污染海洋的公约〉1996年议定书》，该议定书缔约当事国旨在强调需要保护海洋环境和促进对海洋资源的可持续利用和养护。2007年2月8日，国务院决定接受于2006年11月2日在伦敦召开的《〈防止倾倒废物及其他物质污染海洋的公约〉1996年议定书》首届缔约国会议上通过的《〈防止倾倒废物及其他物质污染海洋的公约〉1996年议定书》附件1修正案。

三、海洋资源保护的主要法律规定

海洋资源保护的目的是可持续利用。它涉及海洋生物资源的安全保障、海洋矿物资源与海洋能的开发利用、海洋生态系统的保护、海洋空间资源的使用以及海洋污染防治等多项内容。鉴于海洋污染防治已在第六章进行阐述，此处只对海洋资源保护的其他主要内容概述如下：

（一）海域使用管理的规定

根据《海域使用管理法》的规定，该法所称的海域，是指中华人民共和国内水、领海的水面、水体、海床和底土。其中，内水，是指中华人民共和国领海基线向陆地一侧至海岸线的海域；中华人民共和国领海为邻接中华人民共和国陆地领土和内水的一带海域。海域属于国家所有，国务院代表国家行使海域所有权。有关海域使用管理的主要规定是：

1. 实行海洋功能区划制度。海域使用必须符合海洋功能区划。国家严格管理填海、围海等改变海域自然属性的用海活动。海洋功能区划按照行政区划分为国家、省、市、县四级。国家海洋局会同国务院有关部门和沿海省、自治区、直辖市人民政府，编制全国海洋功能区划。沿海县级以上地方人民政府海洋行政主管部门会同本级人民政府有关部门，编制地方海洋功能区划；海洋功能区划实行分级审批：全国和沿海省级海洋功能区划，报国务院批准。沿海市、县级海洋功能区划，报所在地的省级人民政府批准，并报国家海洋局备案。海洋功能区划的修改，由原编制机关会同同级有关部门提出修改方案，报原批准机关批准；未经批准，不得改变海洋功能区划确定的海域功能。经国务院批准，因公共利益、国防安全或者进行大型能源、交通等基础设施建设，需要改变海洋功能区划的，根据国务院的批准文件修改海洋功能区划；海洋功能区划编制应遵守以下原则：按照海域的区位、自然资源和自然环境等自然属性，科学确定海域功能；根据经济和社会发展的需要，统筹安排各有关行业用海；保护和改善生态环境，保障海域可持续利用，促进海洋经济的发展；保障海上交通安全；保障国防安全，保证军事用海需要。海洋功能区划一经批准，必须严格执行。海洋功能区划经批准后，除涉及国家秘密的部分外，应当向社会公布。养殖、盐业、交通、旅游等行业规划涉及海域使用的，应当符合海洋功能区划。沿海土地利用总体规划、城市规划、港口规划涉及海域使用的，应当与海洋功能区划相衔接。

2. 实施海域使用审批制度。根据规定，单位和个人可以向县级以上人民政府海洋行政主管部门申请使用海域。海洋行政主管部门依据海洋功能区划，对海域使用申请进行审核，并依照规定，报有批准权的人民政府批准。涉及下列项目用海，应当报国务院审批：填海50公顷以上的项目用海；围海100公顷以上的项目用海；改变海域自然属性的用海700公顷以上的项目用海；国家重大建设项目用海以及国务院规定的其他项目用海。除此以外的项目用海的审批权限，由国务院授权省、自治区、直辖市人民政府规定。

3. 建立海域使用权登记制度。根据《物权法》规定，海域使用权是用益物权，依法取得的海域使用权受法律保护。海域使用权可以依法转让和继承。海域使用权的取得，可以通过申请、招标、拍卖三种方式。申请人、中标人或买受人自领取海域使用权证书之日起，取得海域使用权。颁发海域使用权证书，应当向社会公告。颁发海域使用权证书，除依法收取海域使用金外，不得收取其他费用。

海域使用权人有依法保护和合理使用海域的义务；海域使用权人对不妨害其依法使用海域的非排他性用海活动，不得阻挠。海域使用权人在使用海域期间，未经依法批准，不得从事海洋基础测绘。海域使用权人不得擅自改变经批准的海域用途；确需改变的，应当在符合海洋功能区划的前提下，报原批准用海的人民政府批准。

填海项目竣工后形成的土地，属于国家所有。海域使用权人应当自填海项目竣工之日起3个月内，凭海域使用权证书，向县级以上人民政府土地行政主管部门提出土地登记申请，由县级以上人民政府登记造册，换发国有土地使用权证书，确认土地使用权。

海域使用权最高期限，按照下列用途确定：养殖用海15年；拆船用海20年；旅游、娱乐用海25年；盐业、矿业用海30年；公益事业用海40年；港口、修造船厂等建设工程用海50年。

海域使用权期限届满，海域使用权人需要继续使用海域的，应当至迟于期限届满前2个月向原批准用海的人民政府申请续期。除根据公共利益或者国家安全需要收回海域使用权的外，原批准用海的人民政府应当批准续期。准予续期的，海域使用权人应当依法缴纳续期的海域使用金；海域使用权期满，未申请续期或者申请续期未获批准的，海域使用权终止。海域使用权终止后，原海域使用权人应当拆除可能造成海洋环境污染或者影响其他用海项目的用海设施和构筑物。

4. 实行海域有偿使用制度。使用海域，按照国务院的规定缴纳海域使用金。海域使用金按照规定上缴财政。根据不同的用海性质或者情形，海域使用金可以按照规定一次缴纳或者按年度逐年缴纳。军事用海，公务船舶专用码头用海，非经营性的航道、锚地等交通基础设施用海以及教学、科研、防灾减灾、海难搜救打捞等非经营性公益事业用海，免缴海域使用金；公用设施用海，国家重大建设项目用海和养殖用海，经有批准权的人民政府财政部门和海洋行政主管部门审查批准，可以减缴或者免缴海域使用金。

（二）海洋生物资源保护的规定

保护海洋生物资源的主要规定有：

1. 严格控制围填海工程。禁止在天然港湾有航运价值的区域、重要苗种基地和养殖场所及水面、滩涂中的鱼、虾、蟹、贝、藻类的自然产卵场、繁殖场、索饵场、鸟类栖息地及重要的洄游通道围海造地。

2. 严格管理海岸工程修建。修筑海岸防护工程，在入海河口处兴建水利设施、航道或者综合整治工程，应当采取措施，不得损害生态环境及水产资源；兴建海岸工程建设项目，不得改变、破坏国家和地方重点保护的野生动植物的生存环境。不得兴建可能导致重点保护的野生动植物生存环境污染和破坏的海岸工程建设项目；确需兴建的，应当征得野生动植物行政主管部门同意，并由建设单位负责组织采取易地繁育等措施，保证物种延续；在鱼、虾、蟹、贝类的洄游通道建闸、筑坝，对渔业资源有严重影响的，建设单位应当建造过鱼设施或者采取其他补救措施。

3. 实行海水水质的分类管理。根据《海水水质标准》的规定，按照海水的用途，海水水质分为三类：第一类适用于保护海洋生物资源和人类的安全利用（包括盐场、食品加工、海水淡化、渔业和海水养殖等用水），以及海上自然保护区；第二类适用于海水浴场及风景游览区；第三类适用于一般工业用水，港口水域和海洋开发作业区等。

4. 强化远洋渔业管理。远洋渔业，是指中华人民共和国公民、法人和其他组织到公海和他国管辖海域从事海洋捕捞以及与之配套的加工、补给和产品运输等渔业活动，但不包括到黄海、东海和南海从事的渔业活动。农业部依法对远洋渔业实行项目审批管理和企业资格认定制度，并依法对远洋渔业船舶和船员进行监督管理。

5. 实施海洋渔业捕捞许可制度。为了保护海洋渔业资源，控制捕捞强度，对海洋捕捞渔船和海洋捕捞作业场所实行分类管理，对海洋捕捞业船网工具实行指标控制，并依法审批发放海洋渔业捕捞许可证。

（三）海洋生态保护的规定

海洋生态系统是人类生命系统的基本支柱和支持人类生存的丰富的物质和能量源泉，对人类的发生发展起着决定性的作用。修订后的《海洋环境保护法》强调海洋生态保护的重要性，专门增设一章，以加大我国海洋生态保护工作的力度。《海洋环境保护法》第20条规定：“国务院和沿海地方各级人民政府应当采取有效措施，保护红树林、珊瑚礁、滨海湿地、海岛、海湾、入海河口、重要渔业水域等具有典型性、代表性的海洋生态系统，珍稀、濒危海洋生物的天然集中分布区，具有重要经济价值的海洋生物生存区域及有重大科学文化价值的海洋自然历史遗迹和自然景观。对具有重要经济、社会价值的已遭到破坏的海洋生态，应当进行整治和恢复。”其具体的保护措施为：

1. 建立海洋自然保护区。《海洋环境保护法》第21条规定：“国务院有关部门和沿海省级人民政府应当根据保护海洋生态的需要，选划、建立海洋自然保护区。国家级海洋自然保护区的建立，须经国务院批准。”同时，该法还明确了应当建立海洋自然保护区的区域。

2. 设立海洋特别保护区。《海洋环境保护法》第23条规定：“凡具有特殊地理条件、生态系统、生物与非生物资源及海洋开发利用特殊需要的区域，可以建立海洋特别保护区，采取有效的保护措施和科学的开发方式进行特殊管理。”

3. 确立禁止性行为规范。具体内容是：开发利用海洋资源，不得造成海洋生态环境破坏；引进海洋动植物物种，应避免对海洋生态系统造成危害；开发海岛及周围海域的资源，不得造成海岛地形、岸滩、植被以及海岛周围海域生态环境的破坏；禁止毁坏海岸防护设施、沿海防护林、沿海城镇园林和绿地；海水养殖必须合理投饵、施肥，正确使用药物，防止造成海洋环境的污染。

第八节　渔业资源保护法

一、渔业资源的概念

渔业是指从事养殖、捕捞、采集水生动植物的产业。按其他作业地域的不同可分为淡水渔业和海洋渔业；前者是指利用江河、湖泊、水库等进行水生动植物养殖和采捕的渔业，后者是指利用海滩、浅海、海港和海洋进行水生动植物养殖和采捕的渔业。渔业资源则是指具有经济开发价值的可供渔业养殖和采捕利用的水生动植物资源。渔业资源还包括渔业水域。渔业水域是指我国管辖水域中鱼、虾、蟹、贝类的产卵场、索饵场、越冬汤、洄游通道和鱼、虾、蟹、贝、藻类及其他水生动植物的养殖场所。

我国海域辽阔，江河湖泊众多，为水生生物提供了良好的繁衍空间和生存条件。养护和合理利用水生生物资源对于满足全社会的水产品需求，改善人们的生活条件，维护水生生态平衡，促进科学研究及渔业生产可持续发展等方面都具有重要的意义。

二、渔业资源保护立法概况

新中国成立后，国家制定了大量的渔业资源保护的法律、法规和规章。1955 年，国务院发布了《关于渤海、黄海及东海机轮拖网渔业禁渔区的命令》。1979 年，国务院发布了《水产资源繁殖保护条例》；1986 年，第六届全国人大常委会第十四次会议通过了《中华人民共和国渔业法》。1987 年，经国务院批准，原农牧渔业部发布了《渔业法实施细则》；1988 年，农业部、财政部等部门联合制定了《渔业资源增殖保护费征收使用办法》。1995 年，农业部发布了《长江渔业资源管理规定》；根据《渔业法》实施中出现的新情况、新问题，2000 年 10 月 31 日，第九届全国人大常委会第十八次会议通过了《关于修改〈渔业法〉的决定》，修改决定在重要养殖水面的保护、捕捞限额制度、捕捞许可证制度、水产种质资源保护以及法律责任等方面都作了补充、修改和完善；2002 年，农业部发布了《渔业捕捞许可管理规定》，该规章于 2004 年修订。2004 年 8 月 28 日，第十届全国人大常务会第十一次会议对《渔业法》进行了修正，2013 年 12 月 28 日，全国人大常委会再次对该法进行了修正。

三、渔业资源保护的主要法律规定

根据《渔业法》、《渔业法实施细则》以及其他法规规定，渔业资源保护的主要内容有：

（一）养殖业的规定

养殖业是渔业生产的基础和前提条件，只有通过养殖途径，才能增殖渔业资源，提高渔业产品的供应能力，解决渔业产品供求矛盾，《渔业法》规定的主要内容是：

1. 实行养殖证制度。《渔业法》规定，国家鼓励全民所有制单位、集体所有制单位和个人充分利用适于养殖的水域、滩涂，发展养殖业；国家对水域利用进行统一规划，确定可以用于养殖业的水域和滩涂。单位和个人使用国家规划确定用于养殖业的全民所有的水域、滩涂的，使用者应当向县级以上地方人民政府渔业行政主管部门提出申请，由本级人民政府核发养殖证，许可其使用该水域、滩涂从事养殖生产。集体所有的或者全民所有由农业集体经济组织使用的水域、滩涂，可以由个人或者集体承包，从事养殖生产；县级以上地方人民政府在核发养殖证时，应当优先安排当地的渔业生产者。

2. 保护重要养殖水域制度。为了保障水产品的供应，县级以上地方人民政府应当采取措施，加强对商品鱼生产基地和城市郊区重要养殖水域的保护。县级以上人民政府渔业行政主管部门应当加强对养殖生产的技术指导和病害防治工作。从事养殖生产不得使用含有毒有害物质的饵料、饲料。从事养殖生产应当保护水域生态环境，科学确定养殖密度，合理投饵、施肥、使用药物，不得造成水域的环境污染。

3. 严格管理水产苗种制度。国家鼓励和支持水产优良品种的选育、培育和推广。水产新品种必须经全国水产原种和良种审定委员会审定，由国务院渔业行政主管部门公告后推广。水产苗种的进口、出口由国务院渔业行政主管部门或者省、自治区、直辖市人民政府渔业行政主管部门审批。除了渔业生产者自育、自用水产苗种的以外，水产苗种的生产由县级以上地方人民政府渔业行政主管部门审批；水产苗种的进口、出口必须实施检疫，防止病害传入境内和传出境外，具体检疫工作按照有关动植物进出境检疫法律、行政法规的规定执行。引进转基因水产苗种必须进行安全性评价。

（二）捕捞业的规定

捕捞业是渔业的重要组成部分，《渔业法》对此所作的主要规定是：

1. 实行捕捞限额制度。为了有效保护、合理养护渔业资源，实现渔业资源的永续利用，修改后的《渔业法》增设了捕捞限额制度的规定，国家在财政、信贷和税收等方面采取措施，鼓励、扶持远洋捕捞业的发展，并根据渔业资源的可捕捞量，安排内水和近海捕捞力量。《渔业法》第22条规定，国家根据捕捞量低于渔业资源增长量的原则，确定渔业资源的总可捕捞量，实行捕捞限额制度。国务院渔业行政主管部门负责组织渔业资源的调查和评估，为实行捕捞限额制度提供科学依据。中华人民共和国内海、领海、专属经济区和其他管辖海域的捕捞限额总量由国务院渔业行政主管部门确定，报国务院批准后逐级分解下达；国家确定的重要江河、湖泊的捕捞限额总量由有关省、自治区、直辖市人民政府确定或者协商确定，逐级分解下达。捕捞限额总量的分配应当体现公平、公正的原则，分配办法和分配结果必须向社会公开，并接受监督。国务院渔业行政主管部门和省、自治区、直辖市人民政府渔业行政主管部门应当加强对捕捞限额制度实施情况的监督检查，对超过上级下达的捕捞限额指标的，应当在其次年捕捞限额指标中予以核减。

2. 实施捕捞许可证制度。这是控制捕捞强度，保护和合理利用渔业资源的一种重要手段，也是国际上普遍实行的一项基本管理制度。《渔业法》规定，海洋大型拖网、围网作业以及到中华人民共和国与有关国家缔结的协定确定的共同管理的渔区或者公海从事捕捞作业的捕捞许可证，由国务院渔业行政主管部门批准发放。其他作业的捕捞许可证，由县级以上地方人民政府渔业行政主管部门批准发放；但是，批准发放海洋作业的捕捞许可证不得超过国家下达的船网工具控制指标，具体办法由省、自治区、直辖市人民政府规定。捕捞许可证不得买卖、出租和以其他形式转让，不得涂改、伪造、变造；申请捕捞许可证，必须具备下列条件：（1）有渔业船舶检验证书；（2）有渔业船舶登记证书；（3）符合国务院渔业行政主管部门规定的其他条件。县级以上地方人民政府渔业行政主管部门批准发放的捕捞许可证，应当与上级人民政府渔业行政主管部门下达的捕捞限额指标相适应；从事捕捞作业的单位和个人，必须按照捕捞许可证关于作业类型、场所、时限、渔具数量和捕捞限额的规定进行作业，并遵守国家有关保护渔业资源的规定，大中型渔船应当填写渔捞日志。

（三）渔业资源增殖和保护的规定

渔业资源是一种可以再生的自然资源，只要采捕合理，就能保持资源的再生能力，保证渔业资源的持续发展。其主要内容是：

1. 征收渔业资源增殖保护费。渔业资源的增殖和保护需要一定的资金投入，确立征收渔业资源增殖保护费制度，这就从法律上确定了资金的有效保障。《渔业法》第28条规定，“县级以上人民政府渔业行政主管部门可以向受益的单位和个人征收渔业资源增殖保护费，专门用于增殖和保护渔业资源”。

2. 建立水产种质资源保护区。《渔业法》第29条规定：“国家保护水产种质资源及其生存环境，并在具有较高经济价值和遗传育种价值的水产种质资源的主要生长繁育区域建立水产种质资源保护区。未经国务院渔业行政主管部门批准，任何单位或者个人不得在水产种质资源保护区内从事捕捞活动。”

3. 禁止或限制捕捞的措施。具体有：（1）禁止使用炸鱼、毒鱼、电鱼等破坏渔业资源的方法进行捕捞；（2）禁止制造、销售、使用禁用的渔具；（3）禁止在禁渔区、禁渔期进行捕捞。在禁渔区或者禁渔期内禁止销售非法捕捞的渔获物；（4）禁止使用小于最小网目尺寸的网具进行捕捞。捕捞的渔获物中幼鱼不得超过规定的比例；（5）禁止捕捞有重要经济价值的水生动物苗种；（6）在鱼、虾、蟹洄游通道建闸、筑坝，对渔业资源有严重影响的，建设单位应当建造过鱼设施或者采取其他补救措施；（7）用于渔业并兼有调蓄、灌溉等功能的水体，有关主管部门应当确定渔业生产所需的最低水位线；（8）禁止围湖造田。沿海滩涂未经县级以上人民政府批准，不得围垦；重要的苗种基地和养殖场所不得围垦；（9）国家对白鳍豚等珍贵、濒危水生野生动物实行重点保护，防止其灭绝。禁止捕杀、伤害国家重点保护的水生野生动物。

4. 保护渔业水域的生态环境。各级人民政府应当采取措施，保护和改善渔业水域的生态环境，防治污染；在水生动物苗种重点产区引水用水时，应当采取措施，保护苗种；进行水下爆破、勘探、施工作业，对渔业资源有严重影响的，作业单位应当事先同有关县级以上人民政府渔业行政主管部门协商，采取措施，防止或者减少对渔业资源的损害。

案例与思考

1. 综合案例

[题例]

(1) 张家村与李家村毗邻，李家村的用水取自流经张家村的小河，多年来两村经常因用水问题发生冲突。2001 年春，为根本解决问题，县政府决定将这条小河的水流交给乡水管站统一调配。张家村人认为：小河历史上就属于张家村所有，县政府无权将这条河的水流交乡水管站统一调配，遂将县政府告上法院。请问：根据现行宪法和法律，下列哪一说法是正确的?

A. 张家村告得有理，因为水流属于村民集体所有，政府无权收归国有

B. 张家村告得有理，因为这条小河的河床属于张家村集体所有，这条小河里的水流当然也属于村民集体支配

C. 县政府的决定合法，因为水流属于国家所有，政府当然有权调配河水的供应

D. 县政府的决定合法，因为水流虽然属于张家村所有，但李家村人也应享有喝水用水的权利，为解决李家村用水问题，政府可以将水流供应统一调配

[答案与答题思路] C。

本题意在考查有关水资源所有权法律规定的理解。与考题直接相关的法律就是《宪法》和《水法》,《宪法》第 9 条和《水法》第 3 条有相关规定。《水法》规定的内容是：“水资源属于国家所有。水资源的所有权由国务院代表国家行使。农村集体经济组织的水塘和由农村集体经济组织修建管理的水库中的水，归各该农村集体经济组织使用。”因此，作为资源水，我国现行法律明确规定其所有权归国家，包括农村集体经济组织的水塘和由农村集体经济组织修建管理的水库中的水，各该农村集体经济组织也只有使用权，没有所有权。至于水流流经河道或其他地域的土地权利配置，不改变水资源只能归国家所有的属性。

(2) 某公司取得出让土地使用权后，超过出让合同约定的动工开发日期满 2 年仍未动工，市政府决定收回该土地使用权。该公司认为，当年交付的土地一直未完成征地拆迁，未达到出让合同约定的条件，导致项目迟迟不能动工。为此，该公司提出两项请求：一是撤销收回土地使用权的决定；二是赔偿公司因工程延误所受的损失。对这两项请求，下列哪些判断是正确的?

A. 第一项请求属于行政争议

B. 第二项请求属于民事争议

C. 第一项请求需先由县级以上政府处理，当事人不服的才可向法院起诉

D. 第二项请求需先由县级以上政府处理，当事人不服的才可向法院起诉

[答案与答题思路] ABC。

本题主要测试关于土地资源闲置管理的相关规定及土地使用权人的相关救济途径。

2. 思考题

(1) 试述自然资源法的基本原则。

（2）试述完善土地资源保护的途径。

（3）试述矿产资源归国家所有的正当性基础。

（4）试述资源水利用制度的重构。

（5）试述实施海洋战略的法律保障与促进机制。

第八章
生态保护法

重点问题

1. 生态保护法的体系和主要制度
2. 生态保护法与污染防治法的关系
3. 野生动物和野生植物的名录制度
4. 自然保护区和风景名胜区的设立
5. 文化古迹的保护措施
6. 水土流失和沙化土地的治理

第一节　生态保护法概述

一、生态保护概况

生态保护是人类以生态科学为指导，遵循生态规律有意识地对生态环境采取一定的对策及措施进行保护的活动。生态保护的关键是应用生态学的理论和方法研究并解决人与生态环境相互影响的问题，协调人类与生物圈之间的相互关系。生态保护主要是解决生态破坏问题。生态破坏主要是指人类活动所导致的森林破坏、水土流失、土地荒漠化、过度捕捞、生物灭绝等。从这一点上来看，其与环境污染有着较明显的差别。

国家高度重视生态环境保护工作，“十五”期间先后印发了《全国生态环境保护纲要》（国发［2000］38号）和《国务院关于落实科学发展观　加强环境保护的决定》（国发［2005］39号），把加强生态保护和建设作为实施可持续发展战略、构建和谐社会的重要内容。“十一五”期间先后印发了《全国生态保护“十一五”规划》（环发［2006］158号）、《国家重点生态功能保护区规划纲要》（环发［2007］165号）和《全国生态脆弱区保护规划纲要》（环发［2008］92号），制定了具体的生态环境保护目标和措施，通过控制生态退化、恢复生态系统功能、改善生态环境质量和落实《全国生态功能区划》的具体规定来加强生态脆弱区和生态功能区生态环境的保护。“十二五”期间先后印发了《全国生态保护“十二五”规划》（环发［2013］13号）和《全国生态保护与建设规划（2013—2020年）》（发改农经［2014］226号），把生态保护和建设提到了一个新高度。国家高度重视生态环境保护工作的同时把生态文明建设纳入“十三五”规划，“十三五”时期将采取更有力措施加强生态环境保护。各级环保部门积极参与综合决策，加强生态保护监管，创造性开展工作，部分地区生态恶化趋势得到一定程度的遏制。

然而，我国生态环境恶化的趋势尚未得到彻底、有效的改观，主要表现在：

1. 大江大河源区生态环境质量日趋下降，水源涵养等生态功能严重衰退；北方重要防风固沙区植被破坏严重，沙尘暴频发；江河洪水调蓄区生态系统退化，调蓄功能下降，旱涝灾害频繁发生；湿地面积减少、功能退化；森林质量不高，生态调节功能下降；生物多样性减少，资源开发活动对生态环境破坏严重等。

2. 部分区域重要生态功能不断退化。全球气候变化以及一些地区不合理开发活动，导致部分重要生态功能区森林破坏、湿地萎缩、河湖干涸、水土流失、荒漠化和草原退化严重，部分区域生态功能仍在退化。目前，全国水土流失面积达356万平方千米，年均土壤侵蚀量高达45亿吨。2009年，全国荒漠化土地总面积262.4万平方千米。全国约90％的天然草地存在不同程度的退化。虽然实施了林业六大工程，土地沙漠化趋势得到减缓，但北方干旱、半干旱地区荒漠化土地分布仍很广泛，水蚀、风蚀、土壤盐渍化与土壤污染并存，土地的生态服务功能降低。重要生态功能区的生态环境继续恶化，将严重影响我国经济社会可持续发展和国家生态安全。

3. 生物多样性面临严重威胁。我国野生高等植物濒危比例达15%～20%，裸子植物和兰科植物高达40%以上；野生动物濒危程度不断加剧，233种脊椎动物面临灭绝，约44%的野生动物呈数量下降趋势。遗传资源不断丧失和流失，部分珍贵和特有的农作物、林木、花卉、畜、禽、鱼等种质资源流失严重，一些地方传统和稀有品种资源丧失。外来入侵物种严重威胁我国的自然生态系统，初步查明我国有外来入侵物种500种左右，每年造成的经济损失约1 200亿元。[①] 因此，加强生态保护，开展生态建设是缓解上述问题的根本出路。而在生态保护活动中，生态保护法的作用不可或缺。

二、生态保护法

（一）生态保护法的范围

生态保护法是以保护生态系统平衡为目的，遵循生态规律，在有关防治生态破坏、保护生物多样性和对生态环境采取其他保护措施的各项活动中制定的各类法律规范的总称。生态保护法主要解决的是森林破坏、水土流失、土地荒漠化、过度捕捞、生物灭绝等问题，关注的是生态系统的保护。所以，生态保护法的范围主要包括强调生物多样性保护与开发的野生动植物保护法等法律规范，自然保护区法、风景名胜区、人文遗迹等区域生态保护法，以及水土保持、防沙治沙等解决生态破坏问题的法律。

（二）生态保护法的原则

生态保护法遵循着特有的原则：

1. 综合生态系统管理原则。即在对生态系统组成、结构和功能过程加以充分理解的基础上，制订适应性的管理（adaptive management）策略，以恢复或维持生态系统整体性和可持续性的原则。它要求将生态保护中的多种因素结合起来考虑，制定措施时，采用多种方法。这一原则应在生态保护法中广泛应用。

2. 预防、治理与保全原则。它是指在生态保护中，将事前的预防与事中的治理与全过程的保全相结合。与污染相比，生态的破坏更加难以逆转，所以，特定的预防措施和全过程的保护尤为重要。我国生态保护法中也较为关注这一原则。如《防沙治沙法》就非常注重土地沙化的预防，规定了许多相关的制度。

3. 环境民主原则。由于生态保护关涉人们生活的区域和资源，所以，环境民主原则显得非常重要。而且，生态保护法中的环境民主具有特别的内涵，如在自然保护区建设和运行过程中，当地社区和居民的权益问题关系到保护区的长远发展，因此，吸收当地社区和居民进行自然保护区决策、管理成为必然选择。自然保护区社区共管就是在环境民主原则指导下的有益探索。

4. 保持和保存原则。世界自然资源保护联盟（IUCN）于1980年编写的《世界自然保护大纲》认为，“保护”即是“人类对生物圈的利用的管理，以便它能对当代人产生最大的持续利益，同时维护其潜力以满足后代的需要和追求。因此，保护是积极的，包括了保持、保存、持续利用、恢复和自然环境的改善”。进一步说，保护的内涵有保持和保存之分。保持的目的是保持自然环境要素经常处于可供人类持续利用的状态，

① 参见国家环境保护总局：《关于印发全国生态保护“十二五”规划的通知》。

而保存的目的则是保存生态系统或自然界其他历史或人文古迹处于原始的状态。生态保护的重点是维持生态系统的多样性以及自然的原生状态，防止人为因素对生态系统造成不良的影响或破坏。因此生态保护的法律行动除了要遵循环境法的基本原则外，还应当遵循特有的原则，这就是保持和保存原则。

（三）生态保护法的制度

生态保护法也形成了许多有特色的制度。例如，《野生动物保护法》中的野生动物重点保护制度，采用目录的方式，确定重点保护动物，加以重点保护，并按珍贵、稀缺的程度，划分为国家重点保护野生动物和地方重点保护动物。《自然保护区法》中的自然保护区分区保护制度，将自然保护区依据实际情况，划分为核心区、缓冲区和试验区，并对不同的区域实施不同的保护。《防沙治沙法》中的封禁保护制度也很有特色，即在规划期内不具备治理条件的以及因保护生态的需要不宜开发利用的连片沙化土地，应当规划为沙化土地封禁保护区，实行封禁保护。这些制度遵循了生态规律，有利于我国的生态保护；并且在《防沙治沙法》中还创新性地规定了生态补偿制度，成为后来备受关注的问题。此外，现行《环境保护法》中还明确了生态保护红线制度，即国家在重点生态功能区、生态环境敏感区和脆弱区等区域划定生态保护红线，实行严格保护。生态红线是为了保护重要生态功能区，以及陆地和海洋的生态环境敏感区和脆弱区，在主体功能区划基础上，经政府批准公布的生态保护范围界线，红线范围内的区域将被限制开发，并严格执行生态休养生息政策。环境保护部还专门制定了《生态红线划定技术指南》（环发［2015］56号），对生态保护红线制度的具体规定与落实作出了详细规定。可以说，生态保护法是相关法律制度创新极为活跃的领域。

第二节　野生动物保护法

一、野生动物保护概述

（一）野生动物及其分类

一般而言，野生动物是指生存于自然状态下，非人工驯养的各种哺乳动物、鸟类、爬行动物、两栖动物、鱼类、软体动物、昆虫及其他动物。野生动物包括濒危野生动物，如大熊猫、虎等；有益野生动物，指有益于农、林、牧业及卫生、保健事业的野生动物，如肉食鸟类、蛙类、益虫等；经济野生动物，指那些经济价值较高，可作为渔业、狩猎业的动物；有害野生动物，如害鼠及各种带菌动物等。

与上述定义和分类不同，现行立法规定的野生动物的外延要窄得多。《中华人民共和国野生动物保护法》（下简称《野生动物保护法》）第2条规定，法律上规定保护的野生动物，是指珍贵、濒危的陆生、水生野生动物和有重要生态、科学、社会价值的陆生野生动物。珍贵、濒危的水生野生动物以外的其他水生野生动物的保护，适用渔业法的规定。该法依保护程度，将其分为国家重点保护野生动物、地方重点保护野生动物和有重要生态、科学、社会价值的陆生野生动物。依照《野生动物保护法》的规定，国家重点保护的野生动物是指列入国家重点保护野生动物名录的动物。国家重点保护的野生动物分为一级保护野生动物和二级保护野生动物。地方重点保护野生动物，是指国家重点保护野生动物以外，由省、自治区、直辖市重点保护的野生动物。

（二）野生动物资源概况

中国幅员辽阔，地貌复杂，湖泊众多，气候多样。丰富的自然地理环境孕育了无数的珍稀野生动物，使我国成为世界上野生动物种类最为丰富的国家之一。据统计，我国约有脊椎动物 6 266 种，占世界种数的 10%以上。其中兽类 500 种，鸟类 1 258 种，爬行类 412 种，两栖类 295 种，鱼类 3 862 种。许多野生动物属于我国特有或主要产于我国的珍稀物种，如大熊猫、金丝猴、朱鹮、普氏原羚、白唇鹿、褐马鸡、黑颈鹤、扬子鳄、蟒山烙铁头等；有许多属于国际重要的迁徙物种以及具有经济、药用、观赏和科学研究价值的物种。这些珍贵的野生动物资源既是人类宝贵的自然财富，也是人类生存环境中不可或缺的重要组成部分。

但是，由于各种原因，我国的野生动物资源同样呈下降趋势，有许多种类已处于灭绝或濒危状态。如犀牛、高鼻羚羊、新疆虎、野马、豚鹿、叶猴、冠麻鸭等十多种珍贵动物已经灭绝或基本绝迹。另外，大熊猫、金丝猴、长臂猿、海南坡鹿、东北虎、华南虎、亚洲象、野骆驼、白鳍豚、朱缳、黑颈鹤、黄腹角雉、扬子鳄等二十多种珍稀动物濒临灭绝。野生动物濒危程度不断加剧，有 233 种脊椎动物面临灭绝，约 44%的野生动物呈数量下降趋势，非国家重点保护野生动物种群下降趋势明显。①

二、野生动物的法律保护

野生动物是生态系统中最活跃的因素。与生态系统中的其他部分发生着各种联系，具有显著的生态价值、经济价值以及文化、教育、美学和其他价值。因此，对野生动物保护的法律规定是生态保护法体系的重要组成部分。

（一）野生动物保护立法

事实上，我国历来就重视野生动物保护的法律保护。自 1950 年中央人民政府颁布的《关于稀有生物保护办法》以来，经过五十多年的发展，已初步建立起了以野生动物保护法为核心的保护管理法律法规体系以及执法监督体系。

其中，1988 年全国人民代表大会通过的《野生动物保护法》（2004 年修正，2016 年修订）是野生动物保护的综合性法律，该法为保护、拯救珍贵、濒危野生动物，保护、发展和合理利用野生动物资源，维护生态平衡作用显著。

除综合性立法外，我国目前还有诸多保护野生动物资源的专门法律、行政法规和规章。主要有：《进出境动植物检疫法》、《动物防疫法》（2015 年修正）、《渔业法》（2013 年修正）、《陆生野生动物保护实施条例》、《水生野生动物保护实施条例》、《国家重点保护野生动物名录》、《水产资源繁殖保护条例》等。此外还有《陆生野生动物资源保护管理费收费办法》、《国家重点保护动物驯养繁殖许可证管理办法》、《国务院关于禁止犀牛角和虎骨贸易的通知》等。当然，地方也有根据当地实际情况制定相应保

① 参见环境保护部网：《中国生物多样性保护战略与行动计划》（2011—2030 年）的通知，2010-09-17，http：//www.zhb.gov.cn/gkml/hbb/bwj/201009/t20100921_194841.htm，2015-10-24。

护措施的，如《黔东南苗族侗族自治州苗医药侗医药发展条例》[①]，《阿坝藏族羌族自治州野生动物植物保护条例》等。[②]

另外，《宪法》、《环境保护法》、《海洋环境保护法》等相关法律文件中也有有关野生动物保护的规定。

（二）野生动物保护法的一般规定

1. 调整范围。《野生动物保护法》第 2 条规定，本法规定保护的野生动物，是指珍贵、濒危的陆生、水生野生动物和有重要生态、科学、社会价值的陆生野生动物。珍贵、濒危的水生野生动物以外的其他水生野生动物的保护，适用渔业法等有关法律的规定。由此，并非一切生存于自然状态的野生动物都受现行野生动物保护法律的保护。

2. 野生动物保护的管理体制。依据《野生动物保护法》第 7 条，国务院林业、渔业主管部门分别主管全国陆生、水生野生动物保护工作。县级以上地方人民政府林业、渔业主管部门分别主管本行政区域内陆生、水生野生动物保护工作。

3. 立法目的和保护方针。《野生动物保护法》第 1 条规定，为了保护野生动物，拯救珍贵、濒危野生动物，规范野生动物资源利用，维护生物多样性和生态平衡，推进生态文明建设，制定本法。这是立法目的。从该条规定可知，野生动物并非仅是一种自然资源，更重要的是它们可以提供的生态价值。因此，野生动物立法不仅有利于规范野生动物资源的利用，更重要的是维护生物多样性和生态平衡，保存生态价值。

在这种立法目的的指导下，该法第 4 条进一步规定，国家对野生动物实行保护优先、合理利用、严格监管的原则，鼓励开展野生动物科学研究，培育公民保护野生动物的意识，促进人与自然和谐发展。这一方针是开展野生动物的保护、利用和科学研究的立法指导。

三、野生动物保护法的具体制度

综合各种野生动物保护法律，我国野生动物保护法的主要内容为：

1. 野生动物分级分类保护制度。《野生动物保护法》第 11 条规定，国家对野生动物实行分类分级保护，分为国家重点保护野生动物、地方重点保护野生动物和有重要生态、科学、社会价值的陆生野生动物。

国家对珍贵、濒危的野生动物实行重点保护。国家重点保护的野生动物分为一级保护野生动物和二级保护野生动物。国家重点保护野生动物名录由国务院野生动物保护主管部门组织科学评估后制定，报国务院批准公布。

国务院野生动物保护主管部门应当每五年对国家重点保护野生动物名录进行一次评估，并根据评估情况确定对名录的调整，报国务院批准公布。

地方重点保护野生动物，是指国家重点保护野生动物以外，由省、自治区、直辖

① 参见苗侗药都网站，http：//www.mdyd.cn/show.asp? id=1027，2015-10-25。

② 参见中国四川省阿坝州门户网站，http：//www.abazhou.gov.cn/，2014 年 11 月 26 日四川省人大常委会通过，2015-10-27。

市重点保护的野生动物。地方重点保护野生动物名录及其调整，由省、自治区、直辖市人民政府制定并公布。

有重要生态、科学、社会价值的陆生野生动物名录及其调整，由国务院野生动物保护主管部门制定并公布。

2. 实施许可证制度。我国对野生动物资源的猎捕、驯养繁殖、收购、经营、运输、出口实施许可制度。猎捕非国家重点保护野生动物的，须取得由县级以上地方人民政府野生动物行政主管部门或其授权单位核颁的狩猎证。狩猎证中种类、数量、地点、工具、方法和期限等规定是开展捕猎的直接依据，持枪猎捕的，应当依法取得公安机关核发的持枪证。禁止猎捕、杀害国家重点保护野生动物。因科学研究、种群调控、疫源疫病监测或者其他特殊情况，需要猎捕国家一级保护野生动物的，应当向国务院野生动物保护主管部门申请特许猎捕证；需要猎捕国家二级保护野生动物的，应当向省、自治区、直辖市人民政府野生动物保护主管部门申请特许猎捕证。我国2013年修订的，经由农业部发布的《水生野生动物利用特许办法》第2条规定，凡需要捕捉、驯养繁殖、运输以及展览、表演、出售、收购、进出口等利用水生野生动物或其产品的，按照本办法实行特许管理。①

除狩猎证和特许猎捕许可证外，驯养繁殖国家重点保护野生动物的单位和个人应取得驯养繁殖许可证；经营野生动物及产品，必须持有许可证；运输携带国家重点保护野生动物或者其产品出县境的，必须经省、自治区、直辖市政府野生动物行政主管部门或者其授权的单位批准；出口国家重点保护野生动物或者其产品的，中国参加的国际公约所限制进出口的野生动物或者其产品的，必须经国务院野生动物行政主管部门或者国务院批准，并取得国家濒危物种进出口管理机构核发的允许进出口证明书。《水生野生动物利用特许办法》第8条规定，禁止捕捉、杀害水生野生动物。因科研、教学、驯养繁殖、展览、捐赠等特殊情况需要捕捉水生野生动物的，必须办理《捕捉证》。②

3. 野生动物重要栖息地名录和自然保护区制度。《野生动物保护法》第13条规定：国务院野生动物保护主管部门应当会同国务院有关部门，根据野生动物及其栖息地状况的调查、监测和评估结果，确定并发布野生动物重要栖息地名录。省级以上人民政府参照野生动物重要栖息地名录，依法划定相应的自然保护区等保护区域。对不具备划定自然保护区等保护区域条件的，县级以上人民政府或者其野生动物保护主管部门可以采取划定禁猎（渔）区、规定禁猎（渔）期等其他形式予以保护。该规定表明，我国对野生动物采取划定特殊区域保护的制度。在自然保护区内，禁止猎捕和其他妨碍野生动物生息繁衍的活动。目前在我国自然保护区中，森林与野生动物保护的自然保护区数量占多数。

4. 野生动物名录制度。名录制度是野生动物保护的重要制度之一，它是确定国家和地方重点保护野生动物范围的依据。1989年1月13日，国务院批准颁布《国家重点保护野生动物名录》。根据我国《野生动物保护法》和有关法律、法规的规定，由林业

① 参见《水生野生动物利用特许办法》第2条（2013年修订）。

② 参见《水生野生动物利用特许办法》第8条（2013年修订）。

部和农业部共同拟定的名录共列出国家一级重点保护野生动物 96 个种或种类，如大熊猫、金丝猴、长臂猿、白鳍豚、中华鲟等；列出二级重点保护野生动物 160 个种或种类，如猕猴、黑熊、金猫、马鹿、黄羊、天鹅、玳瑁、文昌鱼等。2003 年 2 月 21 日，国家林业局令第 7 号发布，将麝科麝属所有种由国家二级保护野生动物调整为国家一级保护野生动物，以全面加强麝资源保护。[①] 名录还对水生、陆生野生动物作了具体划分，明确了由渔业、林业行政主管部门分别主管的具体种类。颁布名录是为了进一步加强对国家重点保护野生动物的保护。此外，《野生动物保护法》还规定，野生动物行政主管部门应当定期组织对野生动物及其栖息地进行调查、监测和评估，建立健全野生动物及其栖息地档案，这为重点保护野生动物名录的制定、施行提供了基础。

第三节　野生植物保护法

一、野生植物保护概述

（一）野生植物及其分类

野生植物是生态系统中的重要组成部分。它是指生存在天然、自由的状态下，或来源于天然自由状态下、虽经多代人工培养或培植，但尚未明显进化变异的各种植物。一般分为藻类、菌类、地衣、苔藓和种子植物。

《中华人民共和国野生植物保护条例》第 2 条规定，本条例所保护的野生植物，是指原生地天然生长的珍贵植物或原生地天然生长并具有重要经济价值、科学研究价值、文化价值的濒危、稀有植物。

由此，我国现行野生植物保护法律保护的植物包括珍贵、濒危、稀有的植物。

1. 珍贵植物。珍稀植物即珍贵稀有植物，通常是在经济、科研、文化和教育等方面具有特殊重要价值，而其分布有一定局限性，种群数量又很少的植物。

2. 濒危植物。濒危植物是指物种在其分布的全部或显著范围内有随时灭绝的危险。这些植物通常生长稀疏，地理分布有很大的局限性，仅仅存在于典型地方和常常出现有限的、脆弱的生境中。

3. 稀有植物。稀有植物指那些并不是立即有绝灭危险、中国特有的单型科、单型属或少种属的代表种类，但在它们分布区内只有很少的群体，或是由于存在于非常有限的地区内，可能很快地消失；或者虽有较大的分布范围，但只有零星存在着的种类。

（二）野生植物资源概况

我国疆域辽阔，气候多样，自然地理条件复杂，河流纵横、湖泊众多，为各种生物及生态系统类型的形成与发展提供了优越的自然条件，形成了丰富野生动植物区系，是世界上野生植物资源最多、生物多样性最为丰富的国家之一。我国有 30 000 多种植

---

① 参见国家林业局第七号文件《关于进一步加强麝类资源保护管理工作的通知》，见 http：//www.forestry.gov.cn/portal/main/govfile/13/govfile_1073.html，2015-10-28。

物，仅次于世界植物最丰富的马来西亚和巴西，居世界第三位。其中苔藓植物106科，占世界科数的70%；蕨类植物52科2 600种，分别占世界科数的80%和种数的26%；木本植物7 000种，其中乔木约2 800种。全世界裸子植物共12科71属750种，我国就有11科34属240多种，针叶树的总种数占世界同类植物的37.8%。被子植物占世界总科、属的54%和24%。由于我国大部分地区未受到第三纪和第四纪大陆冰川的影响，因而保留了许多北半球其他地区早已灭绝的古老孑遗种类和特有种约有200属。我国特有的珍稀濒危野生植物，有重要的科研价值。

然而，我国社会各界普遍对保护野生植物的重要性认识不足，长期大面积掠夺式开发经营，乱采滥挖、乱砍滥伐和国内、国际非法野生植物贸易等现象十分严重，致使大量的野生植物资源遭到不同程度的破坏，一些珍稀植物已经灭绝或濒临灭绝，使许多有重要科学研究或经济价值的植物遭到严重的破坏，数量急剧减少。我国已成为濒危物种分布大国，列入《濒危野生动植物种国际贸易公约》（CITES）中原产于我国的濒危植物有1 300种以上，列入《国家重点保护野生植物名录》的濒危植物有1 700种左右。一个物种的消失只需很短的时间，而形成则需一个漫长的历史进程，一个植物种的灭绝将伴随着1～30个其他生物物种的灭绝，物种的毁灭对人类的生存也将造成不可挽回的损失。因此，保护野生植物已是亟待解决的问题。

二、野生植物的法律保护

（一）野生植物保护立法

我国在野生植物保护方面的法律文件主要包括：1996年颁布的《野生植物保护条例》；1994年10月9日，国务院发布的《自然保护区条例》（2011年1月修订）；2000年1月29日，国务院颁布并开始施行的《森林法实施条例》；1984年由全国人大常委会颁布的《森林法》（2009年修订）；1985年7月6日经国务院批准，林业部发布的《森林和野生动物类型自然保护区管理办法》；1987年国务院发布的《野生药材资源保护管理条例》，对濒危的野生药材物种做了保护规定，以及由农业部发布的《农业野生植物保护方法》（2013年修订）[①]；经国务院批准，由农业部发布的《水生野生动物利用特许办法》（2013年修订）。[②]

国家公布的野生植物保护名录也是野生植物保护法律规范的重要组成部分。1984年，国务院环境保护委员会公布了《中国珍稀、濒危保护植物的名录》；1984年，国家环保委公布了《珍稀濒危植物保护名录》；1999年，国家林业局和农业部公布了《国家重点保护野生植物名录》（第一批）。此外，《宪法》、《环境保护法》、《森林法》、《草原法》等相关法律文件也对野生植物的保护做了相关规定。

（二）《野生植物保护条例》的一般规定

1. 调整范围。《野生植物保护条例》第2条规定，本条例所保护的野生植物，是指

① 参见中国农业部：《农业野生植物保护方法》，见http：//www.moa.gov.cn/zwllm/zcfg/nybgz/201401/t20140113_3737687.htm，2015-10-26。

② 参见中国农业部：《水生野生动物利用特许办法》，见http：//www.moa.gov.cn/govpublic/CYZCFGS/201006/t20100606_1532659.htm，2015-10-26。

原生地天然生长的珍贵植物和原生地天然生长并具有重要经济、科学研究、文化价值的濒危、稀有植物。药用野生植物和城市园林、自然保护区、风景名胜区内的野生植物的保护，同时适用有关法律、行政法规。由此，我国野生植物保护法律规范调整的野生植物具有特定的范围。

2. 管理体制。《野生植物保护条例》第 8 条规定，国务院林业行政主管部门主管全国林区内野生植物和林区外珍贵野生树木的监督管理工作。国务院农业行政主管部门主管全国其他野生植物的监督管理工作。国务院建设行政部门负责城市园林、风景名胜区内野生植物的监督管理工作。国务院环境保护部门负责对全国野生植物环境保护工作的协调和监督。国务院其他有关部门依照职责分工负责有关的野生植物保护工作。县级以上地方人民政府负责野生植物管理工作的部门及其职责，由省、自治区、直辖市人民政府根据当地具体情况规定。

3. 立法目的与保护方针。《野生植物保护条例》开宗明义，规定本条例的立法目的是保护、发展和合理利用野生植物资源，保护生物多样性，维护生态平衡。该条例第 3 条进一步规定了国家对野生植物资源实行加强保护、积极发展、合理利用的方针。

三、野生植物保护的基本法律制度

综合各种野生植物保护法律，我国野生植物保护法的主要内容为：

1. 分类保护制度。《野生植物保护条例》规定，野生植物分为国家重点保护野生植物和地方重点保护野生植物。国家重点保护野生植物分为国家一级保护野生植物和国家二级保护野生植物。地方重点保护植物是国家重点保护野生植物以外，由省级人民政府保护的野生植物。

1984 年国务院环境保护委员会公布的《中国珍稀、濒危保护植物的名录》将国家重点保护的野生植物被分为濒危、渐危、稀有三类，共 354 种，并分别确定了保护级别。《野生药材资源保护管理条例》将国家重点保护的野生药材分为三级：濒临灭绝状态的稀有、珍贵野生药材物种为一级；分布区域小，资源处于衰竭状态的重要野生药材物种分为二级；资源严重减少的主要常用药材为三级；并对这三类不同野生药材规定了各自相应的保护措施。

2. 野生植物的监测制度。《野生植物保护条例》第 12 条规定，由野生植物行政管理部门依法对国家或地方重点保护的野生植物的生长与影响进行监视、监测，维护和改善国家或地方重点保护的野生植物的生长条件。当环境影响对国家或地方重点保护的野生植物的生长条件造成危害时，野生植物行政管理部门等应当进行调查并处理。

建设项目对国家重点保护野生植物和地方重点保护野生植物的生长环境产生不利影响的，建设单位提交的环境影响报告书中必须对此作出评价；环境保护部门在审批环境影响报告书时，应当征求野生植物行政主管部门的意见。

野生植物行政主管部门和有关单位对生长受到威胁的国家重点保护野生植物和地方重点保护野生植物应当采取拯救措施，保护或者恢复其生长环境，必要时应当建立繁育基地、种质资源库或者采取迁地保护措施。

3. 重点保护野生植物的采集制度。《野生植物保护条例》第 16 条规定，禁止采集国家一级保护野生植物。因科学研究、人工培育、文化交流等特殊需要，采集国家一级保护野生植物的，必须经采集地的省、自治区、直辖市人民政府野生植物行政主管部门签署意见后，向国务院野生植物行政主管部门或者其授权的机构申请采集证。采集国家二级保护野生植物的，必须经采集地的县级人民政府野生植物行政主管部门签署意见后，向省、自治区、直辖市人民政府野生植物行政主管部门或者其授权的机构申请采集证。采集城市园林或者风景名胜区内的国家一级或者二级保护野生植物的，须先征得城市园林或者风景名胜区管理机构同意，分别依照前述规定申请采集证。采集珍贵野生树木或者林区内、草原上的野生植物的，依照《森林法》、《草原法》的规定办理。2013 年由国家林业局发布的《关于采集国家重点保护野生植物有关问题的通知》第 5 点规定，采集自然保护区（核心区除外，不含移植和采伐）、城市园林或风景名胜区内的国家重点保护野生植物的，经采集地自然保护区、城市园林或风景名胜区管理机构同意后，分别依照第 4 条的规定申请《采集证》。第 6 点规定，采伐（采挖）国家重点保护野生树木，必须依法办理林木采伐许可证，实行采伐限额管理。①

野生植物行政主管部门发放采集证后，应当抄送环境保护部门备案。采集证的格式由国务院野生植物行政主管部门制定。

《野生植物保护条例》第 17 条规定，采集国家重点保护野生植物的单位和个人，必须按照采集证规定的种类、数量、地点、期限和方法进行采集。县级人民政府野生植物行政主管部门对在本行政区域内采集国家重点保护野生植物的活动，应当进行监督检查，并及时报告批准采集的野生植物行政主管部门或者其授权的机构。

4. 野生植物的经营利用制度。《野生植物保护条例》规定，禁止出售、收购国家一级保护野生植物。出售、收购国家二级保护野生植物的，必须经省、自治区、直辖市人民政府野生植物行政主管部门或者其授权的机构批准。野生植物行政主管部门应当对经营利用国家二级保护野生植物的活动进行监督检查。

此外，出口国家重点保护野生植物或者进出口中国参加的国际公约所限制进出口的野生植物的，必须经进出口者所在地的省、自治区、直辖市人民政府野生植物行政主管部门审核，报国务院野生植物行政主管部门批准，并取得国家濒危物种进出口管理机构核发的允许进出口证明书或者标签。海关凭允许进出口证明书或者标签查验放行。国务院野生植物行政主管部门应当将有关野生植物进出口的资料抄送国务院环境保护部门。禁止出口未定名的或者新发现并有重要价值的野生植物。

5. 划区保护制度。维护野生植物的生境是野生植物保护的重要组成部分。由此，在国家重点保护野生植物物种和地方重点保护野生植物物种的天然集中分布区域，应当依照有关法律、行政法规的规定，建立自然保护区；在其他区域，应当依照有关法律、行政法规的规定，建立自然保护区；在其他区域，县级以上人民政府野生植物行政主管部门可以根据实际情况建立国家重点保护野生植物和地方重点保护野生植物的保护点或者设立保护标志。禁止破坏国家重点保护野生植物和地方重点保护野生植物

① 参见中国林业局：《国家林业局关于采集国家重点保护野生植物有关问题的通知》，2013-12-27，见 http：//www. forestry. gov. cn/main/72/content-651676. html，2015-10-27。

的保护点的保护设施和保护标志。

我国野生植物自然保护区的建设取得了长足的发展。截至 2014 年年底，全国共建立自然保护区 2 729 个，总面积 147 万平方千米，其中国家级自然保护区 428 个，面积 96.52 万平方千米。[①] 在类型分布方面，其中以森林生态系统类型自然保护区数量最多，达 1 410 个。目前，自然保护区陆地面积占我国陆地面积的 14.84%。[②]

我国有 32 处自然保护区加入联合国教科文组织"人与生物圈"保护区网络，41 处列入国际重要湿地名录，32 处成为世界自然遗产地，30 处加入世界地质公园网络。我国积极履行《生物多样性公约》，与全球环境基金（GEF）、世界自然基金会（WWF）、世界自然保护联盟（IUCN）等国际组织建立了良好的合作关系；成立了中俄总理定期会晤委员会环保分委会，下设跨界自然保护区和生物多样性保护工作组，已召开 8 次工作组会议，有力地推进了跨界自然保护区的国际合作。[③]

6. 名录制度。我国对野生植物的保护实施名录制度。国家重点保护野生植物名录，由国务院林业行政主管部门、农业行政主管部门商国务院环境保护、建设等有关部门制定，报国务院批准公布。地方重点野生植物保护名录，由省、自治区、直辖市人民政府制定并公布，报国务院备案。1984 年国务院环境保护委员会公布了《中国珍稀、濒危保护植物的名录》。1984 年国家环保委公布了《珍稀濒危植物保护名录》。1999 年国家林业局和农业部公布了《国家重点保护野生植物名录》（第一批）。2001 年 8 月 4 日，农业部、国家林业局发布第 53 号令，将念珠藻科的发菜保护级别由二级调整为一级。[④]

此外，《野生植物保护条例》还规定，野生植物行政主管部门应当定期组织国家重点保护野生植物和地方重点保护野生植物资源调查，建立资源档案。

第四节　自然保护区法

一、自然保护区概述

（一）自然保护区的含义

自然保护区是组成整体生态环境的重要要素，是将特定区域划定予以特殊保护的方式。世界自然保护联盟（IUCN）1994 年在《保护区管理类型指南》中将自然保护区定义为"主要致力于生物多样性和有关自然和文化资源的管护，并通过法律和其他有效手段进行管理的陆地或海域"，并将自然保护区划分为严格的自然保护区、国家公园、自然遗迹、栖息地或者物种管理区、保护景观或海域景观、资源管理保护区等 6 类。IUCN 的这个定义和分类属于广义的自然保护区，囊括了几乎所有类型的保护区和

① 参见环境保护部：《2014 中国环境状况公报》，2015-06-04。

② 参见人民网：《从数字看中国自然保护区》，http：//politics. people. com. cn/n/2015/0508/c70731-26968796. html，2015-10-24。

③ 参见人民网：《从数字看中国自然保护区》，http：//politics. people. com. cn/n/2015/0508/c70731-26968796. html，2015-10-25。

④ 参见中国农业部与林业局第 53 号令，2001-08-04。

保护地，代表了国际上对自然保护区概念的一般观点。

与上述IUCN的定义与分类不同，我国目前所指的自然保护区属于狭义的概念，与其他特殊保护区域，如风景名胜区、森林公园、地质公园等不同，是指对有代表性、具有科学、经济、文化、娱乐等价值的自然景观地域、重要生态系统、珍稀濒危动植物物种的天然集中分布区、有特殊意义的自然遗迹等保护对象所在的陆地、陆地水体或者海域，依法划定一定面积予以特殊保护和管理的区域。

（二）建立自然保护区的意义

自1872年美国首建世界第一个国家公园——黄石国家公园以来，世界各地便掀起了自然保护区建设的浪潮。由此可以窥见，自然保护区在保护生态进程中的积极意义。

首先，自然保护区为人类提供生态系统的天然“本底”。各种生态系统是生物与环境间长期相互作用的产物。在各种自然地带保留下来的、具有代表性的天然生态系统或原始景观地段，都是极为珍贵的自然界的原始“本底”，它对于衡量人类活动结果的优劣，提供了评价的准则，同时，也对探讨某些自然地域生态系统和今后合理发展的方向指出了一条途径，以便人类能够按照需要而定向地控制其演化方向。

其次，自然保护区是各种生态系统以及生物物种的天然贮存库。自然保护区正是为人类保存了物种及其赖以生存的生态环境，现在许多重要的动植物资源及完整的生态系统相继被发现，就是在自然保护区中调查研究出来的。特别是目前世界上许多物种，由于环境的变化或人为的干扰，过去曾经一度繁茂分布，现在濒临灭绝的状态。自然保护区的建立和合理的管理，将有助于这些生物的保护及其繁衍。从这个意义上说，自然保护区无疑是一个物种资源及生态系统的天然贮存库。

再次，自然保护区是科学研究的天然实验室。自然保护区里保持有完整的生态系统，丰富的物种、生物群落及其赖以生存的环境。这就为进行各种有关生态学的研究提供了良好的基地，成为设立在大自然中的天然实验室。由于自然保护区的长期性和天然性的特点，对于进行一些连续的系统的观测和研究，准确地掌握天然生态系统中物种数量的变化、分布及其活动规律，对自然环境长期演变的监测以及珍稀物种的繁殖及驯化等方面的研究，提供了特别有利的条件。

最后，自然保护区保护了天然植被及其组成的生态系统，在改善环境、保持水土、涵养水源、维持生态平衡方面具有重要的作用。当然，要维持大自然的生态平衡，仅靠少数几个自然保护区是远远不够的，但它却是自然保护综合措施网络中的一个重要环节，对于保护生态具有不可忽视的作用与意义。

（三）自然保护区建设现状

1956年，我国建立了第一个自然保护区——广东肇庆鼎湖山自然保护区。截至2014年年底，全国共建立各种类型、不同级别的自然保护区2 729个，总面积约14 699万公顷，其中陆域面积14 243万公顷，占全国陆地面积的14.84%。国家级自然保护区428个，面积约9 652万公顷。形成了布局较为合理、类型较为齐全的自然保护区体系，其中国家级的保护区有428处，总面积约9 652万公顷。[①] 自然保护区保护了我

---

① 参见环境保护部：《2014中国环境状况公报》，2015-06-04。

国80%的陆地自然生态系统类型、40%的天然湿地、20%的天然林、85%的野生动植物种群、65%的高等植物群落。保存完好的天然植被及其组成的生态系统具有防风固沙、涵养水源、净化水质、保持水土、调节气候等重要生态功能，为维护我国的生态安全发挥着无以替代的作用。一些具有国际重要意义的自然保护区相继被有关国际组织列入全球或区域性保护区网络和国际重要生态系统名录，扩大了我国环境保护事业的影响，促进了自然保护区的管理，如内蒙古锡林郭勒、吉林长白山、黑龙江丰林、江苏盐城、浙江天目山、福建武夷山等33个自然保护区加入世界生物圈保护区网络①；吉林向海、黑龙江扎龙、江西鄱阳湖、湖南东洞庭湖、海南东寨港、青海青海湖鸟岛和香港米浦等41个湿地类自然保护区列入国际重要湿地名录②；四川九寨沟、湖南张家界等一些保护区还被纳入了世界自然遗产。此外，我国与蒙古、俄罗斯等国交界地区分别建立了国际自然保护区，加强了与周边国家在保护共同生态区域和迁徙物种方面的合作与交流。

纵观我国目前的自然保护区，根据自然保护区的主要保护对象可将其划分为自然生态系统类、野生生物类、自然遗迹类三个类别。自然生态系统类型的自然保护区以具有代表性、典型性与完整性的生物群落和非生物环境共同组成的生态系统为保护对象，包括森林生态系统、草原与草甸生态系统、荒漠生态系统、内陆湿地和水域生态系统、海洋和海岸生态系统五个类别。野生生物类指濒危物种的分布集中地区，包括野生动物和野生植物两个类别。自然遗迹类包括地质遗迹类和古生物遗迹类。九种类型的自然保护区中，森林生态系统类型的数量最多，达1 425个，占自然保护区总数的52.21%，其余依次为野生动物、内陆湿地和水域、野生植物、地质遗迹、海洋和海岸、草原与草甸、古生物遗迹、荒漠等类型。野生动物类型的面积最大，达388.52万公顷，占自然保护区总面积的26.43%，其余依次为荒漠森林、内陆湿地和水域、草原与草甸、野生植物类型和海洋与海岸等类型。③

二、自然保护区法

（一）自然保护区立法

作为生态保护法中的重要组成部分，我国十分重视自然保护区的法制建设。1994年10月，国务院颁布了《中华人民共和国自然保护区条例》，这是我国有关自然保护区的唯一一部综合性行政法规。1985年7月，林业部下发了《森林和野生动物类型自然保护区管理办法》；1994年11月，地质矿产部下发了《地质遗迹保护管理规定》；1995年5月，国家科委和农业部联合下发了《海洋自然保护区管理办法》；1997年10月农业部下发了《水生动植物自然保护区管理办法》这四部部门规章分别对四种类型的自然保护区的保护作了详细规定。1995年7月由国家土地管理局和国家环境保护局联合发布的《自然保护区土地管理办法》，对我国自然保护区中土地的使用、转让等作

① 参见凤凰资讯：《我省两自然保护区加入世界生物圈保护区》，见 http://news.ifeng.com/a/20151027/46009867_0.shtml，2015-10-27。

② 参见2015年4月19号《中国国际重要湿地名录》。

③ 参见国家环保部：《2014中国环境状况公报》，2015-06-04。

了规定。2013 年 12 月 2 日国务院发布的《国家级自然保护区调整管理规定》，对国家级自然保护区的建设和管理，以及有效保护国家级自然保护区的环境、资源和生物多样性作出了具体规定。

此外，《森林法》、《野生动物保护法》、《矿产资源法》等法律、法规中都有有关自然保护区的规定。

（二）《自然保护区条例》的一般规定

1. 立法目的与适用范围。《自然保护区条例》第 1 条规定，为了加强自然保护区的建设和管理，保护自然环境和自然资源，制定本条例。这是对立法目的的阐述。《自然保护区条例》第 3 条规定，凡在中华人民共和国领域和中华人民共和国管辖的其他海域内建设和管理自然保护区，必须遵守本条例。因此，在中华人民共和国领域和中华人民共和国管辖的其他海域内建设和管理对有代表性的自然生态系统、珍稀濒危野生动植物物种的天然集中分布区、有特殊意义的自然遗迹等保护对象所在的陆地、陆地水体或者海域，依法划出一定面积予以特殊保护和管理的区域都适用该条例。

2. 管理体制。《自然保护区条例》第 8 条规定，国家对自然保护区实行综合管理与分部门管理相结合的管理体制。国务院环境保护行政主管部门负责全国自然保护区的综合管理。国务院林业、农业、地质矿产、水利、海洋等有关行政主管部门在各自的职责范围内，主管有关的自然保护区。县级以上地方人民政府负责自然保护区管理的部门的设置和职责，由省、自治区、直辖市人民政府根据当地具体情况确定。

具体而言，统一协调机构为国务院环境保护行政主管部门，负责自然保护区的统一管理、指导、监督和立法等，主要职责包括：对自然保护区的设立申请进行协调并提出审批建议、拟定自然保护区发展规划、制定自然保护区管理的技术规范和标准、对各种类型自然保护区的管理进行监督检查、对自然保护区的污染物排放进行监督、对违法行为实施行政处罚。分部门管理是指林业、农业、地质矿产、水利、海洋等有关部门在各自职责范围内，主管有关的自然保护区；森林和野生动物类型自然保护区属于国家林业局管理，荒漠、农田和淡水水域归农业部管理，地质和自然遗迹归国土资源部管理，风景名胜和自然遗产地属于建设部管理，海岸和海域属国家海洋局管理，文化景观、文化遗产地和历史区域属于文化部管理。

以上是横向的自然保护区管理机构设置与权限分工。从纵向管理的角度而言，国家级自然保护区，由其所在地的省、自治区、直辖市人民政府有关自然保护区行政主管部门或者国务院有关自然保护区行政主管部门管理。地方级自然保护区，由其所在地的县级以上地方人民政府有关自然保护区行政主管部门管理。

3. 自然保护区规划。依据《自然保护区条例》的规定，国家采取有利于发展自然保护区的经济、技术政策和措施，将自然保护区的发展规划纳入国民经济和社会发展计划。条例第 17 条规定，国务院环境保护行政主管部门应当会同国务院有关自然保护区行政主管部门，在对全国自然环境和自然资源状况进行调查和评价的基础上，拟订国家自然保护区发展规划，经国务院计划部门综合平衡后，报国务院批准实施。自然保护区管理机构或者该自然保护区行政主管部门应当组织编制自然保护区的建设规划，按照规定的程序纳入国家的、地方的或者部门的投资计划，并组织实施。自然保护区发展规划与自然保护区建设规划是开展自然保护区建设与管理的依据，并应与经济发展和其他环境保护规划相协调。

（三）自然保护区的建设措施

1. 设立自然保护区的区域。《自然保护区条例》规定了应当建立自然保护区的区域，它们是：

（1）典型的自然地理区域、有代表性的自然生态系统区域以及已经遭受破坏但经保护能够恢复的同类自然生态系统区域；

（2）珍稀、濒危野生动植物物种的天然集中分布区域；

（3）具有特殊保护价值的海域、海岸、岛屿、湿地、内陆水域、森林、草原和荒漠；

（4）具有重大科学文化价值的地质构造、著名溶洞、化石分布区、冰川、火山、温泉等自然遗迹；

（5）经国务院或者省、自治区、直辖市人民政府批准，需要予以特殊保护的其他自然区域。

2. 自然保护区的设立程序。由于设立自然保护区影响重大，所以，《自然保护区条例》规定了严格的设立程序。国家级自然保护区的建立，由自然保护区所在的省、自治区、直辖市人民政府或者国务院有关自然保护区行政主管部门提出申请，经国家级自然保护区评审委员会评审后，由国务院环境保护行政主管部门进行协调并提出审批建议，报国务院批准。

地方级自然保护区的建立，由自然保护区所在的县、自治县、市、自治州人民政府或者省、自治区、直辖市人民政府有关自然保护区行政主管部门提出申请，经地方级自然保护区评审委员会评审后，由省、自治区、直辖市人民政府环境保护行政主管部门进行协调并提出审批建议，报省、自治区、直辖市人民政府批准，并报国务院环境保护行政主管部门和国务院有关自然保护区行政主管部门备案。

另外，跨两个以上行政区域的自然保护区的建立，由有关行政区域的人民政府协商一致后提出申请，并按照上述规定的程序审批。建立海上自然保护区，须经国务院批准。

3. 自然保护区的分级、分区规定。为区分不同自然保护区的重要性，并依次规定不同的设立条件、设立程序和管理机构、管理方法等，条例规定，自然保护区分为国家级自然保护区和地方级自然保护区。其中，在国内外有典型意义、在科学上有重大国际影响或者有特殊科学研究价值的自然保护区，列为国家级自然保护区。除列为国家级自然保护区的外，其他具有典型意义或者重要科学研究价值的自然保护区列为地方级自然保护区。地方级自然保护区可以分级管理，具体办法由国务院有关自然保护区行政主管部门或者省、自治区、直辖市人民政府根据实际情况规定，报国务院环境保护行政主管部门备案。由此，我国目前的自然保护区划分为国家级自然保护区、省级自然保护区和县级自然保护区三个等级。

而且，为了便于自然保护区的管理，协调与当地社区、居民的关系，条例规定，自然保护区可以分为核心区、缓冲区和实验区。自然保护区内保存完好的天然状态的生态系统以及珍稀、濒危动植物的集中分布地，应当划为核心区，禁止任何单位和个人进入；除依照规定经批准外，也不允许进入该区域从事科学研究活动。核心区外围可以划定一定面积的缓冲区，只允许进入从事科学研究观测活动。缓冲区外围划为实验区，可以允许进入从事科学试验、教学实习、参观考察、旅游以及驯化、繁殖珍稀、濒危野生动植物等活动。原批准建立自然保护区的人民政府认为必要时，可以在自然保护区的外围划定一定面积的外围保护地带。

（四）自然保护区的管理

1. 自然保护区管理机构。尽管规定了自然保护区的行政管理体制，条例还规定了自然保护区管理机构的设立，以便直接进行自然保护区的管理。《自然保护区条例》第21条规定，有关自然保护区行政主管部门应当在自然保护区内设立专门的管理机构，配备专业技术人员，负责自然保护区的具体管理工作。此外，条例规定了自然保护区管理机构的主要职责：贯彻执行国家有关自然保护的法律、法规和方针、政策；制定自然保护区的各项管理制度，统一管理自然保护区；调查自然资源并建立档案，组织环境监测，保护自然保护区内的自然环境和自然资源；组织或者协助有关部门开展自然保护区的科学研究工作；进行自然保护的宣传教育；在不影响保护自然保护区的自然环境和自然资源的前提下，组织开展参观、旅游等活动。而且，自然保护区所在地的公安机关，可以根据需要在自然保护区设置公安派出机构，维护自然保护区内的治安秩序。

实践中，几乎全部的国家级自然保护区和大部分省级自然保护区都已经建立了专门的保护区管理机构，有些还形成了完善的保护区管理机构体系，如云南高黎贡山国家级自然保护区自1983年建立以来，逐步建立起了局、所、站三级管理体系，并且在1994年成立了保山管理局，在保护区的建设、管理中起到了积极作用。

2. 自然保护区的禁限规定。由于建设自然保护区的首要目的是保护自然环境与自然资源，在一定程度上尽量减少或不增加人类对自然保护区内生态的影响是自然保护区的要求。所以，法律也相应规定了严格的禁止和限制规定。在自然保护区内的单位、居民和经批准进入自然保护区的人员，必须遵守自然保护区的各项管理制度，接受自然保护区管理机构的管理。

首先，禁止在自然保护区内进行砍伐、放牧、狩猎、捕捞、采药、开垦、烧荒、开矿、采石、挖沙等活动；但是，法律、行政法规另有规定的除外。禁止任何人进入自然保护区的核心区。因科学研究的需要，必须进入核心区从事科学研究观测、调查活动的，应当事先向自然保护区管理机构提交申请和活动计划，并经省级以上人民政府有关自然保护区行政主管部门批准；其中，进入国家级自然保护区核心区的，必须经国务院有关自然保护区行政主管部门批准。从事这些活动的单位和个人，应当将其活动成果的副本提交自然保护区管理机构。

其次，禁止在自然保护区的缓冲区开展旅游和生产经营活动。因教学科研的目的，需要进入自然保护区的缓冲区从事非破坏性的科学研究、教学实习和标本采集活动的，应当事先向自然保护区管理机构提交申请和活动计划，经自然保护区管理机构批准。自然保护区核心区内原有居民确有必要迁出的，由自然保护区所在地的地方人民政府予以妥善安置。在国家级自然保护区的实验区开展参观、旅游活动的，由自然保护区管理机构提出方案，经省、自治区、直辖市人民政府有关自然保护区行政主管部门审核后，报国务院有关自然保护区行政主管部门批准；在地方级自然保护区的实验区开展参观、旅游活动的，由自然保护区管理机构提出方案，经省、自治区、直辖市人民政府有关自然保护区行政主管部门批准。在自然保护区组织参观、旅游活动的，必须按照批准的方案进行，并加强管理；进入自然保护区参观、旅游的单位和个人，应当服从自然保护区管理机构的管理。严禁开设与自然保护区保护方向不一致的参观、旅游项目。

再次，在自然保护区的核心区和缓冲区内，不得建设任何生产设施。在自然保护区的实验区内，不得建设污染环境、破坏资源或者景观的生产设施；建设其他项目，其污染物排放不得超过国家和地方规定的污染物排放标准。在自然保护区的实验区内已经建成的设施，其污染物排放超过国家和地方规定的排放标准的，应当限期治理；造成损害的，必须采取补救措施。在自然保护区的外围保护地带建设的项目，不得损害自然保护区内的环境质量；已造成损害的，应当限期治理。限期治理决定由法律、法规规定的机关作出，被限期治理的企业事业单位必须按期完成治理任务。

最后，条例对外国人进入自然保护区也有严格的限制。外国人进入地方级自然保护区的，接待单位应当事先报经省、自治区、直辖市人民政府有关自然保护区行政主管部门批准；进入国家级自然保护区的，接待单位应当报经国务院有关自然保护区行政主管部门批准。总之，进入自然保护区的外国人，应当遵守有关自然保护区的法律、法规和规定。

第五节　风景名胜区和文化古迹保护法

一、风景名胜区保护法

（一）风景名胜区概述

1. 风景名胜区的概念。我国山河壮丽，历史悠久，奇美的山川和悠久的历史文化形成了众多各具特色的风景名胜区。所谓风景名胜区，是指具有观赏、文化或者科学价值，自然景观、人文景观比较集中，环境优美，可供人们游览或者进行科学、文化活动的区域。风景名胜指具有观赏、文化或科学价值的山河、湖海、地貌、森林、动植物、化石、特殊地质、天文气象等自然景物和文物古迹，革命纪念地、历史遗址、园林、建筑、工程设施等人文景物和它们所处的环境以及风土人情等。

2. 风景名胜区的价值。我国的风景名胜区具有自然科学、生物生态和历史文化三重价值。

自然科学价值包括地质、地貌、水文、生物、生态等科学价值。根据各种地貌形态的特征，通过区域乃至全球的对比研究，可以得出某风景区地质地貌学价值属世界级、国家级或地区级的结论。

生物生态价值主要是指生物多样性及具有科学保存价值的濒危动植物栖息地。生物多样性的价值包括使用价值和潜在价值。对于风景区作为生物基因库和生态实验室而论，其潜在价值的意义也是十分巨大的。

风景名胜区具有较高的历史文化价值。许多风景名胜区积累了深厚的历史文化遗产，包括有形文化和无形文化。有形文化是指古建筑、道路、桥梁、摩崖石刻等；无形文化是指史书记载的名山文献，文人创作的山水诗词、游记、绘画以及民俗风情等。

3. 我国的风景名胜区的保护现状。自 1982 年起，国务院总共公布了 8 批、225 处国家级风景名胜区。其中，第一批至第六批原称国家重点风景名胜区，2007 年起改称中国国家级风景名胜区。2012 年 11 月，第八批国家级风景名胜区名单公布，新添 17 处名胜。[①] 在国家级风景名胜区中，泰山、黄山、武陵源、九寨沟等 16 处风景名胜区被联合国教科文组织列为世界自然遗产或世界自然与文化双遗产。

（二）风景名胜区保护的规定

1. 风景名胜区保护立法概况。我国风景名胜区的立法，始于 20 世纪 70 年代初。1973 年，国务院颁布了《关于保护和改善环境的若干决定》，第一次提出了风景游览区的保护问题。迄今为止，我国已相继公布了 8 批国家重点风景名胜区名单。在《环境保护法》、《大气污染防治法》、《固体废物污染环境防治法》、《森林法》、《城乡规划法》等法律中，也有关于风景名胜区的法律规定。为了加强对风景名胜区的管理，更好地保护、利用和开发风景名胜资源，1985 年 6 月 7 日，国务院发布了《风景名胜区管理暂行条例》，是我国风景名胜区保护的基本法律文件。2006 年 9 月，《风景名胜区管理条例》由国务院正式颁行，原有的暂行条例失效。

此外，还有国务院办公厅发出的《关于加强风景名胜区保护管理的通知》；原建设部发布的《风景名胜区管理暂行条例实施办法》、《风景名胜区环境卫生管理标准》、《风景名胜区管理处罚规定》、《风景名胜区建设管理规定》，以及住房和城乡建设部办公厅发布的《关于加强风景名胜区安全管理工作的通知》等规范性文件，这些对我国风景名胜区的建设与管理发挥着重要作用。

2. 风景名胜区保护立法的一般规定。具体表现在：

（1）立法目的、调整范围与原则。风景名胜区保护立法的目的是加强对风景名胜区的管理，有效保护和合理利用风景名胜资源。其主要调整风景名胜区的设立、规划、保护、利用和管理。而在风景名胜区设立、管理等活动中，国家对风景名胜区实行科学规划、统一管理、严格保护、永续利用的原则。

（2）管理体制。《风景名胜区管理条例》规定，国务院建设主管部门负责全国风景名胜区的监督管理工作。国务院其他有关部门按照国务院规定的职责进行分工，负责风景名胜区的有关监督管理工作。省、自治区人民政府建设主管部门和直辖市人民政府风景名胜区主管部门，负责本行政区域内风景名胜区的监督管理工作。省、自治区、直辖市人民政府其他有关部门按照规定的职责进行分工，负责风景名胜区的有关监督管理工作。

风景名胜区所在地县级以上地方人民政府设置的风景名胜区管理机构，负责风景名胜区的保护、利用和统一管理工作。

3. 风景名胜区设立的规定。内容有：

（1）风景名胜区的分级。《风景名胜区管理条例》将风景名胜区划分为国家级风景名胜区和省级风景名胜区。自然景观和人文景观能够反映重要自然变化过程和重大历

---

① 参见《国务院关于发布第八批国家级风景名胜区名单的通知》，见中国新闻网，http：//www.chinanews.com/gn/2012/11-05/4302183.shtml，2012-11-05。

史文化发展过程，基本处于自然状态或者保持历史原貌，具有国家代表性的，可以申请设立国家级风景名胜区；具有区域代表性的，可以申请设立省级风景名胜区。

实践中，市（县）级风景名胜区也是风景名胜区体系中的重要组成部分。市（县）级风景名胜区是具有一定观赏、文化或科学价值，环境优美，规模较小、设施简单，以接待本地区游人为主，由市、县人民政府审定公布的区域。

（2）风景名胜区设立的申请。设立国家级风景名胜区，由省、自治区、直辖市人民政府提出申请，国务院建设主管部门会同国务院环境保护主管部门、林业主管部门、文物主管部门等有关部门组织论证，提出审查意见，报国务院批准公布。

设立省级风景名胜区，由县级人民政府提出申请，省、自治区人民政府建设主管部门或者直辖市人民政府风景名胜区主管部门，会同其他有关部门组织论证，提出审查意见，报省、自治区、直辖市人民政府批准公布。

申请设立风景名胜区应当提交包含下列内容的有关材料：风景名胜资源的基本状况；拟设立风景名胜区的范围以及核心景区的范围；拟设立风景名胜区的性质和保护目标；拟设立风景名胜区的游览条件；由于申请设立风景名胜区的人民政府应当在报请审批前，与风景名胜区内的土地、森林等自然资源和房屋等财产的所有权人、使用权人充分协商。因此，在申请时，应提交与拟设立风景名胜区内的土地、森林等自然资源和房屋等财产的所有权人、使用权人协商的内容和结果。

4. 风景名胜区规划的规定。内容涉及：

（1）风景名胜区规划的类别。风景名胜区规划分为总体规划和详细规划。风景名胜区总体规划的编制，应当体现人与自然和谐相处、区域协调发展和经济社会全面进步的要求，坚持保护优先、开发服从保护的原则，突出风景名胜资源的自然特性、文化内涵和地方特色。风景名胜区总体规划应当包括风景资源评价；生态资源保护措施、重大建设项目布局、开发利用强度；风景名胜区的功能结构和空间布局；禁止开发和限制开发的范围；风景名胜区的游客容量；有关专项规划等内容。

风景名胜区详细规划应当根据核心景区和其他景区的不同要求编制，确定基础设施、旅游设施、文化设施等建设项目的选址、布局与规模，并明确建设用地范围和规划设计条件。风景名胜区详细规划，应当符合风景名胜区总体规划。

（2）风景名胜区规划的编制。国家级风景名胜区规划由省、自治区人民政府建设主管部门或者直辖市人民政府风景名胜区主管部门组织编制。省级风景名胜区规划由县级人民政府组织编制。

编制风景名胜区规划，应当采用招标等公平竞争的方式选择具有相应资质等级的单位承担。风景名胜区规划应当按照经审定的风景名胜区范围、性质和保护目标，依照国家有关法律、法规和技术规范编制。编制风景名胜区规划，应当广泛征求有关部门、专家和公众的意见；必要时，应当进行听证。

（3）风景名胜区规划的审查与审批。国家级风景名胜区的总体规划，由省、自治区、直辖市人民政府审查后，报国务院审批。国家级风景名胜区的详细规划，由省、自治区人民政府建设主管部门或者直辖市人民政府风景名胜区主管部门报国务院建设主管部门审批。

省级风景名胜区的总体规划，由省、自治区、直辖市人民政府审批，报国务院建设主管部门备案。省级风景名胜区的详细规划，由省、自治区人民政府建设主管部门或者直辖市人民政府风景名胜区主管部门审批。

（4）风景名胜区规划的效力与修改。经批准的风景名胜区规划不得擅自修改。确需对风景名胜区总体规划中的风景名胜区范围、性质、保护目标、生态资源保护措施、重大建设项目布局、开发利用强度以及风景名胜区的功能结构、空间布局、游客容量等进行修改的，应当报原审批机关批准；对其他内容进行修改的，应当报原审批机关备案。风景名胜区详细规划确需修改的，应当报原审批机关批准。政府或者政府部门修改风景名胜区规划对公民、法人或者其他组织造成财产损失的，应当依法给予补偿。

5. 风景名胜区保护的禁限规定。在风景名胜区内禁止进行开山、采石、开矿、开荒、修坟立碑等破坏景观、植被和地形地貌的活动；修建储存爆炸性、易燃性、放射性、毒害性、腐蚀性物品的设施；在景物或者设施上刻划、涂污；乱扔垃圾等活动。另外，禁止违反风景名胜区规划，在风景名胜区内设立各类开发区和在核心景区内建设宾馆、招待所、培训中心、疗养院以及与风景名胜资源保护无关的其他建筑物；已经建设的，应当按照风景名胜区规划，逐步迁出。

在风景名胜区内从事上述禁止范围以外的建设活动，应当经风景名胜区管理机构审核后，依照有关法律、法规的规定办理审批手续。在风景名胜区内进行设置、张贴商业广告；举办大型游乐等活动；改变水资源、水环境自然状态的活动；其他影响生态和景观的活动等，应当经风景名胜区管理机构审核后，依照有关法律、法规的规定报有关主管部门批准。

此外，在国家级风景名胜区内修建缆车、索道等重大建设工程，项目的选址方案应当报国务院建设主管部门核准。

6. 风景名胜区的利用与管理规定。总体而言，风景名胜区管理机构应当根据风景名胜区的特点，保护民族民间传统文化，开展健康有益的游览观光和文化娱乐活动，普及历史文化和科学知识；应当根据风景名胜区规划，合理利用风景名胜资源，改善交通、服务设施和游览条件；风景名胜区管理机构应当在风景名胜区内设置风景名胜区标志和路标、安全警示等标牌。应当建立健全安全保障制度，加强安全管理，保障游览安全，并督促风景名胜区内的经营单位接受有关部门依据法律、法规进行的监督检查。

具体而言，风景名胜区的利用主要涉及风景名胜区的旅游开发问题。对此，条例规定，禁止超过允许容量接纳游客和在没有安全保障的区域开展游览活动。进入风景名胜区的门票，由风景名胜区管理机构负责出售。门票价格依照有关价格的法律、法规的规定执行。风景名胜区内的交通、服务等项目，应当由风景名胜区管理机构依照有关法律、法规和风景名胜区规划，采用招标等公平竞争的方式确定经营者。风景名胜区管理机构应当与经营者签订合同，依法确定各自的权利义务。经营者应当缴纳风景名胜资源有偿使用费。2013年12月，中共中央办公厅、国务院办公厅印发《党政机关国内公务接待管理规定》，明确禁止以各种名义和方式变相旅游，禁止违反规定到风景名胜区举办会议和活动。[①]

① 参见中国新闻网，http：//www.chinanews.com/gn/2013/12-08/5593597.shtml，2015-10-27。

风景名胜区的门票收入和风景名胜资源有偿使用费，实行收支两条线管理。风景名胜区的门票收入和风景名胜资源有偿使用费应当专门用于风景名胜资源的保护和管理以及风景名胜区内财产的所有权人、使用权人损失的补偿。

二、文化古迹保护法

（一）文化古迹概述

1. 文化古迹的内涵。文化古迹，又称文化遗产、人文遗迹。依据《保护世界文化和自然遗产公约》，文化遗产包括三种：文物，即从历史、艺术或科学角度看，具有突出、普遍价值的建筑物、雕刻和绘画，具有考古意义的成分或结构，铭文、洞穴、住区及各类文物的综合体；建筑群，即从历史、艺术或科学角度看，因其建筑的形式、同一性及其在景观中的地位，具有突出、普遍价值的单独或相互联系的建筑群；遗址，即从历史、美学、人种学或人类学角度看，具有突出、普遍价值的人造工程或人与自然的共同杰作以及考古遗址地带。

可以成为一项文化古迹的，必须能代表一种独特的艺术成就，一种创造性的天才杰作；能在一定时期内或世界某一文化区域内，对建筑艺术、纪念物艺术、城镇规划或景观设计方面的发展产生过大影响；能为一种已消逝的文明或文化传统提供一种独特的至少是特殊的见证；可作为一种建筑或建筑群或景观的杰出范例，展示出人类历史上一个（或几个）重要阶段；可作为传统的人类居住地或使用地的杰出范例，代表一种（或几种）文化，尤其在不可逆转之变化的影响下变得易于损坏；或者与具特殊普遍意义的事件或现行传统或思想或信仰或文学艺术作品有直接或实质的联系。

在我国，《文物保护法》将上述的文物、建筑群和遗址三种文化古迹都纳入了保护范围。该法第2条规定，受国家保护的文物为：具有历史、艺术、科学价值的古文化遗址、古墓葬、古建筑、石窟寺和石刻、壁画；与重大历史事件、革命运动或者著名人物有关的以及具有重要纪念意义、教育意义或者史料价值的近代现代重要史迹、实物、代表性建筑；历史上各时代珍贵的艺术品、工艺美术品；历史上各时代重要的文献资料以及具有历史、艺术、科学价值的手稿和图书资料等；反映历史上各时代、各民族社会制度、社会生产、社会生活的代表性实物。同时，具有科学价值的古脊椎动物化石和古人类化石同文物一样受国家保护。

文化古迹在生态保护法中的意义主要体现于文化古迹也是一种特殊的环境要素，与人类的生活息息相关，文化古迹的区域保护也是创造良好生态环境的重要手段。

2. 文化古迹的价值。具体分为历史、艺术和科学价值三类。分述如下：

（1）历史价值。历史的遗迹和遗物是产生它的那个时代的一定人群，它能从不同的侧面，反映当时的政治、经济、军事、科学技术、文化艺术、宗教信仰、风情习俗等，从而构成文化古迹时代特点的主要内容。这种时代性能帮助人们去恢复历史的本来面貌。这是文化古迹历史价值的重要反映。

（2）艺术价值。文化古迹的艺术价值主要有审美、欣赏、愉悦（消遣）、借鉴以及美术史料等价值。它们之间既相互渗透，又相互制约。

（3）科学价值。主要包括知识、科学、技术等内涵。古代各种遗迹、遗物的本身，都蕴藏着产生它的那个时代的科学技术信息。

3. 我国的文化古迹的保护现状。我国是历史悠久的文明古国，拥有极为丰富的文化遗产。我国历来重视文化古迹的保护。1961 年 3 月 4 日，国务院批准公布了第一批全国重点文物保护单位名单，共 180 处，其中包括革命遗址和革命纪念建筑物、石窟寺、古建筑及历史纪念物、古遗址、古墓葬等。1982 年 2 月 23 日，国务院又批准公布了第二批全国重点文物保护单位，共 62 处，如古观象台、拉卜楞寺等。1988 年，国务院公布了第三批全国重点文物保护单位，共计 258 处，如雨花台烈士陵园、中山靖王墓等。1996 年，国务院公布了第四批全国重点文物保护单位，共计 150 处，如龙山石窟、晋城二仙庙等。2001 年，国务院公布了第五批全国重点文物保护单位，共计 518 处，如中山纪念堂、江汉关大楼等。2006 年，国务院公布了第六批全国重点文物保护单位，包括北京国会旧址、王昭君墓等共计 1 080 处，并且一并公布了与现有全国重点文物保护单位合并的项目共计 106 处。第七批全国重点文物保护单位于 2013 年 3 月由中华人民共和国国务院公布，共计 1 943 处，另有与现有全国重点文物保护单位合并的项目共计 47 处。①

（二）文化古迹保护的法律规定

1. 文化古迹保护立法。1972 年 11 月 16 日，联合国教育、科学及文化组织大会第十七届会议在巴黎通过了《保护世界文化和自然遗产公约》，这证明了文化遗产在国际社会中的特殊地位。在国际文化遗产保护浪潮的推动下，第五届全国人民代表大会常务委员会第二十五次会议于 1982 年 11 月 19 日讨论通过了《文物保护法》；1992 年 4 月 30 日国务院批准，并于同年 5 月 5 日经国家文物局发布了《文物保护法实施细则》。此外，国务院 1989 年发布的《水下文物保护管理条例》为水下文物的保护与管理提供了法律依据，国家文物局发布的《文物保护工程管理办法》对文物工程的保护做了具体规定。自 1982 年《文物保护法》实施以来，该法于 1991、2002、2007、2013、2015 年分别经历 5 次修订，最新一次修订为 2015 年 4 月 24 日，第十二届全国人民代表大会常务委员会第十四次会议通过《关于修改〈中华人民共和国文物保护法〉的决定》，主要修改了第 34 条与第 54 条，此次修订细化了对考古发掘文物的管理以及科学研究的规定，同时也对民间收藏文物的管理机关作出了规定。②

除了文化古迹的专门立法外，《自然保护区条例》、《风景名胜区管理条例》、《城乡规划法》等法律文件中也有文化古迹保护的相关规定。

2. 文化古迹保护立法的一般规定。主要内容是：

（1）立法目的与方针。加强对文物的保护，继承中华民族优秀的历史文化遗产，促进科学研究工作，进行爱国主义和革命传统教育，建设社会主义精神文明和物质文明，是我国文化古迹保护立法的目的。保护为主、抢救第一、合理利用、加强管理是文化古迹保护的基本方针。

（2）文化古迹的管理体制。《文物保护法》规定，国务院文物行政部门主管全国文物保护工作。地方各级人民政府负责本行政区域内的文物保护工作。县级以上地方人

① 参见《关于核定并公布第七批全国重点文物保护单位的通知》（国发［2013］13 号）。

② 参见《全国人民代表大会常务委员会关于修改〈中华人民共和国文物保护法〉的决定》（2015 年 4 月 24 日第十二届全国人民代表大会常务委员会第十四次会议通过）。

民政府承担文物保护工作的部门对本行政区域内的文物保护实施监督管理。县级以上人民政府有关行政部门在各自的职责范围内，负责有关的文物保护工作。公安机关、工商行政管理部门、海关、城乡建设规划部门和其他有关国家机关，应当依法认真履行所承担的保护文物的职责，维护文物管理秩序。

在实践中，许多文化古迹存在于风景名胜区和自然保护区中。这种重合导致了文物的管理体制仍是多部门管理，因此，明确各自的管理权限是解决冲突的出路。

（3）文化古迹的分级与分类管理。依据《文物保护法》，文化古迹主要分为不可移动文物和可移动文物。不可移动文物是指先民在历史、文化、建筑、艺术上的具体遗产或遗址，主要为各文物保护单位，如古文化遗址、古墓葬、古建筑、石窟寺、石刻、壁画、近代现代重要史迹和代表性建筑等。可移动文物是指可以移动的文物，如历史上各时代重要实物、艺术品、文献、手稿、图书资料、代表性实物等。

依据文物的历史、艺术、科学价值，可以将不可移动文物分别确定为全国重点文物保护单位、省级文物保护单位和市、县级文物保护单位。其中，全国重点文物保护单位应具有重大历史、艺术、科学价值。可移动文物分为珍贵文物和一般文物；珍贵文物分一级文物、二级文物、三级文物。

3. 不可移动文物的保护规定。具体包括：

（1）重点文物保护单位的核定。国务院文物行政部门在省级、市、县级文物保护单位中，选择具有重大历史、艺术、科学价值的确定为全国重点文物保护单位，或者直接确定为全国重点文物保护单位，报国务院核定公布。省级文物保护单位，由省、自治区、直辖市人民政府核定公布，并报国务院备案。市级和县级文物保护单位，分别由设区的市、自治州和县级人民政府核定公布，并报省、自治区、直辖市人民政府备案。尚未核定公布为文物保护单位的不可移动文物，由县级人民政府文物行政部门予以登记并公布。

（2）对不可移动文物的禁限规定。《文物保护法》规定，文物保护单位的保护范围内不得进行其他建设工程或者爆破、钻探、挖掘等作业。但是，因特殊情况需要在文物保护单位的保护范围内进行其他建设工程或者爆破、钻探、挖掘等作业的，必须保证文物保护单位的安全，并经核定公布该文物保护单位的人民政府批准，在批准前应当征得上一级人民政府文物行政部门同意；在全国重点文物保护单位的保护范围内进行其他建设工程或者爆破、钻探、挖掘等作业的，必须经省、自治区、直辖市人民政府批准，在批准前应当征得国务院文物行政部门同意。

根据保护文物的实际需要，经省、自治区、直辖市人民政府批准，可以在文物保护单位的周围划出一定的建设控制地带，并予以公布。

在文物保护单位的建设控制地带内进行建设工程，不得破坏文物保护单位的历史风貌；工程设计方案应当根据文物保护单位的级别，经相应的文物行政部门同意后，报城乡建设规划部门批准。在文物保护单位的保护范围和建设控制地带内，不得建设污染文物保护单位及其环境的设施，不得进行可能影响文物保护单位安全及其环境的活动。对已有的污染文物保护单位及其环境的设施，应当限期治理。

建设工程选址，应当尽可能避开不可移动文物；因特殊情况不能避开的，对文物保护单位应当尽可能实施原址保护。实施原址保护的，建设单位应当事先确定保护措施，根据文物保护单位的级别报相应的文物行政部门批准，并将保护措施列入可行性研究报告或者设计任务书。无法实施原址保护，必须迁移异地保护或者拆除的，应当报省、自治区、直辖市人民政府批准；迁移或者拆除省级文物保护单位的，批准前须征得国务院文物行政部门同意。全国重点文物保护单位不得拆除；需要迁移的，须由省、自治区、直辖市人民政府报国务院批准。

（3）历史文化名城与街区的保护制度。截至2015年8月19日，国务院已将127座城市（琼山市已并入海口市，两者并为一座城市）列为国家历史文化名城，并对这些城市的文化遗迹进行了重点保护[①]，同时，一些地方政府也公布了一些地方级的历史文化名城。《文物保护法》对此作了详尽规定，保存文物特别丰富并且具有重大历史价值或者革命纪念意义的城市，由国务院核定公布为历史文化名城。同时，保存文物特别丰富并且具有重大历史价值或者革命纪念意义的城镇、街道、村庄，由省、自治区、直辖市人民政府核定公布为历史文化街区、村镇，并报国务院备案。历史文化名城和历史文化街区、村镇所在地的县级以上地方人民政府应当组织编制专门的历史文化名城和历史文化街区、村镇保护规划，并纳入城市总体规划。

（4）不可移动文物的修缮与保养。在遵循对不可移动文物进行修缮、保养、迁移，必须遵守不改变文物原状的原则下，国有不可移动文物由使用人负责修缮、保养；非国有不可移动文物由所有人负责修缮、保养。非国有不可移动文物有损毁危险，所有人不具备修缮能力的，当地人民政府应当给予帮助；所有人具备修缮能力而拒不依法履行修缮义务的，县级以上人民政府可以给予抢救修缮，所需费用由所有人负担。对文物保护单位进行修缮，应当根据文物保护单位的级别报相应的文物行政部门批准；对未核定为文物保护单位的不可移动文物进行修缮，应当报登记的县级人民政府文物行政部门批准。文物保护单位的修缮、迁移、重建，由取得文物保护工程资质证书的单位承担。

不可移动文物已经全部毁坏的，应当实施遗址保护，不得在原址重建。但是，因特殊情况需要在原址重建的，由省、自治区、直辖市人民政府文物行政部门报省、自治区、直辖市人民政府批准；全国重点文物保护单位需要在原址重建的，由省、自治区、直辖市人民政府报国务院批准。[②]

（5）考古发掘。法律规定，从事考古发掘的单位，为了科学研究进行考古发掘，应当提出发掘计划，报国务院文物行政部门批准；对全国重点文物保护单位的考古发掘计划，应当经国务院文物行政部门审核后报国务院批准。国务院文物行政部门在批准或者审核前，应当征求社会科学研究机构及其他科研机构和有关专家的意见。

考古发掘的文物，应当登记造册，妥善保管，按照国家有关规定移交给由省、自治区、直辖市人民政府文物行政部门或者国务院文物行政部门指定的国有博物馆、图书馆或者其他国有收藏文物的单位收藏。经省、自治区、直辖市人民政府文物行政部门批准，从事考古发掘的单位可以保留少量出土文物作为科研标本。[③]

① 参见中国经济网，http：//district.ce.cn/zg/201308/02/t20130802_24629791.shtml，2015-10-26。

② 参见《文物保护法》第22条。

③ 参见《文物保护法》第34条。

进行大型基本建设工程，建设单位应当事先报请省、自治区、直辖市人民政府文物行政部门组织从事考古发掘的单位在工程范围内有可能埋藏文物的地方进行考古调查、勘探。需要配合建设工程进行的考古发掘工作，应当由省、自治区、直辖市文物行政部门在勘探工作的基础上提出发掘计划，报国务院文物行政部门批准。国务院文物行政部门在批准前，应当征求社会科学研究机构及其他科研机构和有关专家的意见。

在进行建设工程或者在农业生产中，任何单位或者个人发现文物，应当保护现场，立即报告当地文物行政部门，文物行政部门接到报告后，如无特殊情况，应当在24小时内赶赴现场，并在7日内提出处理意见。文物行政部门可以报请当地人民政府通知公安机关协助保护现场；发现重要文物的，应当立即上报国务院文物行政部门，国务院文物行政部门应当在接到报告后15日内提出处理意见。

第六节　水土保持和荒漠化防治法

一、水土保持法

（一）水土流失与保持概述

1. 水土流失。水土流失是指在水力、重力、风力等外力作用下，水土资源和土地生产力的破坏和损失，包括土地表层侵蚀和水土损失，亦称水土损失。根据全国第二次水土流失遥感调查，20世纪90年代末，我国水土流失面积356万平方千米，其中水蚀面积：165万平方千米，风蚀面积：191万平方千米，在水蚀、风蚀面积中，水蚀风蚀交错区水土流失面积26万平方千米。我国首个国土资源综合情况调查监测数据库将从2015年起逐步建立，这是第一个反映我国国土资源综合情况的调查监测数据库，将为我国自然资源与生态地质环境管护及国防建设提供科学依据。①

水土流失是不利的自然条件与人类不合理的经济活动互相交织作用产生的。不利的自然条件主要是：地面坡度陡峭，土体的性质松软易蚀，高强度暴雨，地面没有林草等植被覆盖；人类不合理的经济活动诸如：毁林毁草，陡坡开荒，草原上过度放牧，开矿、修路等生产建设破坏地表植被后不及时恢复，随意倾倒废土弃石等。水土流失对当地和河流下游的生态环境、生产、生活和经济发展都造成极大的危害。水土流失破坏地面完整，降低土壤肥力，造成土地硬石化、沙化，影响农业生产，威胁城镇安全，加剧干旱等自然灾害的发生、发展，导致群众生活贫困、生产条件恶化，阻碍经济、社会的可持续发展。

2. 水土保持。水土保持是指防治水土流失，保护、改良与合理利用山丘区、丘陵区和风沙区水土资源、维护和提高土地生产力，以利于充分发挥水土资源的经济与社会效益，建立良好的生态环境的综合性科学技术。②

中国十分重视水土保持工作，中央和地方都建立了水土保持的管理机构和科研机

---

① 参见中青网，http：//news.youth.cn/jsxw/201412/t20141211_6226186.htm，2014-12-11。

② 参见王礼先：《水土保持学》，2页，北京，中国林业出版社，2005。

构，制定了有关水土保持的方针、政策。截止到 2012 年，全国水土保持措施保存面积已达到 107 万平方千米，累计综合治理小流域 7 万多条，实施封育保护 80 多万平方千米。1991 年《水土保持法》颁布实施以来，全国累计有 38 万个生产建设项目制定并实施了水土保持方案，防治水土流失面积超过 15 万平方千米。[①] 近 10 年以来，国家水土保持重点工程规模和范围不断扩大，全国累计初步治理水土流失面积近 110 万平方千米，带动全国实施坡改梯面积近 500 万亩。全国有 1.5 亿群众从水土保持治理中直接受益，2 000 多万山丘区群众的生计问题得以解决。[②]

为了有效地防治山丘区及风沙区的水土流失，保护、改良与合理利用水土资源，在确定水土保持综合治理措施时，要求遵循以下的原则：

（1）把防止与调节地表径流放在首位，为此应设法提高土壤透水性以及持水的能力，在斜坡上建造拦蓄径流或安全排导的小地形利用植被调节，吸收或分散径流，减少径流的侵蚀能力。

（2）提高土壤的抗蚀能力，应当采用整地、增施有机肥、种植根系固土作用强的植物，施用土壤聚合物。

（3）提高植被的防护作用，营造水土保持林，调节径流、防止侵蚀作用。

（4）在已遭受侵蚀的土地上防止水土流失，必须注意辅以改良土壤特性、提高土壤肥力的措施，把保持土地与改良土壤结合起来。

（5）采用综合治理措施防治水土流失，综合治理措施包括水土保持农业措施、水土保持林草措施和水土保持工程措施。

（6）因地制宜。针对不同的水土流失类型区的自然条件制定不同的综合治理措施体系。因地制宜是水土保持措施设计的科学基础。

（7）生态经济效益最优的原则。在设计水土保持综合治理措施体系过程中，应当提出多种方案，选用生态经济效益最优的方案。在确定水土保持综合治理方案中，全面估计方案实施后的生态效果，预测水土保持措施对成土作用以及自然环境因素的影响。

（二）水土保持的法律规定

1. 水土保持立法概况。1957 年，国务院颁布了《中华人民共和国水土保持暂行纲要》，1982 年颁布了《水土保持工作条例》。1991 年 6 月 29 日《中华人民共和国水土保持法》公布实施，确定了“预防为主，治管结合，因地制宜，全面规划，综合治理，注重效益”的水土保持工作方针，水土保持工作走上了法制轨道。随后，1993 年国务院制定了《水土保持法实施条例》，2015 年 10 月，国务院印发了《全国水土保持规划（2015—2030 年）》，强调全国水土流失防治工作要树立尊重自然、顺应自然、保护自然的生态文明理念，坚持预防为主、保护优先，全面规划、因地制宜，注重自然恢复，突出综合治理，强化监督管理，创新体制机制的工作方针。[③] 2010 年 12 月，《水土保持法》于第十一届全国人民代表大会常务委员会第十八次会议上进行了修订，2010 年的

① 参见《全国水土保持规划（2015—2030 年）》。

② 参见人民网，http：//politics. people. com. cn/GB/1026/17219423. html，2012-02-25。

③ 参见新华网，http：//news. xinhuanet. com/politics/2015-10/17/c _ 1116855058. htm，2015-10-17。

《水土保持法》共60条，分为总则、规划、预防、治理、监测和监督、法律责任、附则7章。

此外，《环境保护法》、《防沙治沙法》、《土地管理法》、《水法》、《森林法》、《草原法》中也有有关水土保持的相关规定，起到了补充作用。

2. 关于水土保持工作方针的规定。主要内容是：

（1）立法目的与指导方针。《水土保持法》规定，为预防和治理水土流失，保护和合理利用水土资源，减轻水、旱、风沙灾害，改善生态环境，发展生产，制定本法。这是对立法目的的规定。此外，在水土保持中，应当实行预防为主，全面规划，综合防治，因地制宜，加强管理，注重效益的方针。

（2）工作目标。根据《全国水土保持规划（2015—2030年）》，我国对于水土流失确定的近期目标是：到2020年，基本建成与我国经济社会发展相适应的水土流失综合防治体系。全国新增水土流失治理面积32万平方千米，其中新增水蚀治理面积29万平方千米，年均减少土壤流失量8亿吨。远期目标是：到2030年，建成与我国经济社会发展相适应的水土流失综合防治体系，全国新增水土流失治理面积94万平方千米，其中新增水蚀治理面积86万平方千米，年均减少土壤流失量15亿吨。①

（3）管理体制。依照《水土保持法》的规定，国务院水行政主管部门主管全国的水土保持工作。县级以上地方人民政府水行政主管部门，主管本辖区的水土保持工作。这表明，水土保持工作主要由各级水行政主管部门主管。

3. 编制水土保持规划的规定。主要内容包括：

水土保持规划应当在水土流失调查结果及水土流失重点预防区和重点治理区划定的基础上，遵循统筹协调、分类指导的原则编制。国务院水行政主管部门应当定期组织全国水土流失调查并公告调查结果。省、自治区、直辖市人民政府水行政主管部门负责本行政区域的水土流失调查并公告调查结果，公告前应当将调查结果报国务院水行政主管部门备案。

县级以上人民政府应当依据水土流失调查结果划定并公告水土流失重点预防区和重点治理区。对水土流失潜在危险较大的区域，应当划定为水土流失重点预防区；对水土流失严重的区域，应当划定为水土流失重点治理区。

水土保持规划的内容应当包括水土流失状况、水土流失类型区划分、水土流失防治目标、任务和措施等。水土保持规划包括对流域或者区域预防和治理水土流失、保护和合理利用水土资源作出的整体部署，以及根据整体部署对水土保持专项工作或者特定区域预防和治理水土流失作出的专项部署。水土保持规划应当与土地利用总体规划、水资源规划、城乡规划和环境保护规划等相协调。编制水土保持规划，应当征求专家和公众的意见。县级以上人民政府水行政主管部门会同同级人民政府有关部门编制水土保持规划，报本级人民政府或者其授权的部门批准后，由水行政主管部门组织实施。水土保持规划一经批准，应当严格执行；经批准的规划根据实际情况需要修改的，应当按照规划编制程序报原批准机关批准。有关基础设施建设、矿产资源开发、城镇建设、公共服务设施建设等方面的规划，在实施过程中可能造成水土流失的，规

① 参见《全国水土保持规划（2015—2030年）》。

划的组织编制机关应当在规划中提出水土流失预防和治理的对策和措施，并在规划报请审批前征求本级人民政府水行政主管部门的意见。[①]

4. 水土流失的预防规定。主要是：

（1）增加植被。扩大植树种草面积，增加植被，能有效地稳固土壤，涵养水分，防止水土流失。《水土保持法》规定，各级人民政府应当组织全民植树造林，鼓励种草，扩大森林覆盖面积，增加植被。而且，各级地方人民政府应当根据当地情况，组织农业集体经济组织和国有农、林、牧场，种植薪炭林和饲草、绿肥植物，有计划地进行封山育林育草、轮封轮牧、防风固沙、保护植被。禁止毁林开荒、烧山开荒和在陡坡地、干旱地区铲草皮、挖树兜。

（2）禁止特定陡坡开垦。《水土保持法》规定，禁止在25度以上陡坡地开垦种植农作物。省、自治区、直辖市人民政府可以根据本辖区的实际情况，规定小于25度的禁止开垦坡度。禁止开垦的陡坡地的具体范围由当地县级人民政府划定并公告。本法施行前已在禁止开垦的陡坡地上开垦种植农作物的，应当在建设基本农田的基础上，根据实际情况，逐步退耕，植树种草，恢复植被，或者修建梯田。开垦禁止开垦坡度以下、5度以上的荒坡地，必须经县级人民政府水行政主管部门批准；在5度以上坡地植树造林、抚育幼林、种植中药材等，应当采取水土保持措施。在禁止开垦坡度以下、5度以上的荒坡地开垦种植农作物，应当采取水土保持措施。具体办法由省、自治区、直辖市根据本行政区域的实际情况规定。[②] 开垦国有荒坡地，经县级人民政府水行政主管部门批准后，方可向县级以上人民政府申请办理土地开垦手续。

（3）控制森林砍伐。依据《水土保持法》，采伐林木必须因地制宜地采用合理采伐方式，严格控制皆伐，对采伐区和集材道采取防止水土流失的措施，并在采伐后及时完成更新造林任务。对水源涵养林、水土保持林、防风固沙林等防护林只准进行抚育和更新性质的采伐。在林区采伐林木的，采伐方案中必须有按照前款规定制定的采伐区水土保持措施。采伐方案经林业行政主管部门批准后，采伐区水土保持措施由水行政主管部门和林业行政主管部门监督实施。

另外，在5度以上坡地上整地造林，抚育幼林，垦复油茶、油桐等经济林木，必须采取水土保持措施，防止水土流失。

（4）合理限制其他开发行为。法律规定，生产建设项目选址、选线应当避让水土流失重点预防区和重点治理区；无法避让的，应当提高防治标准，优化施工工艺，减少地表扰动和植被损坏范围，有效控制可能造成的水土流失。[③] 修建铁路、公路和水利工程，应当尽量减少破坏植被；废弃的砂、石、土必须运至规定的专门存放地堆放，不得向江河、湖泊、水库和专门存放地以外的沟渠倾倒；在铁路、公路两侧地界以内的山坡地，必须修建护坡或者采取其他土地整治措施；工程竣工后，取土场、开挖面和废弃的砂、石、土存放地的裸露土地，必须植树种草，防止水土流失。开办矿山企业、电力企业和其他大中型工业企业，排弃的剥离表土、矸石、尾矿、废渣等必须堆

① 参见《水土保持法》第10～15条。

② 参见《水土保持法》第23条。

③ 参见《水土保持法》第24条。

放在规定的专门存放地，不得向江河、湖泊、水库和专门存放地以外的沟渠倾倒；因采矿和建设使植被受到破坏的，必须采取措施恢复表土层和植被，防止水土流失。

在山区、丘陵区、风沙区以及水土保持规划确定的容易发生水土流失的其他区域开办可能造成水土流失的生产建设项目，生产建设单位应当编制水土保持方案，报县级以上人民政府水行政主管部门审批，并按照经批准的水土保持方案，采取水土流失预防和治理措施。没有能力编制水土保持方案的，应当委托具备相应技术条件的机构编制。① 在山区、丘陵区、风沙区依照《矿产资源法》的规定开办乡镇集体矿山企业和个体申请采矿，必须持有县级以上地方人民政府水行政主管部门同意的水土保持方案，方可申请办理采矿批准手续。建设项目中的水土保持设施，必须与主体工程同时设计、同时施工、同时投产使用。建设工程竣工验收时，应当同时验收水土保持设施，并有水行政主管部门参加。

此外，各级地方人民政府应当采取措施，加强对采矿、取土、挖砂、采石等生产活动的管理，防止水土流失。在崩塌滑坡危险区和泥石流易发区禁止取土、挖砂、采石。崩塌滑坡危险区和泥石流易发区的范围，由县级以上地方人民政府划定并公告。

（5）设立水土流失重点防护区。水土流失重点防护区是县级以上人民政府根据水土流失的具体情况，划定的须进行重点防治的区域，分为国家、省、县三级，重点预防保护区、重点监督区、重点治理区等类别。具体范围由县级以上人民政府水行政主管部门提出，报同级人民政府批准并公告。

（6）加大生态修复力度。2010 年《水土保持法》第 30 条明确规定，国家加强水土流失重点预防区和重点治理区的坡耕地改梯田、淤地坝等水土保持重点工程建设，加大生态修复力度。县级以上人民政府水行政主管部门应当加强对水土保持重点工程的建设管理，建立和完善运行管护制度。

5. 水土流失的治理规定。国家加强水土流失重点预防区和重点治理区的坡耕地改梯田、淤地坝等水土保持重点工程建设，加大生态修复力度。县级以上人民政府水行政主管部门应当加强对水土保持重点工程的建设管理，建立和完善运行管护制度。国家加强江河源头区、饮用水水源保护区和水源涵养区水土流失的预防和治理工作，多渠道筹集资金，将水土保持生态效益补偿纳入国家建立的生态效益补偿制度。

开办生产建设项目或者从事其他生产建设活动造成水土流失的，应当进行治理。在山区、丘陵区、风沙区以及水土保持规划确定的容易发生水土流失的其他区域开办生产建设项目或者从事其他生产建设活动，损坏水土保持设施、地貌植被，不能恢复原有水土保持功能的，应当缴纳水土保持补偿费，专项用于水土流失预防和治理。专项水土流失预防和治理由水行政主管部门负责组织实施。水土保持补偿费的收取使用管理办法由国务院财政部门、国务院价格主管部门会同国务院水行政主管部门制定。生产建设项目在建设过程中和生产过程中发生的水土保持费用，按照国家统一的财务会计制度处理。②

在水力侵蚀地区，应当以天然沟壑及其两侧山坡地形成的小流域为单元，实行全

---

① 参见《水土保持法》第 25 条。

② 参见《水土保持法》第 30～32 条。

面规划，综合治理，建立水土流失综合防治体系。在风力侵蚀地区，应当采取开发水源、引水拉沙、植树种草、设置人工沙障和网格林带等措施，建立防风固沙防护体系，控制风沙危害。

各级地方人民政府应当组织农业集体经济组织和农民，有计划地对禁止开垦坡度以下、5度以上的耕地进行治理，根据不同情况，采取整治排水系统、修建梯田、蓄水保土耕作等水土保持措施。

荒山、荒沟、荒丘、荒滩可以由农业集体经济组织、农民个人或者联户承包水土流失的治理。对荒山、荒沟、荒丘、荒滩水土流失的治理实行承包的，应当按照谁承包治理谁受益的原则，签订水土保持承包治理合同。承包治理所种植的林木及其果实，归承包者所有，因承包治理而新增加的土地，由承包者使用。国家保护承包治理合同当事人的合法权益，在承包治理合同有效期内，承包人死亡时，继承人可以依照承包治理合同的约定继续承包。

企业事业单位在建设和生产过程中必须采取水土保持措施，对造成的水土流失负责治理。本单位无力治理的，由水行政主管部门治理，治理费用由造成水土流失的企业事业单位负担。建设过程中发生的水土流失防治费用，从基本建设投资中列支；生产过程中发生的水土流失防治费用，从生产费用中列支。

6. 水土保持的监督规定。为了便于水土保持工作的监督，国务院水行政主管部门建立水土保持监测网络，对全国水土流失动态进行监测预报，并予以公告。县级以上地方人民政府水行政主管部门的水土保持监督人员，有权对本辖区的水土流失及其防治情况进行现场检查。被检查单位和个人必须如实报告情况，提供必要的工作条件。

二、防沙治沙法

（一）土地沙化概述

土地沙化，是指因气候变化和人类活动所导致的天然沙漠扩张和沙质土壤上植被破坏、沙土裸露的过程。防沙治沙法所称土地沙化，是指主要因人类不合理活动所导致的天然沙漠扩张和沙质土壤上植被及覆盖物被破坏，形成流沙及沙土裸露的过程。当土壤中的水分不足以使大量植物生长，即使有植物生长了也十分稀疏，不能给土壤提供丰富养料。土地是否会发生沙化，决定的因素在于土壤中含有多少水分可供植物吸收、利用，并通过植物叶面而蒸发。任何破坏土壤水分的因素都会最终导致土壤沙化。土地沙化的大面积蔓延就是荒漠化，是最严重的全球环境问题之一。目前地球上有20%的陆地正在受到荒漠化威胁。

土地沙化主要由气候变化、开荒、不合理的林木砍伐、过度放牧、水资源利用不合理等因素造成。

防沙治沙法上的土地沙化，是指主要因人类不合理活动所导致的天然沙漠和沙质土壤上植被及覆盖物被破坏，形成流沙及沙土裸露的过程，包括已经沙化的土地和具有明显沙化趋势的土地。

由于不合理的人类活动和气候变化，直接受到荒漠化影响的人口超过2.5亿；全球荒漠化土地达3 600万平方千米。另有一百多个国家的十多亿人口正面临荒漠化的威胁。而中国，是世界上土地沙化危害最严重的国家之一，中国现有沙化土地174万平方千米，占国土面积的18.1%，因土地沙化每年造成的直接经济损失高达500多亿元，影响近4亿人口的生产和生活。[①]

（二）防沙治沙的法律规定

1.《防沙治沙法》的一般规定。主要内容是：

（1）立法目的。预防土地沙化，治理沙化土地，维护生态安全，促进经济和社会的可持续发展，是我国土地沙化立法的根本目的。

（2）基本原则。《防沙治沙法》规定，防沙治沙工作应当遵循的原则为：统一规划，因地制宜，分步实施，坚持区域防治与重点防治相结合；预防为主，防治结合，综合治理；保护和恢复植被与合理利用自然资源相结合；遵循生态规律，依靠科技进步；改善生态环境与帮助农牧民脱贫致富相结合；国家支持与地方自力更生相结合，政府组织与社会各界参与相结合，鼓励单位、个人承包防治；保障防沙治沙者的合法权益。

（3）管理体制。法律规定，在国务院领导下，国务院林业行政主管部门负责组织、协调、指导全国防沙治沙工作。国务院林业、农业、水利、土地、环境保护等行政主管部门和气象主管机构，按照有关法律规定的职责和国务院确定的职责分工，各负其责，密切配合，共同做好防沙治沙工作。县级以上地方人民政府组织、领导所属有关部门，按照职责分工，各负其责，密切配合，共同做好本行政区域的防沙治沙工作。

2. 防沙治沙规划的规定。具体内容有：

（1）规划的内容。防沙治沙实行统一规划。从事防沙治沙活动，以及在沙化土地范围内从事开发利用活动，必须遵循防沙治沙规划。防沙治沙规划应当对遏制土地沙化扩展趋势，逐步减少沙化土地的时限、步骤、措施等作出明确规定，并根据沙化土地所处的地理位置、土地类型、植被状况、气候和水资源状况、土地沙化程度等自然条件及其所发挥的生态、经济功能，对沙化土地实行分类保护、综合治理和合理利用。

（2）规划的编制。《防沙治沙法》明确规定，国务院林业行政主管部门会同国务院农业、水利、土地、环境保护等有关部门编制全国防沙治沙规划，报国务院批准后实施。省、自治区、直辖市人民政府依据全国防沙治沙规划，编制本行政区域的防沙治沙规划，报国务院或者国务院指定的有关部门批准后实施。沙化土地所在地区的市、县人民政府，应当依据上一级人民政府的防沙治沙规划，组织编制本行政区域的防沙治沙规划，报上一级人民政府批准后实施。

防沙治沙规划的修改，须经原批准机关批准；未经批准，任何单位和个人不得改变防沙治沙规划。

3. 土地沙化预防的规定。现行法律确立了以下基本制度：

（1）土地沙化监测制度。国务院林业行政主管部门组织其他有关行政主管部门对全国土地沙化情况进行监测、统计和分析，并定期公布监测结果。县级以上地方人民政府林业或者其他有关行政主管部门，应当按照土地沙化监测技术规程，对沙化土地进行监测，并将监测结果向本级人民政府及上一级林业或者其他有关行政主管部门报告。

① 参见《国务院关于进一步加强防沙治沙工作的决定》，国发［2005］29号。

（2）沙化状况报告制度。县级以上地方人民政府林业或者其他有关行政主管部门，在土地沙化监测过程中，发现土地发生沙化或者沙化程度加重的，应当及时报告本级人民政府。收到报告的人民政府应当责成有关行政主管部门制止导致土地沙化的行为，并采取有效措施进行治理。同时，各级气象主管机构应当组织对气象干旱和沙尘暴天气进行监测、预报，发现气象干旱或者沙尘暴天气征兆时，应当及时报告当地人民政府。收到报告的人民政府应当采取预防措施，必要时公布灾情预报，并组织林业、农（牧）业等有关部门采取应急措施，避免或者减轻风沙危害。

（3）植被更新保护制度。沙化土地所在地区的县级以上地方人民政府应当按照防沙治沙规划，划出一定比例的土地，因地制宜地营造防风固沙林网、林带，种植多年生灌木和草本植物。由林业行政主管部门负责确定植树造林的成活率、保存率的标准和具体任务，并逐片组织实施，明确责任，确保完成。除了抚育更新性质的采伐外，不得批准对防风固沙林网、林带进行采伐。在对防风固沙林网、林带进行抚育更新性质的采伐之前，必须在其附近预先形成接替林网和林带。对林木更新困难地区已有的防风固沙林网、林带，不得批准采伐。

该法还规定，禁止在沙化土地上砍挖灌木、药材及其他固沙植物。沙化土地所在地区的县级人民政府，应当制定植被管护制度，严格保护植被，并根据需要在乡（镇）、村建立植被管护组织，确定管护人员。

（4）畜牧管理制度。土地沙化的重要原因之一即不合理的畜牧，这在我国西部地区尤为严重。因此，《防沙治沙法》草原畜牧作了专门规定。草原地区的地方各级人民政府，应当加强草原的管理和建设，由农（牧）业行政主管部门负责指导、组织农牧民建设人工草场，控制载畜量，调整牲畜结构，改良牲畜品种，推行牲畜圈养和草场轮牧，消灭草原鼠害、虫害，保护草原植被，防止草原退化和沙化。草原实行以产草量确定载畜量的制度。由农（牧）业行政主管部门负责制定载畜量的标准和有关规定，并逐级组织实施，明确责任，确保完成。

（5）封禁保护制度。在规划期内不具备治理条件的以及因保护生态的需要不宜开发利用的连片沙化土地，应当规划为沙化土地封禁保护区，实行封禁保护。

在沙化土地封禁保护区范围内，禁止一切破坏植被的活动。禁止在沙化土地封禁保护区范围内安置移民。对沙化土地封禁保护区范围内的农牧民，县级以上地方人民政府应当有计划地组织迁出，并妥善安置。沙化土地封禁保护区范围内尚未迁出的农牧民的生产生活，由沙化土地封禁保护区主管部门妥善安排。未经国务院或者国务院指定的部门同意，不得在沙化土地封禁保护区范围内进行修建铁路、公路等建设活动。

4. 沙化土地治理的规定。沙化土地治理分为政府治沙、公益性治沙和营利性治沙。土地沙化的防治是所在地区政府的职责。因此，沙化土地所在地区的地方各级人民政府，应当按照防沙治沙规划，组织有关部门、单位和个人，因地制宜地采取人工造林种草、飞机播种造林种草、封沙育林育草和合理调配生态用水等措施，恢复和增加植被，治理已经沙化的土地。沙化土地所在地区的地方各级人民政府，可以组织当地农村集体经济组织及其成员在自愿的前提下，对已经沙化的土地进行集中治理。农村集体经济组织及其成员投入的资金和劳力，可以折算为治理项目的股份、资本金，也可以采取其他形式给予补偿。

国家鼓励单位和个人在自愿的前提下，捐资或者以其他形式开展公益性的治沙活动。县级以上地方人民政府林业或者其他有关行政主管部门，应当为公益性治沙活动提供治理地点和无偿技术指导。从事公益性治沙的单位和个人，应当按照县级以上地方人民政府林业或者其他有关行政主管部门的技术要求进行治理，并可以将所种植的林、草委托他人管护或者交由当地人民政府有关行政主管部门管护。

不具有土地所有权或者使用权的单位和个人从事营利性治沙活动的，应当先与土地所有权人或者使用权人签订协议，依法取得土地使用权。在治理活动开始之前，从事营利性治沙活动的单位和个人应当向治理项目所在地的县级以上地方人民政府林业行政主管部门或者县级以上地方人民政府指定的其他行政主管部门提出治理申请，并附具文件：被治理土地权属的合法证明文件和治理协议；符合防沙治沙规划的治理方案；治理所需的资金证明三项文件。其中，治理方案包括：治理范围界限；分阶段治理目标和治理期限；主要治理措施；经当地水行政主管部门同意的用水来源和用水量指标；治理后的土地用途和植被管护措施；其他需要载明的事项。从事营利性治沙活动的单位和个人，必须按照治理方案进行治理。

国家保护沙化土地治理者的合法权益。在治理者取得合法土地权属的治理范围内，未经治理者同意，其他任何单位和个人不得从事治理或者开发利用活动。

治理者完成治理任务后，应当向县级以上地方人民政府受理治理申请的行政主管部门提出验收申请。经验收合格的，受理治理申请的行政主管部门应当发给治理合格证明文件；经验收不合格的，治理者应当继续治理。

国家鼓励和支持土地沙化的治理。在资金安排上，国务院和沙化土地所在地区的地方各级人民政府应当在本级财政预算中按照防沙治沙规划通过项目预算安排资金，用于本级人民政府确定的防沙治沙工程。并且，在安排扶贫、农业、水利、道路、矿产、能源、农业综合开发等项目时，应当根据具体情况，设立若干防沙治沙子项目。在政策上，国务院和省、自治区、直辖市人民政府应当制定优惠政策，鼓励和支持单位和个人防沙治沙。县级以上地方人民政府应当按照国家有关规定，根据防沙治沙的面积和难易程度，给予从事防沙治沙活动的单位和个人资金补助、财政贴息以及税费减免等政策优惠。单位和个人投资进行防沙治沙的，在投资阶段免征各种税收；取得一定收益后，可以免征或者减征有关税收。

《防沙治沙法》第35条规定，因保护生态的特殊要求，将治理后的土地批准划为自然保护区或者沙化土地封禁保护区的，批准机关应当给予治理者合理的经济补偿。这是对生态补偿的明确要求，这为防沙治沙过程中的多种利益协调提供了依据。一定程度上保障了防沙治沙工作的顺利进行。

案例与思考

1. 综合案例

［题例一］中华环保联合会与无锡市蠡湖惠山景区管理委员会生态环境损害赔偿纠纷案

（一）基本案情

被告蠡管委于2009年10月至2010年7月间建设了无锡市动植物园、欢乐园，该项目是无锡市重点生态环境工程和“为民办实事”项目。在建设过程中，其先后搬迁了自然村落、乙炔厂、工矿企业等，清理了开山宕口和一批私埋乱葬坟墓并进行了复绿，使当地生态环境、人居环境都得到了一定程度的改善。

在该项目建设过程中，蠡管委未经批准和办理相关手续，改变了部分林地用途。经查明共计两部分：一部分为在建设动物场馆与道路过程中占用林地合计 17 477 平方米，另一部分为占用 3 677 平方米林地建造了观光电梯连通动物园和欢乐园、消防储水池作为景区必需交通、消防设施。无锡蠡管委占用 21 154 平方米林地的行为，已经被无锡市滨湖区农林局行政处以 232 694 元罚款（已缴纳完毕）并要求其补办改变林地用途手续。17 477 平方米林地的占用部分因立项规划手续、建设用地手续均已完备，在案件审理过程中，被告已经就该部分补办改变林地用途手续缴纳了 1 143 508 元植被恢复费。3 677 平方米的林地占用行为所建观光电梯和消防储水池为游览配套设施，对森林防火、提供急救通道等具有重要作用，但是该部分目前尚不具备立即补办完成改变林地用途手续的条件。

另在该动物园、欢乐园项目中，存在一块约 2 500 平方米的山体土壤裸露的地块，系 20 世纪 80 年代开山采石的遗留状态。无锡蠡管委未在该地块进行任何建设，目前该地块在蠡管委与两个第三人的共同管理使用范围内。

原告中华环保联合会系合法设立的民间环保组织，其在无锡设有工作点。该工作点工作人员在收到群众举报信后，赶赴该欢乐园、动物园景区进行实地查勘，发现有山体裸露、植被遭到破坏的情形，经上网查询有农林机关的行政处罚案件，故由其作为公益诉讼的原告向法院提起诉讼，要求被告对生态破坏的行为进行补偿，弥补生态环境损害并支付原告为该诉讼支出的全部费用。

（二）判决结果

无锡市滨湖区人民法院于 2012 年 12 月 19 日作出以下判决：

一、无锡市蠡湖惠山景区管理委员会于本判决发生法律效力之日起 1 个月内完成 17 477 平方米林地改变用途的申报程序；

二、无锡市蠡湖惠山景区管理委员会、无锡太湖明珠欢乐园有限公司、无锡市动物园管理处于本判决发生法律效力之日起 6 个月内完成 2 500 平方米宕口地块的复绿固土工作，并通过无锡市公园景区管理中心验收；

三、无锡市蠡湖惠山景区管理委员会于本判决发生法律效力之日起 6 个月内完成无锡市滨湖区杨湾地块 4 500 平方米的异地补植，并通过无锡市绿化质量监督管理中心验收；

四、无锡市蠡湖惠山景区管理委员会于本判决发生法律效力之日起 1 个月内将无锡市滨湖区杨湾地块的异地补植费用 79.44 万元汇至指定账户，专款用于杨湾地块的异地补植；

五、无锡市蠡湖惠山景区管理委员会于本判决发生法律效力之日起 1 个月内支付中华环保联合会交通费、住宿费、调查取证费等各项费用合计 5 000 元；

六、驳回中华环保联合会的其他诉讼请求。

宣判后，原、被告与第三人均未提起上诉，一审判决已发生法律效力。①

① 参见江苏省无锡市滨湖区人民法院网站，http：//wxbhfy.chinacourt.org/index.shtml，2015-10-25。

思考并回答：

（1）本案中的中华环保联合会是否是适格的原告，为什么？

（2）法院判决被告完成无锡市滨湖区杨湾地块 4 500 平方米的异地补植，并通过无锡市绿化质量监督管理中心验收，该判决内容属于环境民事责任承担方式的哪一种？为什么？

[题例二] 任某等走私珍贵动物制品案①

（一）基本案情

经审理查明，被告人任某、邵某均系中远航运股份有限公司中国籍远洋船舶“乐盛”轮的船员，任某任职三管轮、邵某任职机工长。“乐盛”轮于科特迪瓦当地时间 2014 年 5 月 1 日停靠在阿比让港口。次日晚上，二被告人明知象牙制品系国家禁止进口物品的情况下，仍共谋从当地商贩处购买象牙制品，带回国作为“避邪”物，用于家庭装饰。因被告人邵某当时没有现金，任某提出先由其垫资购买，任某共出资2 000 美元购买一长一短 2 节管状象牙制品。二被告人协商，回国后对购得象牙制品进行分配，邵某向任某归还其分得的象牙制品费用。

2014 年 7 月 29 日，“乐盛”轮驶抵连云港。在入境前，被告人任某、邵某在填写《船员个人物品申报单》时瞒报 2 节象牙制品。当日，连云港海关检查人员登“乐盛”轮检查，在任某房间内查获涉案 2 节管状象牙制品。任某、邵某当场供认该 2 节象牙制品系两人共同购买。经国家林业局森林公安局野生动植物刑事物证鉴定中心鉴定，被查获的 2 节管状物品均为象牙制品，长的一节重 5.668 千克，参考价值人民币 236 169 元；短的一节重 1.66 千克，参考价值人民币 69 167 元，两节合计重 7.328 千克，参考价值人民币 305 336 元。公诉机关认为，被告人任某、邵某走私国家禁止进出口的珍贵动物制品，其行为触犯了《中华人民共和国刑法》第 151 条第 2 款的规定，应当以走私珍贵动物制品罪追究其刑事责任。被告人任某、邵某系共同犯罪，被告人邵某在共同犯罪中起次要作用，是从犯，应当从轻、减轻或免除处罚。被告人任某、邵某归案后如实供述自己的罪行，系坦白，可以从轻处罚。

（二）判决结果

法院认为，被告人任某、邵某违反海关监管制度和国家野生动物保护法律法规，携带国家禁止进口的珍贵动物制品进境，其行为构成走私珍贵动物制品罪，且系共同犯罪。在共同犯罪过程中，被告人任某起主要作用，系主犯，被告人邵某起次要作用，系从犯，依法予以从轻处罚。被告人任某、邵某自动投案，如实供述其犯罪事实，系自首，依法予以减轻处罚。被告人邵某提出的“其是从犯、有自首情节、系初犯、请求对其适用缓刑”的辩解成立，本院予以采纳。综合被告人任某、邵某的犯罪事实和量刑情节，适用缓刑没有再犯罪的危险，且经所在社区矫正机构调查，对所居住的社区没有重大不良影响，依法可以宣告缓刑。公诉机关指控被告人任某、邵某犯走私珍贵动物制品罪的罪名成立，本院予以支持。依照《中华人民共和国刑法》第 151 条第 2 款、第 25 条第 1 款、第 26 条第 1 款、第 27 条、第 67 条第 1 款、第 64 条、第 52 条、

① 参见江苏省连云港市中级人民法院网站，http：//www.lygfy.gov.cn/index.htm，2015-10-27。

第72条第1款、《最高人民法院、最高人民检察院关于办理走私刑事案件适用法律若干问题的解释》第9条第2款第2项、《最高人民法院关于处理自首和立功具体应用法律若干问题解释》第1条第1项的规定，判决如下：

一、被告人任某犯走私珍贵动物制品罪，判处有期徒刑3年，缓刑3年，并处罚金人民币3万元。

二、被告人邵某犯走私珍贵动物制品罪，判处有期徒刑2年，缓刑2年，并处罚金人民币2万元（罚金已交纳）。

三、对被告人任某、邵某被查获的2节象牙制品依法予以没收。

思考并回答：

（1）在本案中，关于被告任某与邵某的主从犯性质应该如何认定？根据我国现有法律法规来看，有何法律依据？为什么？

（2）在本案中，邵某所提出的“其是从犯、有自首情节、系初犯、请求对其适用缓刑”的辩解，法院是否应该采纳？法院对此的判决是否合理？

［题例三］隆必合诉广西德孚县级自然保护区管理站所有权确认纠纷案（2014年）[①]

（一）基本案情

原告隆必合诉称，1995年8月8日，被告广西德孚县级自然保护区管理站招收原告为劳动合同制工人，当年年底被告决定把其管理的山地发包给职工种植经济林，林木谁种归谁所有。原告承包保护区内的各仕（地名）山地，该地东邻保护区原始森林，西邻黄国锋的林地，南连保护区公路，北至山顶，共72亩。至1997年元月原告种植杉木，并一直进行护理，共投资120 000元。现原告与被告对该片杉木林所有权归属产生争议。原告认为，争议的杉木林是原告种植和管理，根据我国《森林法》第27条第4款和《森林法实施条例》第27条及那坡县委那发（1997）54号《中共那坡县委员会、那坡县人民政府关于干部职工放长假参与经济开发的若干规定》的规定，争议的杉木林应属原告所有，请求法院根据我国《物权法》第33条的规定判决确认争议的杉木林归原告所有。

原告对其陈述事实在举证期限内提供的证据有：（1）那劳计字（1995）48号文件，以证明原告于1995年8月8日起是被告的合同制工人。（2）《本人离开单位基本情况补充说明》，以证明被告时任和现任的法定代表人都承认原告承包山地种植杉木的事实。（3）那发（1997）54号文件，以证明原告的诉求有法律法规和政策依据。（4）（2014）百中民一终字第262号民事判决书，以证明被告无理开除原告。（5）证人赵官宏、梁星廖、许国治出庭作证，以证明被告将各仕（地名）发包给原告种植杉木；原告于1997年年初完成种植并经被告确认亩数为72亩；原告一直管理这片杉木。

被告辩称，（1）原告所称的各仕山地在广西德孚县级自然保护区内，根据那坡县人民政府1983年7月16日发的那政发（1983）68号文件第2条规定，该保护区范围内的土地和林权均属国家所有，因此诉争杉木林权属国家所有。（2）原告是被告招收的工人，由财政发放工资，受被告管理和安排工作，其在保护区内种植林木是履行工作任

① 参见汇法网，http：//www.lawxp.com/case/c9149964.html，2015-10-30。

务，所种植的林木归国家所有，不属任何个人所有。因此请法院驳回原告的诉讼请求。

被告为证明其主张在举证期限内提供的证据有：（1）那政发（1983）68号，以证明德孚保护区机构及范围、保护区内的土地和林权属国家所有。（2）现场勘验报告，以证明诉争林地“各仕”在保护区内及“各仕”地面积为42.9亩。（3）工资发放单，以证明被告向原告发放工资。

（二）判决结果

法院认为，根据《中华人民共和国民法通则》第72条的规定，财产所有权的取得，不得违反法律规定。原告如要对各仕山的杉木林取得所有权，应需对各仕山的杉木林要有投资，并投入劳动进行种植、护理。根据《中华人民共和国民事诉讼法》第64条第1款的规定，原告对自己的主张负有举证责任，即原告有责任提供证据证明自己主张的事实，否则承担举证不能的法律后果。原告主张被告把各仕山发包给原告种植杉木，原告投资有120 000元，但原告提供的证人出庭作证，因证人与本案的处理结果有利害关系，证人的证言不能采信，原告又未能提供其他充分证据证明，原告也未能提供证据证明其投资种植和护理杉木，因此原告的这一主张本院不予采纳。且即使证人所讲原告及其他职工与被告存在承包山地种植杉木和八角的内容属实，但依原告所陈述，原告于1996年至1997年元月种植杉木，1997年7月原告就请长假，不在被告单位上班，才导致被按自动离职处理，说明原告未对杉木进行护理。且证人还说这种承包只执行了约三年，1999年就停止执行，说明承包关系已解除，原告也不能据此对杉木林取得所有权。综上所述，原告的诉讼请求没有事实依据，本院依照《中华人民共和国物权法》第33条及《中华人民共和国民事诉讼法》第64条第1款的规定，判决驳回原告隆必合的诉讼请求。

思考并回答：

（1）关于自然保护区划定后原土地上的林木的物权归属，你认为该如何处理？为什么？

（2）如果自然保护区划定后林木的所有权继续归承包人所有，是否会与自然保护区的禁限规定相冲突？为什么？

2. 思考题

（1）什么是生态保护法？生态保护法的原则是什么？

（2）什么是生态保护红线制度？其主要内容包括哪些？

（3）我国野生动植物保护法中的名录制度是什么？有什么作用？

（4）我国的区域生态保护现状如何？

（5）我国防沙治沙法的主要规定是什么？

第九章 国际环境法

重点问题

1. 国际环境法的概念、特点和渊源
2. 《联合国气候变化框架公约》和《京都议定书》的主要内容
3. 《生物多样性公约》的主要法律规定
4. 外层空间的法律地位，外层空间保护主要国际条约的规定
5. 《巴塞尔公约》关于危险废物越境转移的条件和程序规则

第一节 国际环境法概述

一、国际环境法的概念、特点

（一）国际环境法的概念

关于国际环境法的概念，国内有不同的学术观点：第一种观点认为，国际环境法

是调整各国在保护环境领域关系的法律规则和制度的总体①；第二种观点认为，国际环境法是调整国家间在全球或区域性环境保护领域中行为关系的法律规范的总称②；第三种观点认为，国际环境法是调整因防治自然破坏和控制环境污染而产生的国际关系的各种法律体制和法律规范的总称③；第四种观点认为，国际环境法是调整国际法主体之间为保护、改善和合理利用环境而发生的国际法律关系的各种有约束力的原则、规则和制度的综合体系④；第五种观点认为，国际环境法是国际环境法主体，其中主要是国家在因利用、保护和改善环境而发生的国际交往中形成的，体现他们之间由其社会经济结构决定的在利用、保护和改善环境方面的协调意志的，调整国际环境法律关系的法律规范的总体。⑤

在这五种观点中，第五种观点较前面几种观点更为科学，但是仍然忽略了环境开发的问题。我们认为，国际环境法是调整国际环境法主体（主要指国家）在国际交往中形成的体现它们之间协调意志的，调整开发、利用、保护和改善环境而发生的各种国际环境关系的法律原则、规则和制度的总称。

（二）国际环境法的特点

国际环境法从传统国际法中脱离出来，必然与传统国际法有着千丝万缕的联系，但是由于国际环境法作为国际法、环境法、环境科学、环境伦理学交叉的特殊法，它所调整的法律关系以及环境保护领域的国际合作所具有的性质和特点，决定了国际环境法作为一个独立的法律部门，其特点有别于传统的国际法。

1. 国际环境法主体的多元性。首先，国际环境法最基本的主体是国家，国家是拥有完全主权的国际法主体，是国际环境法的制定主体和实施主体，有独立自主地享有国际环境法律权利和承担国际环境法律义务的完全法律权利能力和行为能力，国家在国际环境法律关系中始终处于最主要和最基本的地位。其次，国际组织也是国际环境法的重要主体，为了国家利益，国际环境组织在国家之间的意志协调中产生，在条约、章程等规定的法律权利能力和行为能力范围内，国际环境组织经常开展国际环境保护活动，例如，1992 年巴西里约热内卢环境与发展大会和 2002 年 8 月底召开的南非约翰内斯堡全球可持续发展首脑会议，就是在国际组织尤其是联合国的推动下召开的。虽然国际组织是国际环境法非常重要的主体，但从法理上讲，国际组织的国际法主体地位，是由国家派生的，是成员国通过协议授予的，其行为能力一般依赖于其成员国的支持和参与，如资金支持等，因此，国际环境法关系归根结底主要还是国家之间的关系。再次，国际环境法的其他主体还包括争取独立的民族和交战团体，有时还包括非政府团体和个人，例如，1990 年签署的《〈欧洲人权公约〉第九议定书》赋予了个人、非政府国际组织和个人团体成为人权法院当事人方的地位。

2. 国际环境法客体和内容的复杂性。从国际环境法的客体来看，国际环境法的客体是特定的物和行为。特定的物不是指一般意义上的环境，而是指国际环境，包括处

① 参见端木正主编：《国际法》，266 页，北京，北京大学出版社，1997。

② 参见张崟青编著：《国际环境法》，1 页，武汉，武汉大学出版社，1990。

③ 参见李双元、黄惠康主编：《国际法》，338 页，长沙，中南工业大学出版社，2000。

④ 参见马骧聪主编：《环境资源法》，368 页，北京，北京师范大学出版社，1999。

⑤ 参见金瑞林主编：《环境与资源保护法》，275 页，北京，高等教育出版社，1999。

于两国或多国控制之下的国际河流、迁徙物种、属于人类共同财产的公海国际海底区域、底土、南极、大气圈、外层空间、月球等地球资源；特定的行为是指影响国际环境权益的行为，包括一国在国内影响其他国际环境权益的行为，也包括处于一国控制下的区域内影响其他国际环境权益的行为，还包括一国或处于其管辖的个人在各国管辖以外地区造成国际环境权益受损的行为。从调整内容来看，国际环境法调整国际环境法主体之间开发、利用、保护、改善环境而发生的国际法上的权利义务关系。这种国际环境法律关系既包括国际法主体之间的环境法律关系，还包括国际法主体与环境之间形成的单向法律关系。①

3. 国际环境法具有公益性。有的学者认为，传统国际法基于国家意志主义，强调国际法中的一切法律规则源于国家意志，认为国际法的效力来源是国际法主体之间尤其是国家之间的意志协调即经妥协达成的共同同意，而国际环境法也是国际社会协调意志的产物，每个国家在履行国际义务的同时也都可以找到自己的利益点，同时具备自益性和他益性。② 有的学者认为，国际环境法规则属于为人类共同利益而制定的那类规则，实际上这些规则一般不会给缔约国带来直接好处。③ 这就是国际环境法的公益性。

实际上，国际环境法不是传统意义上的国际法，除了传统国际法互益性特征以外，它还具有很强的公益性，这可以从国际环境法的目的看出。国际环境法的目的是防止和解决国际环境问题，保护和改善人类赖以生存的生态环境，最终实现人类社会的可持续发展，即最大限度地减少不可再生资源的消耗、保护地球的生命力和多样性，从而达到改善人类生活质量，保护人类健康，促进国际经济可持续发展和整个人类社会进步，最终建立一个可供人类持续生存的良好的生态环境。地球环境是全人类共同的资源，是地球生物赖以生存、繁衍的物质基础，每个国家、每个人都有利用地球环境资源的权利，也有保护生态环境的义务。保护地球环境，是一项造福全人类，惠及千秋万代，使得人类社会得以在与自然和谐中持续发展的最伟大的公益事业。国际环境法为各国开发、利用、保护和改善地球环境的行为设定具体的规则，使其服从于人类社会永续发展这一根本目的，从而最大限度地保护地球环境这个全人类共同的家园。国际环境法的目的充分展现出国际环境法的公益性，人类社会在经济发展中的许多暂时利益必须服从持续发展这个根本利益，而生态环境的保护是人类可持续发展的最重要也是唯一的途径。具体而言，国际环境法中包含了许多为了人类共同利益的非互惠义务的规则，人类的共同利益被列入了条约的目标中，通常是在条约的前言，这就是国际环境法公益性的具体体现。

4. 国际环境法具有学科交叉性。与国际环境法相对的是国内环境法，国内环境法也具有学科的交叉性：一方面，国际环境法与国内环境法一样与许多学科之间相互影响，如在法学体系内和法理学、宪法学、民法学、刑法学、行政法学、诉讼法学等法学部门有密切的联系；在法学体系外，国际环境法又与生态学、经济学、环境科学、

① 参见常纪文：《环境法原理》，359～360页，北京，人民出版社，2003。

② 参见蔡守秋、常纪文主编：《国际环境法学》，23页，北京，法律出版社，2004。

③ 参见［法］亚历山大·基斯：《国际环境法》，张若斯编译，13页，北京，法律出版社，2000。

政治学、伦理学等学科息息相关。另一方面，国际环境法作为国际法的一个新的领域，还有许多与国内环境法不同的地方。在法学体系内，它与国际法的许多内容相互渗透，相互交叉，相互影响，如它和海洋法和空间法之间产生许多交叉，而且目前，许多国际环境法的领域已经渗入国际法的其他领域，如可持续发展和生态风险的概念；在法学体系外，国际关系学还为国际环境法提供国际关系的背景知识。

5. 国际环境法具有科学技术性。作为国际法的一个新的领域，国际环境法具有传统国际法所不具备的科学技术性，这是由环境法律问题的特点决定的。国际环境法是随着科学技术的发展，环境科学和法律科学结合的产物，现代国际环境法必须反映生态规律和环境保护的科学技术要求。一方面，国际环境法规则的制定必须以环境科学的知识作为基础，甚至将许多技术标准直接纳入立法当中，或者将科学技术规定放在条约的附则中，这样才能确保国际环境法的科学性和可操作性。例如，1972 年的《防止船舶和飞机倾弃废物污染海洋公约》，将废弃物按毒性、持久性以及对生物和海洋环境的影响，分为“黑名单”、“灰名单”和“白名单”三类，分别规定禁止倾弃、经特别许可方可倾弃和经一般许可方可倾弃三种管理办法。另一方面，国际环境法也可以反作用于科技。全球性的环境污染和破坏要求人类走上可持续发展之路，确立人和自然之间的和谐关系。国际环境法为当今的科学发展树立了科学的社会价值观和正确的发展方向，防止人类滥用科技危害环境，而是让科技服务于可持续发展的目标，起到了对科技发展的选择、评价、引导和推动作用。

总之，随着社会的进步，用传统的发展模式已经不能解决有些环境问题，人类只有适应自然环境，与自然环境协调，社会和经济才能可持续发展。20 世纪 40 年代，国际环境法在这种观念转变的过程中应运而生，发展的历史还相对较短。但由于环境保护的重要性，国际环境法的发展非常迅速，而且在立法上是以预防为原则，具有一定的“超前性”。不过，目前国际环境法仍然处于发展的早期，在法律体系、条款的操作性、参与主体的平等性及国际环境法的实施等问题上还不够完善，还需要进一步的发展与创新。

二、国际环境法的渊源

（一）国际环境法渊源的定义

关于国际法渊源的定义，主要有以下观点：一是把“渊源”和“证据”看做是同义语交换使用，以证明一定法律规则的存在；二是指国际法的起因，即促使国际法产生的动力；三是指含有国家同意受约束于一定法律规则的历史事件，即久已确立的条约和习惯；四是指公认的法律表现形式；五是指国际法规则产生的过程；六是认为有必要将形式渊源和实质渊源区分开来，前者指法律规则产生的方式和程序，后者是国际法规则的证据；七是指国际法专家用于确定适用于一定情形的法律的实际材料，即条约、习惯、司法判例与仲裁裁决、法学著作和国际组织的决议。①

虽然对于国际法渊源有不同的理解，但一般认为，1945 年 6 月 26 日的《国际法院

① 参见《中国国际法年刊》，208 页，北京，法律出版社，1991。

规约》第 38 条是对国际法渊源的权威说明。[①]可以看出，国际法的渊源一般指具有国际法律效力的国际法原则、规则和制度的表现形式，即国际法规则所产生出现、为人所知、得以确立并获得法律效力的“看得见”的事实。国际环境法作为国际法的新的分支，其渊源是指具有国际法律效力的所有国际环境法原则、规则和制度的表现形式，包括关于国际环境开发、利用、保护和改善方面的国际条约、国际习惯、一般法律原则；另外，国际环境法的辅助性渊源还包括国际环境保护的司法判例和著名学说等内容。

（二）国际环境法的直接渊源

1. 国际环境条约。国际环境条约一般分为：双边条约、一般性条约和国际公约。1969 年《维也纳条约法公约》第 2 条第 1 款规定：称“条约”者，谓国家间所缔结而以国际法为准的国际书面协定，不论其载于一项单独文书或两项以上相互有关之文书内，亦不论其特定名称为何。也就是说，国际条约是两个或者两个以上国际法主体依据国际法确定其相互间权利和义务的一致意思表示的国际书面形式。国际环境条约是国际环境法最主要和最基本的法律渊源。它是国际法院在裁判国际环境案件时，首先适用的法律依据，是各国保护国际环境所必须遵循的法律规范。

国际环境条约主要具有以下特点：第一，条约发展迅速，内容丰富，覆盖面广。国际环境条约最初数量较少，涉及面也比较狭窄，主要是有关国家就生物资源的开发和利用的多边条约，但是发展到后来，数量逐渐增多。20 世纪 70 年代以来，每年都有一些环境方面的条约签订，对已签订的国际条约，还随着科学技术的发展和国际环境保护的需要变化不断进行补充和修改，并且涉及环境的各个方面，覆盖面也越来越广泛。第二，条约体系多层次，构成多样化。国际环境条约既包括全球性公约，又包括区域性多边公约，还有双边的条约和协定，名称也多种多样，主要有：公约、条约、宪章、盟约、规约、协定、换文、宣言、联合公报、临时协定等。第三，国际环境条约还具有自己的特征，条约结构形成了“框架公约＋议定书＋附件”的模式，这个方法最初见于 1976 年的《保护地中海海洋环境的巴塞罗那公约》中，从 1979 年《关于长距离跨界大气污染的日内瓦公约》开始，被普遍采用。框架条约通常仅作一些原则性的规定，将具体的事项留给缔约国通过议定书和附件的形式加以确定。所以，议定书就规定缔约方具体的权利和义务，附件则提出详细的清单。这样一方面有利于各缔约国可以就重大原则问题达成一致，而不会因为在一些细节上的分歧而影响整个大局，框架规范的原则性，避免了具体规则的制定而引起的长期的谈判。另一方面有利于条约的修订，不至于因情况变化而每次都修订条约，只需要对议定书和附件进行及时修订即可。

在国际环境保护领域，重要的条约包括 1946 年 12 月《国际捕鲸管制公约》、1959 年 12 月《南极条约》、1969 年 11 月《国际油污损害民事责任公约》和《国际干预公海油污事故公约》、1971 年 2 月《拉姆萨尔湿地公约》、1972 年 11 月《保护世界文化和

① 《国际法院规约》第 38 条规定：“（一）法院对于陈诉各项争端，应依国际法裁判之，裁判时应适用：（子）不论普通或特别协约，确立诉讼当事国明白承认之规条者；（丑）国际习惯，作为通例之证明而经接受为法律者；（寅）一般法律原则为文明各国所承认者；（卯）在第五十九条规定之下，司法判例及各国最高之公法学家学说，作为确定法律原则之补助资料者。（二）前项规定不妨碍法院经当事国同意以‘公允及善良’原则裁判案件职权。”

自然遗产公约》、1973 年 3 月《濒危野生动植物物种国际贸易公约》、1973 年 11 月《干预公海非油类物质污染协定书》、1976 年 11 月《〈国际油污损害民事责任公约〉议定书》、1978 年 10 月《国际植物新品种保护公约》、1982 年 12 月《联合国海洋法公约》、1983 年 11 月《国际热带木材协定》、1985 年 3 月《保护臭氧层维也纳公约》、1986 年 9 月《及早通报核事故公约》、1987 年 6 月《关于化学品国际贸易资料交换的准则》、1987 年 9 月《蒙特利尔议定书》、1989 年 3 月《控制危险废物越境转移及其处置巴塞尔公约》、1991 年 5 月《联合国气候变化框架公约》及其 1997 年 12 月《京都议定书》、1992 年 6 月《生物多样性公约》及其 2000 年 1 月《卡塔赫纳生物安全议定书》等。

2. 国际环境习惯。《国际法院规约》第 38 条规定，“国际习惯，作为通例之证明而经接受为法律者”。一般认为，国际习惯指为各国所采纳并反复使用的具有法律拘束力的行为。只有具备通例的存在和通例被“接受成为法律”，国际习惯才可能得以形成，才能对社会具有拘束力。国际习惯是国际法的另一个主要渊源，也是国际法最古老的渊源。国际习惯有一个逐渐形成的过程，它的出现早于国际条约，在条约尚未发达的时代里，国际习惯是用以调整国家间权利义务关系的一种非常重要的手段。即使在条约大量增多的现代社会，国际习惯仍然是国际法的一种非常重要的渊源。

在现代国际关系中，一方面，有许多条约是在编纂国际习惯的基础上缔结的，如海洋法、外交法等方面的条约；另一方面，有些规定在双边及少数国家参加的多边条约中的规则及原则，在通过各国不断实践并公认后，也能以国际习惯的方式而成为一般的国际法规范，如和平共处五项原则。可见，作为国际法渊源的条约和国际惯例，关系密切，具有一种互相补充、渗透和转化的作用。① 如《联合国海洋法公约》第五部分（专属经济区）第 55 条至第 75 条规定的沿海国有以养护和管理海洋自然资源为目的的主权权利，有保护和保全海洋环境的管辖权，有无害通过领海权等，这些都是一些国际习惯的成文化。

3. 一般法律原则。在国际争端中，当条约和习惯都没有适当的法律规则来指导解决某一具体问题时，可以适用一般法律原则。《国际法院规约》第 38 条规定，“一般法律原则为文明各国所承认者”。一般法律原则本身是产生国际法原则和规则的一种特殊形式，是独立于国际条约和国际习惯之外的国际法渊源，是国际法的第三个渊源或独立的国际法渊源。② 由于条约和习惯覆盖范围有限，有必要提炼出一般法律原则，以避免遗漏。一般法律原则是国际法的渊源之一，它和国际条约和国际习惯一样被包括在《国际法院规约》第 38 条之中，产生具有独立法律效力的作用。但是，一般法律原则作为独立的国际法渊源，其地位不如条约和习惯，国际法院的司法实践中很少单独适用一般法律原则裁判。

在国际环境法领域，主要的一般法律原则包括“善意原则”、“人道主义原则”等。《人类环境宣言》的原则 21 和《里约环境宣言》原则 2 都反映了善意原则。善意原则

---

① 参见梁西主编：《国际法》，修订 2 版，46～47 页，武汉，武汉大学出版社，2000。

② 参见［英］詹宁斯、瓦茨修订：《奥本海国际法》9 版，第 1 卷第 1 分册，王铁崖等译，23～24 页，北京，中国大百科全书出版社，1995。

也是国际法院和仲裁机构在许多判例中的依据，如 1974 年核试验案中，国际法院认为本着“善良原则”和“约定必须信守”的原则，受影响的国家相信法国单方面作出的停止在南太平洋进行核试验的承诺并有权要求法国信守此项义务。虽然一般法律原则数量较少，地位也不如国际条约和国际习惯，但它具一般性和抽象性的特点，在国际法中的适用机会也会越来越多。

（三）国际环境法的间接渊源

1. 辅助性渊源。辅助性渊源主要是指司法判例和公法学家的学说。《国际法院规则》第 38 条规定：“在第 59 条规定之下，司法判例及各国权威最高之公法学家学说，作为确定法律原则之补助资料者。”所以，司法判例和公法学学家学说并非和国际条约、国际惯例、一般法律原则一样是独立的国际法渊源，但是可以作为认定和确定某些国际法原则存在的证据。所以，司法判例和公法学家学说是国际法的辅助性渊源，而非直接渊源。

在国际法的实践中，司法判决已经成为国际法发展的一个最重要因素，而且，司法判决的权威和说服力有时使它们具有比它们在形式上所享有的更大的意义。[①] 国际法院和仲裁机构的判决在确定法律原则方面起着重要作用，国际上许多著名环境纠纷案件的判决或裁决虽然只是国际法院或国际仲裁机构对具体案件的处理意见，但其原则、依据和方法，产生了许多国际环境法的原则，成为国际环境条约、国际环境习惯和一般法律原则的重要补充，如国际环境法早期的四大著名判例。四大著名判例是指：1941 年“特雷尔冶炼厂仲裁案”（Trail Smelter Case 1938—1941）；1949 年“科孚海峡案”（Corfu Channel Case）；1956 年拉努湖案（Lake Lanoux Case）；1974 年核试验案（Nuclear Test）。这些判例与国际法院审理的多瑙河盖巴斯科夫—拉基玛洛大坝争端案等，在国际环境法领域具有重大理论和实践意义。

“各国最高之公法学家学说”主要指各国最权威的国际法学家的著述。他们的学说不能作为国际法律规则直接适用，但各国权威国际公法学家的著述，严密的逻辑性决定了它们能够为国际环境法渊源的存在提供更多可信的线索，它们的作用也主要是证据价值。所以，各国权威的国际法学家关于国际环境问题的著述仅仅是国际法的辅助性渊源，是一个潜在的、间接的渊源。

2. 关于环境问题的国际宣言与决议。《国际法院规约》第 38 条并未详尽地列举国际法的渊源，国际宣言与决议没有包括其中，其是否应该作为国际环境法的渊源，理论上存在争议，但是实践中，国际宣言和决议具有国际法渊源的意义，在国际法中具有重要作用，很可能转化为国际习惯、一般法律原则甚至国际条约，可以作为国际环境法的间接渊源。国际组织通过的决议等法律文件中，有约束力的文件的法律效力来自于条约，如国际组织依据条约作出的决定或者相关国际组织和国际会议作为条约组成部分的决议与宣言，将其称为“硬法”，“硬法”属于“进一步发展的潜在性规范渊源”[②]。也有部分学者认为，政府间国际组织的决议等法律文件是一种新的、国际法的

① 参见［英］詹宁斯、瓦茨修订：《奥本海国际法》，9 版，王铁崖等译，24 页，北京，中国大百科全书出版社，1995。

② ［苏］O.C. 科尔巴索夫：《环境的国际法保护》（俄文本），莫斯科，1982。转引自林灿铃等：《国际环境法的产生与发展》，342 页，北京，人民法院出版社，2006。

辅助渊源，而且它们的法律价值在司法判例和国际法学说之上。[1] 而那些没有法律约束力的文件，包括国际组织的宣言、建议、决议、行动、计划等称为“软法”，如《环境行动计划》、《21世纪议程》等，“软法”虽然不具有法律约束力，但这类文件往往有助于国际习惯的形成或条约的产生，对各国的行为具有一定的影响力。

三、国际环境法的基本原则

国际环境法的基本原则是指被各国公认和接受，在国际环境法领域里具有普遍指导意义的基本准则。首先，国际环境法的基本原则是各国公认和接受的法律原则；其次，它贯穿和适用于整个国际环境法领域并对其有普遍的指导意义；再次，它是国际环境法的基础，是国际环境法体系的重要组成部分。

（一）国家环境主权与不损害国外环境责任原则

国家环境资源主权与不损害国外环境原则是指1972年《人类环境宣言》所宣示的原则21和1992年《里约环境与发展宣言》所宣示的原则2。《人类环境宣言》所宣示的原则21指出：“依照《联合国宪章》和国际法原则，各国有按自己的环境政策开发其资源的主权；并且有责任保证在他们管辖和控制之内的活动，不致损害其他国家的或在国家管辖范围以外地区的环境。”《里约环境与发展宣言》所宣示的原则2指出：“根据《联合国宪章》和国际法原则，各国拥有按照其本国的环境与发展的政策开发本国自然资源的主权权利，并附有确保在其管辖范围内或在其控制下的活动不致损害其他国家或各国管辖范围以外地区的环境的责任。”

国家环境主权与不损害国外环境责任原则包括两个方面的含义：一方面是权利，即“各国拥有按照其本国的环境与发展的政策开发本国自然资源的主权权利”。国家资源开发的主权源于国家对本国环境及自然资源享有永久主权，有权决定对其开发和利用。联合国大会于1952年至1962年10月间通过的一系列决议确认了国家对本国环境和自然资源的永久主权，例如，1962年联合国大会第17届会议第1803号决议通过的《关于天然资源之永久主权宣言》，郑重宣布：“各民族行使其对天然财富与资源之永久主权，必须为其国家发展着想，并以关系国人民之福利为依归”。1971年第26届联合国大会的第2849号决议把国家对自然资源的永久主权同环境问题联系起来。该决议宣布：“各国有权按照本国的特殊情况并在充分享有其国家主权的情况下，制定其关于人类环境的国家政策”。1972年的《人类环境宣言》、1974年的《各国经济权利和义务宪章》等联合国大会通过的文件和《联合国气候变化框架公约》等很多公约中，国家对本国环境和自然资源的主权一再得到确认。另一方面是责任，即“有责任保证在他们管辖和控制之内的活动，不致损害其他国家的或在国家管辖范围以外地区的环境”。“国家管辖范围以外地区的环境”是指不属于任何国家管辖下的环境区域，如公海及其海底、南极、大气空间、外层空间等。不损害国外环境责任原则得到很多环境条约的确认，例如，1968年的《非洲自然保护公约》第16条第1款第6项要求有关国家在开发计划有可能影响其他国家的自然资源时进行协商和合作。此外，1992年《联合国气候变化框架公约》、《生物多样性公约》等都承认了不损害国外环境原则。

---

① 参见梁西主编：《国际法》，33～34页，武汉，武汉大学出版社，1993。

（二）可持续发展原则

可持续发展原则（sustainable development），是国际环境法的一项重要的原则。1987年挪威首相布伦特兰夫人领导的世界环境与发展委员会向联合国提交的报告——《我们共同的未来》中对可持续发展原则进行了定义，即“既满足当代人的需求，又不对后代人满足其需求的能力构成危害的发展”，这是可持续发展原则比较公认和权威的概念。可持续发展一方面肯定了人类满足自身需求和渴望消除贫困、追求经济和社会发展的合理愿望；另一方面又强调了人类满足自身需要的能力，强调了地球资源的有限性和生态环境的脆弱性，提出当代人的发展不应该以损害后代发展所依赖的环境作为代价。

关于可持续发展原则的内容，目前有很多观点。最主要的观点是英国的菲利普·桑兹提出的“四要素说”①，即代内公平、代际公平、可持续利用和环境与发展一体化。笔者认为，“四要素说”是对可持续发展原则比较全面的概括。

代内公平，即改变贫富分化严重的不公平现象，确保发展中国家的持续发展，同时制约发达国家以环境污染和破坏作为发展代价的不可持续的发展模式，改变现今少数人占有并挥霍浪费大量地球资源，而多数人的基本生活都没有得到保障的状况。代际公平，即人类当代的发展，不得以损害后代的发展为代价，必须要确保后代享有发展所需的环境资源。对资源的可持续利用，即最大的发挥资源的效用，并保证自然资源的再生和永续的能力。首先，要改变粗放型的生产和消费观念和模式，其次，各国要推行适当的人口政策以防止人口的过快增长带来的资源缺乏。环境与发展的一体化，即环境保护和经济、社会等协调发展，环境保护和人类的发展是统一的，两个方面都不可偏废。环境与发展一体化是1992年联合国环境与发展大会的主题。

目前，许多国际环境法文件都体现和规定了可持续发展原则。例如，《人类环境宣言》原则1宣布：“人类有权在一种能够过尊严和福利的生活环境中，享有自由、平等和充足的生活条件的基本权利，并且负有保护和改善这一代和将来的世世代代环境的庄严责任”。1992年召开的联合国环境与发展会议，是可持续发展原则在全球环境与发展领域内正式确立的标志，大会的5个重要国际环境保护文件即《里约环境与发展宣言》、《21世纪议程》、《联合国气候变化框架公约》、《生物多样性公约》和《关于森林问题的原则声明》。体现了可持续发展原则的精神。

（三）共同但有区别的环境责任原则

共同但有区别的环境责任原则，是指由于地球生态系统的整体性和导致全球环境污染和破坏的各种不同因素，各国对保护全球环境负有共同的但又有区别的责任。1992年召开的联合国环境与发展会议通过的《里约环境与发展宣言》原则7宣布：“各国应本着全球伙伴精神，为保存、保护和恢复地球生态系统的健康和完整进行合作。鉴于导致全球环境退化的各种不同因素，各国负有共同的但是又有区别的责任。发达国家承认，鉴于他们的社会给全球环境带来的压力，以及他们所掌握的技术和财力资源，他们在追求可持续发展的国际努力中负有责任。”共同但有区别原则是指导各国参

① ［英］菲利普·桑兹：《国际环境法原理》，英文版，198～208页，曼彻斯特，曼彻斯特大学出版社，1995。

与全球环境保护事业的一项重要原则。

具体而言，共同责任原则，是指每个国家无论大小和贫富差别，都应当对保护全球环境承担责任，都应当尽力防止全球环境的污染和破坏。这在《人类环境宣言》、《联合国海洋法公约》、《联合国气候变化框架公约》、《生物多样性公约》等中都有表述。区别的责任原则，是指各国虽然负有保护全球环境的共同责任，但在各国之间，主要是在发展中国家和发达国家之间，责任的分担还是有差别的。首先，发达国家的工业化实现过程是以环境污染和破坏作为代价的，地球所承担的人类活动的压力很大部分都来自于发达国家，所以，发达国家应该对环境保护负有主要责任，而且发达国家又享有许多发展中国家不具备的环境技术和大量的资金，就应当加大力度改变发展模式，并对发展中国家的环境事业作出支持。其次，发展中国家虽然资金和技术有限，但是正处于经济的上升时期，如果不对其生产和生活模式加以改革，仍然会对环境产生极大的危害，所以，发展中国家也应该在发达国家的帮助下，结合自己国家的实情，走出具有自身特色的可持续发展道路。这在《里约环境与发展宣言》、《关于消耗臭氧层的蒙特利尔议定书》、《联合国气候变化框架公约》等国际环境法文件中都有所体现。

（四）预防原则

预防原则，是国际环境法的黄金规则，是指在国际性、区域性或国内的环境管理中，对于那些有可能有害于环境的物质或行为，即使缺乏其有害的结论性证据，亦应采取各种预防性手段和措施，对这些物质或行为进行控制和管理，以防止环境危害的发生。①

预防性原则的程序性规则包括：第一，通知与事先知情同意程序。通知即当一国的活动可能对其他国家的环境或人体健康造成威胁时，应向可能受影响的国家和民众告知该活动的有关潜在影响，提供该活动的相关信息资料，以便受影响国采取必要的预防措施，同时两国就该活动可能造成的损害进行磋商，以最大限度地减小损害或寻求替代措施；事先知情同意程序则是指为保护人类健康和环境的目的而对某些物质的越境转移须先取得进口国的同意并按进口国主管当局规定的条件进行。② 第二，环境影响评价程序。跨界环境影响评价，是指对于可能引起重大跨界环境损害的活动，行为起源国要在其实施之前对其潜在的跨界环境影响进行预测、评估，并采取适当的预防措施，以期减少或消除该活动可能对环境产生的重大不利跨界影响。第三，信息收集与交流程序。信息收集与交流也是预防原则一个不可或缺的程序，因为只有掌握足够的信息，才能判断现有或即将发生的活动是否会对环境造成影响，造成何种影响，并制定相应的环境政策，采取有效的预防措施。

预防性原则以不同的形式出现在一些国际条约和协定中。例如，《濒危野生动植物物种国际贸易公约》第 9 次缔约方会议通过了一系列基于预防原则的新标准。1979 年《远距离跨界大气污染公约》第 2 议定书也包括了后来出现在《联合国气候变化框架公约》中的预防性原则。1991 年建立欧盟的《马斯特里赫特条约》明确规定了损害预防和风险预防的原则。1982 年《联合国海洋法公约》和《世界自然宪章》等国际条约或

---

① 参见林灿铃：《国际环境法》，177 页，北京，人民出版社，2004。

② 参见林灿铃等：《国际环境法的产生与发展》，207 页，北京，人民法院出版社，2006。

国际环境会议通过的重要文件，有许多关于预防国际环境问题的内容。1992 年《联合国气候变化框架公约》强调采取预防措施，同时也认识到进行成本效益分析的重要性，体现了正在发展中的预防原则的本质特征。1992 年《生物多样性公约》同样也规定了预防性方法。1992 年《北大西洋海洋环境保护公约》第 2 条规定了预防性原则。

（五）国际环境合作原则

国际环境合作原则，又称全球伙伴精神原则，是指在解决环境问题、环境纠纷等环境领域，国际社会的所有成员应当采取合作而非对抗的方式协调一致行动，以保护和改善地球环境。此原则是《联合国宪章》第 74 条所确定的国际法的一项基本原则，现在被发展适用于国际环境保护新领域。国际环境合作势在必行。国际环境问题跨越国界，是普遍的、影响人类生存和发展的重大问题，当今世界环境问题日趋全球化，不是仅仅凭一个或者几个国家、国际组织就能够独自解决的，他需要国际社会的广泛参与通力合作、协调行动才能从根本上解决环境问题。国际环境合作包括建立全球性环境保护系统、国际协作制度、援助发展中国家等内容。

在国际条约方面，国际环境合作原则最先出现于一些双边和区域条约中。早在 1970 年联合国大会通过的《关于各国以联合国宪章建立友好关系及合作之国际法原则之宣言》已将“各国依照宪章彼此合作之义务”列为国际法基本原则。国际环境合作原则的主要依据是《人类环境宣言》、《内罗毕宣言》、《里约宣言》等宣言和环境条约。1972 年《人类环境宣言》原则 24 指出：“有关保护和改善环境的国际问题应当由所有国家，不论其大小，在平等的基础上本着合作精神来处理。”《内罗毕宣言》重申：“要进一步加强和扩大在环境保护领域内的各国努力和国际合作。”1992 年《里约环境与发展宣言》将“建立一种新的、公平的全球伙伴关系”作为国际社会的一项目标，指出“所有国家和所有人都应在根除贫穷这一基本任务上进行合作，这是实现可持续发展的一项不可少的条件”，强调“各国应本着全球伙伴精神，为保存、保护和恢复地球生态系统的健康和完整进行合作”，要求“解决跨越国界或全球性环境问题的环境措施应尽可能以国际协商为基础”。

第二节　气候的国际法保护

一、气候国际法保护概述

当今气候最严重的问题是大气层的温室气体含量增加导致的全球气候变化。随着温室气体被排放的大气中，地球表面温度异常升高，这一方面会导致海平面上升，将淹没沿海低洼地区和小岛地区，对当地居民的生存构成巨大威胁；另一方面会引起全球气候异常变化，将改变降水区域和季节，干旱、洪水、冰雹、地震等恶劣的自然灾害将频发，地球生态将严重失衡。这种趋势如果得不到很好的控制和改变，将给人类和地球带来灭绝性的灾难。

气候变化问题首次引起国际的关注是在 1979 年。在 1979 年由世界气象组织召开的第一届世界气候大会上，各国的科学家和政府代表对以地球大气层迅速变暖为特征的气候变化予以高度重视。会议发表的声明号召各国政府“预见和防止可能对人类福利不利的潜在的人为气候变化”[①]。1985 年 10 月，由联合国环境规划署、世界气象组织和国际科学联盟发起的在奥地利菲拉赫市举行的科学大会呼吁进一步研究气候变化的原因和影响。1988 年，联合国环境规划署和世界气象组织共同成立了“政府间气候变化专家组”（IPCC）。IPCC 的任务是评价关于气候变化的知识，审查气候变化的环境、经济和社会影响，拟制关于气候变化的对策和战略。1989 年 2 月，联合国环境规划署和世界资源研究所在印度新德里举行关于气候变化的国际会议，专门讨论发展中国家所特别关心的问题。1989 年 11 月，在荷兰诺德维克举行的关于气候变化的部长级会议首次提出设立关于二氧化碳排放目标建议。1990 年，由世界气象组织、联合国环境规划署和联合国教科文组织联合举行的第二届世界气候大会正式接受了 IPCC 关于地球温室效应和全球变暖问题的研究报告。该报告为 1992 年《联合国气候变化框架公约》提供了重要的科学依据。[②] 1990 年 12 月，联合国大会第 45 届会议以 45/212 号决议决定成立关于气候变化框架公约的政府间谈判委员会（INC），并要求各国尽快开始关于缔结《联合国气候变化框架公约》的谈判。1992 年 6 月，《联合国气候变化框架公约》在联合国环境与发展大会上签署。公约自 1994 年生效以来，缔约方多次召开缔约方大会，作出了“柏林授权”的决议，并通过了《京都议定书》。2007 年 12 月 3 日，联合国气候变化大会在印尼巴厘岛开幕，会上着重讨论《京都议定书》第一承诺期在 2012 年到期后如何进一步降低温室气体的排放。

二、《联合国气候变化框架公约》

国际社会明确世界各国在控制温室气体排放、保护地球气候方面的责任和义务的国际法律文件主要是 1992 年《联合国气候变化框架公约》及其后续发展。《联合国气候变化框架公约》于 1992 年 6 月在联合国环境与发展大会上签署。中国在会上签署了该文件，公约于 1994 年 3 月 21 日生效。

首先，《联合国气候变化框架公约》是一个框架性公约，包括序言、26 条正文和 2 个附件。它承认气候变化及其不利影响已经成为人类共同关心的问题，公约针对的是由于人类改变全球大气构成的活动直接或间接造成的气候变化。它确立了关于控制温室气体排放，将大气中温室气体的浓度稳定在防止气候系统受到危险的人为干扰的水平上。它为发展中国家和发达国家规定有关控制温室气体的不同义务。但是，对于那些关键性的义务，如限制和削减二氧化碳的排放量，公约没有规定具体的指标和时间表。此类具体措施留给国内法或者缔约国在未来另行议定。其次，《联合国气候变化框架公约》具有广泛的国际社会基础，是第一个由国际社会的全体成员参与谈判的国际环境条约，1992 年就有 154 个国家和欧共体在会上签署了该公约。再次，公约涉及人

① ［英］J. 亚格、H. L. 福格森编：《气候变化，科学影响和政策（第 2 届世界气候大会文件集）》，英文版，497 页，剑桥，剑桥大学出版社，1991。

② 该报告认为，人类活动排放的空气污染物使大气层中温室气体（如二氧化碳、甲烷等）的浓度大为增加，这将增加自然的温室效应，导致地球表面平均温度的额外上升。如对人类活动的温室气体排放不加控制，到 21 世纪地球温度将升高 2℃～5℃，此系地球在过去一万年内所没有过的变化，它将导致地球海平面在 21 世纪末升高 65 公分（正负 35 公分）。

类活动的方方面面。只要人类活动可能造成温室气体排放的增加和气候的变化，这种人类活动就要受到公约的影响。最后，公约关系到各国的重大利益。限制温室气体的排放将直接影响各国的产业部门，各国的态度和立场不同。例如，发展中国家中的经济发展迅速大国，如中国和印度，反对任何不顾国情和发展目标并可能限制其经济长期发展的规定；美国反对公约关于限制二氧化碳等温室气体的具体目标和时间表；德国等欧盟国家对公约积极支持；石油生产国，以沙特阿拉伯为首，反对公约规定任何实质性义务，因为那将限制其国民经济的命脉——石油工业。

（一）公约的目标与原则

公约第 2 条规定，公约的最终目的是将大气中温室气体的浓度稳定在防止气候系统受到危险的人为干扰水平上。这一水平应在足以使生态系统能够自然地适应气候变化，确保粮食生产免受威胁并使经济能够可持续发展。

为了确保公约目标的实现，公约规定了五项基本原则：第一，代际公平原则和共同但有区别原则的结合。它要求公约缔约方为人类当代和后代的利益保护气候系统，并在公平原则下，要求各个缔约国共同但有区别地承担保护气候系统的责任。第二，考虑发展中国家特殊情况的原则。公约要求应当充分考虑到发展中国家尤其是特别容易受到气候变化影响的发展中国家的特殊需要和特殊情况。第三，预防原则和成本效益原则。规定缔约方应当采取预防措施，预见、防止或减少气候变化的原因并缓和不利影响。它还要求对付气候变化的政策和措施应当讲求成本效益，确保以尽可能最低的费用获得全球效益。第四，可持续发展原则。第五，国际合作原则。要求缔约国开展广泛的国际合作，促进建立有利于开放的国际经济体系，促成缔约方特别是发展中国家经济的可持续发展。

（二）缔约方的义务

为了实现公约的目的，缔约国在公约中作出了一系列的承诺。公约根据共同但有区别责任原则，缔约方有一般性的义务和特别性的义务。首先，公约缔约国，无论是发达国家还是发展中国家，都必须遵守和履行自己作出的一般性承诺，如公约的缔约方应当编制、更新和公布关于《蒙特利尔议定书》未予管制的所有温室气体的各种“源”的人为排放和各种“汇”的清除的国家清单。根据公约第 1 条规定，“源”指向大气排放温室气体、气溶胶或温室气体前体的任何过程或活动；“汇”指从大气中清除温室气体、气溶胶或温室气体前体的任何过程或活动或机制。其次，缔约国必须履行自己的具体的承诺。公约将缔约方分为三类，分别对其义务进行了规定：(1) 附件一所列的缔约方。附件一所列缔约方由 24 个经济合作组织与发展组织成员国、11 个正在朝市场经济过渡的国家和土耳其，共 36 个国家组成。公约第 4 条第 2 款规定，附件一所列国家应当制定国际政策并采取措施，通过限制人为温室气体排放和保护，增强温室气体库和汇，减缓气候变化，向缔约方大会提供关于控制温室气体的人为排放和保护，增强温室气体的库和汇的政策和措施的详细资料，以单独或共同将其温室气体的排放回复到 1990 年的水平。(2) 附件二所列的缔约方。附件二所列缔约方由附件一所列缔约方中的 24 个经济合作与发展组织国家和土耳其组成。公约第 4 条第 3 款规定，他们应为发展中国家缔约方提供新的额外的资金，帮助特别易受气候变化不利影响的发展中国家缔约方支持适应这些不利影响的费用，采取一切实际可行的步骤，酌情促进、便利和资助其他缔约方特别是发展中国家缔约方转让或使他们有机会得到无害环境的技术，以便他们能够履行公约。(3) 发展中国家缔约方。公约明确规定，发展中国家缔约方有效履行其义务的程度取决于发达国家对其提供的相关资金和技术转让义务的有效履行。

（三）公约的履行

缔约方大会是公约的最高机构，其职责是定期审评公约和缔约方会议所通过的相关法律文书的履行情况，并在职权范围内作出促进公约有效履行所必需的决定。公约自 1994 年生效以来，缔约方已经召开多届缔约方大会，通过了一系列重要决议，如第一届缔约方大会作出“柏林授权”的决定，第三届缔约方大会通过的《京都议定书》。

1.“柏林授权”。第一届缔约方大会于 1995 年 3 月 28 日至 4 月 7 日在德国柏林市举行，其中最重要的决定则是有关“柏林授权”的决定。“柏林授权”的决定是大会的第 1 号决定，其主要内容包括：第一，经缔约方大会审查，认定公约第 4 条第 2 款的 a 项和 b 项的规定是不充分的；第二，缔约方同意开始一个新的过程以制定一项旨在加强附件一所列缔约方的承诺和在 2000 年以后的时期采取适当行动的议定书或另一项法律文件；第三，指导该过程的原则和事实，如共同但有区别的责任原则，发达国家率先行动，发展中国家的具体需要，发达国家在历史上和现在全球温室气体排放中占的主要份额等；第四，该过程的优先目标包括为加强附件一所列缔约方的承诺而设计政策和措施并规定他们在 2005 年、2010 年和 2020 年之前的温室气体排放限度和排放削减目标。

2.《京都议定书》。第三届缔约方大会于 1997 年 12 月 1 日至 11 日在日本京都举行。由 150 多个国家的代表团、20 多个国家的观察员代表以及非政府组织的代表等共 5 000 余人出席了会议。本次大会通过了具有里程碑意义的《京都议定书》（以下简称议定书）。议定书制定了温室气体减排的清洁发展机制，旨在国际社会能通过全面控制二氧化碳等温室气体排放，遏制全球气候变暖给人类的经济和社会带来不利影响。议定书还规定允许三种减排折算方式：第一，“集团方式”，即只要有关国家集团达到减排总额，可以不管集团内部成员国的排放量增减；第二，“排放权交易”，排放量超过其额度的发达国家可以向排放量低于其额度的发达国家购买其低于限额部分的削减排放量，使总量仍然达标；第三，“绿色交易”，发达国家可以通过资助在发展中国家营造森林或转让有关绿色技术，相应地抵消其部分排放量。

议定书在国际法的发展上具有重要意义，它坚持了“柏林授权”的规定，没有为发展中国家规定减排义务，是人类历史上第一个专为发达国家规定温室气体减排义务的具有法律约束力的文件。2005 年 2 月 16 日已经正式生效，规定从 2008 年到 2012 年期间，主要工业化国家的温室气体排放量要在 1990 年基础上平均减少 5.2%。其中欧盟作为一个整体要将 6 种温室气体的排放量削减 8%，美国削减 7%，日本削减 6%。美国作为当时世界上最大的温室气体排放国，却以该议定书给美国经济发展带来过重负担为由，游离于《京都议定书》体制之外。2007 年 12 月 3 日联合国气候变化大会在印尼巴厘岛开幕，会上着重讨论《京都议定书》第一承诺期在 2012 年到期后如何进一步减少温室气体的排放。2007 年 12 月 3 日，新任澳大利亚总理陆克文签署了《京都议定书》，至此，除了美国这个高度发达的工业化国家没有加入之外，世界上所有发达的工业化国家均已在这份应对全球气候变暖的文书上表达了自己作为国际社会一位成员的良知和努力改善人类生存环境所应承担的责任。

3. “巴厘岛路线图”。《巴厘岛行动计划》与“巴厘岛路线图”于2007年在《联合国气候变化框架公约》第14次缔约方大会上通过。其中，《巴厘岛行动计划》共包括13项内容，较为重要的包括为推动新的谈判，在框架条约下设立长期合作行动特别工作小组，在2009年完成工作并向第15次缔约方大会提交报告（条款2）；要求所有发达国家作出可测量、可报告、可核实（即MRV）的温室气体量化减排承诺，包括量化的排放限制与减排目标（条款1（b）（i））；在可持续发展、拥有支援性及可行性技术、资金及能力建设的背景下，发展中国家在国内采取适当的可测量、可报告、可核实的减缓气候变化行动（条款1（b）（ii））；除减缓气候变化问题外，还强调适应气候变化（条款1（c））、技术开发和转让（条款1（d））、资金（条款1（e））等发展中国家关心的问题等。

“巴厘岛路线图”既包括《巴厘岛行动计划》中列出的公约下的新的谈判进程，也包括《京都议定书》框架下的现有谈判和2009年完成的目标，这就确定了未来谈判方式的“双轨路径”，两种路径相对应的机构分别为长期合作行动特别工作组与《京都议定书》缔约方特设工作组。

在这次影响深远的谈判中，中国的底线非常明确，不接受强制的“量化”减排，要一步步来，这也是所有发展中国家的基本立场。中国的减排、降低能耗等政策，由此将面对来自国际社会更多硬性约束。通过政策法律明确坚定地规定节能减排目标对中国来说是国家的内在需求。①

4.《哥本哈根协定》。2009年12月，《联合国气候变化框架公约》第15次缔约方大会和《京都议定书》第5次缔约方会议在丹麦哥本哈根举行。194个缔约方派团参会，120位国家元首和政府首脑参加了会议。会议的主要目标是按照“巴厘岛路线图”的授权，通过公约和《京都议定书》双轨谈判，就公约的全面、有效、持续实施和《京都议定书》第二承诺期发达国家进一步量化减排指标达成有约束力的成果文件。一波三折的哥本哈根气候大会最后形成了《哥本哈根协定》，它虽然不是法律性公约，却为今后的谈判打下了基础。但会议中的五大关键问题尚未解决：一是谈判的基础文件，二是减排目标，三是“三可”问题（可测量、可报告和可核实），四是长期目标，五是资金问题。会议结束后，温家宝总理分别致函丹麦首相拉斯穆森和联合国秘书长潘基文，明确表示中方坚持公约、《京都议定书》和“巴厘岛路线图”授权，积极评价并支持《哥本哈根协议》。

5. 坎昆协定。2010年11月29日至12月11日，《联合国气候变化框架公约》第16次缔约方大会及《京都议定书》第6次缔约方大会在墨西哥坎昆举行。这是2009年哥本哈根会议之后联合国气候变化谈判的又一次重要会议，具有承上启下的作用。经艰苦谈判，来自194个国家的代表最终达成了被称为“坎昆协定”的一系列决议。“坎昆协定”反映了目前各方所能达成的最大共识，但未实质性解决诸如《京都议定书》第二承诺期等谈判中的核心问题。由于《京都议定书》第一承诺期将于2012年年底到

① 参见邓瑾：《中国的收获与压力——巴厘岛气候变化谈判》，载《南方周末》，2007-12-29。

期，国际社会普遍期待 2011 年年底的南非德班会议能够完成“巴厘岛路线图”谈判。德班会议面临三大严峻挑战：国际金融危机的滞后效应将继续对气候变化谈判进程带来不可预期的影响；《京都议定书》特别是议定书第二承诺期的存续问题以及如何全面平衡地贯彻落实坎昆会议所达成的各项协定，其中包括科学合理地界定应对气候变化的长期目标，细化有关资金和技术转让以及提高减缓行动透明度的机制和安排等问题。

6. 德班协定。《联合国气候变化框架公约》第 17 次缔约方大会及《京都议定书》第 7 次缔约方大会于 2011 年 11 月 28 日至 12 月 11 日在南非德班举行。经过艰苦谈判和磋商，会议取得了一系列积极成果：一是坚持了《联合国气候变化框架公约》、《京都议定书》和“巴厘岛路线图”授权，坚持了双轨谈判机制，坚持了“共同但有区别的责任”原则；二是就发展中国家最为关心的京都议定书第二承诺期问题作出了安排；三是在资金问题上取得了重要进展，启动了绿色气候基金；四是在“坎昆协定”基础上进一步明确和细化了适应、技术、能力建设和透明度的机制安排；五是深入讨论了 2020 年后进一步加强公约实施的安排，并明确了相关进程，向国际社会发出积极信号。

德班会议未能全部完成“巴厘岛路线图”的谈判，落实“坎昆协定”和德班会议成果仍需时日。各方在有关 2020 年后加强公约实施的安排上还需要做更多工作。需要指出的是，发达国家在自身减排和向发展中国家提供资金和技术转让支持方面的政治意愿不足，是影响国际社会合作应对气候变化努力的最主要因素。中国代表期待发达国家拿出政治诚意，在 2012 年的卡塔尔多哈会议上完成京都议定书第二承诺期的谈判，进一步提高减排承诺水平，落实资金和技术转让承诺，与发展中国家合作，进一步落实坎昆会议和德班会议成果，谈判解决“巴厘岛路线图”未决的问题，尽快完成“巴厘岛路线图”授权的谈判。

7. 多哈协定。《联合国气候变化框架公约》第 18 次缔约方大会和《京都议定书》第 8 次缔约方会议于 2012 年 11 月 26 日至 12 月 7 日在卡塔尔多哈举行。此次会议成果为：其一，“根据《京都议定书》第三条第 9 款修正该议定书”（“多哈修正案”）的生成，与会各国对《京都议定书》第二阶段的承诺期达成一致，第二承诺期始于 2013 年 1 月 1 日，于 2020 年 12 月 31 日终止。《京都议定书》修正案为《联合国气候变化框架公约》（《公约》）附件一缔约方规定了量化减排指标，使其整体在 2013 年至 2020 年承诺期内温室气体的全部排放量从 1990 年排放水平至少减少 18%，并要求附件一缔约方至迟于 2014 年重新审定其在第二承诺期下量化限制和减排承诺。[①] 目前，共有 43 个国家同意接受第二阶段的减排目标，中国也于 2014 年 6 月 2 日向联合国秘书长交存了中国政府接受“多哈修正案”的接受书。其二，多哈气候大会还通过了《公约》长期合作工作成果，明确未来达成长期合作的共同愿景，包括一个长期的全球减排目标，加强包括发达国家缔约方量化的限制和减排目标在内的可衡量、可报告和可核实的适合本国的减缓承诺或行动。其三，推进德班平台，以期在 2015 年 12 月 2 日第 21 届会议上通过一项《公约》下对所有缔约方适用的议定书或有效力的议定结果，并使之于 2020 年生效。其四，损失损害补偿机制，多哈气候大会注意到发展中国家特别易遭受气候

① 参见“多哈修正案”，FCCC/KP/CMP/2012/13/Add. 1。

变化不利影响相关的损失和损害，决定在第 19 届会议上设立诸如国际机制之类的体制安排。①

多哈气候大会缔约各方对《京都议定书》第二承诺期达成共识，为 2012 年以后的减排工作做好铺垫，同时，德班平台旨在达成一项具有法律约束力的全球性气候协议，体现出较强的政治决心。但值得注意的是，德班平台不同于“巴厘路线图”，未在发达国家与发展中国家之间作出减排的区分，将会减少发展中国家的减排热情，而各国对“共同但有区别责任”的歧见，也会使未来全球性气候协议的美好愿景依然遥远。

8. 华沙协定。2013 年 11 月 11 日至 23 日，《联合国气候变化框架公约》第 19 次缔约方大会暨《京都议定书》第 9 次缔约方大会在波兰华沙举行。华沙气候大会上，缔约方为确保踏上 2015 年全球性气候协议的正轨做了许多准备工作。首先，缔约方达成了有关 2015 年协议生成的具体时间表，计划于 2014 年 3 月筹备全球性气候协议的第一次会议；于 2014 年 12 月完成初始草拟文本；并于 2015 年 5 月提交正式文本；期望在 2015 年 12 月成功结束谈判。其次，为达成全球性气候协议，缔约方应于 2015 年第一季度至迟于 2015 年 12 月开始或加强“国家自主贡献”（INDC）的准备工作。再次，缔约方国家自主贡献的安排应清晰、透明，发达国家应给予发展中国家支持。最后，2014 年利马气候变化大会之前，缔约方在提出其国家自主贡献时应提供确切信息以待评估。此外，华沙气候大会还设立了“气候变化影响的损失与损害华沙国际机制”，专门从事发展中国家易于因长期气候变化遭受的损失与损害。在通过减少森林砍伐与退化减排上，缔约方达成了“REDD＋华沙框架”的一系列决定。气候融资上，发达国家没有体现出多少落实长期资金的意愿，为此，华沙气候大会继续推动 2020 年达到 1 000 亿美元的气候资金，并决定 2014 至 2020 年每两年举行“长期资金部长会议”，以增强推动气候融资的政治动力。

9. 利马协定。2014 年 12 月 1 日至 13 日，第 20 届联合国气候变化大会（COP20）暨《京都议定书》第 10 次缔约方大会在秘鲁利马举行。利马会议的成果主要有：(1) 缔约方会议通过了《利马气候行动呼吁》，其中，强调缔约方会议致力于 2015 年的全球性气候协议，应顾及国情差异并反映共同但有区别责任和各自能力的原则，这弥补了德班平台对“共同但有区别责任”只字未提的缺陷，也明确了“共同”与“公平”是贯穿历届气候大会和谈判的基础性原则。(2) 进一步细化 2015 年全球性气候协议的要素，明确各缔约方 2020 年以后应对气候变化的国家自主贡献涉及的信息，为各方在 2015 年巴黎会议前提出国家自主贡献提供了参考依据。(3) 缔约方将气候变化适应提升到显著的地位。承认国家制订的国家适应计划（NAPs）可以作为发展适应性能力的一个重要途径。

利马气候大会的谈判进展直接影响 2015 年巴黎会议上全球性气候协议是否得以生成，尤其是缔约方国家自主贡献将直接构成 2020 年以后全球气候变化行动的基础。但从利马气候大会成果来看，缔约方谈判仍然不太理想，整体的进展还是存在一定程度的拖延，包括绿色气候基金目前只筹集到 100 亿美元，距离 2020 年 1 000 亿美元差距甚大，缔约方是否能按期提交国家自主贡献尚存在疑问。

① 参见缔约方会议第十八届会议报告，FCCC/CP/2012/8/Add. 1。

10. 巴黎气候协定。2015 年 11 月 30 日至 12 月 11 日，第 21 届联合国气候变化大会（COP20）暨《京都议定书》第 11 次缔约方大会在法国巴黎举行。196 个《联合国气候变化框架公约》缔约方参加了大会，经过近 2 周的艰辛谈判，缔约方大会终于达成了《巴黎气候协定》——一个被认为是全面、均衡、有力度、有约束力的全球气候变化协定。《巴黎气候协定》首次将美国这个人均碳排放量最高的国家纳入了国际减排体系之中，是气候变化谈判取得的重大进展。中国在巴黎气候大会中发挥了重要的作用，并为《巴黎气候协定》的达成作出了重大努力。《巴黎气候协定》被喻为全球气候治理的宪章和新的里程碑①，是气候变化谈判的新起点。

巴黎气候变化大会取得以下进展：在减排方面，2020 年后所有缔约方将以国家自主贡献（INDC）的方式参与全球减排，在 21 世纪下半叶实现温室气体净零排放。在适应方面，确立提高气候变化适应能力的全球适应目标，并将通过“损失与损害”机制加强缔约方之间的理解和支持。在财政安排方面，发达国家缔约方自 2020 年起将为发展中国家提供不少于 1 000 亿美元/年的绿色气候资金；从 2023 年起，每 5 年将进行一次全球总体盘点，帮助各国加大行动力度。《巴黎气候协定》的最大特色是确立了各国“自下而上”自主提出减缓目标的规则：国家自主贡献（INDC），因为这种机制有利于吸引各国平等、广泛地参与，但由于该机制依赖于各国自主的减排目标，难以保证实现公约设定的 2℃温升控制目标。另外，对于长期资金（到 2020 年每年 1 000 亿美元），发达国家依然拒绝给出路线图，巴黎气候变化大会也未就气候资金相关内容达成协定，包括资金组成、资金计算方法、何国何时出资、资金援助对象等。因此，在资金援助方面，发达国家应当提出以公共资金为主的详细时间表和路线图。② 可以预见，发达国家如何履行有力度的出资、气候技术转让以及支持发展中国家能力建设等问题依然是未来国际气候谈判的重点。

三、臭氧层保护的国际法规则

臭氧是我们熟知的保卫地球免受紫外线照射和伤害的忠诚“卫士”，但随着后工业时代的科技发展，各国特别是发达国家大量排放二氧化碳、氯氟烃、甲基溴等损害臭氧的气体，人类对环境不加约束的破坏和污染最终敲响了臭氧层保护的“警钟”。1985 年，英国南极科考队首次监测到了南极上空的臭氧层空洞。20 世纪 90 年代以后，臭氧层破坏愈加严重。2000 年美国宇航局发布南极上空臭氧空洞达到 2 900 多平方千米。臭氧的破坏会给人类及其赖以生存的环境造成灭顶之灾。因臭氧层变薄，紫外线直射地球，将会导致人类及其他生物不宜生存，不仅造成渔业、农业减产，危及粮食供应，而且人类因此患皮肤癌的几率会大大增加。

（一）《保护臭氧层维也纳公约》

国际社会于 1985 年通过《保护臭氧层维也纳公约》（《公约》），为保护臭氧层的全球行动奠定了法律基础。《公约》的目标是要求缔约方通过立法和行政措施对臭氧层的破坏采取行动，包括开展监测和研究，加强信息交流，约束本国排放破坏臭氧层的

① 参见曹明德：《中国参与国际气候治理的法律立场和策略》，载《中国法学》，2016（1），29 页。

② 参见曹明德：《中国参与国际气候治理的法律立场和策略》，载《中国法学》，2016（1），40 页。

气体等。截至2012年，《公约》共有196个缔约方，实现了普遍参与。《公约》共有21个条款，2个附件。主要内容如下：

第一，一般义务。缔约方有进行系统的观测、研究和资料交换和合作的义务；缔约方有通过立法和行政措施控制、限制、削减或消除管辖范围内对改变臭氧层造成不利影响的人类活动。第二，系统观测。缔约方承诺酌情直接或通过主管的国际机构就有关臭氧层变化及影响的问题发起并合作研究。第三，资料交换。缔约方应促进将与公约有关的科学、技术、社经、商业和法律资料的交换。直接或通过主管国际机构促进技术和知识的发展和转让，照顾发展中国家有需要的情形。第四，争端解决。缔约方在本公约解释和适用方面的争端，谋求通过谈判方式解决或通过第三方斡旋、调停的方式解决。缔约方也可以在加入公约时声明接受本公约所列的解决争端的强制性办法，包括缔约方会议通过的仲裁程序或提交国际法院。若以上程序均无法解决争端，应任何一方要求，设立调解委员会，委员会将作出最后建议性裁决。

（二）《蒙特利尔议定书》

1987年在联合国环境规划署的组织下，“保护臭氧层公约关于含氯氟烃议定书全权代表大会”在加拿大蒙特利尔召开，中国政府代表也参加了此次会议。9月16日，24国签署了《关于消耗臭氧层物质的蒙特利尔议定书》（《议定书》）。目前从总体上看，95%的各类消耗臭氧层物质也已被逐步淘汰，这是《议定书》各缔约方共同努力的结果。《议定书》共有20个条款，6个附件，进一步明确了对臭氧层产生不利影响的数种气体物质，并细化了缔约方消除耗氧物质的具体措施。

《议定书》的主要内容为：第一，《议定书》第2条规定了缔约方关于包括氟氯化碳在内的9种耗氧气体物质的控制措施。第二，第4B条规定了“许可证”制度。规定每一缔约方应于2000年1月1日或在本条对其正式生效后3个月内，建立和实施对新的、使用过、再循环和再生的附件中所列的管制物质的进出口发放许可证。第三，第5条规定了发展中缔约方的特殊情况，允许发展中缔约方为满足其本国国内发展需求，有权暂缓执行的一些控制措施以及适用条件。第四，《议定书》致力于设置一个财务机制，包括多边基金，向发展中缔约方提供财务及技术合作。此外，缔约方应设立一个执行委员会制定并监测具体业务政策、指导方针和行政安排的实施，包括资源的分配。第五，缔约方应确保现有的最佳、无害环境的替代品和有关技术迅速并在公平和最优惠的条件下转让给发展中成员方。

第三节　生物多样性的国际法保护

一、生物多样性国际法保护概述

（一）生物和生物多样性概述

生物是一种重要的环境要素，它是指不直接依赖于人类的所有生命形式，包括动物、植物和微生物。生物是环境的重要组成部分，同时是一种重要的自然资源——生物资源。生物多样性是描述地球上生命的变化及其形成的自然格局术语，它是指地球上的生物所有形式、层次和联合体中生命的多样化。在自然界中，生物是多种多样的，从大的历史角度，地球生物的多样性还是呈现出增加的趋势，尽管出现过几次大的生物种类的灭绝，这种生物的多样性是自然塑造的过程，它形成了一个生命的网络，是人类生存不可缺少的部分，生物多样性也日益受到人类活动的影响。

（二）生物多样性现状及减少原因

1998年初，IUCN出版了首份《全球濒危植物名录》。该《名录》指出，在27万种维管植物中，有12.5%，即33 798种被认为濒临灭绝，这些植物归属于369个科，分布于世界200个国家。在美国分布的16 000种植物中，有30%被认为属濒危植物，有1/3双翅果植物种濒危，约75%紫杉科植物种濒危。这本《名录》是在原IUCN系统对濒临灭绝的植物物种的分类基础上进行的。另外，《濒危树种红色名录》中指出，在约80 000个树种中，有8 750个树种濒危，只有少量这些濒危树种是处于有防卫措施的区域内或处在物种保护管理之下。一个物种的灭绝，会使人类失去获得重要遗传材料的机会，如红豆杉科植物75%的种类都是重要的抗癌药物资源，但他们正受到灭绝的威胁。地球上的动物、植物和微生物之间以及与其生存的自然环境之间有着相互依存、相互作用的密切关联，任何一个物种的丧失都会通过食物链作用于其他生物，物种的大量快速消失会破坏生态平衡，使地球环境控制系统紊乱，失去完整性。这种人类生存不可或缺的最基本的环境受到了破坏，人类也必将受到严重的威胁。

物种周而复始的形成、灭绝本来是自然规律，但是人类社会发展造成的物种破坏速度是自然状态下的1 000倍，造成这样的结果，既有人为原因也有自然原因。

第一，经济的发展。经济的发展是最根本的原因，随着经济的发展，工业、农业等对环境造成的污染和破坏不断加大，如工业的发展和人口的增加使得臭氧层遭到破坏，气候开始变化等，这一系列的变化破坏了许多生物赖以生存的环境，给生物多样性带来巨大的压力。

第二，生物技术对生物多样性造成了严重的破坏。生物技术的提高也是经济发展的一个结果，是指“使用生物系统、生物体或其衍生物的任何技术应用，以制作或改变产品或过程以供特定用途”。生物技术一方面对保护濒危生物起了一定的作用，另一方面，生物技术的滥用可能对地球物种和生态系统的平衡乃至人类的健康和安全构成了严重的威胁，如由生物技术改变的活生物体可能会对生物多样性造成严重危害，一些具有抗虫特性的转基因植物，除了能对害虫产生毒害而使其死亡外，对许多有益生物也可能产生直接或间接的影响。

第三，人类对生物资源的滥捕滥杀和过度开发。由于生物资源具有食物、药用和商业价值，人类受到巨大经济利益的诱惑，开始对野生生物如老虎、蛇、大象、藏羚羊等进行大肆捕杀，使得这些生物面临灭顶之灾，威胁了生物多样性，也同样威胁了整个生态平衡。另外，人类为了促进经济进一步发展，不断开发森林、湿地等，使许多生物失去了安身之所。

第四，许多自然因素也是威胁生物多样性的原因之一。生物进化会受自然因素的影响，如火山爆发、海啸、地震、洪水、干旱等自然灾害和外来生物入侵等原因都可能导致生物的死亡甚至灭绝。人类在这个过程中所能做的就是最大程度地保护环境和生物，减少对环境的破坏和污染而导致的自然灾害，从而间接地减少对生物多样性造成的威胁。

（三）生物多样性国际法保护的发展过程

由于生物多样性遭到威胁和破坏，国际社会一直在探寻保护生物多样性的各种办法，也签订了很多关于生物物种保护方面的条约。

早期的生物多样性的国际保护缔约国数量有限，保护的生物种类也有限，而且很多保护措施欠缺操作性，得不到切实履行，还存在很多缺陷。最开始的很多条约都是针对特定的种群开发而制定的，而且有很明显的实用主义色彩。1886 年，德国、卢森堡、荷兰和瑞士就通过了《莱茵河流域捕捞大马哈鱼的管理条约》。1902 年，12 个欧洲国家签署了非开发性物种保护的多边国际条约《保护对农业有益鸟类的公约》，其附件列出了一个益鸟清单和一个害鸟清单，体现出明显的实用主义。直到 20 世纪 30 年代，国际社会通过了一系列关于生物保护的条约，才体现了非功利主义和非实用主义的观点。1933 年 11 月 8 日在英国伦敦签署了《保护自然环境中动植物公约》，要求缔约国在境内建立国家公园和严格管制的自然保留地，控制狩猎和采集物种，对非洲等自然界进行保护。1946 年 12 月 2 日在华盛顿签署了《国际捕鲸管制公约》，1950 年 10 月 18 日在巴黎签署了《国际鸟类保护公约》，1951 年 12 月 6 日在罗马签署了《国际植物保护公约》，1958 年 4 月 29 日在日内瓦签署了《公海生物资源捕捞和养护公约》，1961 年通过《保护植物新品种国际公约》，1966 年 5 月 14 日在里约热内卢签署了《养护大西洋金枪鱼国际公约》，1968 年 9 月 15 日在阿尔及利亚签署了《养护自然和自然资源非洲公约》，1969 年 10 月 23 日在罗马签署了《养护东南大西洋生物资源公约》。

20 世纪 70 年代，对于生物多样性的认识发生变化。首先，人们将对生物的保护扩展至其生存环境。其次，人们对生物的国际贸易进行了控制。最后，人们意识到保护生物的多样性是为了全人类的利益。例如，1971 年 2 月 2 日在伊朗的拉姆萨尔通过了《关于特别是水禽栖息地的国际重要湿地公约》。1973 年 3 月 3 日在美国华盛顿通过了《濒危野生动植物物种国际贸易公约》。1979 年 6 月 23 日在德国波恩通过了《保护野生迁徙动物物种公约》，此公约对于野生迁徙动物的保护超越了一国国境，所有动物可能栖息的缔约国都须在其管辖范围内采取相应措施。1992 年 6 月 5 日，在巴西里约热内卢签署了《生物多样性公约》。2000 年 1 月 29 日在加拿大蒙特利尔通过了《卡塔赫纳生物安全议定书》，2010 年 10 月 29 日通过了《关于获取遗传资源和公正和公平分享其利用所产生惠益的名古屋议定书》（《名古屋议定书》），至此，生物多样性的国际法保护体系基本形成。

二、生物多样性的全球性国际法保护

（一）1973 年《濒危野生动植物物种国际贸易公约》

1973 年，首个濒危物种领域限制国际贸易的公约《濒危野生动植物物种国际贸易公约》在美国华盛顿通过，1975 年 7 月 1 日生效。该《公约》共 35 条 4 个附件，附件一、二、三中列入了缔约国认为面临灭绝或濒危的物种，并规定了不同的贸易措施，附件四规定了许可证的式样和应包含的内容。该《公约》的宗旨是“为了保护某些野生动物和植物物种不致由于国际贸易而遭到过度开发利用”。

1.《公约》对野生动植物物种进行分类保护。《公约》对野生动植物物种的国际贸易控制是根据该物种的濒危程度。公约规定，附件一所列物种为“所有受到和可能受到贸易的影响而有灭绝危险的物种”，附件二所列物种为“目前虽然未濒临灭绝，但如对其贸易不严加管理，以防止不利其生存的利用，就可能变成有灭绝危险的物种”和“为了使附件一所列某些物种标本的贸易能得到有效的控制，而必须加以管理的其他物种”，附件三所列物种为“任一成员国认为属其管辖范围内，应进行管理以防止或限制开发利用，而需要其他成员国合作控制贸易的物种”。《公约》第2条明确规定，“除遵守本公约各项规定外，各成员国都不许就上述三类物种进行国际贸易”。公约对以上3个附件所列物种的国际贸易分别规定了管制措施。

2. 许可证制度。野生动植物的国际贸易措施主要有：出口许可证、进口许可证、再出口许可证和其他有关证明书。《公约》第3条对3个附件所列物种的标本的进口、出口、再出口分别规定事先获取并交验有关许可证或证明书的要求。《公约》规定：附件一所列物种的任何标本的出口，必须事先获得并交验出口许可证。《公约》第4条规定：附件二的进出口贸易的条件基本和附件一的要求相同，但附件二的进口不需获得进口许可证。《公约》第5条规定：从该物种列入附件三的任何国家出口时，必须事先获得批准，并递交出口许可证，附件三所列任何物种的进口，应事先交验原产地证明书和出口国的出口许可证。如果再出口，由再出口国的管理机构签发有关该标本曾在该国加工或正在进行再出口的证明书，以此进口国证明有关该标本的再出口符合《公约》的各项规定。

《公约》第3条到第6条还对各种许可证或证明书的发放规定了详细的条件，只有满足这些条件才能获得有关的许可证或证明书，《公约》还规定了在一些条件下，附件中的物种可以不需要《公约》所规定的许可证，例外情况主要包括：中转运输、《公约》生效前的标本、私人财产、人工喂养、人工繁殖和科研与展览。

《公约》第9条规定：各成员国为实施本公约而指定的有资格代表该成员国发放许可证或证明书的管理机构。《公约》还规定：各成员国制定该国有关本公约的科学机构。管理机构和科学机构的认定对有关的许可证的发放起决定性的作用。

3.《公约》的机构设置。缔约国大会为公约的最高决策机构。《公约》规定在公约生效后每两年举行一次缔约国大会。缔约国大会的主要职责之一是审议并通过附件一和附件二的修正案。缔约国大会召开期间，大会由全会和委员会会议组成，委员会分为第一委员会和第二委员会，第一委员会主要讨论技术性议题和物种提案，第二委员会主要讨论政策性议题。

秘书处为公约的常设机构。秘书处设在瑞士的日内瓦，其主要职责之一是在国际范围内监督公约的实施。《公约》第13条规定：秘书处根据其所获得的情报，认为附件一和附件二所列物种由于该物种的贸易而正受到不利影响，或本公约的规定没有被执行时，秘书处应将这种情况通知有关成员国；成员国在收到通知后，应尽快将有关事实通知秘书处并提出适当的补救措施；成员国提供的情况，将由下届成员国大会进行审议，大会可提出它认为合适的任何建议。

缔约国大会设立了常务委员会、动物委员会、植物委员会、命名委员会和鉴定收藏委员会及若干工作组。这些机构主要是协助缔约国大会开展工作，分别履行缔约国大会赋予的职责或安排的任务。其中，常务委员会为缔约国大会休会期间的最高决策机构，动物委员会、植物委员会主要研究处理动植物方面的专业性问题。

（二）1992 年《生物多样性公约》

1992 年 6 月 5 日在里约热内卢联合国环境与发展大会上开放签署的《生物多样性公约》，是目前规定对基因资源、物种和生态系统等生物资源全面保护的唯一全球性公约。《公约》分为三个部分：序言、42 项条款和两个附件。《公约》确定了生物资源和生物多样性保护和持续利用的重点领域；界定了一些有关的基本概念和术语；确认和重申了有关国际环境法原则；规定了有关保护和持续利用的基本措施；规定了关于遗传资源的取得、技术的取得和转让、生物技术惠益分享的基本原则；规定了资金和财物机制；设立了有关的机构；规定了争端的解决办法。

1.《公约》的主要目标和基本原则。《公约》有三个主要目标：一是保护生物多样性；二是生物多样性组成成分的可持续利用；三是以公平合理的方式共享遗传资源的商业利益和其他形式的利用。公约的基本原则是："依照联合国宪章和国际法原则，各国具有按照其环境政策开发其资源的主权权利，同时亦负有责任，确保在他管辖或控制范围内的活动，不致对其他国家的环境或国家管辖范围以外地区的环境造成损害。"

2.《公约》对基本概念和术语的界定。《公约》对有关生物资源和生物多样性保护和利用的一些基本概念和术语进行了界定。《公约》将"生物多样性"定义为"所有来源的形形色色生物体，这些来源除其他外包括陆地、海洋和其他水生生态系统及其所构成的生态综合体；这包括物种内部、物种之间和生态系统的多样性"。《公约》将"生物资源"界定为"对人类具有实际或潜在用途或价值的遗传资源、生物体或其部分、生物群体或生态系统中任何其他生物组成部分"。《公约》第 2 条将"持久利用"定义为"使用生物多样性组成部分的方式和速度不会导致生物多样性的长期衰落，从而保持其满足今世后代的需要和期望的潜力"。

3. 有关保护和持续利用的基本措施。《公约》规定的保护和持续利用生物资源及生物多样性的基本措施包括：（1）制定有关保护和持续利用生物多样性的国家战略、计划和方案；（2）查明并监测对保护和持久使用生物多样性至关重要的生物多样性组成部分，并查明和监测对保护和持久使用生物多样性产生或可能产生重大不利影响的过程和活动种类；（3）就地保护，其中包括建立保护区系统和向发展中国家提供财务和其他资助；（4）移地保护并就移地保护向发展中国家提供财物和其他资助；（5）关于生物多样性组成部分的持久使用的措施，包括在国家决策过程中考虑到生物资源的保护和持久使用、避免和尽量减少对生物多样性的不利影响的措施、保障和鼓励符合保护和持久使用要求的生物资源习惯使用方式；（6）在查明、保护和持久使用生物多样性及其组成部分的措施方面建立科技教育和培训方案；（7）宣传和公众教育；（8）对可能对生物多样性产生严重不利影响的拟议项目进行环境影响评价；（9）信息交流；（10）技术和科学合作。

4. 遗传资源的取得。"遗传资源"是指具有实际或潜在价值的遗传材料，"遗传材料"是指来自植物、动物、微生物或其他来源的任何含有遗传功能单位的材料。发达国家主张遗传资源的自由获取，而发展中国家认为，遗传资源的获取要服从于国家对自然资源的主权。因此，《公约》第 15 条第 1、2 款一方面规定"确认各国对其自然资源拥有的主权权利，因而可否取得遗传资源的决定权属于国家政府，并依照国家法律行使”。另一方面又规定“每一缔约国应致力创造条件，便利其他缔约国取得遗传资源用于无害环境的用途，不得对这种取得施加违背本公约目标的限制”。《公约》第 15 条第 4～6 款还进一步规定“取得批准后，应按照共同商定的条件并遵照本条约的规定进行；遗传资源的取得须经提供这种资源的缔约国事先知情同意，除非该缔约国另有规定；每一缔约国使用其他缔约国提供的遗传资源从事开发和进行科学研究时，应力求这些缔约国充分参与，并于可能时在这些缔约国境内进行”。

5. 技术的取得和转让以及生物技术惠益的分配。“技术”是指有关生物多样性保护和持久使用的技术和利用遗传资源而不对环境造成重大损害的技术。发达国家不希望公约包含强制发达国家对发展中国家进行技术转让的内容，其借用知识产权的保护限制技术的转让。而发展中国家坚持技术转让是实现公约目标必不可少的要素。《公约》第 16 条第 2 款一方面规定“每一缔约国承诺遵照本条规定向其他缔约国提供或便利其取得并向其转让有关生物多样性保护和持久使用的技术或利用遗传资源而不对环境造成重大损害的技术”。“这种技术的取得和向发展中国家转让，应按公平和最有利条件提供或给予便利，包括共同商定时，按减让和优惠条件提供或给予便利”。另一方面又规定，“此种技术属于专利上和其他知识产权的范围时，这种取得和转让所根据的条件应承认且符合知识产权的充分有效保护”。但是，《公约》第 16 条第 3 款规定，“每一缔约国应酌情采取立法、行政或政策措施，以期根据共同商定的条件向提供遗传资源的缔约国，特别是其中的发展中国家提供利用这些遗传资源的技术和转让此种技术，其中包括受到专利和其他知识产权保护的技术”。同时，《公约》第 16 条第 4 款规定，“每一缔约国应酌情采取立法、行政或政策措施，以期私营部门为有关技术的取得、共同开发和转让提供便利，以惠益于发展中国家的政府机构和私营部门”。

生物技术惠益的分配是发达国家和发展中国家之间长期争议的问题。《公约》第 19 条规定，“每一缔约国应酌情采取立法、行政或政策措施，让提供遗传资源用于生物技术研究的缔约国，特别是其中的发展中国家，切实参与此种研究活动；可行时，研究活动应在这些缔约国中进行”。同时，“每一缔约国应采取一切可行措施，以赞助和促进那些提供遗传资源的缔约国，特别是其中的发展中国家，在公平的基础上，优先取得基于其提供资源的生物技术所产生成果和惠益。此种取得应按共同商定的条件进行”。

6. 资金和财务机制。资金方面，《公约》第 20 条 2 款规定，“发达国家缔约国应提供新的额外的资金，以使发展中国家缔约国能支付他们因执行那些履行本公约义务的措施而承担的全部增加费用，并使他们能享受到本公约新产生的惠益”。财务机制方面，《公约》建立了一个财务机制以便在赠与或减让条件的基础上向发展中国家缔约国提供资金。“该机制应为本公约目的而在缔约国会议权力下履行职责，遵循会议的指导并向其负责。”

7. 缔约国会议和附属机构。公约决定设立缔约国会议，负责审查公约的实施情况，通过议定书和修正案。任何其他组织或机构，无论是政府性质还是非政府性质，只要在与保护和持久使用生物多样性有关领域具有资格，并通过秘书处愿意以观察员身份出席缔约国会议，都可以被接纳参加会议。公约还设立一个提供科学、技术和工艺咨询意见的附属机构，以向缔约国会议及时提供有关执行本公约的咨询情况。

8. 争端的解决机制。公约规定，缔约国之间就公约的解释或适用方面发生争端，有关缔约国应通过谈判的方式寻求解决；无法达成协议的，有关缔约国可以联合要求第三方进行斡旋或要求第三方出面调停，也可以进行仲裁或将争端提交国际法院。[①]

（三）《国际捕鲸管制公约》

《国际捕鲸管制公约》（《公约》）签署于1946年12月3日，于1948年11月10日生效，主要为防止过渡猎捕鲸鱼，《公约》产生之初是为保护捕鲸者的权利，但后来逐渐也注重管理、养护和发展鲸鱼族类，实现生物多样性保护的目的。《公约》的签署和生效来自于从事捕鲸活动的国家推动，故而《公约》并不禁止捕鲸，而是对捕鲸业进行管制，合理分配鲸鱼资源，促进捕鲸业可持续发展。但从20世纪70年代开始，就有国家主张"商业捕鲸禁令"，诸如美国、澳大利亚、瑞典等国。最终，1982年委员会以修订附件的方式通过了"从1985年—1986年捕鲸季开始商业捕鲸的许可渔获量定为零"，又称"商业捕鲸禁令"［附件10（e）］，同时仍然允许以"科学研究"为目的的捕鲸。《公约》第1条规定，本公约包括其不可分割的附表，所称《公约》应理解为包括本附件的现有条款或修正条款，因此该规定同《公约》内容一样，具有同等法律效力。

1. 国际捕鲸委员会（IWC）

《公约》下设立国际捕鲸委员会（IWC），作为《公约》的唯一执行机构。《公约》第4条规定，IWC可会同或通过缔约国政府的独立机关或其他公私机关、组织或团体进行下列工作：鼓励、建议或组织有关鲸或捕鲸的研究和调查；收集有关鲸鱼资源的现状和趋势，统计捕鲸活动的影响；研究、审查和推广维持和增加鲸类资源的数量的方法。同时，委员会也可以依据通过关于鲸类资源的保护和利用规则，随时修改附件的规定。也可以对有关鲸或捕鲸和有关《公约》目的和任务方面的事项，随时向缔约国政府提出建议。

2. 科研捕鲸

《公约》第8条第1款规定："缔约国政府对本国国民为科学研究为目的而捕鲸，可按政府认为适当的限制数量，发给特别许可证，按本条款的规定对鲸的捕获、击杀和加工处理，均不受公约的约束。"第3款规定了缔约国政府应尽可能将从事的科研捕鲸活动收集的有关鲸或捕鲸的科学资料或调查结果寄送制定机构。同时，委员会对"科研捕鲸"还设定了严格的标准，诸如要求各国依据"为科学研究目的"发放捕鲸许可证时，应事先向委员会的科学委员会提交申请并咨询。但是，一些国家打着科研目的幌子的商业捕鲸活动依然存在，如2010年澳大利亚诉日本捕鲸案，后新西兰也申请参加诉讼，2014年国际法院对该案作出裁决，认为日本在南大洋实行的"JARPAII"违反公约，并非是以"科学研究"为目的的捕鲸活动。

此外，委员会还将"原住民"捕鲸限额排除在捕鲸禁令之外，保护生活在阿拉斯加和格陵兰岛的因纽特人传统捕鲸业，但同样存在有国家以此为名开展商业捕鲸活动。

① 国际争端的解决方式是司法考试的常考知识点，谈判、斡旋和调停都是采取政治方法解决争端的方式。谈判仅限于当事国之间，谈判的当事国没有达成有约束力协议的义务。斡旋是争端当事国以外的第三方提供协助促成当事国协商谈判解决争端，第三国本身不参加谈判也不提出解决争端的方案。调停是第三方以调停人的身份，就争端的解决提出方案，并直接参加或主持谈判，以协助解决争端。仲裁和诉讼是以法律方式解决争端的方式。只有国家（联合国会员成员国、《国际法院规约》当事国、特别声明当事国）才可以向国际法院提起诉讼，国际组织、个人、法人都不能向国际法院提起诉讼。

（四）《名古屋议定书》

2010年10月，《生物多样性公约》第10次缔约方大会在日本名古屋召开，会议通过《〈生物多样性公约〉关于获取遗传资源和公正和公平分享其利用所产生的惠益的名古屋议定书》（《名古屋议定书》），于2011年2月2日至2012年2月1日开放供《生物多样性公约》缔约方签署。《名古屋议定书》是《生物多样性公约》的补充协议，具有法律约束力，是专门针对“公平公正分享遗传资源的惠益”这一《生物多样性公约》的三大目标之一设置的相关义务和措施。《名古屋议定书》包含有27个引言条款、36条操作性条款以及一个附件，界定了一些《生物多样性公约》未定义的概念和术语，规定了缔约方在利用遗传资源及相关传统知识所产生惠益有进行分享的普遍义务。

1. 基本概念和术语。《名古屋议定书》第2条界定了《生物多样性公约》未定义的极个别术语。第3款“利用遗传资源”指对遗传资源和（或）生物化学组成进行研究和开发，包括通过应用《生物多样性公约》第2条定义的“生物技术”。第5款“衍生物”指生物或遗传资源的遗传表达或新陈代谢产生的，自然生成的生物化学化合物，即使其不具备遗传功能单元。

2. 土著、地方社区遗传资源和相关传统知识惠益分享制度。相比《生物多样性公约》，《名古屋议定书》增加了有关“土著民”对遗传资源以及相关的传统知识享有惠益分享权利的规定。《名古屋议定书》第5条第2款规定：“各缔约方应该根据土著和地方社区对遗传资源既定权利的国内立法，酌情采取立法或行政或政策措施，以确保根据共同商定条件，与有关社区公平和公正分享由其持有的遗传资源所产生的惠益。”这一规定弥补了《生物多样性公约》只承认国家而忽视土著民族对遗传资源的所有权的缺漏。但其中“酌情”一词也代表着缔约方可自愿采取措施，缺乏强制力。

关于与遗传资源相关的传统知识惠益分享。《名古屋议定书》第7条规定：“各缔约方应根据国内法酌情采取措施，确保由土著和地方社区持有的遗传资源相关的传统知识，得到土著和地方社区的事先知情同意或核准和参与，并订立共同商定的条件。”第7条构成了《名古屋议定书》关于遗传资源相关的传统知识的条款。首先，《名古屋议定书》并未对“传统知识”作出界定，但应当强调知识并非一定要历史悠久才可以称为传统知识，传统知识更多指的是知识产生的环境而非时间。[①] 其次，“由土著和地方社区持有的与遗传资源相关的传统知识”意味着不由土著和地方社区所持有的遗传资源相关的传统知识不受《名古屋议定书》规范。再次，“事先知情同意”表明“核准”是自愿作出，而非受欺诈或胁迫作出。

此外，《名古屋议定书》第12条还规定了土著和地方社区的其他程序性权利义务，包括土著和地方社区应参与缔约方建立的向遗传资源相关传统知识的潜在使用者通报机制、缔约方应尽力支持土著和地方社区尤其是当地妇女参与与遗传资源相关的传统知识社区规约及惠益分享的标准等规则的制定。缔约方在履行本议定书义务时，土著和地方社区原有的与遗传资源相关的传统知识习惯法和社区规约应被考虑在内。

3. 获取与惠益分享信息交换所。《名古屋议定书》第14条设立了“获取与惠益分

① 参见［德］Thomas Greiber等：《遗传资源获取与惠益分享的〈名古屋议定书〉诠释》，薛达元等译，1～50页，北京，中国环境出版社，2013。

享信息交换所”作为《生物多样性公约》第 18 条第 3 款下的信息交换所机制的一部分。信息交换所应成为分享及获取与惠益分享有关信息的一种手段，信息交换所还应负责提供缔约方所提交的执行本议定书有关的信息。这些信息包括：（1）获取与惠益分享的立法、行政和政策措施；（2）国家联络点和国家主管当局的信息；（3）获取时颁发的用于证明准予事先知情同意的决定和订立共同商定条件的许可证或等同文件。

三、生物多样性的区域性国际法保护

在世界许多地区都有一些保护生物资源的条约。这些条约为该区域的生物资源保护提供国际法保护。

（一）欧洲

欧洲最主要的有关生物资源保护的条约主要有：1979 年《欧洲野生生物和自然界保护公约》，1982 年《关于自然养护和风景保护的比荷卢公约》，1991 年《保护阿尔卑斯山公约》，1992 年《欧共体关于保护自然生境和野生动植物的指令》。

1979 年 9 月 19 日在伯尔尼签订了《欧洲野生生物和自然界保护公约》，其缔约国主要是欧洲的发达国家，公约以 3 个附件列举受到不同水平保护的野生动植物。1982 年 6 月 8 日在布鲁塞尔签订了《关于自然养护和风景保护的比荷卢公约》，该公约要求比利时、荷兰和卢森堡三国协调其关于边界地区自然保护的政策和法律，以便对该地区的自然资源予以更好的保护。1991 年 11 月 7 日在奥地利萨尔茨堡签订了《保护阿尔卑斯山公约》，该公约是国际社会第一部以保护山脉生态系统为宗旨的条约。1992 年 5 月 21 日由欧共体理事会发布了《欧共体关于保护自然生境和野生动植物的指令》。

（二）非洲

非洲最主要的有关生物资源保护的条约主要有：1968 年《养护自然和自然资源非洲公约》，1985 年《关于东非区域的保护区和野生动植物的 1985 年议定书》。

《养护自然和自然资源非洲公约》于 1968 年 9 月 15 日在阿尔及尔签订，1969 年 6 月 16 日生效，该公约内容比较全面，它除了保护动植物资源的规定外，还对保护土壤和水资源作了规定，是一个综合性的保护条约。东非地区的国家在联合国环境规划署的主持和帮助下于 1985 年 6 月 21 日在内罗毕签订了《关于东非区域的保护区和野生动植物的 1985 年议定书》，该议定书附于 1985 年《关于保护、管理和开发东非区域海洋和沿海环境公约》。该议定书要求缔约国采取措施保护和保存脆弱生态系统并制定国家自然保护战略，其 4 个附件对野生动物予以分类保护，它在非洲首次规定设立缔约国大会以审议议定书的履行情况和决定对附件名录的修改。

（三）美洲和加勒比海地区

在美洲和加勒比海地区，有关生物资源保护的主要条约有两项：1940 年《西半球自然和野生生物保护公约》，1983 年《大加勒比地区海洋环境开发和保护公约》的 1990 年《特别保护区和受特别保护的野生生物的议定书》。

1940 年 12 月 12 日在华盛顿签署的《西半球自然和野生生物保护公约》，是一个革命性的文件，它规定了与美洲各国自然和野生生物有关的问题，其宗旨是“以足够数量和足够大的区域在其自然生境保护和保存所有物种及其当地动植物种类的代表，包括候鸟，以免它们由于人类控制的任何媒介而灭绝”。公约要求缔约国建立国家公园、国家保护区、自然名胜区和荒野保护区，要求缔约国保护野生动植物、进行科学合作、保护候鸟并保护公约附件所列举的物种，要求缔约国对受保护动植物的进口、出口和过境进行管制。公约的缺陷是没有设立一个监督公约履行的机构。

1990 年 1 月 18 日在金斯敦签订、2000 年 4 月 25 日生效的《特别保护区和受特别保护的野生生物的议定书》，旨在建立大加勒比地区沿海和海洋地区的保护区，保护该地区濒危野生动植物。议定书要求缔约国以可持续的方式保护、保存和管理其管辖范围内具有特殊价值的濒危野生动植物物种，建立保护区，查明濒危物种，禁止取得、杀害、占有或骚扰受保护的物种。议定书以 3 个附件列举了受保护的物种。议定书还决定建立向缔约国大会的定期报告制度和一个科技顾问委员会。

（四）亚洲

亚洲的生物资源保护条约仅有 1985 年在吉隆坡签署的《东南亚自然界和自然资源保护公约》。该公约内容比较完善，对可能产生环境问题的各个领域都作出了规定。

该公约的内容包括物种和生态系统的养护，生态进程的保护和生态规划措施。公约要求缔约国将保护和管理自然资源作为其本国发展计划的组成部分；要求缔约国以设立保护区，管制物种的取得，管制或禁止外来物种的引进和建立基因库等措施保护物种和生态系统；要求以可持续的方式利用获取的物种以防止该物种的种群规模缩小到维持其再生所需水平之下；要求缔约国制定并实施关于物种利用的管理计划，制定关于濒危物种名录的附件，以便对濒危物种加以保护。此外，公约规定三年举行一次缔约国大会，决定设立一个秘书处。

（五）南太平洋地区

南太平洋地区有关生物资源保护的条约主要有：1976 年《南太平洋自然养护公约》和 1986 年《南太平洋地区自然资源和环境保护公约》。

《南太平洋自然养护公约》于 1976 年 6 月 12 日在阿皮亚签署，其内容和范围都有限，没有规定缔约国应承担的义务，在组织机构方面的规定也非常简单。公约的重点是要求缔约国设立保护区，以保护自然生态系统中具有代表性的样本、突出的风景以及具有美学意义或历史、文化和科学价值的地区或事物。《南太平洋地区自然资源和环境保护公约》于 1986 年 11 月 24 日在努美阿签署，是联合国国际环境规划署主持签订的区域环境公约，其宗旨是保护与管理南太平洋地区自然资源和环境。公约要求采取一切适当措施防止、减少并控制公约地区的污染；采取一切适当措施，保护并养护公约地区的稀有生态系统和濒危动植物种群及其生境。

第四节　外层空间的国际法保护

一、外层空间概述

（一）外层空间的定义

外层空间，是指在地球表面大气层以外的整个宇宙空间。但由于地球大气层的空气随高度增加越来越稀薄并逐渐融合到外层空间中，所以难以准确地划分出大气层和外层空间之间的分界。因此，外层空间虽然已经成为国际法的通用名，但至今仍然没有对其的一个公认的、准确的法律定义，关键就是无法给出公认的划分大气层和外层空间的界限。联合国外层空间委员会自1959年的该委员会第一届会议就提出外层空间的定义问题，至今仍然没有得出结论。

对外层空间的定义有“反对划界”和“支持划界”两种主张。前者认为，界限的划定没有科学的基础，不可能作出明确的划分。后者又分为“有效控制说”、“功能说”和“人造卫星轨道说”。“有效控制说”主张以一国对其上空行使有效控制的界限作为界限；“功能说”主张以飞行器的功能来划界；“人造卫星轨道说”主张以人造卫星能进入规定的最低高度为准（约100千米～110千米），作为外层空间的下部界限。① 联合国和平利用外层空间委员会（外空委）下的法律小组委员会近年来也致力于“外层空间的定义与划界”这一常设议题，广泛地向各国收集关于这一问题的理解与做法，从诸多的国家答复文件中可以看出，“支持划界”和“反对划界”者平分秋色。② 总之，界限的划分没有一个统一的标准，因此，外层空间也就没有一个为国际社会一致认可的定义。

（二）外层空间的法律地位

1963年联合国大会通过的《各国探测和利用外层空间的法律原则宣言》确立了9条原则，其中包括“外层空间供一切国家自由探索和利用原则”和“不得据为己有原则”。1967年《关于各国探索和利用包括月球和其他天体在内外层空间活动的原则条约》（简称《外空条约》）第1条明确规定，外层空间是“全人类的区域”，该条约确立了月球和其他天体已经享有人类共同遗产的国际法地位，宣告各国享有平等的、自由的及非歧视性的探索、利用和进入权，否定了地面国家对外层空间的主权，明确任何国家无权对外层空间享有排他性的权利或以此作为损害他国利益的借口。

国际上对外层空间的法律地位达成了共识——外层空间是人类的共同财产，并非无主物。因此，任何国家不得对其主张主权，外层空间的任何部分都不能由任何国家、任何集团或个人占有，而应为所有国家的福利和利益而利用，即所有国家都有权分享开发利用外层空间的利益和价值。但是，对外层空间的开发和利用并非没有限制，此种开发和利用首先必须遵循国际法的规定，其次必须进行“可持续”的开发和利用，保证外层空间不受“实质性的损害”，并且确保在外层空间开发和利用层面的代际公平。

（三）外层空间的主要环境问题

随着科学的发展，人类在外层空间的活动越来越多，外层空间环境也遭到越来越多的污染和破坏，其主要环境问题包括：空间碎片的危害，放射性污染，无线电噪音，生物污染，人造物体从外层空间坠落等方面。

1. 空间碎片。外层空间最大的问题就是空间碎片所产生的危害。2009年2月10日，美国铱星公司一颗卫星在距离地面约800千米的轨道上，与一枚报废的俄罗斯卫

① 参见韩健、陈立虎：《国际环境法》，204页，武汉，武汉大学出版社，1992。

② 参见外空委法律小组委员会文件：A/AC.105/889/Add.4和5；A/AC.105/889/Add.11和12；A/AC.105/865/Add.14和15。

星发生碰撞并爆炸，造成人类历史上第一次卫星相撞事件。自从1957年苏联第一颗人造地球卫星发射升空以来，航天发射越来越多，航天技术给世界各国都带来了福利，但是也在外层空间留下了成千上万的碎片和数千亿的微粒物质。这些碎片的来源主要有运营碎片、碎裂物和微粒物质等，如报废的卫星、航天器发射器、废弃的火箭箭体以及核反应堆产生的微粒等。这种空间碎片对卫星、航天器等空间物体的运营构成了相当大的威胁，正常运行的航天器就可能因为遭到空间碎片的撞击而突然失灵。并且，随着人造物体的制造和发射技术的不断提高，航天发射也会更加频繁，而空间碎片的处理技术并未跟上，遗留在外层空间中的碎片就会越来越多，轨道就会更加拥挤不堪，碰撞和连锁碰撞的事故也会越来越多，人类航天活动也就当然受到严重影响。外空委于2007年通过了其空间碎片小组委员会起草的《空间碎片减缓准则》，为所有航天国家如何减缓空间碎片提供了指导。一些国家依据该项准则，确立了本国空间碎片减缓的标准和措施。①

2. 放射性污染。外空活动的放射性污染来自放射性物质和电磁波的辐射。核动力卫星发射失败以后以及控制的核动力卫星在重返大气层时解体，都有可能对空间和地面造成放射性的污染，这种事情已经多次发生，引起了国际社会的广泛关注。另外，在外层空间进行爆炸，其放射性尘埃散开后不仅会改变高空的环境结构，还会破坏在轨道上运行的卫星上的电子设施。此外，人类从地面和空间发射激光，往外层空间运送核废物等活动，都将对外层空间和宇宙环境产生巨大的影响，最终将对人类的生存环境产生严重的危害。2007年联合国外空委科学与技术小组委员会与国际原子能机构商定，联合起草了《外层空间核动力源应用安全框架》，重点为保护地球生物圈中的人与环境免受空间核动力源应用在飞行任务中有关的发射、运行和结束阶段可能带来的危害。②

3. 无线电噪音。人类一般用无线电观测的方式对暗星系进行观测。然而，来自空间通信卫星和全球定位系统的无线电噪音和其他使用者发射的多余信号经常侵入国际电信联盟为无线电天文观测保留的频带，这都削弱了本来就微弱的天文信号，给天文观测造成了极大的影响。目前可以用于天文观测的波段已经越来越少了。

4. 人造物体从外层空间坠落。人造物体从外层空间坠落所导致的损害也有发生，例如，1978年苏联核动力卫星宇宙954号坠落地球就导致了核污染的发生。1972年的《空间物体造成损害的国际责任公约》规定了发射国对空间物体造成他国损害的所应该承担的责任。

5. 生物污染。生物污染包括两种，一种是将地球上的微机体通过航天发射带到外层空间并造成污染；另一种是在航空器返回时将外层空间的微机体带到地球，例如，在外空设立的生物实验室对病菌进行研究，就可能将菌类引入外层空间而导致“向外污染”的发生。这就是“向外污染”和“返回污染”。不过目前来看，这两种污染并未发生，最主要原因是外层空间缺乏生物生存的环境，但这两种污染都存在可能性。

① 参见和平利用外层空间委员会法律小组委员会第54届会议报告，A/AC. 105/1090。

② 参见和平利用外层空间委员会法律小组委员会第52届会议报告，A/AC. 105/1045。

二、外层空间的国际法保护

有关外层空间的国际条约，主要是围绕外层空间的法律地位，外层空间活动的三大制度（登记制度、营救制度和责任制度），外层空间污染的具体防治等制定的。联合国大会于1963年通过了《各国探索和利用外层空间活动的法律原则宣言》，随后，又在联合国范围内制定了5项一般性多边条约。联合国还负责拟定和通过了5个大会决议，共同构成了外层空间法律体系。此外，1963年《禁止在大气层、外层空间和水下进行核武器试验条约》也涉及外层空间的环境保护问题。不过迄今为止，国际社会尚未制定专门保护外层空间环境的公约。

与外层空间环境保护相关的国际条约主要包括：1967年《外空条约》、1968年《营救宇宙航行员、送回宇宙航行员和归还发射到外层空间的物体的协定》（简称《营救协定》）、1972年《空间物体造成损害的国际责任公约》（简称《责任公约》）、1975年《关于登记射入外层空间物体的公约》（简称《登记公约》）、1979年《指导各国在月球和其他天体上活动的协定》（简称《月球协定》）等。其中，我国加入的有关外层空间活动方面的公约包括《外空条约》、《营救协定》、《责任公约》和《登记公约》，没有加入《月球协定》。

与外层空间环境保护有关的联合国大会决议包括：1963年12月13日通过的《各国探索和利用外层空间活动的法律原则宣言》，1982年12月10日通过的《各国利用人造地球卫星进行国际直接电视广播所应遵守的原则》，1986年12月3日通过的《关于从外层空间遥感地球的原则》，1992年12月14日通过的《关于在外层空间使用核动力源的原则》，1996年12月13日通过的《关于开展探索和利用外层空间的国际合作促进所有国家的福利和利益并特别要考虑到发展中国家的需要的宣言》。

（一）1967年《外空条约》

《外空条约》为发展外层空间提供了法律框架，明确了外层空间的法律地位。其中与环境保护有关的内容包括：（1）要求缔约国承诺不在外层空间放置核武器或任何大规模毁灭性武器。（2）各缔约国对本国在外层空间包括月球或其他天体在内的活动应负国际责任，无论这类活动是否由政府机构实施。（3）发射物体进入外层空间的缔约国，以及以其领土或设备供发射物体用的缔约国，对于物体及其组成部分在地球、大气空间和外层空间对另一缔约国或其自然人或其法人造成的损害承担国际责任。（4）各缔约国对外层空间的研究和探索，应避免使它们受到有害污染以及将地球外物质带入而使地球环境发生不利变化，并应在必要时采取适当措施。但是《外空公约》存在许多不足，例如，仅禁止特定类型的武器在外空部署，没有对大规模毁灭性武器进行界定；又如，磋商不是强制性义务，也没有规定进行磋商的程序等。

（二）1972年《责任公约》

《责任公约》明确了外层空间活动的责任制度。该公约首先界定了“发射国”、“损害”的概念，其次规定了“绝对责任”和“过错责任”的责任形式，连带责任等内容。

发射国对其空间物体造成他国损害的责任制度可以概括为以下内容：（1）发射物在地球表面或对飞行中的飞机造成损害的，发射国应负赔偿的绝对责任。（2）发射物在地球表面以外的其他任何地方（主要指外层空间）给他国的空间物体、宇航员或其他财产造成损害的，发射国应负赔偿的过失责任。（3）甲国发射物在地球表面以外的地方（主要指外层空间）对乙国的空间物体造成损害，并因此对地球表面的丙国人员、财产，包括飞行中的飞机造成损害的，甲乙两国对丙国承担绝对责任。（4）甲国发射物在地球表面以外的地方（主要指外层空间）对乙国的空间物体造成损害，并因此对丙国在外空的空间物体、人员、财产造成损害的，则甲乙两国依照各自的过失承担相应的责任。

（三）1975 年《登记公约》

《登记公约》确立了外层空间活动的登记制度。该公约目的是帮助缔约国辨认外空物体而制定的一项强制的登记射入外层空间物体的制度。公约规定，发射国在发射空间物体时，先应在国内进行登记，再在联合国秘书长的总登记册中登记。登记的项目包括：发射国或各发射国的国名；空间物体的适当标志或其登记号码；发射日期、地区或地点；基本的轨道参数，包括周期、倾斜角、远地点、近地点；空间物体的一般功能。若一国欲与其他国家共同发射卫星等空间物体，应与其他国家共同决定由其中某国进行登记。如果该空间物体已经不在轨道上存在，应尽快通知联合国秘书长。

（四）1979 年《月球协定》

《月球协定》关于月球的规定不仅适用于月球和环绕月球的轨道或其他飞向或飞绕月球的轨道，也适用于太阳系内地球以外地其他天体。

《月球协定》规定，月球应供全体缔约国专用于和平目的。月球的探索和利用应是全体人类的开发范围并应为一切国家谋福利，而不问它们的经济或科学发展程度如何。依照《联合国宪章》，充分注意这一代与后代人类的利益，以及提高生活水平与促进经济和社会进步与发展的需要。月球及其自然资源均为人类的共同继承财产。月球不得由国家依据主权要求，通过利用或占领，或以任何其他方法据为己有。《月球协定》还规定，各缔约国在探索和利用月球时，应采取措施，防止月球环境的现有平衡遭到破坏，不论这种破坏是由于在月球环境中导致不利变化，还是由于引入境外物质使其环境受到有害污染，或是由于其他方式产生。

第五节　危险废物的国际法管理

一、危险废物概述

危险废物的管理问题是许多国家面临的一大难题。随着经济的发展，各个产业所产生的废物可能对人类或环境产生危害或者存在潜在的威胁。对于发展中国家而言，由于资金和技术上的缺乏，无法完成对危险废物进行科学的管理，导致环境遭到更加严重的污染和破坏；对于发达国家而言，即使拥有足够的资金和先进的技术，也存在很多难以管理的危险废物，发达国家经常将这类危险废物出口到发展中国家，从而引发了危险废物国际转移问题。许多国家都将危险废物管理及其越境转移控制有关规定纳入国内的相关环境立法中。另外，国际环境法也非常重视这类问题，以防止国际纠纷的产生和全球生态环境的恶化。

（一）危险废物的概念和范围

关于危险废物的定义，理论上存在争议。有的学者认为，危险物质包括有毒有害的化学品、放射性物质、生化物质以及危险技术等；有的学者认为，危险物质也应包括有毒有害的废物在内。本节所指的危险废物是其广义的概念，即包括有毒有害的废物在内。

早期的国际组织文件、双边或多边国际条约对废物进行了界定。欧共体 1975 年在一项指令中将“废物”定义为：“持有者扔弃或根据国家现行规定必须扔弃的所有物质和物品。”1984 年，经济合作与发展组织的一项建议对“废物”进行了定义：“位于或被带到一个国家内的、在该国被认为是或在法律上被定义为是废物的任何物质。”这些定义都是以国内法为依据。1987 年联合国环境规划署的理事会所批准的指南使用了同样的定义。

1987 年，经济合作与发展组织在关于控制危险物质越境转移的国际协定草案中第一次以列举的方式对危险废物进行了界定。草案列举了“不合乎标准或变质、意外倾倒、遗失或受到污染、已不再适合利用、各种产生废渣，不再使用”等废物处置理由，另外还开出了一个危险废物类别的清单。清单中的废物包括解剖物质、医药产品、杀微生物剂和植物检疫产品、卤化有机物、油和油类矿物质、不确定的化学物质等；此外，还在清单中对一部分含有镉、铍、汞等物质及其化合物成分的废物作了单独说明，指出这些废物因为其易燃、易爆、助燃、刺激、有毒、有害、致癌、腐蚀、传染、生态等特点而具有危险的性质。这是目前最完善的定义，遗憾的是这一定义并没有被经济合作与发展组织成员国所一致采纳。

1989 年 3 月 22 日签订的《控制危险废物越境转移及其处置的巴塞尔公约》（以下简称《巴塞尔公约》）第 2 条第 1 款将“废物”定义为，“处置或打算处置的或按照国家法律规定必须加以处置的物质或物品”。《巴塞尔公约》第 2 条第 1 款 a 项定义了“危险废物”，包括易爆、易燃的液体或固体，有机过氧化物，有毒或者易传染的物质和腐蚀性物质等，只要其具有附件三所描述的特征，且为《巴塞尔公约》附则四中详述的作业所处置。《巴塞尔公约》第 1 条第 1 款 b 项认为那些已为出口国、进口国或过境缔约国的国内立法所确定或视为危险的废物也是危险废物。

（二）危险废物的特点

根据危险废物的概念和范围，其主要有以下几个特征：

1. 危险性高。危险废物具有易燃易爆性、刺激性、毒害性、致癌性、腐蚀性、传染性、放射性等特点。因此，危险废物在生产、运输或使用等过程中一旦失去控制，将会给环境带来毁灭性的破坏。

2. 涉及面广。危险废物对环境造成的破坏一般是大面积的，而且可能突破一国的范围，危害多个国家甚至全球的环境安全。

3. 管理困难。首先，从危险废物本身的管理来看，环境虽然有一定的自我净化的能力，但鉴于危险废物不易被环境消纳转化，很难利用环境的自净能力对其进行控制。如果对危险废物进行人工管理，也必须由专业人员利用专业的技术和特定的程序才能完成，所需的成本高、时间长。因此，对危险废物的管理是相当困难的。其次，从危险废物造成危害的管理来看，一旦造成了污染危害，由于科学技术等局限性，这种危害一般在很长时间之内都难以消除。所以，对危险废物造成的危害进行管理也相当困难。

（三）危险废物越境转移及其原因

危险废物的转移，是指危险废物从一国的国家管辖地区移至或通过另一国的国家管辖地区的任何转移，或移至或通过不是任何国家的国家管辖地区的任何转移，但该转移须涉及至少二个国家。危险废物的越境转移主要有以下几种情形：第一，根据废物产生国的环境保护相关法律和环境标准，某些国家的危险废物就地处理费用过高，生产者为了避免增加成本，便将废物运送到有关废物处理的法律规定不严或者实施不力的国家，特别是发展中国家进行处置。第二，有的国家确实具备危险废物处理的许多特殊有利条件，例如，法国具有回收核废物的能力，为官方的跨界废物交易创造了条件。第三，跨国公司的出现和发展可能导致废物产生企业和处理部门分设在不同国家情况的发生，危险废物往往从生产地运往国外专门从事危险处理的子公司或分公司进行处置。

危险废物最早出现欧洲大陆发达资本主义国家之间。发达国家在经济发展到较高程度以后，对生活环境和生态质量的要求提高，20 世纪 80 年代中期，在经济合作发展组织和欧共体国家间已经形成了相对严格的控制危险废物越境转移的法律制度。[①] 而在环境保护方面起步较晚的发展中国家，对环境保护标准要求很低甚至根本得不到切实的贯彻实施。发达国家则将危险废物转移到环境法规宽松、花费低廉的发展中国家进行处置，以避免支出高额的危险废物处置费用和环境保护费用。发展中国家大多经济落后，不少国家不惜牺牲环境为代价，为了吸引外资发展或者得到经济援助而对危险废物的进口持积极态度。

二、危险废物的国际法管理

（一）有关危险废物管理的国际制度

危险废物对环境造成的破坏一般是大面积的，而且可能突破一国的范围，危害多个国家甚至全球的环境安全。危险废物影响涉及面广和危险性高等特点，导致产生了许多国际公约和规范性文件建议和敦促各国注重危险废物的预防以及建立完善、可行的处置规则。

1972 年，《人类环境宣言》第 21 条原则指出，各国有责任保证在他们管辖或控制之内的活动，不对其他国家或在国家管辖范围以外地区的环境造成损害。各国对其管辖范围内出口的危险废物与在其境内的危险废物应该实施同样严格的控制，并有义务确保危险废物的越境转移符合对危险废物良好管理的需要。同年，《防止倾倒废物和其他物质污染海洋的公约》把废物作了不同的分类，该公约在附件一和附件二中列出了禁止倾倒的物质、需要特别许可证才能倾倒的物质和绝对禁止倾倒危害性较强的废物。1983 年 3 月 2 日该公约的附加议定书还禁止在海上焚烧有毒废物。

1975 年，欧共体以关于废物的 75/442 号令确定了一个法律框架，要求成员国采取措施促进对废物的回收和加工，鼓励减少废物数量，并指定专门主管机构负责规划、

① 参见万霞：《国际环境保护的法律理论与实践》，207 页，北京，经济科学出版社，2003。

组织和监督废物处理。在此框架下，1978 年 3 月通过的 78/319 号指令规范与有毒和危险废物有关的活动，对生产、占有和处理危险废物的企业实施永久控制，为有毒和危险废物的存放和处理建立标准化制度。

1976 年 9 月，经济合作与发展组织通过一项制定全面废物管理政策的建议。所谓“全面”，是指整套措施应该涉及产品的设计、制造、利用以及废物回收和处置，目的是最有效和最经济地减少废物的成本和损害。该建议强调“污染者负担”原则在政策中适用，鼓励回收废物和采取风险预防的措施。同年，《保护地中海海洋环境的巴塞罗那公约》对危险废物的严格控制作出了规定。

1982 年《联合国海洋法公约》第 194 条第 3（a）款、第 207 条第 5 款将有毒、有害或有碍健康的物质，特别是持久不变的物质定义为危险或有毒物质。公约还规定运载危险或有毒物质的船舶必须在指定的航道上通过，且有义务携带文件和遵守国际协议制定的特别预防措施。

1986 年 6 月 5 日，经济合作与发展组织通过一项新决议，要求缔约国监督和控制危险废物出口到组织以外的区域。同年 10 月，加拿大和美国签订关于美加之间危险废物跨界转移的《渥太华协定》。同年 11 月，美国还和墨西哥之间订立了关于保护和改善边界地区环境的合作协定，在其附件中规定了缔约国有义务实施关于危险废物及其离境运输的适当法律，且出口国应接受另一国将非法进口的危险废物运回本国。同年，《南太平洋地区自然资源和环境保护公约》（即《努美阿公约》）也在其附件三中对危险废物的运输作了规定。

1987 年 6 月 7 日，根据特别专家组 1985 年的建议和指南，联合国环境规划理事会批准通过了“关于对危险废物进行环境无害管理的开罗准则和原则”（又称“开罗准则”）。该准则旨在建立一个行动框架，以对危险废物进行有效管理。“开罗准则”是一个没有约束力的法律文件，但在帮助各国就污染转移问题进行国内立法和缔结相应双边和多边国际协定方面具有很大作用。

1989 年 1 月 26 日至 27 日，“非洲危险废物部长级会议”在达喀尔召开，许多非洲和西欧国家的环境部长及联合国环境规划署的代表出席了会议。针对废物倾倒问题在非洲的严重泛滥，会议提出并解决了有关危险废物越境转移的许多问题，并通过了鼓励所有非洲国家参与《巴塞尔公约》谈判的联合声明。非洲统一组织对《巴塞尔公约》草案提出了一系列实质性的修改意见，除了全面禁止世界范围内所有的危险废物转移一项内容之外，都被《巴塞尔公约》所吸收。同年，《洛美公约》全面禁止欧共体间接地向非洲、加勒比、太平洋国家出口危险废物和放射性废物，以上国家也禁止从欧共体和其他国家进口危险废物和放射性废物。但该公约声明它不妨碍缔约国已有的或将来可能加入的有关的特定国际安排，也不妨碍经加工处理的废物从欧共体返回产生该废物的非洲、加勒比、太平洋国家。

1991 年 1 月，在将上述《巴塞尔公约》草案中全面禁止世界范围内所有的危险废物转移的全面禁令纳入《巴塞尔公约》最后文本的努力失败后，在非洲统一组织的再次努力下，非洲国家通过谈判订立了一个单独的区域协定——《禁止废物进入非洲及非洲境内控制危险废物越境转移的巴马科公约》（简称《巴马科公约》），旨在禁止危险废物进口到缔约国境内。

1992年，《里约环境与发展宣言》的原则14指出，各国应进行有效的合作以阻碍或防止任何造成环境严重退化或证实有害人类健康的物质迁徙和转移到他国。同年12月，中美洲通过《关于危险废物越境转移的巴拿马协定》，规定禁止向中美洲出口危险废物，禁止向缔约国管辖海域倾倒危险废物，并要求各个缔约国在其法律中对计划、从事或帮助危险废物非法交易的行为作出刑事处罚的规定。

另外，1995年《南太平洋区域条约》对危险废物的严格控制也作出了规定。

（二）《巴塞尔公约》

1989年在联合国环境规划署领导下通过的《巴塞尔公约》，该公约于1989年5月24日生效。它是严格管理危险废物，要求各缔约国确保环境无害管理的第一个也是最重要的一个全球性环境条约，该公约的签订为有效地控制废物越境转移打下了法律基础。

1.《巴塞尔公约》的主要内容。《巴塞尔公约》由绪言、正文和附件组成。公约的正文主要包括从一个缔约国通过非缔约国的越境转移，再进口的责任，非法运输，递交资料以及关于争端解决等内容，具体主要包括以下内容：第一，认识到控制危险废物越境转移和处置问题的重要性，明确了“废物”的含义和适用范围，规定了危险废物越境转移管理的基本原则。第二，为缔约国设立了确保废物的环境无害管理的各项义务，例如规定，各缔约国必须在考虑社会、技术和经济方面的同时，采取必要措施以保证将其国内产生的危险废物和其他废物减至最低限度；每一缔约国还应采取适当措施保证提供充分的处置设施用于危险废物和其他废物和环境无害管理，并保证在其领土内参与危险废物和其他废物管理的人员视需要采取步骤，防止在这类管理工作中产生危险废物和其他废物的污染，且须在产生这类污染时，尽量减少对人类健康和环境的影响。第三，《巴塞尔公约》关于危险废物的越境转移规定了严格的条件和程序规则，其中包括：（1）出口国或危险废物的生产者或出口者，应将拟出口的废物的越境转移以书面形式通知进口国家的主管部门，且必须得到进口国的书面同意答复，方可出口；（2）出口国证实通知人已得到进口国的书面同意，并且进口国已证实出口者与处置者之间已订立合同，详细说明对废物的无害环境的处置办法，才能开始越境转移；（3）危险废物的任何越境转移都必须有相关的保险、保证或担保；（4）如果越境转移的废物不能按照合同的条件完成，如无其他合法安排，应运回出口国；（5）不得向非缔约国出口或自非缔约国进口危险废物。

公约的6个附件分别是：附件一，应该控制的废物类别；附件二，必须加以特别考虑的废物类别；附件三，危险特性的等级清单；附件四，处置废物作业；附件五，通知书内应提供的资料和转移文件内应提供的资料；附件六，关于仲裁的规定。

2.《巴塞尔公约》的实施机制。《巴塞尔公约》第4条第4款规定，各缔约国应采取适当的法律、行政和其他措施，以期实施本公约的各项规定，包括采取措施以防止和惩办违反本公约的行为。也就是说，《巴塞尔公约》的有效实施必须利用由符合各地具体情况的立法和行政措施组成的国家手段才能实现。其中，国家立法是最重要的保障，《巴塞尔公约》第9条第5款规定，缔约国应根据本公约的规定制定新的或修订现行的法律和规章，采取适当的国内立法防止和惩办非法运输。

1992年12月，《巴塞尔公约》秘书处在审查危险废物环境无害管理及其越境转移控制方面现行国际立法和组织安排的基础上，向缔约国第一次会议提交了一项国家示范立法草案。该草案对广大发展中国家特别是非洲国家制定与危险废物的控制与管理有关的适当国家立法提供了很大帮助。示范立法不仅被许多国家用于指导更新本国的现行立法，还被用来将本国的现行立法与具有相似背景的国家的相关立法进行比较。

考虑到发展中国家的特殊情况，《巴塞尔公约》要求各缔约国承担定期审查是否可能降低输往其他国家尤其是发展中国家的危险废物和其他废物的数量和污染潜力，并加强与危险废物环境无害管理有关的技术项目的国际合作，以促进特别是提高公众认识，发展对危险废物和其他废物的无害管理和采用新的低废技术，协助发展中国家将危险废物的产生和越境转移减至最低限度。《巴塞尔公约》还专门为发展中国家设立了在需要依靠科技援助实施公约时进行协助的“技术合作基金”，以通过财务援助确保各发展中国家能够全面并广泛地参与到公约有关的事项中。《巴塞尔公约》第 14 条第 2 款还要求各缔约国考虑建立一个循环基金，对一些紧急情况给予临时支援。发展中国家将是在发生紧急情况时从该基金获得便利的国家集团，减少由于危险废物和其他废物的越境转移和其他处置过程中发生意外事故所形成的损害。

另外，《巴塞尔公约》还有专门的执行监督机构，成员国会议对各国行为政策加以评价并就有关问题通知成员国，且有权利通过修正案和议定书或者采取其他措施促进公约目的的实现。

3.《巴塞尔公约》的发展。1994 年，在日内瓦召开的缔约国第二次会议通过了关于实施《巴塞尔公约》的工作方案，内容包括法律、技术和财务机制。缔约国会议还通过了一个促进公约实施的手则，其中《技术准则的补充》和《国家示范法（草案）》可以直接适用。1999 年的第五次缔约国会议上以第 29 号决定的形式通过了《危险废物越境转移及其处置中产生损害的责任和补偿议定书》，该议定书建立了一套旨在迅速充分赔偿因危险废物和其他废物越境转移及其处置包括此类废物的非法运输所造成损害的综合赔偿制度，将责任集中于废物的持有者，规定无过错责任并限制对废物污染受害者的赔偿总额，从而成为国际环境法法律责任制度的一项重大成果。这次会议的另一个重大成果是一致通过了《关于实行无害环境管理的巴塞尔宣言》，提出改进和加强合作实行无害环境管理。

4. 中国与《巴塞尔公约》。我国政府于 1990 年 3 月 22 日签署了《巴塞尔公约》，1994 年 9 月 4 日批准该公约。我国 1995 年 10 月 30 日通过了《中华人民共和国固体废物污染环境防治法》，该法于 2004 年 12 月 29 日修订，修订后的《固体废物污染环境防治法》于 2005 年 4 月 1 日施行。

1997 年 3 月 14 日，第八届全国人民代表大会第五次会议通过了《中华人民共和国刑法》修正案，该修正案在第 6 章“妨害社会管理秩序罪”中增加了第 6 节“破坏环境资源保护罪”。另外，2002 年 12 月 28 日，第九届全国人大常委会第三十一次会议通过的《中华人民共和国刑法修正案（四）》，2011 年 2 月 25 日，第十一届全国人大常委会第十九次会议通过的《中华人民共和国刑法修正案（八）》，2003 年 8 月 21 日，最高人民法院、最高人民检察院联合制定并发布的《关于执行〈中华人民共和国刑法〉确定罪名的补充规定（二）》，2011 年 4 月，最高人民法院、最高人民检察院联合制定并发布的《关于执行〈中华人民共和国刑法〉确定罪名的补充规定（五）》，都涉及环境保护方面的内容。①

由此可以看出，我国不仅积极参与了《巴塞尔公约》制定的全过程，而且积极支持发展中国家的合理主张和建议。另外还做了大量工作，如制定控制废物进口的法规和标准，严格控制危险废物出口，指定国家危险废物名录，指定主管当局和联络点，建立危险废物培训和技术转让中心，严厉查处废物非法越境转移等，将公约的内容转化为国内法，切实地履行了公约的义务。

（三）《鹿特丹公约》

联合国环境规划署和联合国粮食农业组织在1998年9月10日共同制定了《关于在国际贸易中对某些危险化学品和农药采取事先知情同意程序的鹿特丹公约》（《鹿特丹公约》），该公约于2004年2月24日生效。公约主要宗旨在于就某些危险化学品的特性进行信息交流，为此类化学品的进出口规定一套国家决策程序，以促进缔约方在此类化学品的国际贸易中分担责任和开展合作，保护人类健康和环境免受国际贸易中危险化学品和农药的有害影响。中国已加入该公约，并于2005年6月20日对我国生效。

《鹿特丹公约》经数次修订，最新为2013年修订文本，包括30个条款和6个附件。主要内容为：第一，《鹿特丹公约》第3条规定本公约的适用范围包括禁用和限用的化学品以及极为危险的农药制剂。第二，《鹿特丹公约》特设“化学品审查委员会”以履行本公约规定的职责。第三，禁用或严格限用化学品在采取最后管制行动的缔约方应将此类行动书面通知秘书处，时间不得迟于最后管制行动生效后的90天。第四，采用事先知情同意程序的化学品（附件三的化学品）的进出口义务。进口方义务：各缔约方应采取立法或行政措施确保附件三化学品的进口作出决定或向秘书处作出临时回复，作出回复应与附件三列明的类别对应。若某一缔约方不同意进口或同意在特定条件下进口某一化学品，该行动应同时适用从其他来源进口以及国内生产供国内使用的化学品。相应的出口方的义务：确保其管辖范围内的出口商遵守进口缔约方回复中作出的决定；协助进口方加强化学品生命周期内进行安全管理的能力；若从境内已出口禁用或限用化学品时，应向进口方发出出口通知。第五，公约的实施。缔约方应采取必要措施，建立国家基础设施或机构以实施公约。具体措施包括立法、行政措施以及建立化学品登记机构或数据库等。缔约方在区域、次区域应加强与有资格的国际组织的合作。第六，争端解决。在加入本公约时声明承认有关公约的解释或适用方面的任何争端按照载于附件六中的程序仲裁（设立临时仲裁庭）或提交国际法院。若经仲裁或国际法院12个月内尚未解决的争端应任何一方要求提交调解委员会。

（四）《斯德哥尔摩公约》

考虑到应采取措施，防止持久性有机污染物在其生命周期的所有阶段产生对人类健康和环境的不利影响，2001年5月22日，国际社会通过了《关于持久性有机污染物

① “破坏环境资源保护罪”中的第338条“污染环境罪”、第339条第1款“非法处置进口的固体废物罪”和第2款的“擅自进口固体废物罪”、第340条“非法捕捞水产品罪”、第341条第1款“非法猎捕、杀害珍贵、濒危野生动物罪”和“非法收购、运输、出售珍贵、濒危野生动物、珍贵、濒危野生动物制品罪”、第341条第2款“非法狩猎罪”、第342条“非法占用农用地罪”、第343条第1款“非法采矿罪”和第2款“破坏性采矿罪”、第344条“非法采伐、毁坏国家重点保护植物罪”、第345条第1款“盗伐林木罪”和第2款“滥伐林木罪”第3款“非法收购、运输盗伐、滥伐林木罪”等都是司法考试常考的知识点。

的斯德哥尔摩公约》，公约于2004年生效，目前有179个缔约方，中国也加入了该公约。

《斯德哥尔摩公约》共有30个条款，主要内容为：第一，减少或消除有意生产和使用化学品的排放的措施。缔约方应采取立法或行政措施消除附件A所列化学品的使用、生产以及进出口；依照附件B的限制条件使用、生产所列化学品。对于附件A或B的化学品，应保证在做环境无害化处理后进出口，或准许该缔约方为某一目的或用途进口。第二，特定豁免登记，建立一个登记簿，列明享有附件A或B所列特定豁免的缔约方，登记簿由秘书处保存并向公众公开。第三，减少或消除无意生产的排放的措施。缔约方在公约对缔约方生效起2年内，制定和实施一项区域或分区域行动计划以持续减少并在可行的情况下消除此类化学品。第四，实施计划。缔约方应制订履行本公约所规定的各项义务的计划，并在公约生效2年内将计划提交缔约国大会，按照缔约方大会的要求定期审查和更新实施计划。第五，资金资源机制。设立一套以赠款和减让方式为协助发展中缔约方实施本公约而向它们提供充足的资金资源机制，这一机制应酌情在缔约方大会的权力和指导下行使职能。第六，报告。缔约方应向缔约方大会报告其已为履行本公约规定所采取的措施和这些措施在实现各项目标的成效。缔约方大会在公约生效4年内对本公约的成效进行评估。此外，《斯德哥尔摩公约》规定有和《鹿特丹公约》相同的争端解决程序。

案例与思考

1. 综合案例

[题例]

(1) 月球主人公司是甲国人汤姆在甲国注册的公司，专门从事出售月球土地的生意。该公司把月球分为若干部分供购买者选购，并称通过与该公司订立“月球契约”，买方就拥有了其购买的月球特定部分的所有权。对此，根据外层空间法有关规则，下列判断哪一项是正确的？(　　)

A. 该契约规定的所有权，必须得到甲国国家的特别批准方能在国际法上成立

B. 该契约可以构成甲国国家对月球相关部分主张主权的证据

C. 即使该类契约受甲国国内法的保护，该所有权在国际法上也不能成立

D. 该类契约必须在联合国外空委员会登记，以确立购买者在国际法上的所有权

[答案与答题思路] C。

外层空间，包括月球，对全人类开放，各国不得通过主权要求、使用或占领的方法，或采取其他任何措施，将外层空间占为己有。“不得据为己有原则”，既包括外空不得被任何国家占有，也包括不允许任何自然人、团体等占有。

(2) 甲国欲发射一颗科研卫星，根据目前的国际法规则，应如何办理登记手续和完善通知事宜？

[答案与答题思路] 应该将该卫星首先在国内进行登记，再在联合国秘书长的总登记册中登记。若甲国欲和其他国家共同发射该卫星，则应与其他国家共同决定由其中

某国进行登记。如果该卫星已经不在轨道上存在，应尽快通知联合国秘书长。

(3) 甲国白鹭公司与乙国黑鹰公司签订了一项进口化工肥料到甲国的合同。该化工肥料是被《控制危险废物越境转移及其处置的巴塞尔公约》列为附件中的危险废物，现位于乙国境内。甲乙两国都是《巴塞尔公约》的缔约国。根据相关的国际法规则，下列哪些判断是正确的？（　）

A. 乙国政府或黑鹰公司应将拟出口废料事项通知甲国政府，并得到甲国政府的书面准许，才能出口

B. 甲国政府必须证实黑鹰公司和白鹭公司对该废料已作出无害环境的处置安排，包括详尽的处置办法和相关合同，才能准许进口

C. 该种废料如果进行越境转移，必须有相关的保险或担保

D. 如果甲国退出了《巴塞尔公约》，这种废料就不得再由乙国向甲国出口

[答案与答题思路] A、B、C、D。

《控制危险废物越境转移及其处置的巴塞尔公约》关于危险废物的越境转移规定了严格的条件和程序规则，其中包括：(1) 出口国或危险废物的生产者或者出口者，应将拟出口的废物的越境转移以书面形式通知进口国家的主管部门，且必须得到进口国的书面同意答复，方可出口；(2) 出口国应当证实通知人已得到进口国的书面同意，并且进口国已证实出口者和处置者之间已经订立合同，详细说明对废物的无害环境的处置方法，才能开始越境转移；(3) 危险废物的任何越境转移都必须有相关的保险、保证或担保；(4) 如果越境转移的废物不能按照合同的条件完成，如无其他的合法安排，应运回出口国；(5) 不得向非缔约国出口或自非缔约国进口危险废物。根据上述规则，本题中的4个选项都是符合《巴塞尔公约》的。

2. 思考题

(1) 国际环境法的概念是什么？它有哪些特点？它有哪些基本原则？

(2) 国际环境法有哪些渊源？

(3) 简述1992年《联合国气候变化框架公约》规定的缔约方义务。

(4)《京都议定书》规定了哪三种减排折算方式？

(5) 简述《生物多样性公约》的主要内容。

(6) 生物多样性区域性保护的国际公约有哪些？

(7) 简述外层空间的定义和法律地位。

(8) 有哪些与外层空间环境保护相关的国际条约？其主要内容是什么？中国加入了其中哪些条约？

(9) 简述《巴塞尔公约》关于危险废物越境转移的条件和程序规则。

参考书目

蔡守秋．调整论．北京：高等教育出版社，2003

蔡守秋，常纪文主编．国际环境法学．北京：法律出版社，2004

马骧聪主编．环境资源法．北京：师范大学出版社，1999

金瑞林主编．环境法．北京：北京大学出版社，2002

曹明德，黄锡生主编．环境资源法．北京：中信出版社，2004

曹明德．生态法新探．北京：人民出版社，2002

汪劲．中国环境法原理．北京：北京大学出版社，2000

李艳芳，唐芳主编．环境保护法典型案例．北京：中国人民大学出版社，2003

韩德培主编．环境保护法教程．北京：法律出版社，2003

陈汉光．环境法基础．北京：中国环境科学出版社，2004

美国国家环境保护局编．王曦，王夙理，李广兵，柯坚译．环境执法原理．北京：民主与法制建设出版社，1999

张文显．法理学．北京：法律出版社，1997

姜明安．行政法与行政诉讼法．北京：法律出版社，2006

陈端洪．中国行政法．北京：法律出版社，1998

张建伟．刑事诉讼法通义．北京：清华大学出版社，2007

周珂主编．环境与资源保护法．北京：中国人民大学出版社，2007

端木正主编．国际法．北京：北京大学出版社，1997

张嵛青编著．国际环境法．武汉：武汉大学出版社，1990

李双元，黄惠康主编．国际法．长沙：中南工业大学出版社，2000

常纪文．环境法原理．北京：人民出版社，2003

[法] 亚历山大·基斯著．张若思编译．国际环境法．北京：法律出版社，2000

梁西主编．国际法（修订 2 版）．武汉：武汉大学出版社，2000

[奥] 詹宁斯，瓦茨修订，王铁崖等译．奥本海国际法．北京：中国大百科全书出版社，1995

林灿铃．国际环境法．北京：人民出版社，2004

林灿铃等．国际环境法的产生与发展．北京：人民法院出版社，2006

韩健，陈立虎．国际环境法．武汉：武汉大学出版社，1992

汪劲．环境法律的解释：问题与方法．北京：人民法院出版社，2006

汪劲．环境法学．3 版．北京：北京大学出版社，2014

陈慈阳．环境法总论．北京：中国政法大学出版社，2003

叶俊荣．环境政策与法律．北京：中国政法大学出版社，2003

俄罗斯联邦环境保护法和土地法典．马骧聪译．北京：中国法制出版社，2003

[美] M. D. 贝勒斯．法律的原则——一个规范的分析．张文显等译．北京：中国大百科全书出版社，1996

竺效．论中国环境法基本原则的立法发展与再发展．华东政法大学学报．2014（3）

译名对照表

美国《国家环境政策法》：National Environmental Policy Act，NEPA

《内罗毕宣言》：Nairobi Declaration

《世界自然资源保护大纲》：World Conservation Strategy

美国《固体废物处置法》：Solid Waste Disposal Act

美国《资源保护回收法》：Resource Conservation and Recovery Act

美国《污染预防法》：Pollution Prevention Law

美国《超级基金法》（中译《综合环境反应、赔偿和责任法》）：Comprehensive Environmental Response，Compensation，and Liability Act，简称 CERCLA

欧盟《污染综合防治指令》：Directive concerning Integrated Pollution Prevention and Control，IPPC

欧盟《预防和补救环境损害的环境责任指令》：Directive on Environmental Liability with Regard to the Prevention and Remedying of Environmental Damage

《人类环境宣言》：Declaration on the Human Environment，又称 Stockholm Declaration

《里约宣言》：Rio Declaration

《奥尔胡斯公约》：Convention on Access to Information，Public Participation in Decision－making and Access to Justice in Environmental Matters，简称 The Aarhus Convention

《　　　　　　》※任课教师调查问卷

为了能更好地为您提供优秀的教材及良好的服务，也为了进一步提高我社法学教材出版的质量，希望您能协助我们完成本次小问卷，完成后您可以在我社网站中选择与您教学相关的1本教材作为今后的备选教材，我们会及时为您邮寄送达！如果您不方便邮寄，也可以申请加入我社的**法学教师QQ群：83961183（申请时请注明法学教师）**，然后下载本问卷填写，并发往我们指定的邮箱（cruplaw@163.com）。

邮寄地址：北京市海淀区中关村大街31号中国人民大学出版社411室收

邮　　编：100080

再次感谢您在百忙中抽出时间为我们填写这份调查问卷，您的举手之劳，将使我们获益匪浅！

基本信息及联系方式：※

姓名：＿＿＿＿＿＿＿ 性别：＿＿＿＿＿＿＿ 课程：＿＿＿＿＿＿＿＿＿＿＿＿＿＿＿

任教学校：＿＿＿＿＿＿＿＿＿＿＿＿＿＿＿＿ 院系（所）：＿＿＿＿＿＿＿＿＿＿＿＿

邮寄地址：＿＿＿＿＿＿＿＿＿＿＿＿＿＿＿＿ 邮编：＿＿＿＿＿＿＿＿＿＿＿＿＿＿＿

电话（办公）：＿＿＿＿＿＿＿ 手机：＿＿＿＿＿＿＿ 电子邮件：＿＿＿＿＿＿＿＿＿

调查问卷：※

1. 您认为图书的哪类特性对您使用教材最有影响力？（　　）（可多选，按重要性排序）

   A. 各级规划教材、获奖教材　　B. 知名作者教材

   C. 完善的配套资源　　D. 自编教材

   E. 行政命令

2. 在教材配套资源中，您最需要哪些？（　　）（可多选，按重要性排序）

   A. 电子教案　　B. 教学案例

   C. 教学视频　　D. 配套习题、模拟试卷

3. 您对于本书的评价如何？（　　）

   A. 该书目前仍符合教学要求，表现不错将继续采用。

   B. 该书的配套资源需要改进，才会继续使用。

   C. 该书需要在内容或实例更新再版后才能满足我的教学，才会继续使用。

   D. 该书与同类教材差距很大，不准备继续采用了。

4. 从您的教学出发，谈谈对本书的改进建议：＿＿＿＿＿＿＿＿＿＿＿＿＿＿＿＿＿＿

＿＿＿＿＿＿＿＿＿＿＿＿＿＿＿＿＿＿＿＿＿＿＿＿＿＿＿＿＿＿＿＿＿＿＿＿＿＿

＿＿＿＿＿＿＿＿＿＿＿＿＿＿＿＿＿＿＿＿＿＿＿＿＿＿＿＿＿＿＿＿＿＿＿＿＿＿

选题征集：如果您有好的选题或出版需求，欢迎您联系我们：

联系人：黄　强　联系电话：010-62515955

索取样书：书名：＿＿＿＿＿＿＿＿＿＿＿＿＿＿＿＿＿＿＿＿＿＿＿＿＿＿＿＿＿＿

书号：＿＿＿＿＿＿＿＿＿＿＿＿＿＿＿＿＿＿＿＿＿＿＿＿＿＿＿＿＿＿＿＿＿＿

备注：※ 为必填项。

21世纪高等院校法学系列精品教材

书名	ISBN	作者	定价
行政法与行政诉讼法（第四版）	978-7-300-21648-5	叶必丰 主编	39.80
海商法专论（第三版）	978-7-300-20444-4	司玉琢 著	49.80
经济法学(第三版)	978-7-300-22701-6	张守文 著	45.00
财税法学（第四版）	978-7-300-19447-9	张守文 著	48.00
民事诉讼法(第三版)	978-7-300-21614-0	张卫平 著	49.80
物权法（第三版）	978-7-300-18799-1	崔建远 著	59.80
判例刑法学（教学版）	978-7-300-14059-9	陈兴良 著	39.80
规范刑法学（教学版）	978-7-300-20430-7	陈兴良 著	48.00
刑法总论（第三版）	978-7-300-18042-7	周光权 著	55.00
刑法各论（第三版）	978-7-300-14536-5	周光权 著	59.00
刑事诉讼法学（第四版）	978-7-300-18548-4	郑 旭 著	45.00
侵权法学	978-7-300-13533-5	周友军 著	49.80
普通公司法	978-7-300-11227-5	邓 峰 著	68.00
网络法学（第二版）	978-7-300-21814-4	刘品新 著	29.00
中国宪法（第四版）	978-7-300-12301-1	许崇德 主编	29.80
商法学（第4版）	978-7-300-20622-6	徐学鹿 主编	49.80
证据学（第六版）	978-7-300-21850-2	陈一云 主编	36.00
外国法制史（第四版）	978-7-300-22682-8	林榕年 叶秋华 主编	38.00
婚姻家庭法学（第三版）	978-7-300-16894-4	杨大文 龙翼飞 主编	29.00
法社会学新阶	978-7-300-18452-4	付子堂 主编	32.00
民事诉讼法（第四版）	978-7-300-18072-4	田平安 主编	48.00